国家社科基金重大项目"清末民国时期图书馆事业档案整理与研究"
（项目编号：15ZDB128）成果之一

近代中国图书馆事业档案通览

胡康林　吴　茜
宋美锦　谭小华　编著

四川大学出版社
SICHUAN UNIVERSITY PRESS

图书在版编目（CIP）数据

近代中国图书馆事业档案通览 / 胡康林等编著.
成都：四川大学出版社，2025.7. -- ISBN 978-7-5690-7938-8

Ⅰ．G259.29

中国国家版本馆CIP数据核字第202566VZ57号

书　　名：近代中国图书馆事业档案通览

Jindai Zhongguo Tushuguan Shiye Dangan Tonglan

编　　著：胡康林　吴　茜　宋美锦　谭小华

选题策划：侯宏虹　李畅炜　杨岳峰
责任编辑：李畅炜
责任校对：曾悦琳
装帧设计：墨创文化
责任印制：李金兰

出版发行：四川大学出版社有限责任公司
　　　　　地址：成都市一环路南一段24号（610065）
　　　　　电话：（028）85408311（发行部）、85400276（总编室）
　　　　　电子邮箱：scupress@vip.163.com
　　　　　网址：https://press.scu.edu.cn
印前制作：四川胜翔数码印务设计有限公司
印刷装订：成都市川侨印务有限公司

成品尺寸：185 mm×260 mm
印　　张：30.75
字　　数：729千字
版　　次：2025年7月 第1版
印　　次：2025年7月 第1次印刷
定　　价：148.00元

本社图书如有印装质量问题，请联系发行部调换

版权所有 ◆ 侵权必究

总 序

从鸦片战争到民国时期是中国传统藏书楼衰落,近代图书馆兴起和发展的重要历史阶段,其间跨越不同的历史时期,图书馆事业的兴衰演变呈现出明显的复杂性、阶段性特点。清末,伴随着中国社会性质的演变,西学东渐、传教士接踵东来,社会变革跌宕起伏,西方图书馆思想开始传入中国,与中国传统的藏书理念相互碰撞与融合。在这一过程中,中国传统官方藏书楼、书院藏书楼、私家藏书楼等逐步向公共图书馆、学校图书馆、私立图书馆等演变。民国时期,随着国立图书馆、省立图书馆、县立图书馆、大学图书馆(含教会大学图书馆)的大量出现,以武昌文华图书馆专科学校为代表的专门图书馆学教育机构的创设,以中华图书馆协会为代表的图书馆协会(学会)等专业学术社团的产生与发展,中国传统目录学、校雠学、版本学与西方图书馆学交汇合流,逐步形成与国情相结合的中国图书馆本土化发展道路。在传统文化和西方图书馆思想的双重影响下,我国近代图书馆蓬勃兴起与发展。因此,无论是在图书馆发展史的阶段性上,还是在图书馆事业本身的实践方面,近代图书馆史都是一个非常值得研究的重点领域。

然而,长期以来,学界对近代图书馆史的研究主要依据的资料为当时的报刊、著作、论文等公开出版的文献,极少利用档案开展相关研究,使得近代图书馆史上的一些重要领域和关键问题未能得到系统而深入的研究。究其原因,一方面,与近代图书馆史有关的档案的史料价值尚未引起图书馆史研究者的充分重视;另一方面,这些档案分散保存在我国各级各类档案馆,未经系统揭示、整理和编研,对研究者来说,客观上存在查找和获取的困难。

档案是个人、社会和国家在发展的过程中留下的历史记忆,"作为自然人、国家机关、各种私人机构和社会组织在自身活动中产生或收到的所具有保存价值的文件、图表、声像、实物等材料,储存着历史事实丰富而直接的信息。"[1] 这就决定了档案具有原始性、真实性,储存着形式多样、内容丰富的历史信息。因此,档案被认为是历史研究的一手资料,为历史研究者所青睐。清史研究专家戴逸先生就十分重视档案的利用,

---

[1] 姜义华,瞿林东,赵吉慧:《史学导论》,复旦大学出版社,2010年,第109页。

他认为"无论是中国过去的史学家，还是当代的史学家都把档案看作史学研究中的最重要史料，看作历史学科得以生存和发展的根本条件。可以说，离开了档案，就不可能进行严肃的、深入的历史研究。"① 从中可以看出档案是历史研究最重要的史料，是推动历史研究向纵深维度发展的基础。

近代以降，档案资料汗牛充栋、浩如烟海，为近现代历史研究提供了优越的条件。对于图书馆史的研究而言，档案资料尤为重要。这是由于档案材料是原始的、未经创作的第一手材料，研究者在使用这些材料时不易受到前人思维惯性的影响，往往会有新的发现。而图书馆本身又是与政府联系非常紧密的机构，因此档案材料对于相关政治、历史研究的价值是不言而喻的②。因此，近代图书馆档案是当时图书馆事业发展的原始记录，是研究该时期图书馆史最为真实可靠的第一手资料，对于更为深入系统地揭示和书写该时期图书馆史具有重要的参考价值与支撑作用。

2015年12月，由本人担任首席专家的国家社科基金重大招标项目"清末民国时期图书馆事业档案整理与研究"获得正式立项（编号：15ZDB128），在项目研究过程中，项目组先后调研了全国各地20余家收藏有近代图书馆档案的不同类型和不同层级的档案馆，整体掌握了近代图书馆档案馆藏和保存的现状。经与有关馆藏单位协商，我们决定围绕近代图书馆史的若干专题，整理、编纂和出版《近代图书馆档案汇编》，这一想法得到了国家图书馆出版社的大力支持。目前，第一辑、第二辑和第三辑已先后完成编纂工作。各辑主题分别关注武昌文华图书馆学专科学校专题档案（中国第二历史档案馆藏）、国立罗斯福图书馆专题档案、四川省立图书馆专题档案。这三辑近期将陆续由国家图书馆出版社出版。除这三辑以外，还计划整理出版其他近代图书馆档案，敬请关注。③

收集、整理和利用近代图书馆档案，编纂和出版相关专题档案汇编、建设专题档案数据库，为深化近代图书馆史研究提供史料基础与辅助条件，是一项惠及学界的大型基础性文献保障工程，具有重要的理论意义、应用价值与社会意义。需要指出的是，近代图书馆档案体量庞大且分散各地，需要图书馆学界、各有关档案馆、出版社通力合作、持之以恒，不断推出新的专题档案编研成果。竭诚希望《近代图书馆档案汇编》能够得到不断地丰富和拓展。

是为序。

姚乐野
2021年7月

---

① 戴逸：《加强联系与合作 共同繁荣史学事业与档案事业——在第十三届国际档案大会闭幕式上的演讲》，见国家档案局，中央档案馆：《第十三届国际档案大会文件报告集》，中国档案出版社，1997年，第16页。

② 姚乐野，刘春玉，任家乐：《图书馆史书写中的"大历史"和"小历史"——以清末民国时期图书馆事业档案为视角》，《中国图书馆学报》，2018年第2期。

③ 本书编著者按：在项目研究和《近代图书馆档案汇编》编纂出版过程中，各辑出版顺序有所调整，截至目前（2025年7月）已出版《近代图书馆档案汇编》三辑二十八册，各辑主题分别为"私立武昌文华图书馆学专科学校专题档案""国立罗斯福图书馆专题档案"和"景堂图书馆专题档案"，即将出版的第四辑主题为"四川省立图书馆专题档案"。

前 言

本书是姚乐野教授主持的国家社科基金重大项目"清末民国时期图书馆事业档案整理与研究"（项目编号：15ZDB128）研究成果之一，是在系统普查清末民国时期图书馆事业档案和编纂《近代图书馆档案汇编》的过程中积累和产生的阶段性成果，最终定名为《近代中国图书馆事业档案通览》。从近代中国图书馆事业档案现状普查结果来看，相关档案文献分散在全国各地档案馆、图书馆等部门和机构，本书为研究者和档案利用者提供了查阅近代中国图书馆事业档案的指南和工具。

在编纂方面，本书从近代中国图书馆事业档案全宗目录、专题目录、文件目录三个层次展开，并根据各层次的实际情况与特点进行论述。其主要内容有三：一是各地档案馆（图书馆）馆藏近代中国图书馆事业档案全宗目录。该部分收录各地档案馆（图书馆）馆藏中主要以"图书馆"为题的全宗25个，对全宗的名称、全宗号、馆藏来源和全宗内容进行简介。二是各地档案馆馆藏近代中国图书馆事业档案专题目录。该部分收录笔者研究查阅到的近代中国涉及图书馆的有关省市政府、教育厅（局）、人事处和民众教育馆等的全宗35个，对全宗的名称、全宗号、馆藏来源和全宗内容（包含有关图书馆事业档案的内容）进行简介。三是各地档案馆馆藏近代中国图书馆事业档案文件目录。该部分收录各地档案馆馆藏中有关近代中国图书馆事业的文件，共计8000多件。鉴于各地档案馆馆藏档案目录的全宗号、目录号、案卷号、题名、时间、责任者等项目详略不同，笔者整理时以尽量呈现档案目录原始面貌为准绳，按"档案馆、档案题名、责任者、时间、全宗、档号"等进行调研初筛，最终确定以"档案馆、档案题名、时间、档号"为本书编纂项目，档案题名等尽量保持原貌以便利用者按图索骥。在对各地档案馆馆藏档案排序时，优先考虑档号的顺序（如果档号具有连贯性，则以档号为顺序），档号顺序无规律的则根据档案的"时间""责任者"等信息进行排序。本书所收档案不包含已编纂出版的《近代图书馆档案汇编》（共三辑，各辑主题分别为"私立武昌文华图书馆学专科学校专题档案（中国第二历史档案馆藏）""国立罗斯福图书馆专题档案""景堂图书馆专题档案"和即将出版的第四辑（主题为"四川省立图书馆专题档案")所涉及的档案。

　　本书编纂者的主要分工如下：胡康林负责全宗级目录及部分省市县档案馆档案目录的普查、整理和编纂，形成的成果约占全书的三分之一；吴茜负责部分省市县档案馆档案目录的普查、整理和编纂，形成的成果约占全书的三分之一；宋美锦负责部分省市县档案馆档案目录的普查、整理和编纂，形成的成果约占全书的六分之一；谭小华负责部分省市县档案馆档案目录的普查、整理和编纂，形成的成果约占全书的六分之一。

　　本书得以出版，首先要感谢项目首席专家和导师姚乐野教授的悉心指导与经费支持。其次要感谢李奕苇、栾雯琪、魏丽红等同门研究生参与档案普查和基础调研工作。最后要感谢四川大学出版社编辑出版团队认真负责的审校工作。此外，本书在编纂过程中，上编和中编参考了《全国民国档案通览》（全十册）和各省市县的档案全宗指南等工具书，下编所据档案资料主要来源于各省市县档案馆在线公开目录数据库，在此一并致谢。当然，由于编纂团队时间精力有限，以及近代中国图书馆事业档案分布广泛、各档案馆档案开放程度和利用方式各有不同等主客观因素的影响，本书在编纂过程中难免有不当之处，其完整性和规范性亦存在一定不足，敬请读者批评指正。

胡康林

2024 年 12 月

目 录

上 编　各地档案馆（图书馆）馆藏近代中国图书馆事业档案全宗目录

1　国立中央图书馆　/003
2　国立罗斯福图书馆　/003
3　日伪"国立中央图书馆"　/003
4　安徽省立图书馆　/004
5　吉林省立图书馆　/004
6　江西省立图书馆　/004
7　四川省立图书馆　/005
8　中山图书馆　/005
9　沈阳市立图书馆　/005
10　重庆市立图书馆　/006
11　璧山县立图书馆　/006
12　犍为县图书室　/006
13　三台县图书馆　/007
14　长宁县立图书馆　/007
15　万县公立通俗图书馆　/007
16　中华业余图书馆　/008
17　京师图书分馆　/008
18　京师通俗图书馆　/008
19　京师第一普通图书馆　/009
20　中央公园图书阅览所　/009

21　南京市民众图书馆　/009
22　彰明县民众教育馆、彰明县图书馆　/010
23　万县民众教育馆（图书馆）　/010
24　邵阳县图书馆、教育馆　/010
25　泰县民众教育馆、图书馆　/011

中　编　各地档案馆馆藏近代中国图书馆事业档案专题目录

1　教育部　/015
2　交通部　/015
3　北平市政府　/015
4　上海市政府　/016
5　湖北省政府　/016
6　福建省教育厅　/016
7　奉天省教育厅　/017
8　湖北省教育厅　/017
9　湖南省教育厅　/017
10　江苏省教育厅　/018
11　云南省教育厅　/018
12　浙江省教育厅　/018
13　四川省教育厅　/019
14　四川省政府秘书处　/019
15　四川省政府人事处　/019
16　重庆市教育局　/020
17　北碚管理局　/020
18　北平市教育局　/020
19　北平市商会　/021
20　北平市社会局　/021
21　南京市社会局　/021
22　南京市立第一民众教育馆　/021
23　天津市各民众教育馆　/022
24　成都女子职业学校　/022
25　浙江大学　/022
26　之江大学　/023
27　私立广东国民大学　/023
28　私立金陵大学　/023
29　私立齐鲁大学　/024
30　云南省建设委员会　/024

31　云南省经济委员会纺织厂　/024
32　云南省图书杂志审查处　/025
33　云南省新闻记者公会　/025
34　云南省选送留美公费生预备班　/025
35　中国纺织建设股份有限公司天津分公司　/026

下编　各地档案馆馆藏近代中国图书馆事业档案文件目录

各地档案馆馆藏近代中国图书馆事业档案文件统计　/029

1　中国第一历史档案馆　/031
2　中国第二历史档案馆　/033
3　辽宁省档案馆　/048
4　山东省档案馆　/118
5　河南省档案馆　/227
6　陕西省档案馆　/232
7　江西省档案馆　/233
8　湖北省档案馆　/331
9　云南省档案馆　/332
10　贵州省档案馆　/333
11　福建省档案馆　/334
12　广东省档案馆　/340
13　北京市档案馆　/343
14　天津市档案馆　/356
15　上海市档案馆　/382
16　青岛市档案馆　/399
17　济南市档案馆　/400
18　武汉市档案馆　/401
19　中山市档案馆　/465
20　厦门市档案馆　/476
21　南通市档案馆　/476
22　宁波市档案馆　/477
23　宜昌市档案馆　/477
24　枝江市档案馆　/478
25　建始县档案馆　/478
26　宣恩县档案馆　/479
27　崇阳县档案馆　/480
28　英山县档案馆　/480
29　秭归县档案馆　/480

上编

各地档案馆（图书馆）馆藏
近代中国图书馆事业档案
全宗目录

1　国立中央图书馆

【全宗号】624
【全宗名称】国立中央图书馆
【馆藏来源】中国第二历史档案馆
【全宗简介】本全宗共有档案93卷（排架长度2.6米），形成于1933年—1949年。主要内容有：该馆历史沿革及组织大纲；该馆及安徽、湖南、四川、广西等省图书馆职员录；该馆工作报告；该馆会议记录；中华图书馆协会组织大纲、会务报告及该会参加全国教育学术团体联合年会纪要；全国图书馆调查表；该馆图书编目规则、档案编目规则、书目分类表及该馆编制的各种目录；该馆就书刊的收集、购进、赠送等问题与单位及个人联系的文件；该馆经费收支报表等。

2　国立罗斯福图书馆

【全宗号】115
【全宗名称】国立罗斯福图书馆
【馆藏来源】重庆市档案馆
【全宗简介】本全宗共有档案68卷（排架长度1.36米），形成于1946年—1949年。主要内容有：有关该馆创设的公文与筹备计划、纲要；该馆组织条例；该馆筹备委员会概况、工作报告；该馆藏书设计方案、购置书籍报表；该馆中文编目工作总结及一般图书目录、善本书目、线装书目；有关阅览服务工作的报告；重庆图书馆协会章程及其理监事名册；中央图书馆移交房屋、家具清册等。

3　日伪"国立中央图书馆"

【全宗号】2067
【全宗名称】日伪"国立中央图书馆"
【馆藏来源】中国第二历史档案馆
【全宗简介】本全宗共有档案43卷（排架长度2.5米），形成于1938年—1945年。主要内容有：该馆组织法规；有关该馆印信启用的文件及交接清册；该馆业务法规；该馆图书目录；该馆各种出版物底稿；有关该馆购置图书的文件；该馆与有关单位业务联系的文件；该馆赠送各机关图书清册；该馆经费预决算等。

4　安徽省立图书馆

【全 宗 号】L5
【全宗名称】安徽省立图书馆
【馆藏来源】安徽省档案馆
【全宗简介】本全宗共有档案66卷（排架长度2米），形成于1912年—1949年。主要内容有：有关该馆机构成立、启用印信的文件及其组织规程；有关该馆主管人员任免的文件；该馆行政计划、工作报告；有关馆际业务交流与出版书刊的文件；该馆与各学术团体、机关、学校互赠书刊资料的文件；有关义务劳动、发行公债、查禁进步书刊、纪念活动的文件；有关该馆馆舍修建、扩充、迁移的文件；该馆经费开支文件及预决算等。

5　吉林省立图书馆

【全 宗 号】225
【全宗名称】吉林省立图书馆
【馆藏来源】吉林省档案馆
【全宗简介】本全宗共有档案202卷（排架长度2米），形成于1911年—1931年。主要内容有：有关该馆机构设置、启用印信的文件；有关该馆人事任免、工作交接、公出公回、奖惩的文件；教育纲要、民众教育细则、国语推行办法和公文程序文件等；该馆购买图书办法、图书管理章程、图书借阅章程等文件；有关开展纪念、典礼活动的文件；有关该馆请领经费、预决算、支出计算、购买公债、购置器具等的财务文件。

6　江西省立图书馆

【全 宗 号】J053
【全宗名称】江西省立图书馆
【馆藏来源】江西省档案馆
【全宗简介】本全宗共有档案308卷（排架长度4.87米），形成于1921年—1949年。主要内容有：该馆运行规程、办事细则；有关该馆疏散与迁回的文件；该馆聘用职员与裁减人员的文件及职员名册；该馆馆务会议记录；该馆工作报告及计划；该馆业务汇刊；该馆建筑新馆的设计文件及工程验收文件；有关交换书刊及该馆与各省市图书馆、学校、教育机关联系的文件；有关征集官府镌本和私家著述的指令及训令；有关组织庐山图书管理委员会的文件；有关该馆编印图书目录的文件；有关增设阅览所、开放夜馆等业务的文件；有关该馆经常费、临时费的文件及预算等。

7　四川省立图书馆

【全 宗 号】民 109
【全宗名称】四川省立图书馆
【馆藏来源】四川省档案馆
【全宗简介】本全宗共有档案 22 卷（排架长度 0.5 米），形成于 1941 年—1949 年。主要内容有：有关该馆机构编制、部室设置的文件；有关该馆职雇员聘用、考勤、奖惩、抚恤的文件，职雇员调查表、资历表、雇员名册、薪俸表；四川省政府及教育厅、财政厅等颁发的公务员铨叙办法、统计查报章程及有关人事调动、职工待遇调整的训令、指令、通知；请省会警察局派员守卫以保安全的相关文件等。

8　中山图书馆

【全 宗 号】83
【全宗名称】中山图书馆
【馆藏来源】广东省档案馆
【全宗简介】本全宗共有档案 765 卷，形成于 1911 年—1949 年。主要内容有：有关该馆组织情况和人事管理的文件；广东省教育厅的训令；该馆工作计划、工作报告；有关该馆馆藏图书与经费的统计表、清册等。

9　沈阳市立图书馆

【全 宗 号】L23
【全宗名称】沈阳市立图书馆
【馆藏来源】沈阳市档案馆
【全宗简介】本全宗共有档案 27 卷（排架长度 1.44 米），形成于 1938 年—1948

年。主要内容有：该馆工作大纲、计划、报告；该馆组织章程及办事细则；修整图书馆规程及征集史料奖励办法；该馆接收敌伪图书清册、移入移出物品清册、新置图书清册等；该馆藏书册数及书籍杂志阅览情况调查表；书报购置费概算、紧急购置修缮费概算等。

10　重庆市立图书馆

【全 宗 号】116
【全宗名称】重庆市立图书馆
【馆藏来源】重庆市档案馆
【全宗简介】本全宗共有档案99卷（排架长度1.98米），形成于1935年—1949年。主要内容有：该馆概况、沿革与组织规程；有关该馆人员任免、奖惩、考核、辞职的文件；有关教育机关人员待遇的文件；该馆遣散人员履历；该馆馆务会议记录与工作计划、报告；有关该馆图书借阅、阅览场管理、图书流通管理的文件；有关该馆图书数量、借阅人数的统计；有关该馆空袭损失的报告；该馆经费概算、会计报告、移交清册等。

11　璧山县立图书馆

【全 宗 号】6
【全宗名称】璧山县立图书馆
【馆藏来源】璧山县档案馆
【全宗简介】全宗仅有档案2卷（排架长度0.02米），形成于1942年。主要内容有：该馆章程；有关巡回文库的文件。

12　犍为县图书室

【全 宗 号】犍临56
【全宗名称】犍为县图书室
【馆藏来源】犍为县档案馆
【全宗简介】本全宗仅有档案3卷（排架长度0.045米），形成于1939年—1947年。主要内容有：有关查禁图书、杂志的文件；有关该室设备维修的文件与经费收支预决算等。

13　三台县图书馆

【全 宗 号】42
【全宗名称】三台县图书馆
【馆藏来源】三台县档案馆
【全宗简介】本全宗仅有档案 4 卷（排架长度 0.05 米），形成于 1941 年—1949 年。主要内容有：有关该馆人员委派及就职日期的文件；有关三台县参议会成立与银行开业的文件；有关三台县庙宇情况及体育比赛的文件等。

14　长宁县立图书馆

【全 宗 号】24
【全宗名称】长宁县立图书馆
【馆藏来源】长宁县档案馆
【全宗简介】本全宗仅有档案 2 卷（排架长度 0.04 米），形成于 1936 年—1937 年。主要内容有：长宁县政府有关该馆征订图书的训令及该馆呈文；有关该馆经费开支的报告等。

15　万县公立通俗图书馆

【全 宗 号】0150
【全宗名称】万县公立通俗图书馆
【馆藏来源】重庆市万州区档案馆
【全宗简介】本全宗共有档案 10 卷（排架长度 0.2 米），形成于 1927 年—1942 年。主要内容有：有关该馆开馆、迁址的文件；该馆组织大纲、细则；该馆职员履历概略；该馆藏书室、阅览室使用规则及标语；有关该馆购书、经费预算的文件等。

16　中华业余图书馆

【全 宗 号】Q103
【全宗名称】中华业余图书馆
【馆藏来源】上海市档案馆
【全宗简介】本全宗共有档案16卷（排架长度0.4米），形成于1938年—1949年。主要内容有：该馆规章制度；有关图书馆工作方法的文件；该馆董事及工作人员登记名册；该馆读书会会员及工作学习会委员名册；《中图通讯》（墙报）等。

17　京师图书分馆

【全 宗 号】1
【全宗名称】京师图书分馆
【馆藏来源】首都图书馆
【全宗简介】本全宗共有档案225卷（排架长度2米），形成于1913年—1926年。主要内容有：有关该馆创办情形及启用钤记的文件与开馆通知；该馆规章制度；该馆馆长任免令及其他人事变动文件；记述该馆藏书来源的文件及图书流通数据；该馆经费预算及决算等。

18　京师通俗图书馆

【全 宗 号】2
【全宗名称】京师通俗图书馆
【馆藏来源】首都图书馆
【全宗简介】本全宗共有档案226卷（排架长度2米），形成于1913年—1926年。主要内容有：有关该馆创办经过和馆址选择的文件；该馆规章制度；该馆馆长任免令及其他人事变动文件、职员考绩及考勤表、员工薪金报表；该馆购书情形及书刊流通数据、读者阅览数据；该馆经费预算及决算等。

19　京师第一普通图书馆

【全　宗　号】3
【全宗名称】京师第一普通图书馆
【馆藏来源】首都图书馆
【全宗简介】本全宗共有档案 1524 卷（排架长度 11 米），形成于 1927 年—1948 年。主要内容有：有关该馆成立、更名、改址的文件；有关该馆馆长任免、员工动态、员工考勤考绩、员工薪金及津贴的文件；该馆章程；该馆与政府有关单位的来往文件；该馆向上级单位呈报的各种统计表及调查表；有关购书、征订新书、书刊流通、读者统计的文件；该馆经费预决算等。

20　中央公园图书阅览所

【全　宗　号】4
【全宗名称】中央公园图书阅览所
【馆藏来源】首都图书馆
【全宗简介】本全宗共有档案 1312 卷（排架长度 8 米），形成于 1917 年—1943 年。主要内容有：该所历史沿革；有关该所所长任免、职工履历及动态的文件；该所章程、年度工作报告及各项统计；有关该所与北平市政府等单位来往的文件；有关该所图书购置、流通、读者统计等的文件；该所经费预算及决算等。

21　南京市民众图书馆

【全　宗　号】1009
【全宗名称】南京市民众图书馆
【馆藏来源】南京市档案馆
【全宗简介】本全宗共有档案 16 卷，形成于 1945 年—1949 年。主要内容有：南京市社会局给该馆的训令；该馆概况及征集国史史料计划大纲；社会教育人员训练班实施办法等。

22　彰明县民众教育馆、彰明县图书馆

【全 宗 号】192
【全宗名称】彰明县民众教育馆、彰明县图书馆
【馆藏来源】江油市档案馆
【全宗简介】本联合全宗仅有档案8卷（排架长度0.08米），形成于1938年—1945年。主要内容有：有关彰明县民众教育馆成立教育会的文件及该会组织简章、办公细则；有关选举的文件；有关图书捐赠的文件等。

23　万县民众教育馆（图书馆）

【全 宗 号】0151
【全宗名称】万县民众教育馆（图书馆）
【馆藏来源】重庆市万州区档案馆
【全宗简介】全宗仅有档案1卷（排架长度0.02米），形成于1937年。主要内容有：该馆职工名册及有关该馆概况的文件等。

24　邵阳县图书馆、教育馆

【全 宗 号】7
【全宗名称】邵阳县图书馆、教育馆
【馆藏来源】邵阳市第一档案馆
【全宗简介】本全宗共有档案218卷（排架长度3.23米），形成于1924年—1949年。主要内容有：邵阳县松坡图书馆人员任免文件及常务委员名册；该馆会议记录；有关征购图书的文件；该馆财务清册等。有关邵阳县民众教育馆、湖南省立第二民众教育馆、湖南省立农民教育馆的机构文件、人事文件、会议记录、工作要点、工作总结、财务文件、财务报表等。

25 泰县民众教育馆、图书馆

【全 宗 号】 154
【全宗名称】 泰县民众教育馆、图书馆
【馆藏来源】 泰州市档案馆
【全宗简介】 本联合全宗共有档案 13 卷（排架长度 0.05 米），形成于 1928 年—1949 年。主要内容有：有关两馆组织机构情况与人事管理的文件；有关书刊征集、古物保护的文件；泰县民众教育馆、图书馆经费预算分配表等。

中编

各地档案馆馆藏近代中国图书馆事业档案专题目录

1　教育部

【全宗号】5
【全宗名称】教育部
【馆藏来源】中国第二历史档案馆
【全宗简介】本全宗共有档案 18052 卷（排架长度 711.33 米），形成于 1928 年—1949 年。图书馆事业相关内容有：国立、省立图书馆概况表；各年度全国图书馆（室）概况表；部分省份（川、鄂、皖、青、浙、甘、西康、云、桂、闽）图书馆一览表；有关修正《图书馆规程》的教育法令；全国图书馆一览表等。

2　交通部

【全宗号】1056
【全宗名称】交通部
【馆藏来源】中国第二历史档案馆
【全宗简介】本全宗共有档案 210 卷。图书馆事业相关内容有：交通部图书阅览室规则；《交通部为订定公布本部图书阅览室规则令》（1917-06-21）；《交通部为订定公布交通部图书阅览规则令》（1921-03-21）。

3　北平市政府

【全宗号】J1
【全宗名称】北平市政府
【馆藏来源】北京市档案馆
【全宗简介】本全宗共有档案 9478 卷（排架长度 88.5 米），形成于 1928 年—1949 年。图书馆事业相关内容有：该市图书馆管理办法、民众识字班暂行管理办法等。

4 上海市政府

【全 宗 号】Q1
【全宗名称】上海市政府
【馆藏来源】上海市档案馆
【全宗简介】本全宗共有档案 12267 卷（排架长度 184.1 米），形成于 1927 年—1949 年。图书馆事业相关内容有：各类有关图书馆、博物馆管理的文件等。

5 湖北省政府

【全 宗 号】LS1
【全宗名称】湖北省政府
【馆藏来源】湖北省档案馆
【全宗简介】本全宗共有档案 7421 卷（排架长度 130.2 米），形成于 1928 年—1949 年。图书馆事业相关内容有：有关图书馆、民教馆、科学馆的设立及其人员配备、工作计划等的文件。

6 福建省教育厅

【全 宗 号】2
【全宗名称】福建省教育厅
【馆藏来源】福建省档案馆
【全宗简介】本全宗共有档案 16261 卷（排架长度 199.52 米），形成于 1915 年—1949 年。图书馆事业相关内容有：福建省立图书馆暂行章程及人员任免情况；厦门市图书馆 1947 年实施概况表；图书馆辅导各地社会机关图书教育办法大纲；有关修正福建省立图书馆暂行章程的指令；福建省图书馆调查表；福建各县县立图书馆暂行章程；（福鼎县政府）呈送的县立图书馆章则；关于抄发读书简则的密函、代电；关于抄发读书简则给各社教机关等的代电。

7　奉天省教育厅

【全宗号】JC19
【全宗名称】奉天省教育厅
【馆藏来源】辽宁省档案馆
【全宗简介】本全宗共有档案1184卷（排架长度23米），形成于1919年—1931年。图书馆事业相关内容有：各类有关图书馆的文件。

8　湖北省教育厅

【全宗号】LS10
【全宗名称】湖北省教育厅
【馆藏来源】湖北省档案馆
【全宗简介】本全宗共有档案12638卷（排架长度252.5米），形成于1915年—1949年。图书馆事业相关内容有：私立武昌文华图书馆学专科学校校历、督学报告、校务概况、员生名册等材料（1930年—1948年）；社会教育法规、计划及概况调查等材料，1936年、1939年—1947年各年湖北社会教育统计报告表，1929年—1947年湖北民众教育馆组织规程、办法大纲、人员名册及工作报告等；1945年湖北省图书馆、民众教育馆视察报告，关于建立省图书馆的材料（1930年—1937年）。

9　湖南省教育厅

【全宗号】59
【全宗名称】湖南省教育厅
【馆藏来源】湖南省档案馆
【全宗简介】本全宗共有档案1526卷（排架长度228米），形成于1911年—1949年。图书馆事业相关内容有：湖南省各地社会教育概况文件；湖南省各地社会教育机关、图书馆、民众教育馆统计报告表；甄审县立民众教育馆馆长办法及民众教育馆馆长自传材料；湖南省各地民众教育馆、图书馆等社教单位职员名册、履历表、章程、细则、计划等材料；有关湖南省立中山图书馆、湖南省立南岳图书馆、衡阳图书馆章程、机构沿革、工作报告等的文件。

10　江苏省教育厅

【全 宗 号】1006
【全宗名称】江苏省教育厅
【馆藏来源】江苏省档案馆
【全宗简介】本全宗共有档案2211卷（排架长度55米），形成于1930年—1949年。图书馆事业相关内容有：江苏省各省立社会教育机关签发的文件；江苏省各县社会教育设施标准；江苏省各级政府实施民众识字扫盲教育、推广国民教育、实施救国教育、推行电影教育和卫生教育的文件；有关恢复改进各县市民众教育馆等的文件（这些文件中包含有关图书馆的内容）。

11　云南省教育厅

【全 宗 号】12
【全宗名称】云南省教育厅
【馆藏来源】云南省档案馆
【全宗简介】本全宗共有档案8996卷（排架长度219.61米），形成于1914年—1949年。图书馆事业相关内容有：设立、兴建云南省立图书馆及各县立图书馆的材料；云南省各学校图书馆建设图画照片及史略汇集；云南省立图书馆辑刊《云南丛书》；中央图书杂志审查委员会抄发的奖励损赠图书杂志办法；图书馆工作实施办法；有关云南省各省立大学教育系增设图书馆学课程的文件；有关《万有书库》分发各地图书馆巡回借阅等的材料。

12　浙江省教育厅

【全 宗 号】32
【全宗名称】浙江省教育厅
【馆藏来源】浙江省档案馆
【全宗简介】本全宗共有档案3742卷（排架长度37.42米），形成于1912年—1949年。图书馆事业相关内容有：有关浙江省立图书馆设施及各县图书馆馆长履历等的材料。

13 四川省教育厅

【全 宗 号】民 107
【全宗名称】四川省教育厅
【馆藏来源】四川省档案馆
【全宗简介】本全宗共有档案 6525 卷（排架长度 247.2 米），形成于 1934 年—1949 年。图书馆事业相关内容有：四川省各县市图书馆申请立案、人事任免、经费收支文件等。

14 四川省政府秘书处

【全 宗 号】民 041
【全宗名称】四川省政府秘书处
【馆藏来源】四川省档案馆
【全宗简介】本全宗共有档案 10656 卷（排架长度 146 米），形成于 1912 年—1949 年，但集中形成的时间主要在 1935 年—1949 年。图书馆事业相关内容有：有关文化馆、图书馆管理的法规。

15 四川省政府人事处

【全 宗 号】民 042
【全宗名称】四川省政府人事处
【馆藏来源】四川省档案馆
【全宗简介】本全宗共有档案 6883 卷（排架长度 200.4 米），形成时间为 1930 年—1949 年。图书馆事业相关内容有：四川省教育厅呈请委任双流县、江安县、万县、犍为县、丰都县、广汉县、垫江县、璧山县、郫县、威远县、崇庆县等县县立图书馆馆长的签呈正本。

16　重庆市教育局

【全宗号】0065
【全宗名称】重庆市教育局
【馆藏来源】重庆市档案馆
【全宗简介】本全宗共有档案4690卷（排架长度93.8米），形成于1942年—1949年。图书馆事业相关内容有：重庆市立图书馆工作文件等。

17　北碚管理局

【全宗号】81
【全宗名称】北碚管理局
【馆藏来源】重庆市档案馆
【全宗简介】该全宗包含北碚图书馆档案（1945年—1949年）4卷。图书馆事业相关内容有：该馆概况、组织系统表、馆务会议章程、理事会简章、名单，图书馆人员名册，应聘人员自传、调查表、保证书，招训服务生聘书，工作报告，图书清册，现金日报表，薪津预算表，收支对照表，接交房屋清册以及有关设备装修、收集图书方志的文件等。

18　北平市教育局

【全宗号】J4
【全宗名称】北平市教育局
【馆藏来源】北京市档案馆
【全宗简介】本全宗共有档案9273卷（排架长度93.5米），形成于1911年—1949年。图书馆事业相关内容有：北平市各民众教育馆、阅报处、识字班申请立案的呈文及其组织规程等文件。

19　北平市商会

【全宗号】J71
【全宗名称】北平市商会
【馆藏来源】北京市档案馆
【全宗简介】本全宗共有档案 884 卷（排架长度 15.6 米），形成于 1914 年—1949 年。图书馆事业相关内容有：北平市商会图书馆相关档案等。

20　北平市社会局

【全宗号】J2
【全宗名称】北平市社会局
【馆藏来源】北京市档案馆
【全宗简介】本全宗共有档案 6951 卷（排架长度 123.4 米），形成于 1928 年—1949 年。图书馆事业相关内容有：北平市部分图书馆有关购书目类的呈及其办事细则等。

21　南京市社会局

【全宗号】1001-5、1003-3
【全宗名称】南京市社会局
【馆藏来源】南京市档案馆
【全宗简介】本全宗共有档案 2654 卷（排架长度 29.5 米），形成于 1928 年—1949 年。图书馆事业相关内容有：有关南京市义务教育馆、民众教育馆、图书馆的调查表等。

22　南京市立第一民众教育馆

【全宗号】1018
【全宗名称】南京市立第一民众教育馆
【馆藏来源】南京市档案馆

【全宗简介】本全宗共有档案51卷（排架长度0.5米），形成于1945年—1949年。图书馆事业相关内容有：该馆组织规则及服务简章；有关该馆人员任免、升调、辞职的文件和人员名册；南京市教育局关于文化、教育的训令；有关采集抗日战争时期保持忠贞及殉难文教人士事迹的训令；该馆的工作计划、报告和工作总结；有关组织纪念和庆祝活动的文件；有关各类补习学校教职员工情况的文件及学生名册；该馆各项财产移交清册等。

23　天津市各民众教育馆

【全 宗 号】J113
【全宗名称】天津市各民众教育馆
【馆藏来源】天津市档案馆
【全宗简介】本全宗共有档案722卷（排架长度11米），形成于1935年—1948年。图书馆事业相关内容有：天津市各民众教育馆阅览图书规则、图书登记表，有关举办展览、游艺、图书调览、讲演等各种活动的文件。

24　成都女子职业学校

【全 宗 号】61
【全宗名称】成都女子职业学校
【馆藏来源】成都市档案馆
【全宗简介】本全宗共有档案190卷（排架长度3.8米），形成于1922年—1949年。图书馆事业相关内容有：有关四川省立成都女子职业学校图书科教育辑女性图书馆员培养的文件。

25　浙江大学

【全 宗 号】53
【全宗名称】浙江大学
【馆藏来源】浙江省档案馆
【全宗简介】本全宗共有档案4469卷（排架长度44.7米），形成于1922年—1949年。图书馆事业相关内容有：有关浙江大学新建图书馆、图书交换等的文件；有关图书订购、审查的规程及教育部查禁订售图书的文件；有关浙江大学图书馆向浙江图书馆借图书的文件；关于浙江图书馆组织情形、简章、规则、会议记录及预算的文件（1928年）等。

26 之江大学

【全 宗 号】52
【全宗名称】之江大学
【馆藏来源】浙江省档案馆
【全宗简介】本全宗共有档案 687 卷（排架长度 6.87 米），形成于 1915 年—1949 年。图书馆事业相关内容有：1946 年之江大学图书馆概况及其他有关该馆的文件等。

27 私立广东国民大学

【全 宗 号】66
【全宗名称】私立广东国民大学
【馆藏来源】广州市档案馆
【全宗简介】本全宗共有档案 102 卷（排架长度 2.04 米），形成于 1937 年—1949 年。图书馆事业相关内容有：有关该校图书馆概况及设备的文件等。

28 私立金陵大学

【全 宗 号】649
【全宗名称】私立金陵大学
【馆藏来源】中国第二历史档案馆
【全宗简介】本全宗共有档案 2103 卷（排架长度 61 米），形成于 1910 年—1949 年。图书馆事业相关内容有：有关金陵大学文学院图书馆学专修科课程"中小学图书馆""儿童用书研究"设置的文件等。

29　私立齐鲁大学

【全 宗 号】J109
【全宗名称】私立齐鲁大学
【馆藏来源】山东省档案馆
【全宗简介】本全宗共有档案 2002 卷（排架长度 54 米），形成于 1912 年—1949 年。图书馆事业相关内容有：齐鲁大学图书馆 1935 年暑假报告；齐鲁大学普通报告书——图书馆；齐鲁大学图书馆简介、齐鲁大学附属医院图书馆报告（1930 年，英文）；齐鲁大学复员报告（含图书馆概况）；有关请求齐鲁大学图书馆开放以便学生阅览的文件；齐鲁大学图书馆借阅规则、年度报告（1946 年）等。

30　云南省建设委员会

【全 宗 号】128
【全宗名称】云南省建设委员会
【馆藏来源】云南省档案馆
【全宗简介】本全宗共有档案 149 卷（排架长度 3.5 米），形成于 1946 年—1949 年。图书馆事业相关内容有：云南省立昆华图书馆、云南省立志舟图书馆 1948 年度工作计划、事业推进实施工作计划等文件。

31　云南省经济委员会纺织厂

【全 宗 号】47
【全宗名称】云南省经济委员会纺织厂
【馆藏来源】云南省档案馆
【全宗简介】本全宗共有档案 308 卷（排架长度 9.5 米），形成于 1937 年—1949 年。图书馆事业相关内容有：《复旦大学同学会等关于建立右任图书馆缘起》《云南省纺织厂厂长金龙章关于监盘昆华图书馆交代情形事给云南省政府主席的签呈》《云南省立昆明图书馆关于请莅临监盘交代事给金龙章的咨》《中国全国工业协会云南省分会关于成立工矿图书室计划等事给朱健飞的函》等。

32　云南省图书杂志审查处

【全 宗 号】 13
【全宗名称】 云南省图书杂志审查处
【馆藏来源】 云南省档案馆
【全宗简介】 本全宗共有档案 101 卷（排架长度 2 米），形成于 1938 年—1945 年。图书馆事业相关内容有：关于查禁图书、杂志、戏剧、电影等的文件，包括上下级往来的训令、代电、函，年度、季度审查表及单次阅读审查表等。

33　云南省新闻记者公会

【全 宗 号】 96
【全宗名称】 云南省新闻记者公会
【馆藏来源】 云南省档案馆
【全宗简介】 本全宗共有档案 35 卷（排架长度 1 米），形成于 1942 年—1949 年。图书馆事业相关内容有：云南省政府关于抄发国立图书馆名册等给云南省政府新闻处的训令等。

34　云南省选送留美公费生预备班

【全 宗 号】 1114
【全宗名称】 云南省选送留美公费生预备班
【馆藏来源】 云南省档案馆
【全宗简介】 本全宗共有档案 23 卷（排架长度 0.5 米），形成于 1941 年—1944 年。图书馆事业相关内容有：云南省选送留美学生委员会关于请派员接管新建昆明图书馆事给云南省选送留美学生预备班的公函；云南省选送留美学生预备班关于图书阅览、图书管理员聘用等的文件。

35　中国纺织建设股份有限公司天津分公司

【全 宗 号】J66
【全宗名称】中国纺织建设股份有限公司天津分公司
【馆藏来源】天津市档案馆
【全宗简介】本全宗共有档案4113卷（排架长度79.05米），形成于1945年—1949年。图书馆事业相关内容有：中国纺织建设公司第一厂图书馆阅览规则；关于扩大图书馆等问题的九点建议；关于函达图书馆已将巡回书籍整理请予派人来取一事给第一厂的函（附目录）；关于派人来取巡回书籍致第三厂的函；等等。

下编

各地档案馆馆藏近代中国图书馆事业档案文件目录

各地档案馆馆藏近代中国图书馆事业档案文件统计

序号	档案馆	图书馆事业档案文件/件
1	中国第一历史档案馆	41
2	中国第二历史档案馆	216
3	辽宁省档案馆	966
4	山东省档案馆	2197
5	河南省档案馆	105
6	陕西省档案馆	7
7	江西省档案馆	1894
8	湖北省档案馆	10
9	云南省档案馆	18
10	贵州省档案馆	10
11	福建省档案馆	131
12	广东省档案馆	62
13	北京市档案馆	203
14	天津市档案馆	499
15	上海市档案馆	331
16	青岛市档案馆	18
17	济南市档案馆	2
18	武汉市档案馆	1113
19	中山市档案馆	181
20	厦门市档案馆	9
21	南通市档案馆	2
22	宁波市档案馆	5
23	宜昌市档案馆	12
24	枝江市档案馆	1
25	建始县档案馆	2
26	宣恩县档案馆	17
27	崇阳县档案馆	11
28	英山县档案馆	2

续表

序号	档案馆	图书馆事业档案文件/件
29	秭归县档案馆	7

注：各馆馆藏图书馆事业档案文件合计8072件。

1 中国第一历史档案馆

序号	题名	年份	档号
1	奏为采访皖省遗书以存国粹兼备异日图书馆所用事	光绪三十三年（1907）	03—7175—050
2	奏报本省开办图书馆情形事	光绪三十二年（1906）	03—7225—050
3	奏为前署直隶提学使卢靖捐建图书馆奖叙事	宣统二年（1910）	03—7570—002
4	奏为添设资政院图书室编译员事	宣统二年（1910）	03—7570—006
5	奏为勘定图书馆地址并修葺行宫遗址请立案事	宣统三年（1911）	03—7570—018
6	奏为勘定图书馆地址并修葺行宫遗址请立案事	宣统三年（1911）	03—7570—019
7	奏为已革故郎中沈耀勋捐建工艺学堂图书馆请立案事	宣统二年（1910）	03—7572—065
8	奏为东三省筹议开设陆海军图书馆事	宣统朝（1909—1911）	04—01—03—0208—001
9	奏为采访皖省遗书以存国粹并备图书馆用事	光绪三十三年（1907）	04—01—38—0029—039
10	奏为拟建黑龙江省图书馆各情形事	光绪三十四年（1908）	04—01—38—0029—043
11	奏为创办归化城图书馆各情形事	光绪三十四年（1908）	04—01—38—0029—044
12	奏为山东省创建图书馆并附设金石陈列馆室各情形事	宣统元年（1909）	04—01—38—0030—001
13	奏为浙省创建图书馆及归并官书局藏书楼等情形事	宣统元年（1909）	04—01—38—0030—002
14	奏为晋省创办图书馆各情形事	宣统元年（1909）	04—01—38—0030—003
15	奏为吉林省创办图书馆并附设教育品陈列所情形事	宣统元年（1909）	04—01—38—0030—004
16	奏为图书集成一书久推书城伟制请颁赐直隶图书馆全部俾扩观览事	宣统元年（1909）	04—01—38—0030—006

续表

序号	题名	年份	档号
17	奏为筹办云南省图书馆各情形事	宣统元年（1909）	04-01-38-0030-007
18	奏为开办黑龙江省图书馆各项费用作正开销事	宣统元年（1909）	04-01-38-0030-009
19	奏为晋省创建图书馆无从访求鸿编巨册请准颁给石印图书集成全部事	宣统元年（1909）	04-01-38-0030-014
20	奏为广西建设图书馆援案请准赏给石印图书集成大清会典各部书籍事	宣统二年（1910）	04-01-38-0030-015
21	奏为酌拟通盘筹划全国军用图书馆整齐划一办法事	宣统二年（1910）	04-01-38-0030-016
22	奏为筹建浙江省图书馆援案恳请赏给西湖圣因寺行宫内文澜阁旁空地事	宣统二年（1910）	04-01-38-0030-021
23	为奉旨筹建京师图书馆请派员会同丈量净业湖汇通祠各地方择日移交等事致奉宸苑等	宣统元年（1909）	05-08-032-000055-0157
24	学部为各省图书馆章程知照事由文封	宣统元年（1909）	06-01-001-000734-0116
25	学部奏定京师及各省图书馆通行章程折并清单	宣统元年（1909）	06-01-001-000734-0117
26	为拟订京师及各省图书馆章程折奉旨事致宗人府	宣统元年（1909）	06-01-001-000734-0118
27	为具奏晋省创设图书馆一折抄稿查照事致宪政编查馆咨呈	宣统元年（1909）	09-01-02-0038-018
28	为具奏筹建浙省图书馆请赏空地一折奉到朱批钦遵事致宪政编查馆咨呈	宣统二年（1910）	09-01-02-0038-022
29	为送归化城阅报社暨图书馆章程事给民政部咨呈	宣统元年（1909）	21-0682-0016
30	归化城图书馆章程	宣统元年（1909）	21-0682-0018
31	奏请赏给西湖圣因寺行宫内文澜阁旁空地修建图书馆事	宣统二年（1910）	21-0939-0001
32	奏请赏给圣因寺行宫旁空地修建图书馆事	宣统二年（1910）	21-0939-0003
33	为具奏请赏给圣因寺行宫空地修建图书馆一折奉到朱批事给民政部的咨	宣统二年（1910）	21-0939-0004
34	为开办东安市场图书馆调取官书局编定各种书籍事给各省督抚的咨文	光绪三十三年（1907）	21-0973-0001
35	天合木厂开具图书馆玻璃格子尺寸做法清单	光绪三十三年（1907）	21-0973-0012

续表

序号	题名	年份	档号
36	申请于东安市场设立图书馆事	光绪三十三年（1907）	21-0983-0001
37	京师图书馆公启	光绪三十三年（1907）	21-0983-0002
38	京师图书馆章程	光绪三十三年（1907）	21-0983-0003
39	批为东安市场设立图书馆应准予立案事	光绪三十三年（1907）	21-0983-0004
40	申请颁发书籍存储图书馆中以供检阅事	光绪三十三年（1907）	21-0983-0005
41	批为咨取各省官书局所刊书籍存储图书馆以供众览事	光绪三十三年（1907）	21-0983-0006

2　中国第二历史档案馆

序号	题名	年份	档号
1	国立清华大学图书馆关于检送清代陆军部档案样给行政院善后救济总署署长蒋廷黻函（无附件）		5(2)-00040-002
2	国立礼乐馆、中央气象局、国立北平图书馆等机关团体职员人数表		5(2)-00044-009
3	《教育法令》之修正《图书馆规程》		5(2)-00078-026
4	国立编译馆总务组图书室工作人员考勤表		5(2)-00088-039
5	湖北省立图书馆概况报告表		5(2)-00113-001
6	四川省立图书馆概况表、职员一览表		5(2)-00113-016
7	湖北省立图书馆概况表及该馆现有职员一览表		5(2)-00114-028
8	四川省立图书馆概况表及该馆职员一览表		5(2)-00114-031
9	国立中央图书馆职员名单		5(2)-00116-002-025
10	中华图书馆协会概况报告表、职员一览表		5(2)-00116-002-045
11	中华图书馆协会为送调查表及该会组织大纲、会报给教育部国际文化教育事业处函+附件1：中华图书馆协会调查表+附件2：《中华图书馆协会组织大纲》及会员登记表式样		5(2)-00118-004

续表

序号	题名	年份	档号
12	国立北平图书馆工作人员任用规则		5（2）-00137-007
13	国立西北图书馆筹备委员会工作人员任用规则		5（2）-00137-027
14	行政院为告知不能发放国立中央图书馆人事管理员特别办公费给教育部指令		5（2）-00143-006
15	私立武昌文华图书馆学专科学校关于拟请检赐第三次全国教育会议各种材料给第三次全国教育会议秘书处笺函及该处复函＋附件：第三次全国教育会议材料清单		5（2）-00177-027
16	国立中央图书馆筹备处关于请确定全国图书馆制度提案		5（2）-00181-003-010
17	国立中央图书馆筹备处关于请确定图书馆事业费在教育经费中之比率提案		5（2）-00181-003-061
18	私立武昌文华图书馆学专科学校为请赐第三次会议全案全份给第三次全国教育会议秘书处笺函		5（2）-00183-003-001
19	国立中央图书馆筹备处长关于请确定图书馆员教育制度提案		5（2）-00185-001-014
20	陕西省教育厅厅长王捷三关于请在西北较安全地区筹设大规模科学馆及图书馆提案		5（2）-00185-002-031
21	国立中央图书馆筹备处关于请确定图书馆员教育制度以宏造就提案		5（2）-00186-026
22	中华图书馆协会关于大学图书馆应直隶校长提案		5（2）-00188-074
23	中华图书馆协会关于充实中小学图书设备提案		5（2）-00188-075
24	中华图书馆协会关于抗战期间全国文物图书损失应责成敌人赔偿提案		5（2）-00188-089
25	国立中央图书馆筹备处主任蒋复璁为寄送运出图籍器物目录呈及教育部部长陈立夫指令（无附件）		5（2）-00200-002-005
26	湖南省教育厅厅长朱经农为检送运出之图籍器物清册清呈及教育部指令＋附件：湖南省各教育馆图书馆运出之图籍器物清册清单		5（2）-00200-002-038
27	教育部为告知设立西北图书馆情形给行政院秘书处公函		5（2）-00200-002-053
28	行政院秘书长张厉生为寄送国防最高委员会函给教育部通知＋附件1：国防最高委员会为交办西北图书馆创建事给行政院函（抄件）＋附件2：国民参政会参政员赵和亭、马毅、席振铎等关于建设西北图书馆提案		5（2）-00200-002-054

序号	题名	年份	档号
29	教育部关于填报宪政政治有关书籍调查表与国民大会筹备委员会秘书处、国立中央图书馆来往文+附件：有关宪政政治等项书籍调查表式		5（2）-00218-005
30	全国现有图书馆一览表		5（2）-00254-004
31	全国现有图书馆一览表		5（2）-00255-013
32	教育部为检送勘误单给中央图书馆等司函+附件：1943、1944年度各省市教育文化经费简明统计表勘误单		5（2）-00286-002-001
33	教育部为检送《1943年度各省市教育施政计划汇刊》及1943、1944年度各省市教育文化经费简明统计表给中央图书馆等司函（无附件）		5（2）-00286-002-016
34	国立中央图书馆为申谢赠送《1947年度各省市教育工作计划汇刊》给教育部中等教育司函		5（2）-00286-002-023
35	行政院为抄发《编审1942年度中央预算办法》给教育部训令及教育部给中央图书馆等训令+附件：《编审1942年度中央预算办法》		5（2）-00340-003-009
36	行政院为抄发国民政府主计处主计长陈其采呈给教育部训令、教育部给北平图书馆等训令+附件：国民政府主计处主计长陈其采为告知各机关办理计算书类一律送由主管预算机关核转给国民政府主席林森呈（1936年5月15日）		5（2）-00344-036
37	行政院为抄发核定1936年度国家普通岁入岁出总概算书及分类表给教育部训令、教育部给国立北平图书馆等训令（无附件）		5（2）-00344-038
38	行政院为准在教育文化费类第一预备费项下动支国语推行委员会、国立中央博物院筹备处、国立中央图书馆筹备处等应增经费给教育部指令		5（2）-00345-004
39	国立中央图书馆筹备处等为送1937年度岁出预算分配表给教育部呈及教育部给行政院、国民政府主计处呈、给财政部函（无附件）		5（2）-00346-006
40	国立中央图书馆筹备处主任蒋复璁为申请增加1936年度经费给教育部呈		5（2）-00347-005
41	教育部关于编具1937年度岁出预算分配表给国立北平图书馆等训令		5（2）-00347-019

续表

序号	题名	年份	档号
42	教育部为催送 1936 年度预算分配表给国立北平图书馆等训令		5（2）—00348—006
43	审计部为请除按日期编送收入预计算书外应将收入凭证一并送审给教育部咨及教育部给国立北平图书馆等训令		5（2）—00349—007
44	教育部为请分别照拨北平图书馆、中央图书馆筹备处等 1937 年 9 月份经费给财政部公函＋附件：召回驻日商务官结束经费及其他裁并机关结束经费支给办法案审查会纪录（1937 年 9 月 24 日）		5（2）—00349—022
45	教育部为查明主管预算内有无特种基金给国立中央图书馆筹备处训令		5（2）—00351—003
46	国立中央图书馆筹备处主任蒋复璁为该处预算内并无特种基金列入给教育部呈		5（2）—00351—020
47	国立中央图书馆、中央博物院、戏剧学院等 1939 年度社会教育经费普通经常概算表、国立社会教育学院 1939 年度临时概算表		5（2）—00352—013
48	行政院为准予恢复国立中央图书馆等经费预算给教育部训令及该部给国立中央图书馆等训令		5（2）—00354—006
49	国立中央图书馆筹备处主任蒋复璁为告知白沙办公处正在估计筹建防空洞给教育部呈		5（2）—00355—059
50	教育部总务司第一科长张峄阳与社会教育司司长陈礼江关于报告核办国立北平图书馆预算补助情形给部长陈立夫、政务次长顾毓琇及常务次长余井塘签呈		5（2）—00358—026
51	国立北平图书馆副馆长袁同礼关于拟请在预算内补助费用购书出版给教育部部长陈立夫呈＋附件：国立北平图书馆 1939 年度馆务概况、1940 年度工作计划及与国立西南联合大学合组中日战事史料征辑会工作报告		5（2）—00358—027
52	蒋梦麟、任鸿隽及傅斯年关于拟请自 1940 年度起补助北平图书馆经费给教育部部长陈立夫函		5（2）—00358—028
53	财政部关于国立中央图书馆暨国立贵州师范学校 1941 年度预算分配表已经存查给教育部公函		5（2）—00361—007
54	教育部为请编送 1941 年度追加经费分配预算书给中央图书馆公函及为编送 1941 年度经临费分配预算书给北平研究院训令		5（2）—00366—021

续表

序号	题名	年份	档号
55	国民政府主计处为请转知中央图书馆重庆分馆、北平研究院、中国童子军总会补送追加1941年度预算分配表给教育部公函		5(2)-00366-022
56	国民政府主计处为依法编送国立北平图书馆1941年度转运存上海图书临时费改作1942年度支出等通知书		5(2)-00367-016
57	教育部为补编1942年度分配预算表给国立中央大学、北平图书馆训令		5(2)-00367-027
58	国民政府主计处关于核定中央图书馆搜购珍籍临时费追加概算书等通知书		5(2)-00367-033
59	关于追加苏皖联立技艺专科学校补助费给私立南开中学、私立武昌文华图书馆学专科学校、中华全国体育协进会训令		5(2)-00369-004
60	教育部为办理建筑费、珍籍搜购费、古物展出运费等费用追加案给国立西北技艺专科学校、国立中央图书馆训令，给财政部、北平故宫博物院公函		5(2)-00371-032
61	中央图书馆搜购珍籍临时费等追加概算表给教育部训令＋附件：财政专门委员会第二一四次审查会审拟1942年度教育部追加主管收入、教育文化支出案概算表		5(2)-00371-033
62	教育部关于告知追加岁入、岁出情形给国立中央图书馆等令＋附件：国防最高委员会第一五三次常会核定教育部追加1944年度收入支出预算清单		5(2)-00388-002-012
63	刘国钧为请准拨款建筑国立图书馆馆舍函（抄件）		5(2)-00409-063
64	教育部关于检送各直辖附属机关1941年度经费预算分配表及请领平价米清册文件给行政院、国立北平图书馆、国立边疆文物馆筹备委员会等代电		5(2)-00410-004
65	行政院关于核准追加1940年度教育文化支出及教育文化部分之补助支出经临概算给教育部训令及该部给国立中央图书馆等训令＋附件：国防最高委员会第四十次常务会议核定十二单位追加经临各费清单		5(2)-00419-015
66	量才流通图书馆馆长程远为请补助经费给教育部部长陈立夫呈		5(2)-00439-023
67	西康省建设厅厅长叶秀峰关于请赐中华自然科学社建设通俗图书馆费用给教育部部长陈立夫电及该部长复电		5(2)-00441-031

续表

序号	题名	年份	档号
68	中华自然科学社社长杜长明关于请拨发经费开办图书馆给教育部部长陈立夫笺函及该部长批+附件：中华自然科学社筹设通俗科学图书馆计划大纲		5（2）-00441-032
69	中华自然科学社社长杜长明关于请拨补助费给教育部部长陈立夫呈+附件：中华自然科学社筹设重庆通俗科学图书馆计划大纲		5（2）-00441-033
70	中华图书馆协会理事长袁同礼关于填送教育部核准发给补助费各机关团体概况调查表给教育部呈+附件1：中华图书馆协会申请教育部核准发给补助费概况调查表+附件2：中华图书馆协会组织大纲（1937年1月）		5（2）-00444-018
71	教育部为要求上报工作情形、寄送出版刊物给中华全国戏剧界抗敌协会、中华全国文艺界抗敌协会、中华图书馆协会等训令及教育部社会教育司为请报将《民意周刊》寄赠各教育机关情形给民意周刊社函		5（2）-00445-022
72	冯友兰为西南联大与北平图书馆合办中日战争史料征辑会拟请拨发经费函及教育部高等教育司复函+附件：中日战争史料征辑会工作报告		5（2）-00446-051
73	西南联合大学常务委员蒋梦麟、张伯苓、北平图书馆馆长袁同礼等为请准拨中日战事史料征辑会设备费给教育部呈及该部回文		5（2）-00447-026
74	国立西南联合大学、国立北平图书馆为请准补助中日战事史料辑会经费给教育部快邮代电及该部复电		5（2）-00448-001
75	冯友兰为请再予增加中日战事史料征辑会购书费给教育部部长陈立夫函及陈立夫复函、教育部给国立西南联合大学、国立北平图书馆训令+附件：工作报告书简述		5（2）-00448-038
76	私立武昌文华图书馆学专科学校校长沈祖荣为送1944年度国家总预算支出领用机关调查表给教育部代电（无附件）		5（2）-00449-056
77	国立中央图书馆馆长蒋复璁为请增拨支那内学院迁移费呈及教育部高等教育司复函		5（2）-00450-025
78	教育部代部长陈雪屏关于告知西安图书馆事件正在洽定解决办法给西安市市长王友直电		5（2）-00460-002-086
79	西安市市长王友直关于洽商筹设图书馆问题给教育部代部长陈雪屏电		5（2）-00460-002-087

序号	题名	年份	档号
80	中央图书杂志审查委员会关于寄往西安图书馆之书刊已被退还应请告知第十临时中学地址给教育部函＋附件：退回书刊清单		5（2）－00484－026
81	四川省立图书馆杨受智为告知发现刊物《第二代》并摘录其中要点给教育部部长陈立夫函		5（2）－00494－006
82	中央图书馆杂志审查委员会关于检送陕西省1942年9月份言论动向报告给教育部公函＋附件：陕西省1942年9月份言论动向报告		5（2）－00502－001
83	中央图书馆杂志审查委员会关于检送陕西省1942年8月份言论动向报告给教育部公函＋附件：陕西省1942年8月份言论动向报告		5（2）－00502－002
84	中央图书馆杂志审查委员会关于检送陕西省1942年6月份言论动向报告给教育部公函＋附件：陕西省1942年6月份言论动向报告		5（2）－00502－003
85	中央图书馆杂志审查委员会关于检送陕西省1942年5月份言论动向报告给教育部公函＋附件：陕西省1942年5月份言论动向报告		5（2）－00502－004
86	中央图书馆杂志审查委员会关于检送陕西省1942年7月份言论动向报告给教育部公函＋附件：陕西省1942年7月份言论动向报告		5（2）－00502－005
87	中央图书馆杂志审查委员会关于检送陕西省1942年3月份言论动向报告给教育部公函＋附件：陕西省1942年3月份言论动向报告		5（2）－00502－006
88	中央图书馆杂志审查委员会关于检送湖南省1942年9月份言论动向报告给教育部公函＋附件：湖南省1942年9月份言论动向报告		5（2）－00502－007
89	中央图书馆杂志审查委员会关于检送湖南省1942年8月份言论动向报告给教育部公函＋附件：湖南省1942年8月份言论动向报告		5（2）－00502－008
90	中央图书馆杂志审查委员会关于检送湖南省1942年6月份言论动向报告给教育部公函＋附件：湖南省1942年6月份言论动向报告		5（2）－00502－009
91	中央图书馆杂志审查委员会关于检送湖南省1942年5月份言论动向报告给教育部公函＋附件：湖南省1942年5月份言论动向报告		5（2）－00502－010
92	中央图书馆杂志审查委员会关于检送湖南省1942年7月份言论动向报告给教育部公函＋附件：湖南省1942年7月份言论动向报告		5（2）－00502－011

续表

序号	题名	年份	档号
93	私立武昌文华图书馆学专科学校为检送《书籍提要》及《图书使读法》签注意见给教育部社会教育司笺函（无附件）		5（2）-00506-003
94	国立中央图书馆馆长蒋复璁为检送该馆主任彭道真、陈友潜、罗青来等撰述《中国之命运》提要给教育部呈（无附件）		5（2）-00512-069
95	徐炳昶关于介绍钱临照、苏秉琦并请拨东方图书馆旧址给教育部部长朱骝先（朱家骅）函		5（2）-00577-001
96	四川泸县被征用中学校长王楠、周维贤、孟平过等为请政府归还战时被征用学校校舍给中央图书馆、全国教育善后复员会议电		5（2）-00578-046
97	行政院河北平津区敌伪产业处理局局长张楚关于请核转第二图书馆成立经费给行政院院长翁文灏呈		5（2）-00591-007
98	教育部人事处关于拟派缪凤林前往南京协助接收国学图书馆事宜给总务司函		5（2）-00591-025
99	私立武昌文华图书馆学专科学校校长沈祖荣关于填送1940至1942年度毕业生服务情形调查表给教育部呈＋附件：私立武昌文华图书馆学专科学校1940至1942年度毕业生服务情形调查表		5（2）-00673-005
100	教育部为检发1940年全国中等教育会议报告给国立中央图书馆、重庆市社会局、各省教育厅等训令（无附件）		5（2）-00764-018
101	湖南省图书室一览表		5（2）-00792-011
102	台湾省社会教育概况表（民教馆、图书馆）		5（2）-00873-022
103	广西省艺术馆、图书馆、体育场等概况表		5（2）-00874-004
104	贵州省立图书馆1945年度工作概况		5（2）-00874-015
105	贵州省立图书馆1945年度职员名册		5（2）-00874-016
106	安顺私立图书馆调查表		5（2）-00874-021
107	1940年度图书馆室概况表		5（2）-00880-016
108	抗战后教育部直属学校机关图书馆室已、未运出之图书		5（2）-00880-019
109	1936至1939年度图书馆、民众教育馆、博物馆等概况比较表		5（2）-00880-020
110	全国到1947年底现有图书馆一览表		5（2）-00887-001
111	全国图书馆一览表		5（2）-00887-002

续表

序号	题名	年份	档号
112	1943年度陕西省图书馆概况报告表		5（2）-00887-003
113	四川省图书馆一览表		5（2）-00887-004
114	湖北省图书馆一览表		5（2）-00887-005
115	安徽省图书馆一览表		5（2）-00887-006
116	青海省图书馆一览表		5（2）-00887-007
117	浙江省图书馆一览表		5（2）-00887-008
118	甘肃省图书馆一览表		5（2）-00887-009
119	西康省图书馆一览表		5（2）-00887-010
120	广西省图书馆一览表		5（2）-00887-011
121	云南省图书馆一览表		5（2）-00887-012
122	福建省图书馆一览表		5（2）-00887-013
123	国立罗斯福图书馆筹备委员会工作报告（附件另列）		5（2）-00888-001
124	附件1：国立罗斯福图书馆筹备委员会1946年度上海办事处收发文卷统计表（1946年）＋附件2：1947年度重庆筹备会收发文卷统计表（1947年）＋附件3：国立罗斯福图书馆筹备委员会1947年度收发文卷统计表（1947年）		5（2）-00888-002
125	附件4：国立罗斯福图书馆筹备委员会收发文卷统计表＋附件5：国立罗斯福图书馆筹备委员会征求信件及征得书籍统计表		5（2）-00888-003
126	附件6：国立罗斯福图书馆筹备委员会书籍购藏数字及购订全额统计表＋附件7：1947年度编目图书收送统计表		5（2）-00888-004
127	附件8：国立罗斯福图书馆筹备委员会1947年中文编目移送图书分类统计表（一）（1947年）＋附件9：国立罗斯福图书馆筹备委员会1947年中文编目移送图书分类统计表（二）（1947年）		5（2）-00888-005
128	附件10：国立罗斯福图书馆筹备委员会1947年中文编目未移送图书册数分类统计表（1947年）＋附件11：国立罗斯福图书馆筹备委员会特藏图书统计表		5（2）-00888-006
129	附件12：国立罗斯福图书馆筹备委员会特藏名刊本统计表＋附件13：国立罗斯福图书馆筹备委员会特藏钞本统计表		5（2）-00888-007

续表

序号	题名	年份	档号
130	附件14：国立罗斯福图书馆筹备委员会特藏稿本统计表＋附件15：国立罗斯福图书馆筹备委员会特藏批校本统计表		5（2）-00888-008
131	附件16：国立罗斯福图书馆筹备委员会特藏清精刊本统计表＋附件17：国立罗斯福图书馆筹备委员会特藏战时出版图书分类统计表		5（2）-00888-009
132	附件18：国立罗斯福图书馆筹备委员会1948年4月28日到30日善本展览分类统计表（1948年）＋附件19：国立罗斯福图书馆筹备委员会1948年4月28日到30日善本展览参观人数统计表（1948年）		5（2）-00888-010
133	附件20：国立罗斯福图书馆筹备委员会1948年11月12日到14日善本展览分类统计表（1948年）＋附件21：国立罗斯福图书馆筹备委员会1948年11月12日到14日善本展览参观人数统计表（1948年）＋附件22：国立罗斯福图书馆筹备委员会借交重庆市立图书馆展览图书统计表		5（2）-00888-011
134	国立中山大学图书馆工作报告（附件另列）		5（2）-00888-012
135	附件1：国立中山大学图书馆各馆室名称表＋附件2：国立中山大学图书馆图书委员会委员名称		5（2）-00888-013
136	附件3：国立中山大学图书馆迁运统计表＋附件4：国立中山大学图书馆急运箱子表		5（2）-00888-014
137	附件5：国立中山大学图书馆现存图书统计表＋附件6：国立中山大学图书馆购入图书统计表		5（2）-00888-015
138	附件7：国立中山大学图书馆中山文库图书分类统计表＋附件8：国立中山大学图书馆图书分期统计表		5（2）-00888-016
139	附件9：国立中山大学图书馆编目统计表＋附件10：国立中山大学图书馆借书证统计表		5（2）-00888-017
140	附件11：国立中山大学图书馆借阅统计表＋附件12：国立中山大学图书馆设备统计表		5（2）-00888-018
141	附件13：国立中山大学图书馆1941年度馆员一览表（1941年）＋附件14：国立中山大学图书馆工作标准		5（2）-00888-019
142	附件15：国立中山大学图书馆分馆工作竞赛标准＋附件16：国立中山大学图书馆1941年度竞赛结果表（1941年）		5（2）-00888-020

续表

序号	题名	年份	档号
143	附件17：国立中山大学图书馆馆员工作考绩标准＋附件18：国立中山大学图书馆统计摘要		5（2）－00888－021
144	国立罗斯福图书馆筹备委员会1948年度工作报告（附件另列）		5（2）－00888－022
145	附件1：国立罗斯福图书馆筹备委员会1948年度到馆新书统计表（1948年）＋附件2：国立罗斯福图书馆筹备委员会1948年度到馆期刊统计表（1948年）		5（2）－00888－023
146	附件3：国立罗斯福图书馆筹备委员会1948年度订购及赠送日报种数比较表（1948年）＋附件4：国立罗斯福图书馆筹备委员会1948年度购置图书用费比较表（1948年）		5（2）－00888－024
147	附件5：国立罗斯福图书馆筹备委员会1948年度中文编目逐月工作统计表（1948年）＋附件6：国立罗斯福图书馆筹备委员会1948年度所编中文图书分类统计表（1948年）＋附件7：国立罗斯福图书馆筹备委员会1948年度所编中文特藏书籍分类统计表（1948年）		5（2）－00888－025
148	四川省立教育学院图书馆图书数目表、中华图书馆协会概况		5（2）－00888－026
149	北平故宫博物院图书馆书库之一（寿安宫内院）摄影		5（2）－00895－024
150	教育部关于调查历代皇帝陵墓被挖掘情况给国立北平故宫博物院、国立北平图书馆代电		5（2）－00898－001
151	国立北平图书馆关于告知暂时无法购买帝陵古物给教育部快邮代电		5（2）－00898－002
152	教育部关于准予将第一次专题展览存重庆用具赠予中央图书馆给国立中央博物院筹备处指令		5（2）－00898－058
153	国立中央博物院筹备处主任李济为将第一次专题展览存重庆用具赠予中央图书馆给教育部部长陈立夫呈＋附件：国立中央博物院筹备处第一次专题展览存渝用具清单（1944年9月28日）		5（2）－00898－059
154	国立中央博物院筹备处关于请转送运存古物事件报告书给教育部秘书处笺函＋附件：国立中央博物院筹备处干事裘姜元关于汇报已将北平故宫博物院北平古物陈列所古物存入平和洋行仓库，将中央图书馆筹备处图书存入武昌文华书院给教育部呈（1937年11月23日）		5（2）－00898－069

续表

序号	题名	年份	档号
155	教育部关于告知调查意大利掠夺文物给中央博物院筹备处、北平图书馆训令及给外交部公函		5（2）-00909-006
156	教育部为请调查文物损毁及掠夺情形给中央图书馆、故宫博物院、北平图书馆等训令		5（2）-00909-014
157	教育部为请告知敌人掠夺或损毁文物情形给国立中央博物院筹备处、中央图书馆、北平图书馆等代电		5（2）-00909-016
158	国立北平图书馆关于调查意大利掠夺文化艺术品情形给教育部社会教育司笺函		5（2）-00909-017
159	教育部关于告知调查意大利掠夺文化艺术品及其他文物给国立中央博物院筹备处、国立北平图书馆、中央研究院函		5（2）-00909-018
160	教育部关于告知日本掠夺文物给外交部公函及关于请造具被掠去文物清册给国立中央图书馆代电		5（2）-00909-024
161	国立中央图书馆馆长蒋复璁关于申请向日本人索偿被掠美国图书给教育部代电		5（2）-00909-025
162	国立中央博物院筹备处主任李济关于开列德国、意大利劫去文物清单给教育部部长朱家骅呈+附件1：柏林国立图书馆所藏中国珍贵书籍及柏林学院所藏勒柯克氏收集之唐宋写本及印本残页+附件2：罗马国立图书馆所藏中国珍贵书籍+附件3：德国公私机关收藏中国古物及目录		5（2）-00919-003
163	教育部职员王湛关于陈报调查1946年度各省市民众教育馆情况并请准油印一览表签呈及各省市民众教育馆1946年度奖励案一览表、1946年度收复区暨光复区恢复民众教育馆一览表、各省市民众教育馆、图书馆及公共体育场一览表等表		5（2）-00925-001
164	教育部为核准充实东方图书给国立西北图书馆筹备委员会指令		5（2）-00971-035
165	国立西北图书馆筹备委员会筹备主任刘国钧为遵令充实东方图书给教育部部长陈立夫呈		5（2）-00971-036
166	教育部为抄送边疆委员会会议议案给国立北平图书馆、国立中央图书馆、国立西北图书馆筹备委员会训令+附件：韩儒林关于国立图书馆应充实东方图书提案		5（2）-00971-073
167	《第六届边疆教育会议第三组提案》之马鹤天关于边疆各省立图书馆或教育馆内应专设边疆图书室并陈列边民之服饰用具及边地物产提案		5（2）-00972-086

续表

序号	题名	年份	档号
168	广西省立特种教育师资训练所图书室规则		5（2）-01031-020
169	战区设置秘密图书馆办法		5（2）-01061-002-026
170	湖北省教育厅厅长周天放关于转报中华、华中大学及文华图书馆学专科学校可容纳借读生数给教育部部长王世杰电		5（2）-01066-041
171	教育部关于寄送抗战建国纲领给国立中央博物院筹备处、中央图书馆筹备处、北平图书馆等训令+附件：各机关名单		5（2）-01071-008
172	将故宫及中央两博物院、中央及北平两图书馆暨教育电影制片厂暂行合并为国立中央文化教育馆案（附件另列）		5（2）-01073-004
173	附件1：山东省巡回教学团各队巡回文库图书借阅规则（1946年12月）+附件2：山东省巡回教学团办事细则（1946年12月）		5（2）-01214-018
174	山东省教育厅为请准予追加巡回教学团、巡回文库购置费预算给教育部呈		5（2）-01215-016
175	教育部关于巡回文库只准购置一组给山东省教育厅指令		5（2）-01215-030
176	山东省教育厅关于检送巡回教学团1946年度预备费结存数报告及巡回文库购置费预算书给教育部呈+附件1：山东省巡回教学团1946年度预备费结存数报告表（1946年8月）+附件2：山东省巡回教学团巡回文库购置预算书（1946年5月30日）		5（2）-01215-031
177	教育部关于应送巡回教学团1946年度预备费结存数暨巡回文库购置费预算给山东省教育厅指令		5（2）-01215-055
178	山东省教育厅关于巡回教学团巡回文库购置经费请仍准由该团1946年度预备费项下动支给教育部呈		5（2）-01215-056
179	教育部关于核备巡回教学团增设巡回文库计划书及经费预算给山东省教育厅指令		5（2）-01215-093
180	山东省教育厅关于转送巡回教学团设置巡回文库计划及所需购置费预算书给教育部呈+附件：山东省巡回教学团巡回文库设置计划、购置预算书（1946年5月30日）		5（2）-01215-094
181	教育部为特教巡教团1939年度4月至7月工作计划中设立"民族复兴室"应改成"抗战图书室"给河南省教育厅指令		5（2）-01241-078

续表

序号	题名	年份	档号
182	私立武昌文华图书馆学专科学校校长沈祖荣关于填送训育人员调查表给教育部呈＋附件：省公私立专科以上学校现任主管训育人员调查表（1940年4月1日）		5（2）－01273－059
183	教育部关于专科以上学校毕业生训导证书格式尚未制定给私立武昌文化图书馆学专科学校指令		5（2）－01273－102
184	私立武昌文化图书馆学专科学校校长沈祖荣关于请示专科以上学校毕业生训导证书格式给教育部呈		5（2）－01273－103
185	拟援美国佛尔伯莱特法案请求资助在中国组织图书馆研究会或讲习班建议书		5（2）－01342－001
186	教育部关于开列尚未收到联合国文教组织图书馆公报之各单位名称便条		5（2）－01358－039
187	陈源关于告知哲学、艺术、图书馆等组尚缺人选给教育部电		5（2）－01381－023
188	教育部为注意上海师专图书馆动态给上海市教育局局长李熙谋代电及上海师专图书馆之内容情报		5（2）－01520－002
189	教育部为查明上海师专图书馆陈列左倾书刊给上海市教育局局长李熙谋代电及上海师专图书馆陈列左倾书刊情报		5（2）－01520－003
190	教育部为饬依法改组学生自治会取缔子三图书室给国立浙江大学校长竺可桢代电		5（2）－01635－030
191	胡云山为请饬令浙江大学速将学生自治会依法改组并取缔其所办子三图书室给教育部赵静涛函		5（2）－01635－031
192	国立重庆大学图书馆历年教职员借书及杂志未还统计表		5（2）－01708－065
193	国立重庆大学图书馆历年损失书籍统计表		5（2）－01708－066
194	国立重庆大学图书馆杂志统计表		5（2）－01708－067
195	国立重庆大学图书馆已损失之书籍表		5（2）－01708－068
196	国立重庆大学图书馆离校教职员及学生借书未还册数表		5（2）－01708－069
197	四川省立重庆大学图书馆1941年度前离校学生未还书籍目录（中文、英文）		5（2）－01708－072
198	四川省立重庆大学图书馆1941年度前离校教职员未还书籍目录（中文、英文）		5（2）－01708－073

续表

序号	题名	年份	档号
199	附件6：国立西北农学院学生自治会为请院长辞职布告（1944年2月24日）+附件7：国立西北农学院图书馆主任闫用九等关于学生阻碍办公给院长周伯敏签呈（1944）		5（2）-01742-020
200	教育部为请查明图书室失窃及不良学生捣乱事并办理该事给国立第三华侨中学校长周元吉电（附件另列）		5（2）-01825-020
201	附件1：国立第三华侨中学校长丘宝畴为请将该校图书室失窃情形及被窃书籍清册备查给教育部部长陈立夫代电（1944年5月9日）+附件2：国立第三华侨中学图书室被窃书籍物件清册（1944年5月）+附件3：立第三华侨中学校长丘宝畴为请调查核办不良分子返校捣乱事给教育部部长陈立夫代电（1944年5月11日）		5（2）-01825-021
202	交通部本部图书室规则仰各厅司遵照办理令	1912	
203	交通部图书室规则	1912	
204	交通部图书阅览室规则		
205	交通部为订定公布本部图书阅览室规则令	1917	
206	交通部图书阅览规则		
207	交通部为订定公布交通部图书阅览规则令	1921	
208	教育部令第八号修正审定教科用图书规程	1914	
209	教育部编审处一九一六年六月份审查图书一览表	1916	
210	大总统府秘书厅为扩充京师图书馆事宜致教育部公函附扩充京师图书馆计划及京师图书馆办法说明书	1924	
211	通俗教育研究会借用图书简章		
212	图书馆规程		
213	通俗图书馆规程		
214	农商部矿政司为将兰州图书绾所存导河县陨石送部以便发交地质调查所研究致甘肃省省长咨	1922	
215	农商部地质调查所图书馆暂行规则	1922	
216	地质调查所为送该所图书馆第一次报告致农商部呈 附报告	1925	

3　辽宁省档案馆

序号	题名	年份	档号
1	辽宁省立图书馆为送现任公务员甄别审查表及家庭状况表给辽宁省政府的呈（附家庭状况表；现任公务员甄别审查表；辽宁省立图书馆馆长卞鸿儒的照片）	1931	JC010-01-000354-000021
2	辽宁省政府为辽宁省立图书馆送现任公务员甄别审查表及家庭状况表事给辽宁省立图书馆的指令	1931	JC010-01-000354-000022
3	辽宁省财政厅为赠送兰州中山大学图书馆省公报事给辽宁省政府秘书处的函	1929	JC010-01-000386-000013
4	太平洋社上海总社为筹备在沪成立图书馆希多量寄赠各种出版物如需邮费将数目示知当即照寄事给辽宁省政府的函	1929	JC010-01-000386-000088
5	辽宁省政府秘书处为按日检寄辽宁省政府公报至北平中山图书馆查收事给辽宁省财政厅的函	1929	JC010-01-000386-000109
6	辽宁省财政厅为已寄辽宁省政府公报至北平中山图书馆1份事给辽宁省政府秘书处的函	1929	JC010-01-000386-000127
7	北平中国大学图书馆为征集刊物事给辽宁省政府的函	1929	JC010-01-000386-000162
8	辽宁省政府秘书处为将按日检寄辽宁省政府公报事给中国大学图书馆的函	1929	JC010-01-000386-000163
9	辽宁省政府秘书处为按日检寄辽宁省政府公报至中国大学图书馆事给辽宁省财政厅民政厅等的函	1929	JC010-01-000386-000164
10	北平北海图书馆为请惠赠辽宁省政府公报一份事给辽宁省政府公报处的函	1929	JC010-01-000386-000168
11	辽宁省政府秘书处为由辽宁省财政厅按日检寄辽宁省政府公报事给北平北海图书馆的函	1929	JC010-01-000386-000169
12	辽宁省政府秘书处为按日检寄辽宁省政府公报至北平北海图书馆事给辽宁省财政厅的函	1929	JC010-01-000386-000170
13	辽宁省政府教育厅为已将教育月刊5本寄送至中国大学图书馆及以后按期继续寄送事给辽宁省政府秘书处的函	1929	JC010-01-000386-000181
14	辽宁省财政厅为辽宁省政府公报全份不完整故将现存检送至北平北海图书馆及以后按日检寄事给辽宁省政府秘书处的函	1929	JC010-01-000386-000183

续表

序号	题名	年份	档号
15	辽宁省财政厅为已检寄北平中国大学图书馆江西建设厅等处省政府公报各1份事给辽宁省政府秘书处的函	1929	JC010-01-000386-000185
16	建设委员会图书馆为寄赠公报尚缺数册请补寄事给辽宁省政府秘书处的函	1929	JC010-01-000386-000186
17	辽宁省政府秘书处为补寄建设委员会图书馆省政府公报事给辽宁省财政厅的函	1929	JC010-01-000386-000187
18	刘纪文为请惠寄辽宁省新旧出版各刊物以备京市筹设图书馆以供众览事给辽宁省政府的函	1929	JC010-01-000386-000193
19	国立北平图书馆为国立北平图书馆与北平北海图书馆合组为国立北平图书馆并仍旧在原馆继续公开阅览所有文件仍照常分别收受事给辽宁省政府的函	1929	JC010-01-000386-000196
20	辽宁省政府秘书处为国立北平图书馆与北平北海图书馆合组为国立北平图书馆并仍旧在原馆继续公开阅览所有文件仍照常分别收受事给辽宁省财政厅的函	1929	JC010-01-000386-000197
21	洛阳县通俗图书馆为请惠寄所有辽宁省政府出版刊物以供众览事给辽宁省政府的函	1929	JC010-01-000386-000198
22	山东省立图书馆为请惠寄辽宁省刊物以资观摩事给辽宁省政府的函	1929	JC010-01-000386-000206
23	辽宁省政府秘书处为将按日检寄辽宁省政府公报1份事给山东省立图书馆的函	1929	JC010-01-000386-000207
24	辽宁省政府秘书处为按日检寄辽宁省政府公报1份至山东省立图书馆事给辽宁省财政厅的函	1929	JC010-01-000386-000208
25	国立武汉大学图书馆为请补寄九十六及一二七两号公报事给辽宁省政府的函	1929	JC010-01-000386-000210
26	辽宁省政府秘书处为补寄九十六及一二七两号公报至国立武汉大学图书馆事给辽宁省财政厅的函	1929	JC010-01-000386-000211
27	国立北平图书馆为前送缺失各公报请补寄以成完璧事给辽宁省政府的函	1929	JC010-01-000386-000217
28	国立北平图书馆为请惠寄杂志刊物等至北平中海居仁堂第一馆查收事给辽宁省政府的函	1929	JC010-01-000386-000219
29	辽宁省立图书馆为已收到辽宁省职员录事给辽宁省政府秘书处的函	1930	JC010-01-000407-000027
30	奉天巡按使公署为请填送第二期全省职员录格式表事给奉天商埠总筹备处锦县商埠局奉天省立图书馆的函	1919	JC010-01-000431-000306

续表

序号	题名	年份	档号
31	北平北海图书馆为请赐最近职员录事给辽宁省政府的函	1919	JC010-01-000448-000031
32	辽宁省政府为待职员录印就后再行送达事给北平北海图书馆的函	1919	JC010-01-000448-000032
33	国立清华大学图书馆为惠赐报告时请将发票随书寄下事给辽宁省政府的函	1920	JC010-01-001140-000050
34	国立清华大学图书馆为报收到户口统计表事给辽宁省政府的函	1920	JC010-01-001140-000052
35	中华民国建设委员会图书馆为请将各项公产阴谋证据专刊一书见赠2份事给奉天省政府秘书处的函	1929	JC010-01-002432-000013
36	署奉天教育厅长祁彦树为报将所有印信电本款项物品图书人员账簿及文卷接收清楚请鉴核备案事给奉天省长公署的呈（附文卷及人员名清单；契据账簿数目清单；存图书馆物品单点收就问卷清册；接收教育科文卷及款项清单）	1925	JC010-01-002856-000010
37	新宾县高元惠为报教育局长王福九侵吞公款抗令渎职盗卖公物请派员彻查依法惩办事给辽宁省政府的呈（附保条；新宾县教育局长王福九报销图书馆修缮费各项吞搂实数比较表2份）	1930	JC010-01-002860-000019
38	奉天省教育会为报议决由省教育会征集奉省先贤著作以资流传保存及创办儿童图书馆以推广儿童教育各一案事给奉天省长公署的呈（附议案2份）	1926	JC010-01-002941-000097
39	奉天省长公署为奉天省教育会报议决由省教育会征集奉省先贤著作以资流传保存及创办儿童图书馆以推广儿童教育各一案事给奉天省教育会的指令	1926	JC010-01-002941-000098
40	东三省总督徐世昌奉天巡抚唐绍仪为准予提拨图书馆建筑经费并刊发木质钤记一案事给奉天财政总局的札	光绪三十三年（1907）	JC010-01-002985-000004
41	奉天行省公署为奉天提学使司报拟派奉天图书馆总理陈炳焕前往雨湖一带购置图书请拨款事给奉天提学使司的批（附奉天提学使司的呈）	光绪三十三年（1907）	JC010-01-002985-000005
42	奉天行省公署为遵即拨款以便奉天图书馆购置图书事给奉天度支司的札	光绪三十三年（1907）	JC010-01-002985-000006
43	奉天行省公署为奉天省城图书馆报请安设电话事给奉天省城图书馆的批（附奉天图书馆的呈）	光绪三十四年（1908）	JC010-01-002985-000007

续表

序号	题名	年份	档号
44	奉天行省公署为准予奉天省城图书馆安设电话事给奉天电报总局的札	光绪三十四年（1908）	JC010-01-002985-000008
45	奉天行省公署为奉天提学使司报请将光绪三十四年冬奉天度支司借给奉天图书馆银两拨归发售室资本事给奉天提学使司的批（附奉天提学使司的呈）	宣统元年（1909）	JC010-01-002985-000009
46	奉天行省公署为准予将光绪三十四年冬奉天度支司借给奉天图书馆银两拨归发售室资本事给奉天度支司的札	宣统元年（1909）	JC010-01-002985-000010
47	奉天行省公署为奉天度支司报核议奉天图书馆借款请作资本未便照准并请饬缓期报缴以重公款事给奉天度支司的批（附奉天度支司的呈）	宣统元年（1909）	JC010-01-002985-000011
48	奉天行省公署为准予奉天图书馆借款缓期报缴以重公款事给奉天提学使司的札	宣统元年（1909）	JC010-01-002985-000012
49	奉天行省公署为饬改奉天图书馆办法并派员经理各情事给奉天度支司的札	宣统元年（1909）	JC010-01-002985-000014
50	奉天行省公署为奉天提学使司报请搜集各项官私政要纪事地志与图统计报告法令规则章程表册汇送奉天图书馆存储事给奉天提学使司的批（附奉天提学使司的呈）	宣统元年（1909）	JC010-01-002985-000015
51	奉天行省公署为奉天提学使司报前奉天图书馆总理陈炳焕借拨沈平银两事给奉天提学使司的批（附奉天提学使司的呈）	宣统二年（1910）	JC010-01-002985-000017
52	奉天行省公署为奉天省城图书馆请拨购置器具等款洋并送正副预算清册及领状事给奉天省城图书馆的批（附奉天省城图书馆的呈；开办器具应用款项预算清册；领状）	光绪三十三年（1907）	JC010-01-002985-000018
53	奉天行省公署为奉天省城图书馆庶务员钱鼎熙造报修建左参赞衙署楼房工料各款清册请核发事给奉天省城图书馆庶务员钱鼎熙的批（附奉天省城图书馆庶务员钱鼎熙的呈）	光绪三十三年（1907）	JC010-01-002985-000019
54	奉天行省公署为奉天省城图书馆庶务员钱鼎熙送更正建筑左参赞署工程报册及请准销并希饬发不敷经费事给奉天省城图书馆庶务员钱鼎熙的批（附奉天省城图书馆庶务员钱鼎熙的呈；领状）	光绪三十三年（1907）	JC010-01-002985-000020
55	奉天行省公署为奉天省城图书馆送采办图书清册并希核发购书款洋事给奉天省城图书馆的批（附奉天省城图书馆的呈；图书馆陈列室上海各书业赠品清折）	光绪三十四年（1908）	JC010-01-002985-000021

续表

序号	题名	年份	档号
56	奉天行省公署为奉天省城图书馆报采办图书馆各项物品经费不敷请饬发事给奉天省城图书馆的批（附奉天省城图书馆的呈；奉天省城图书馆领到奉天度支司拨给经费领状）	光绪三十四年（1908）	JC010-01-002985-000022
57	奉天行省公署为奉天省城图书馆总理陈炳焕报购置图书不能如期寄奉之困难情形并希饬奉天提学司知照事给奉天省城图书馆的批（附奉天省城图书馆的禀）	光绪三十四年（1908）	JC010-01-002985-000023
58	奉天行省公署为奉天省城图书馆总理陈炳焕报扩充发售室并请饬奉天提学司署先在会计课垫领建筑经费事给奉天省城图书馆总理陈炳焕的批（附奉天省城图书馆总理陈炳焕给奉天行省公署的禀）	光绪三十四年（1908）	JC010-01-002985-000024
59	奉天行省公署为饬准就奉天省城图书馆发售室后添盖房屋所需经费即归下月预算册并领事给奉天省城图书馆的札	光绪三十四年（1908）	JC010-01-002985-000025
60	奉天行省公署为奉天省城图书馆请将添建房屋所需工料款归入光绪三十四年十月份经费预算并请核发事给奉天省城图书馆的批（附奉天省城图书馆的呈；奉天省城图书馆领奉天度支司署拨给添建储书室经费领状）	光绪三十四年（1908）	JC010-01-002985-000026
61	奉天行省公署为奉天省城图书馆送建筑陈列发售室工程物料款洋及发票清册并请核发工程款事给奉天省城图书馆的批（附奉天省城图书馆的呈；木匠支玉泉的保固状；泥匠陈边富的保固状；领状）	光绪三十四年（1908）	JC010-01-002985-000027
62	奉天行省公署为饬暂行拨借奉天省城图书馆沈平银事给奉天度支司署的札	光绪三十四年（1908）	JC010-01-002985-000029
63	奉天行省公署为饬核发奉天省城图书馆不敷建筑经费银两事给奉天度支司署的札	光绪三十四年（1908）	JC010-01-002985-000031
64	奉天行省公署为奉天省城图书馆报建筑储书室所用工料及花费清册等各件希核销并希将不敷经费核发事给奉天省城图书馆的批（附奉天省城图书馆的呈；支玉泉张连富的保固状；领状；图书馆章程）	光绪三十四年（1908）	JC010-01-002985-000032
65	奉天行省公署为奉天省城图书馆送开办图书馆购置器具支用数目清册事给奉天省城图书馆的批（附奉天省城图书馆的呈）	光绪三十四年（1908）	JC010-01-002985-000033
66	奉天行省公署为奉天省城图书馆报采购图书花费清册事给奉天省城图书馆的批（附奉天省城图书馆的呈；商号恩记木铺的保固状；奉天省城图书馆领不敷经费的领状）	宣统元年（1909）	JC010-01-002985-000035

序号	题名	年份	档号
67	奉天行省公署为奉天省城图书馆报所购桌椅均系实报实销早经付费碍难核减并馆中担负书柜责任事给奉天省城图书馆的批（附奉天省城图书馆的呈）	宣统元年（1909）	JC010-01-002985-000037
68	奉天都督赵尔巽为奉天全省学务公所送图书馆新订阅览规则事给奉天全省学务公所的批（附奉天全省学务公所的呈；奉天图书馆规则）	宣统二年（1910）	JC010-01-002985-000038
69	沈阳商务印书馆为报印行万有文库并拟定办理图书馆简易计划事给辽宁省政府的呈	1929	JC010-01-002986-000001
70	辽宁省政府为沈阳商务印书馆报印行万有文库并拟定办理图书馆简易计划并请饬属采用事给沈阳商务印书馆的批	1929	JC010-01-002986-000002
71	辽宁省政府第二科为沈阳商务印书馆报印行万有文库并拟定办理图书馆简易计划事给奉天教育厅的签	1929	JC010-01-002986-000003
72	东三省政务委员会为商务印书馆印行万有文库并拟定办理图书馆简易计划并黑吉辽各省政府饬属采用事给辽宁省政府的训令	1929	JC010-01-002986-000004
73	辽宁省政府为沈阳商务印书馆印行万有文库并拟具办理图书馆简易计划书希饬属采用事给营口市政府筹备处安东市政府筹备处等的训令	1929	JC010-01-002986-000005
74	奉天省长公署政务厅为于民国十七年十二月十八日下午2钟前来会商筹备图书馆及博物馆重修事宜事给冯广民李向庚戴裕忱等的函	1928	JC010-01-002988-000001
75	奉天省长公署为会同筹办历史博物馆及图书馆事给奉天教育厅奉天市政公所奉天博物馆的训令	1928	JC010-01-002989-000001
76	奉天省长公署为委金锡侯任历史博物馆及图书馆筹备员事给金锡侯的函	1928	JC010-01-002989-000002
77	奉天省长公署为委金锡侯任历史博物馆及图书馆筹备员事给历史博物馆图书馆筹备委员会的令	1928	JC010-01-002989-000003
78	辽宁省立图书馆为报收到浙江省法规汇编及会议记录并送该馆刊行丛刊事给辽宁省政府的呈	1930	JC010-01-003006-000050
79	辽宁省政府为辽宁省立图书馆报收到浙江省法规汇编及会议记录并送该馆新刊丛刊事给辽宁省立图书馆的指令	1930	JC010-01-003006-000051
80	安徽大学图书馆为请寄送各项出版刊物事给辽宁省政府秘书处的函	1930	JC010-01-003006-000097

续表

序号	题名	年份	档号
81	辽宁省政府秘书处为辽宁省各厅月刊将按时寄赠事给安徽省立安徽大学图书馆的函	1930	JC010-01-003006-000098
82	辽宁省政府秘书处为请按时将各项出版刊物寄至安徽大学图书馆事给辽宁省民政厅辽宁省财政厅辽宁省教育厅等的函	1930	JC010-01-003006-000099
83	辽宁省建设厅为报建设厅刊物已送安徽大学图书馆事给辽宁省政府秘书处的函	1930	JC010-01-003006-000104
84	辽宁省教育厅为刊物已经按期送至安徽省立大学图书馆事给辽宁省政府秘书处的函	1930	JC010-01-003006-000112
85	张幅来张凤台为送中州大学图书馆募捐启请查照慨分惠囊或颁赐名著事给奉天省长公署的函（附中州大学图书馆募捐启）	1923	JC010-01-003039-000001
86	约法会议议员袁金铠为已将乾隆四十三年钦定盛京通志送往奉天图书馆铅印事给张贞午的函	1914	JC010-01-003055-000002
87	厦门鼓浪屿中山图书馆为请惠赠辽宁省志全部邮寄陈列以供众览事给辽宁省政府的函	1929	JC010-01-003060-000134
88	辽宁省政府为请惠赠奉天省志全部以供展览一节经查通志正在编纂事给厦门鼓浪屿中山图书馆的函	1929	JC010-01-003060-000135
89	辽宁省政府为厦门鼓浪屿中山图书馆请惠赠奉天省志全部以供展览一节经查通志正在编纂事给奉天通志馆的函	1929	JC010-01-003060-000136
90	江苏省政府图书馆为请惠寄辽宁省通志事给辽宁省政府的函	1929	JC010-01-003060-000137
91	辽宁省政府为请寄通志以资参考经查通志正在纂辑中已转知通志馆俟脱稿印成再行检送事给江苏省政府图书馆的函	1929	JC010-01-003060-000138
92	辽宁省政府为江苏省政府图书馆请寄通志以资参考经查通志正在纂辑中事给奉天通志馆的函	1929	JC010-01-003060-000139
93	奉天提学使司为复本司学务公所图书馆各学堂宣统三年预算造经核减各州县地方行政教育经费未据并报局减修正数目不符无凭造送已咨请奉天清理财政局照抄分催到日再行补送事给东三省总督赵尔巽的呈	宣统三年（1911）	JC010-01-005426-000116
94	国立北平图书馆为恳请将已出版之辽宁省地图检赐1份事给辽宁省政府的函	1929	JC010-01-006186-000015
95	辽宁省政府秘书处为造送辽宁省详细地图1份事给国立北平图书馆的函	1929	JC010-01-006186-000017

续表

序号	题名	年份	档号
96	奉天东边道教育会关于设立通俗教育图书馆附通俗讲演会议案	1926	JC010-01-007071-000010
97	厦门鼓浪屿中山图书馆馆长李岳为征集新时代之出版物事给奉天省长公署的函	1928	JC010-01-007676-000001
98	奉天省长公署为府将每日检送奉省公报1份事给厦门鼓浪屿中山图书馆的函	1928	JC010-01-007676-000002
99	厦门鼓浪屿中山图书馆馆长李岳为请自第一号起常年寄赠公报及其他刊物均以资陈列事给奉天省政府的函	1929	JC010-01-007676-000003
100	奉天省政府为府将按日检送奉省公报1份事给厦门鼓浪屿中山图书馆的函	1929	JC010-01-007676-000004
101	奉天省政府第四科为按日检送奉天省公报1份径寄厦门鼓浪屿中山图书馆事给奉天财政厅公报编辑处的函	1929	JC010-01-007676-000005
102	安庆市政府为暂设图书馆拟每期互换出版物以供阅览事给奉天省政府秘书处的函	1929	JC010-01-007676-000006
103	辽宁省政府秘书处为按日检寄公报1份径寄安庆市图书馆事给辽宁省财政厅公报编辑处的函	1929	JC010-01-007676-000008
104	国立武汉大学图书馆为请将已出版公报惠赠1份未出版按期寄送事给辽宁省政府的函	1929	JC010-01-007676-000009
105	辽宁省政府为将按日检送辽宁省公报1份以供阅览事给国立武汉大学图书馆的函	1929	JC010-01-007676-000010
106	辽宁省政府秘书处为按日检送辽宁省公报1份径寄厦门鼓浪屿中山图书馆事给辽宁省财政厅公报编辑处的函	1929	JC010-01-007676-000011
107	辽宁省政府秘书处为按日检寄公报1份径寄安庆市图书馆事给辽宁省财政厅公报编辑处的函	1929	JC010-01-007676-000015
108	辽宁省政府秘书处为按日检寄辽宁省公报1份径寄国立武汉大学图书馆事给辽宁省财政厅公报编辑处的函	1929	JC010-01-007676-000016
109	北平北海图书馆为请惠赠公报事给辽宁省政府的函	1929	JC010-01-007676-000017
110	辽宁省政府秘书处为将按日寄送辽宁省公报1份事给北平北海图书馆的函	1929	JC010-01-007676-000018
111	北平中国大学图书馆为请惠赠辽宁省通志一书事给辽宁省政府的函	1929	JC010-01-007676-000019

续表

序号	题名	年份	档号
112	辽宁省政府为辽宁省通志一书正在设馆编辑中付印之期尚远俟出版后再行寄送事给北平中国大学图书馆的函	1929	JC010-01-007676-000020
113	辽宁省政府为以后凡书肆立案时一律禁用图书馆字样其已开业者应嘱更正事给辽宁省教育厅辽宁省民政厅的训令	1929	JC010-01-007676-000025
114	辽宁省立图书馆为已收到上海港口大全中英文各一部暨陈新政遗稿事给辽宁省政府秘书处的函	1930	JC010-01-009238-000002
115	奉天省度支司为报通饬核发图书馆总理陈炳焕请续购书价暂借公款银两事给奉天行省公署的申	光绪三十四年（1908）	JC010-01-009408-000003
116	奉天省度支司为核发图书馆请领修筑图书馆不敷经费银两事给东三省总督部堂奉天巡抚部院的申	宣统元年（1909）	JC010-01-009408-000010
117	东三省都督赵尔巽为奉天全省学务公所报咨送提学司学务公所并图书馆及已裁撤简易识字各塾宣统三年全年预算年额实支年额表式填列事给奉天全省学务公所的批（附奉天全省学务公所的呈）	1912	JC010-01-009478-000029
118	东三省都督赵尔巽为饬查照奉天全省学务公所报咨送提学司学务公所并图书馆及已裁撤简易识字各塾宣统三年全年预算年额实支年额表式填列事给奉天度支司的札	1912	JC010-01-009478-000030
119	东三省都督赵尔巽为奉天学务公所报送公所及图书馆民国元年上下两半年岁出预算简明表事给奉天学务公所的批（附奉天学务公所的呈）	1912	JC010-01-009478-000129
120	东三省都督赵尔巽为奉天全省学务公所报送学务公所及图书馆民国元年岁出预算简明表事给奉天全省学务公所的批（附奉天全省学务公所的呈）	1912	JC010-01-009478-000211
121	辽宁省立图书馆为回复送还公债收据事给辽宁省政府的呈	1930	JC010-01-010165-000001
122	辽宁省政府为辽宁省立图书馆回复送还公债收据事给辽宁省立图书馆的指令	1930	JC010-01-010165-000002
123	辽宁省政府为辽宁省立图书馆已送还公债收据事给辽宁省财政厅的指令	1930	JC010-01-010165-000003
124	奉天法学研究会为报请拨给敬典阁以作图书馆事给奉天省长公署的呈	1928	JC010-01-011484-000048

序号	题名	年份	档号
125	奉天省长公署为奉天法学研究会报请拨给敬典阁以作图书馆事给奉天法学研究会的指令	1928	JC010-01-011484-000049
126	奉天省公立图书馆为送图书馆暂定章程事给奉天省长的呈	1927	JC010-01-012865-000021
127	奉天省长公署为奉天省公立图书馆送图书馆暂定章程事给奉天省公立图书馆的指令	1928	JC010-01-012865-000022
128	安徽省立图书馆为请惠赠刊物或公报事给辽宁省政府的函	1930	JC010-01-012911-000020
129	辽宁省政府为将辽宁省政府公报按日检寄事给安徽省立图书馆的函	1930	JC010-01-012911-000021
130	辽宁省政府为请将辽宁省公报按日检寄安徽省立图书馆事给辽宁省财政厅的函	1930	JC010-01-012911-000022
131	国立青岛大学图书馆为请按期惠赠省府公报事给辽宁省政府的函	1930	JC010-01-012911-000034
132	河北省立第二图书馆为请惠寄关于民众教育刊物事给辽宁省政府的函	1930	JC010-01-012911-000040
133	中山大学图书馆为请惠寄辽宁省政府出版之各刊物事给辽宁省政府的函	1930	JC010-01-012912-000017
134	建设委员会图书馆为请补寄《辽宁省政府公报》民国十九年第361号及民国二十年第1至4号事给辽宁省政府秘书处的函	1931	JC010-01-012912-000024
135	辽宁省政府秘书处为建设委员会图书馆请补寄《辽宁省政府公报》民国十九年第361号及民国二十年第1至4号事给建设委员会图书馆的函	1931	JC010-01-012912-000025
136	国立武汉大学图书馆为请补寄《辽宁省政府公报》民国十九年出版之第228号247号248号338号348号事给辽宁省政府秘书处的函	1931	JC010-01-012912-000044
137	辽宁省政府秘书处为国立武汉大学图书馆请补寄《辽宁省政府公报》民国十九年出版之第228号247号248号338号348号事给国立武汉大学图书馆的函	1931	JC010-01-012912-000045
138	辽宁省政府秘书处为请查照补寄《辽宁省政府公报》民国十九年出版之第228号247号248号338号348号送至国立武汉大学图书馆事给辽宁省财政厅的函	1931	JC010-01-012912-000046
139	北平翊教女子中学图书馆为请惠赐《辽宁省政府公报》事给辽宁省政府的函	1931	JC010-01-012912-000059

续表

序号	题名	年份	档号
140	北平翊教女子中学图书馆为请赠辽宁省政府出版之《东三省纪略》10卷事给辽宁省政府的函	1931	JC010-01-012912-000065
141	青浦县第一图书馆为请惠赐辽宁省政府出版各刊物事给辽宁省政府的函	1931	JC010-01-012912-000097
142	汕头松口区溪南图书馆为请惠赐文化建设社会教育刊物事给辽宁省政府秘书处的函	1931	JC010-01-012912-000120
143	建设委员会图书馆为请补寄《辽宁省政府公报》民国二十年刊印之第75号82号83号84号事给辽宁省政府秘书处的函	1931	JC010-01-012912-000146
144	辽宁省政府秘书处为南京建设委员会图书馆请补寄《辽宁省政府公报》民国二十年刊印之第75号82号83号84号事给南京建设委员会图书馆的函	1931	JC010-01-012912-000147
145	辽宁省政府秘书处为请补寄《辽宁省政府公报》民国二十年刊印之第75号82号83号84号送至南京建设委员会图书馆事给辽宁省财政厅的函	1931	JC010-01-012912-000148
146	建设委员会图书馆为请补寄《辽宁省政府公报》民国二十年出版之第75号82号83号84号94号97号事给辽宁省政府秘书处的函	1931	JC010-01-012912-000168
147	辽宁省政府秘书处为南京建设委员会图书馆请补寄《辽宁省政府公报》民国二十年出版之第75号82号83号84号94号97号事给南京建设委员会图书馆的函	1931	JC010-01-012912-000169
148	辽宁省政府秘书处为已将《辽宁省政府公报》民国十九年出版之第75号82号83号84号94号97号补寄至南京建设委员会图书馆希请查照事给辽宁省财政厅的函	1931	JC010-01-012912-000170
149	清原县图书馆为报开馆日期事给辽宁省政府的函	1931	JC010-01-012912-000179
150	奉天省公立图书馆为报已领得大总统相片1张事给奉天省长公署的呈	1920	JC010-01-012987-000009
151	奉天省长公署为奉天省公立图书馆报领得大总统相片1张事给奉天省公立图书馆的指令	1920	JC010-01-012987-000010
152	辽宁省立图书馆为填送现任公务员甄别审查表事给辽宁省政府的呈	1931	JC010-01-013366-000024
153	辽宁省政府为辽宁省立图书馆填送现任公务员甄别审查表事给辽宁省立图书馆的指令	1931	JC010-01-013366-000025

续表

序号	题名	年份	档号
154	辽宁省立图书馆为造送现任公务员甄别审查证明文件清册事给辽宁省政府的呈	1931	JC010-01-013366-000129
155	辽宁省政府为辽宁省立图书馆造送现任公务员甄别审查证明文件清册事给辽宁省立图书馆的指令	1931	JC010-01-013366-000130
156	奉天省长公署教育科主稿孙世昌为升充交通部主事现任教育科主稿及图书馆各差请派员接替事给奉天省长公署的签	1916	JC010-01-013392-000051
157	卸任奉天教育厅厅长祁彦树新任奉天教育厅厅长王毓桂交接奉天教育厅存图书馆书单	1928	JC010-01-013615-000013
158	卸任奉天教育厅厅长祁彦树新任奉天教育厅厅长王毓桂交接奉天教育厅存图书馆物品单	1928	JC010-01-013615-000016
159	奉天省长公署第四科为拟订奉天省长公署图书室组织经费办法暨规则事给奉天省长公署的签（附奉天省长公署图书室组织经费办法；奉天省长公署图书室规则）	1917	JC010-01-013716-000001
160	国立青岛大学图书馆为请赠行政报告及法规汇编事给辽宁省政府的函	1931	JC010-01-013841-000015
161	辽宁省政府为复辽宁省政府行政报告及法规汇编正从事编辑一俟编印成帙即行寄送并送会议纪录2册请查收见复事给国立青岛大学图书馆的函	1931	JC010-01-013841-000016
162	奉天都督赵尔巽为奉天全省学务公所报检送新旧官刻图书及各种官报并请咨江西省将官刻图书寄奉发交奉天省图书馆存储备阅事给奉天全省学务公所的批（附奉天全省学务公所的呈）	1912	JC010-01-013845-000003
163	奉天省长公署为收到江苏金亚鲍先生秋蟪吟馆诗并将原书送奉天公立图书馆保存事给清史馆的函	1919	JC010-01-013849-000002
164	奉天省长公署为送江苏金亚鲍先生秋蟪吟馆诗原书一部请妥为保存事给奉天图书馆的函	1919	JC010-01-013849-000003
165	辽宁省政府图书室为复收存约章成案汇览中枢政考宗人府等书数目事给辽宁省政府第一文卷室的函（附收存约章成案汇览中枢政考宗人府等书数目清单）	1929	JC010-01-013853-000001
166	辽宁省政府图书室为收到古今图书集成等书数目事给辽宁省政府第一文卷处的函（附古今图书集成等书数目清单）	1929	JC010-01-013853-000002
167	奉天中华书局为赠送书籍数10册并陈明采购书籍减售半价难以办到事给奉天省长公署图书室的函	1928	JC010-01-013854-000004

续表

序号	题名	年份	档号
168	奉天省长公署为设立图书室征集图书如有定期刊品请随时寄赠事给奉天财政厅奉天教育厅奉天实业厅等的函	1928	JC010-01-013854-000008
169	兰州中山大学图书馆为请赐寄刊物并如需费用请示知事给奉天省政府的函	1929	JC010-01-013854-000140
170	辽宁省政府秘书处为送辽宁省公报事给兰州中山大学图书馆的函	1929	JC010-01-013854-000141
171	辽宁省政府秘书处为请按月与兰州中山大学图书馆检寄辽宁省公报事给辽宁省财政厅公报编辑处的函	1929	JC010-01-013854-000142
172	贵州省教育会为送贵州省教育会图书馆征集图书办法并请惠助征集图书事的函（附贵州省教育会图书馆征集图书办法）	1930	JC010-01-013854-000151
173	重庆市平民图书馆筹备处为措置完竣不日开馆请惠赠出版物事的函	1930	JC010-01-013859-000002
174	江宁县民众教育实验区图书馆为请惠赠出版刊物事给辽宁省政府的函	1930	JC010-01-013859-000005
175	辽宁省农矿厅为送实业月刊请转寄美国国会图书馆事给辽宁省政府的呈	1930	JC010-01-013859-000006
176	辽宁省政府为辽宁省农矿厅送实业月刊请转寄美国国会图书馆事给辽宁省农矿厅的指令	1930	JC010-01-013859-000007
177	奉天省城图书馆为报由东华门胡同移至奉天学务公所院内开馆日期并送免费阅览券请代为分布并希届时惠临阅览事的函	1913	JC010-01-013864-000015
178	建设委员会图书馆为尚缺辽宁省政府公报民国十九年份第64期请补寄给辽宁省政府的函	1930	JC010-01-013873-000005
179	辽宁省政府秘书处为建设委员会图书馆称尚缺辽宁省政府公报民国十九年份第64期并希补寄事给辽宁省财政厅的函	1930	JC010-01-013873-000006
180	辽宁省教育厅为送辽宁省教育公报请鉴核转寄美国国会图书馆事给辽宁省政府的呈	1930	JC010-01-013873-000008
181	辽宁省政府为辽宁省教育厅送辽宁省教育公报请鉴核转寄美国国会图书馆事给辽宁省教育厅的指令	1930	JC010-01-013873-000009
182	辽宁省民政厅为送民政月刊请转寄美国国会图书馆事给辽宁省政府的呈	1930	JC010-01-013873-000010
183	辽宁省财政厅为送财政月刊请转寄美国国会图书馆事给辽宁省政府的呈	1930	JC010-01-013873-000011
184	辽宁省政府为辽宁省财政厅送财政月刊请转寄美国国会图书馆事给辽宁省财政厅的指令	1930	JC010-01-013873-000012

续表

序号	题名	年份	档号
185	广东橙海苏南区橙海县图书馆为辽宁省政府出版公报及其他刊品请转告图书馆以备赠阅事给辽宁省政府秘书处的函	1930	JC010-01-013873-000020
186	南京市立图书馆为请寄辽宁省政府公报事给辽宁省政府秘书处的函	1930	JC010-01-013876-000024
187	辽宁省政府秘书处为送南京市立图书馆收报住址请按期将辽宁省政府公报检寄南京市立图书馆事给辽宁省财政厅的函（附收报住址）	1930	JC010-01-013876-000025
188	建设委员会图书馆为请寄辽宁省现行法规集刊事给辽宁省政府的函	1930	JC010-01-013876-000028
189	东北政务委员会为饬将辽宁省政府出版品酌情径寄美国国会图书馆事给辽宁省政府的训令	1930	JC010-01-013876-000037
190	奉天辽沈道尹公署为报并未占用所拨奉天图书馆房间请鉴核备查事给奉天巡按使公署的详	1916	JC010-01-014067-000047
191	奉天巡按使公署为奉天辽沈道尹公署报并未占用所拨奉天图书馆房间事给奉天辽沈道尹公署的批	1916	JC010-01-014067-000048
192	洮安县公署为报洮安县教育公所建筑图书馆房屋拟请拨款情形检送预算书请鉴核事给奉天省长公署的呈（附洮安县教育公所造送建筑图书馆临时费支付预算书）	1927	JC010-01-015494-000003
193	奉天省长公署为洮安县公署报洮安县教育公所建筑图书馆房屋拟请拨款情形检送预算书事给洮安县公署的指令	1927	JC010-01-015494-000004
194	奉天教育厅为报查核洮安县教育公所建筑图书馆房屋拟请拨款一案情形事给奉天省长公署的呈	1927	JC010-01-015494-000005
195	辽宁省政府为奉天教育厅为报查核安东县教育公所建筑图书馆房屋拟请拨款一案事给奉天教育厅的指令	1927	JC010-01-015494-000006
196	辽宁省民政厅为报通饬各县筹办图书馆阅报所通俗讲演所公共厕所积物箱积物场公园公共体育场广告牌修浚沟渠等项事给辽宁省政府的呈	1929	JC010-01-015836-000011
197	辽宁省政府为辽宁省民政厅报通饬各县筹办图书馆阅报所通俗讲演所公共厕所积物箱积物场公园公共体育场广告牌修浚沟渠等项事给辽宁省民政厅的指令	1929	JC010-01-015836-000012

续表

序号	题名	年份	档号
198	桓仁县县民倪保权为报桓仁县教育局局长孟继武劣迹多端不称厥职请彻查究办事给辽宁省政府的呈（附桓仁县图书馆的保状）	1930	JC010-01-017929-000013
199	奉天辽沈道尹兼营口市政督办佟兆元为转报营口市设立通俗图书馆请鉴核事给奉天省长公署的呈（附市立通俗图书馆阅览规则）	1925	JC010-01-019390-000035
200	奉天省长公署为奉天辽沈道尹兼营口市政督办佟兆元转报营口市设立通俗图书馆请鉴核事给奉天辽沈道尹兼营口市政督办佟兆元的指令	1926	JC010-01-019390-000036
201	奉天东边道尹公署为送安东市政公所图书馆讲演所清折事给奉天省长公署的呈（附市立通俗教育讲演所简章清折2份）	1925	JC010-01-019855-000036
202	奉天省长公署为奉天东边道尹公署送安东市政公所图书馆讲演所清折事给奉天东边道尹公署的指令	1925	JC010-01-019855-000037
203	凤城县教育所长邢绍文凤城县县立中学校长李云霖凤城县图书馆主任蔡永新等为报凤城县公款处会计鲍相齐把持公款延不造送预算恳请派员彻查事给奉天省长公署的呈	1928	JC010-01-022024-000007
204	私立福建协和大学图书馆为征集各种出版物及报章杂志事给辽宁省政府秘书处的函	1929	JC010-01-022072-000045
205	东边林中同学会为报校长李献廷捐募建设纪念图书馆来请予嘉奖事给辽宁省政府臧式毅的函	1930	JC010-01-022072-000067
206	清原县政府为报动支捐助款项建筑图书馆等事给辽宁省政府的呈（附建筑图书馆作法说明书；辽宁省城信兴建筑公司承修合同；图书馆工料估价单）	1930	JC010-01-022200-000015
207	辽宁省政府为清原县政府报动支捐助款项建筑图书馆并请垫支地方公款修建围墙并检同工程图说估单合同请核示事给清原县政府的指令	1930	JC010-01-022200-000016
208	辽宁省财政厅为报清原县动支捐助款项建筑图书馆并由地方款修建围墙等情应准照办事给辽宁省政府的呈	1930	JC010-01-022200-000017
209	辽宁省政府为辽宁省财政厅报清原县动支捐助款项建筑图书馆并由地方款修建围墙等情应准照办事给辽宁省财政厅的指令	1930	JC010-01-022200-000018
210	清原县政府为报建筑图书馆工程告竣请派员验收事给辽宁省政府的呈	1930	JC010-01-022200-000019

续表

序号	题名	年份	档号
211	辽宁省政府为清原县政府报建筑图书馆工程告竣请派员验收事给清原县政府的指令	1930	JC010-01-022200-000020
212	清原县政府为报辽宁省城信兴建筑公司包修图书馆建筑费已经发清事给辽宁省政府的呈	1931	JC010-01-022200-000021
213	辽宁省政府为清原县政府报辽宁省城信兴建筑公司包修图书馆建筑费已经发清事给清原县政府辽宁省教育厅等的指令	1931	JC010-01-022200-000022
214	辽宁省财政厅为报清原县发清辽宁省城信兴建筑公司包修图书馆建筑费已经核明事给辽宁省政府的呈	1931	JC010-01-022200-000025
215	辽宁省政府为辽宁省财政厅报清原县发清辽宁省城信兴建筑公司包修图书馆建筑费已经核明事给辽宁省财政厅的指令	1931	JC010-01-022200-000026
216	辽宁省财政厅为报验收清原县所建图书馆工程尚属核实等情事给辽宁省政府的呈	1931	JC010-01-022200-000027
217	辽宁省政府为辽宁省财政厅报验收清原县所建图书馆工程尚属核实等情事给辽宁省财政厅的指令	1931	JC010-01-022200-000028
218	东三省总督锡良为奉天提学司报提拨利息作图书馆博物馆土木费会商奉天度支司作一领一解请批示立案分饬查照事给奉天提学司的批（附奉天提学司的呈）	宣统二年（1910）	JC010-01-022204-000039
219	奉天行省公署为提拨利息作图书馆博物馆土木费作一领一解事给奉天度支司奉天清理财政局的札	宣统三年（1911）	JC010-01-022204-000040
220	东三省总督锡良为奉天清理财政局报奉天提学司图书馆博物馆建筑费不合部章并拟办法等情形希转饬奉天提学司遵办事给奉天清理财政局的批（附奉天清理财政局的呈）	宣统三年（1911）	JC010-01-022204-000041
221	奉天行省公署为图书馆博物馆建筑费不合部章并拟办法等情形事给奉天提学司的札	宣统三年（1911）	JC010-01-022204-000042
222	东三省总督锡良为奉天提学司报建筑图书馆博物馆经费追加岁出岁入数目请奉天清理财政局编册事给奉天提学司的批（附奉天提学司的呈）	宣统三年（1911）	JC010-01-022204-000043
223	奉天教育厅为报接收前奉天市立第一二三小学校及图书馆情形事给奉天省长公署的呈	1925	JC010-01-022343-000003
224	奉天省长公署为奉天教育厅报接收前奉天市立第一二三小学校及图书馆情形事给奉天教育厅的指令	1925	JC010-01-022343-000004

续表

序号	题名	年份	档号
225	清原县政府为报邑绅张振鹭热心教育捐款建设图书馆应如何褒奖请示遵事给辽宁省政府的呈	1930	JC010-01-022429-000021
226	辽宁省政府为清原县政府报邑绅张振鹭热心教育捐款建设图书馆应如何褒奖请示遵事给清原县政府的指令	1930	JC010-01-022429-000022
227	奉天省教育厅为报复县瓦房店图书馆建筑房舍检同图说预算送请鉴核并请派勘事给奉天省长公署的呈	1928	JC010-01-022972-000001
228	奉天省长公署为奉天省教育厅报复县瓦房店图书馆建筑房舍检同图说预算送请鉴核并请派勘事给奉天省教育厅的指令	1928	JC010-01-022972-000002
229	技正王有桂为报勘估复县瓦房店图书馆建筑房舍工程情形事给奉天省长公署的呈（附复县瓦房店图书馆建筑四至图纸；复县瓦房店图书馆建筑做法说明书共2份；复县瓦房店图书馆建筑预算书）	1928	JC010-01-022972-000003
230	奉天省长公署为技正王有桂报勘估奉天省教育厅称复县瓦房店图书馆建筑房舍工程情形事给技正王有桂的指令	1928	JC010-01-022972-000004
231	奉天教育厅为报复县瓦房店图书馆建筑房舍拟请从缓建筑事给奉天省长公署的呈	1928	JC010-01-022972-000005
232	奉天省长公署为奉天省教育厅报复县瓦房店图书馆建筑房舍拟请从缓建筑事给奉天省教育厅的指令	1928	JC010-01-022972-000006
233	辽宁省教育厅为报复县政府请缓修瓦房店图书馆房间一案请核示事给辽宁省政府的呈	1929	JC010-01-022972-000007
234	辽宁省政府为辽宁省教育厅报复县政府请缓修瓦房店图书馆房间事给辽宁省教育厅的指令	1929	JC010-01-022972-000008
235	辽宁通志馆为请饬行各县凡县政府教育局图书馆购存《满洲实录》附图请查照办理见复事给辽宁省政府的函（附拟发满洲实录附图各县各机关及部数清单）	1931	JC010-01-022977-000003
236	辽宁省政府为复告知各县凡县政府教育局图书馆购存《满洲实录》附图请转饬知照一律备价进行购买以免周折事的训令	1931	JC010-01-022977-000004
237	辽宁省政府为各县凡县政府教育局图书馆购存《满洲实录》附图一律备价购买以免周折事给辽宁通志馆的函	1931	JC010-01-022977-000005

续表

序号	题名	年份	档号
238	辽宁省财政厅为报验收怀德县图书馆建筑房间及女师修理墙垣工程情形事给辽宁省政府的呈	1930	JC010-01-022979-000001
239	辽宁省政府为辽宁省财政厅报验收怀德县图书馆建筑房间及女师修理墙垣工程情形事给辽宁省财政厅的指令	1930	JC010-01-022979-000002
240	教育部为改设图书馆将调取各项局本官书事给奉天都督赵尔巽咨	1912	JC010-01-022983-000001
241	东三省都督赵尔巽为教育部改设图书馆将调取各项局本官书希遵照事给奉天全省学务公所的札	1912	JC010-01-022983-000002
242	吉林巡按使公署为已收到《盛京通志》并将原书发交图书馆保存以供阅览请查照事给奉天巡按使张元奇的咨	1915	JC010-01-022985-000056
243	福建巡按使公署为奉天省旧志已交福建省立第一图书馆查收备阅请查照事给奉天巡按使公署的咨	1915	JC010-01-022985-000142
244	奉天省长公署政务厅为请转寄驻京黑龙江通志局《盛京通志》2部以备参考事给奉天省公立图书馆的函	1921	JC010-01-022985-000167
245	奉天省公立图书馆为《盛京通志》被命为妥慎保存以供众览如现借用应予借寄1部限期送还若想永作参考碍难照办请查照事给奉天省长公署政务厅的函	1921	JC010-01-022985-000168
246	奉天省长公署政务厅为寄《盛京通志》1部于驻京黑龙江通志局作为参考并嘱其事毕寄还请查照检送事给奉天省公立图书馆的函	1921	JC010-01-022985-000169
247	奉天省公立图书馆为将《盛京通志》1部寄交驻京黑龙江通志局作为参考现已送上1部计8套请查收赐据事给奉天省长公署政务厅的函	1921	JC010-01-022985-000170
248	奉天省长公署政务厅为已将《盛京通志》照寄驻京黑龙江通志局并嘱其事竣即行寄还请查照事给奉天省公立图书馆的函	1921	JC010-01-022985-000171
249	奉天省长公署为将图书馆交奉天市政公所管理事给奉天教育厅奉天市政公所的训令	1923	JC010-01-022987-000001
250	奉天市政公所为报改定图书馆名称请备案事给奉天省长公署的呈	1923	JC010-01-022988-000001
251	奉天省长公署为奉天市政公所报改定图书馆名称事给奉天市政公所的指令	1923	JC010-01-022988-000002

续表

序号	题名	年份	档号
252	辽宁省政府秘书处为已收桓仁县县志2部并赠送南洋中学图书馆1部事给桓仁县政府的函	1930	JC010-01-022989-000002
253	辽宁省政府秘书处为送桓仁县县志事给上海南洋中学图书馆的函	1930	JC010-01-022989-000003
254	辽宁省政府秘书处为送上海港口大全中英文各1部陈新政遗稿1部事给辽宁省立图书馆的函	1930	JC010-01-022989-000005
255	兴京县公署为报教育公所拟请扩充图书馆事给奉天省长公署的呈（附民国十七年度预算书；兴京县县立图书馆章程）	1928	JC010-01-022991-000001
256	奉天省长公署为兴京县公署报兴京县教育公所拟请扩充图书馆事给兴京县公署的指令	1929	JC010-01-022991-000002
257	国立北平图书馆为请惠寄各机关出版刊物事给辽宁省政府的函	1929	JC010-01-022993-000012
258	辽宁省建设厅为已将第一第二两期建设月刊寄于国立北平图书馆请查照事给辽宁省政府秘书处的函	1929	JC010-01-022993-000025
259	辽宁省教育厅为已将教育月刊寄于国立北平图书馆请查照事给辽宁省政府秘书处的函	1929	JC010-01-022993-000027
260	福建福安民众图书馆为请捐赠图书以资阅览事给辽宁省政府的函（附福建福安民众图书馆征集图书简约）	1929	JC010-01-022993-000051
261	国立中山大学图书馆为请寄送出版公报及各种刊物事给辽宁省政府秘书处的函	1929	JC010-01-022993-000068
262	辽宁省政府秘书处为将辽宁省政府公报按日检寄1份事给国立中山大学图书馆的函	1929	JC010-01-022993-000069
263	辽宁省政府秘书处为请辽宁省政府公报按日检寄国立中山大学图书馆事给辽宁省财政厅的函	1929	JC010-01-022993-000070
264	辽宁省政府图书室为收到江苏省政府秘书处江苏省府委员会第一二届会议统计书2册事的函	1929	JC010-01-022993-000080
265	辽宁省政府为检寄辽宁省公报1份请查收参阅事给美国国会图书馆的函	1930	JC010-01-022993-000091
266	辽宁省政府秘书处为请检寄辽宁省府公报1份于美国国会图书馆封面载明美国华盛顿国会图书馆并须加英文字样事给辽宁省财政厅的函	1930	JC010-01-022993-000092
267	福建学院图书馆为请惠赠各种规程以资阅览事给辽宁省政府的函	1929	JC010-01-022993-000093

序号	题名	年份	档号
268	上海南洋中学校为恳请设法调取辽宁各县志书1份一并交与南洋中学图书馆事给辽宁省政府的函	1929	JC010-01-022995-000001
269	辽宁省秘书处为已令辽宁省各县上交各县县志待集齐后一并寄送事给上海南洋中学图书馆的函	1929	JC010-01-022995-000002
270	辽宁省秘书处为南洋中学图书馆征求辽宁各县志书饬各县报送各自县志事的函	1929	JC010-01-022995-000003
271	辽宁省政府秘书处为已将沈阳县凤城县县志函送南洋中学图书馆事给沈阳县政府及凤城县的函	1929	JC010-01-022995-000020
272	辽宁省政府秘书处为由各县径自寄送县志到南洋中学图书馆以节省时间事给南洋中学图书馆等的函	1929	JC010-01-022995-000021
273	辽宁省政府秘书处为已转送上海南洋图书馆查收县志至于县志工本费俟送到日再行转发事给辽阳县政府铁岭县政府庄河县政府的函	1930	JC010-01-022995-000043
274	辽宁省政府秘书处为查收通化辽阳铁岭昌图辉南新民等7县县志并请寄回工本费事给上海南洋中学图书馆的函	1930	JC010-01-022995-000044
275	辽宁省政府秘书处为查收沈阳县凤城县志辽阳县志上半部并县志工本费数目事给上海南洋中学图书馆的函	1929	JC010-01-022995-000045
276	辽宁省政府秘书处为寄送沈阳县凤城县县志辽阳县县志上半部及多余书款给南洋中学图书馆事给上海南洋中学校的函	1930	JC010-01-022995-000051
277	国民行政院为据教育部称审核中华图书馆协会议决各案意见希即便查照分别办理事给辽宁省政府的训令（附教育部的呈）	1930	JC010-01-022997-000001
278	辽宁省政府为民国行政院报据教育部称审核中华图书馆协会议决各案意见情形希查照事给辽宁省民政厅辽宁省财政厅辽宁省教育厅等的训令	1930	JC010-01-022997-000002
279	奉天提学使司为报新建图书馆改为奉天承宣厅住署请饬奉天度支司拨款另建图书馆事给奉天省公署的呈	光绪三十三年(1907)	JC010-01-023002-000001
280	奉天提学使司为新建图书馆改为奉天承宣厅住署另行觅地建筑图书馆一案奉天省公署饬奉天度支司如数拨款另建图书馆情形请查照施行事给奉天承宣厅的移	光绪三十三年(1907)	JC010-01-023002-000002

续表

序号	题名	年份	档号
281	奉天度支使司为于光绪三十四年正月十九日已将修建图书馆经费如数拨给奉天提学使司事给奉天承宣厅的咨	光绪三十四年（1908）	JC010-01-023002-000003
282	辽宁省教育厅为请翻修辽宁省图书馆馆舍并检送图样估单说明书事给辽宁省政府的呈（附图书馆改建及修葺馆舍工程做法说明书；图书馆改建及修葺馆舍工程估价单）	1930	JC010-01-023010-000001
283	辽宁省政府为辽宁省教育厅请翻修辽宁省图书馆馆舍并检送图样估单说明书事给辽宁省教育厅的指令	1930	JC010-01-023010-000002
284	辽宁省财政厅为送勘估图书馆修葺馆舍工程核减清单事给辽宁省政府的呈（附清单）	1930	JC010-01-023010-000003
285	辽宁省政府为辽宁省财政厅送勘估图书馆修葺馆舍工程核减清单事给辽宁省财政厅的指令	1930	JC010-01-023010-000004
286	辽宁省教育厅为报修葺图书馆馆舍由教育厅投标请派员监视事给辽宁省政府的呈	1931	JC010-01-023010-000005
287	辽宁省政府为辽宁省教育厅报修葺图书馆馆舍由教育厅投标请派员监视事给辽宁省教育厅及辽宁省财政厅的指令	1931	JC010-01-023010-000006
288	辽宁省财政厅为报派员监视辽宁省图书馆翻修馆舍招商包修在辽宁省教育厅投标情形事给辽宁省政府的呈（附辽宁省图书馆翻修馆舍开标结果缮具标价清单）	1931	JC010-01-023010-000007
289	辽宁省政府为辽宁省财政厅报派员监视辽宁省图书馆翻修馆舍招商包修在辽宁省教育厅投标情形事给辽宁省财政厅的指令	1931	JC010-01-023010-000008
290	辽宁省政府为辽宁省财政厅派员监视辽宁省图书馆翻修馆舍招商包修投标情形事给辽宁省教育厅的训令	1931	JC010-01-023010-000009
291	辽宁省教育厅为报图书馆翻修馆舍工程投标结果以镇北木厂标价合格承做事给辽宁省政府的呈（附材料价目清单2份）	1931	JC010-01-023010-000010
292	辽宁省政府为辽宁省教育厅报图书馆翻修馆舍工程投标结果以镇北木厂标价合格承做事给辽宁省教育厅的指令	1931	JC010-01-023010-000011
293	辽宁省教育厅为送图书馆送翻修馆舍工程合同并报开工日期事给辽宁省政府的呈（附合同）	1931	JC010-01-023010-000012
294	辽宁省政府为辽宁省教育厅送图书馆送翻修馆舍工程合同并报开工日期事给辽宁省教育厅的指令	1931	JC010-01-023010-000013

续表

序号	题名	年份	档号
295	辽宁省财政厅为报图书馆翻修馆舍工程合同核尚妥协应照备案事给辽宁省政府的呈	1931	JC010-01-023010-000014
296	辽宁省政府为辽宁省财政厅报图书馆翻修馆舍工程合同核尚妥协应照备案事给辽宁省财政厅的指令	1931	JC010-01-023010-000015
297	辽宁省教育厅为报图书馆请翻修馆舍工程追加工料价款事给辽宁省政府的呈（附追加工料价款估单；切结）	1931	JC010-01-023010-000016
298	辽宁省政府为辽宁省教育厅报图书馆请翻修馆舍工程追加工料价款事给辽宁省教育厅辽宁省财政厅的指令	1931	JC010-01-023010-000017
299	奉天省长公署为另委图书馆长事给奉天教育厅及省立图书馆的训令	1919	JC010-01-023011-000001
300	奉天教育厅为报委教育厅科员孙振荣任省立图书馆长事给奉天省长公署的呈	1919	JC010-01-023011-000002
301	奉天省长公署为奉天教育厅报委教育厅科员孙振荣任省立图书馆长事给奉天教育厅的指令	1919	JC010-01-023011-000003
302	奉天省长公署为委奉天教育厅科员孙振荣任省立图书馆长事给教育部的咨	1919	JC010-01-023011-000004
303	前兼代奉天省立图书馆馆长恩格为报同新任馆长孙振荣交代清楚事给奉天省长公署的呈（附交代清单）	1919	JC010-01-023011-000005
304	奉天省长公署为前兼代奉天省立图书馆馆长恩格报同新任馆长孙振荣交代清楚事给前兼代奉天省立图书馆馆长恩格的指令	1919	JC010-01-023011-000006
305	教育部为准委奉天教育厅科员孙振荣任图书馆长事给奉天省长公署的咨	1919	JC010-01-023011-000007
306	奉天省长公署为委奉天教育厅科员孙振荣任图书馆长教育部已备案事给奉天教育厅的训令	1919	JC010-01-023011-000008
307	奉天教育厅为报怀德县教育公所及图书馆建筑房屋请派员勘估事给奉天省长公署的呈	1928	JC010-01-023012-000001
308	奉天省长公署为奉天教育厅报怀德县教育公所及图书馆建筑房屋请派员勘估事给奉天教育厅的指令	1928	JC010-01-023012-000002
309	技正毛鹏程为报勘估怀德县建筑教育公所及图书馆房屋工程情形事给奉天省长公署的呈（附瓦房作法；瓦房位置图；估单2纸；清单）	1928	JC010-01-023012-000003

续表

序号	题名	年份	档号
310	奉天省长公署为饬正毛鹏程报勘估怀德县建筑教育公所及图书馆房屋工程情形事给饬正毛鹏程的指令	1928	JC010-01-023012-000004
311	辽宁省教育厅为报怀德县建筑教育局及图书馆房间原请款项不足所亏数目拟由教育经费历年结余项下拨补请鉴核事给辽宁省政府的呈	1929	JC010-01-023012-000005
312	辽宁省政府为辽宁省教育厅报怀德县建筑教育局及图书馆房间原请款项不足所亏数目拟由教育经费历年结余项下拨补请鉴核事给辽宁省教育厅的指令	1929	JC010-01-023012-000006
313	辽宁省财政厅为报怀德县建筑教育局及图书馆房间原请款项不足拟由教育经费历年结余项下拨补核准事给辽宁省政府的呈（附支出清单；估单；房屋草图；做法）	1929	JC010-01-023012-000009
314	辽宁省政府为辽宁省财政厅报怀德县建筑教育局及图书馆房间原请款项不足拟由教育经费历年结余项下拨补核准事给辽宁省财政厅的指令	1929	JC010-01-023012-000010
315	辽宁省教育厅为报怀德县教育局图书馆建筑房间及女师修建墙垣工竣请验收事给辽宁省政府的呈	1930	JC010-01-023012-000013
316	辽宁省政府为辽宁省教育厅报怀德县教育局图书馆建筑房间及女师修建墙垣工竣请验收事给辽宁省教育厅的指令	1930	JC010-01-023012-000014
317	通化县公署为报查核通化县境内公存书籍分类造具清册送请鉴核事给奉天省长公署的呈（附通化县公立图书馆实存书籍表）	1920	JC010-01-023014-000019
318	辽宁省教育厅为报梨树县报请扩充图书馆建筑房舍请派员勘查事给辽宁省政府的呈（附图书馆建筑估单；图书馆建筑房舍图式；图书馆建筑说明书）	1930	JC010-01-023017-000001
319	辽宁省政府为辽宁省教育厅报梨树县报请扩充图书馆建筑房舍请派员勘查事给辽宁省教育厅的指令	1930	JC010-01-023017-000002
320	营口市政筹备处为请扩充营口市立图书馆检同章程事给辽宁省政府的呈（附营口市立图书馆章程）	1929	JC010-01-023020-000001
321	辽宁省政府为营口市政筹备处请扩充营口市立图书馆检同章程事给营口市政筹备处的指令	1929	JC010-01-023020-000002

续表

序号	题名	年份	档号
322	辽宁省民政厅辽宁省教育厅为遵议营口市政筹备处请扩充市立图书馆一案事给辽宁省政府的呈	1929	JC010-01-023020-000003
323	辽宁省政府为辽宁省民政厅辽宁省教育厅遵议营口市政筹备处请扩充市立图书馆一案事给辽宁省民政厅辽宁省教育厅的指令	1929	JC010-01-023020-000004
324	营口市政筹备处为报营口市图书馆开馆日期事给辽宁省政府的呈	1929	JC010-01-023020-000005
325	辽宁省政府为营口市政筹备处报营口市图书馆开馆日期事给营口市政筹备处的指令	1929	JC010-01-023020-000006
326	国立中央研究院社会科学研究所为请赠送志书事给辽宁省图书馆的函	1931	JC010-01-023024-000023
327	奉天教育厅为报吉林通俗教育讲说范本交图书馆存览事奉奉天省长公署的呈	1928	JC010-01-023035-000003
328	奉天省长公署为奉天教育厅报吉林通俗教育讲说范本交奉天省立图书馆存览事给奉天教育厅的指令	1928	JC010-01-023035-000004
329	奉天都督赵尔巽为奉天全省学务公所报议决整理图书馆及筹设巡回书库一案情形事给奉天全省学务公所的批（附奉天全省学务公所的呈；整理图书馆及筹设巡回书库议案）	1912	JC010-01-023051-000003
330	奉天都督张锡銮为奉天全省学务公所议决整理图书馆及筹设巡回书库一案情形事给教育部的咨	1912	JC010-01-023051-000004
331	教育部为巡回书库系通俗教育及设置各书自以限于通俗者为宜事给奉天都督张锡銮的咨	1912	JC010-01-023051-000006
332	奉天都督张锡銮为编制整理图书馆等一案准予备案事给奉天全省学务公所的札	1912	JC010-01-023051-000007
333	辽宁省公立图书馆为送阅览统计表恳请汇送事给辽宁省政府的呈	1930	JC010-01-023067-000064
334	奉天省长公署为辽宁省公立图书馆送西湖博览会征集阅览统计表事给辽宁省公立图书馆的指令	1929	JC010-01-023067-000065
335	浙江经济学会为浙江经济学会现拟与中国经济学社在杭州合办经济图书馆并已指定馆址正在筹备可否请将前送西湖博览会图表等件移赠经济图书馆代为保管以宏宣传俾便与西湖博览会接洽办理事给辽宁省政府的函	1929	JC010-01-023067-000169

续表

序号	题名	年份	档号
336	辽宁省政府为饬现浙江经济学会拟与中国经济学社在杭州合办经济图书馆仰即查核各属前送西湖博览会之各项图表移赠经济图书馆代为保管是否可行并具报事给辽宁省农矿厅的训令	1929	JC010-01-023067-000170
337	教育部为报所属收新发现之彝器碑铭捐本及民国以来新修县志寄北平图书馆事给辽宁省政府的咨	1929	JC010-01-023173-000001
338	辽宁省政府为饬知教育部所属收新发现之彝器碑铭捐本及民国以来新修县志寄北平图书馆事给辽宁省教育厅的训令	1929	JC010-01-023173-000002
339	奉天行省公署为奉天提学使司报奉天全省学务公所并省城图书馆各学堂京津东西洋游学经费仍由奉天提学使司造送等情事给奉天提学使司的指令（附奉天提学使司的呈）	宣统元年（1909）	JC010-01-024252-000025
340	奉天行省公署为奉天全省学务公所并省城图书馆各学堂京津东西洋游学经费仍由奉天提学使司造送等情事给奉天清理财政局的札	宣统元年（1909）	JC010-01-024252-000026
341	奉天都督赵尔巽为奉天全省学务公所送图书馆各学校民国元年八月份概算书事给奉天全省学务公所的批（附奉天全省学务公所的呈）	1912	JC010-01-024403-000001
342	奉天都督赵尔巽为奉天全省学务公所报送图书馆各学校民国元年九月份概算书事给奉天全省学务公所的批（附奉天全省学务公所的呈）	1912	JC010-01-024403-000002
343	奉天都督赵尔巽为奉天全省学务公所报送图书馆各学校九民国元年十月份概算书事给奉天全省学务公所的批（附奉天全省学务公所的呈）	1912	JC010-01-024403-000003
344	奉天都督府为奉天全省学务公所送图书馆各学校民国元年十一月份经常费概算书事给奉天全省学务公所的指令（附奉天全省学务公所的呈）	1912	JC010-01-024403-000005
345	奉天都督府为奉天全省学务公所送图书馆各学校民国元年十二月份经费清册事给奉天全省学务公所的指令（附奉天全省学务公所的呈）	1913	JC010-01-024403-000006
346	奉天都督府为饬查核奉天全省学务公所送图书馆各学校民国元年十二月份经常费概算书事给奉天度支司的训令	1913	JC010-01-024403-000007

续表

序号	题名	年份	档号
347	奉天都督府为奉天学务公所送图书馆各校民国二年上半年预算册并陈增支情形给奉天学务公所的指令（附奉天学务公所的呈）	1913	JC010-01-024474-000001
348	奉天都督府为核议具复奉天学务公所送图书馆各校民国二年上半年预算册并陈增支情形事给奉天度支司的训令	1913	JC010-01-024474-000002
349	奉天省公立图书馆为造送民国十年九月份支出计算书事给奉天省长公署的呈（附奉天省公立图书馆民国十年九月份省地方支出经费计算书）	1922	JC010-01-028933-000013
350	奉天省长公署为奉天省公立图书馆造送民国十年九月份支出计算书事给奉天省公立图书馆的指令	1922	JC010-01-028933-000014
351	奉天省公立图书馆为造送民国八年度九月份支出计算书事给奉天省长公署的呈	1919	JC010-01-029090-000082
352	奉天省公立图书馆为造送民国八年七月份八月份支出计算书事给奉天省长公署的呈	1919	JC010-01-029090-000083
353	奉天省长公署为奉天省公立图书馆造送民国八年七月份至九月份支出计算书事给奉天省公立图书馆的指令	1920	JC010-01-029090-000084
354	奉天省公立图书馆为造送民国八年十月份支出计算书事给奉天省长公署的呈	1920	JC010-01-029090-000101
355	奉天省长公署为奉天省公立图书馆造送民国八年十月份支出计算书事给奉天省公立图书馆的指令	1920	JC010-01-029090-000102
356	奉天省公立图书馆为造送民国八年度十一月份支出计算书事给奉天省长公署的呈	1920	JC010-01-029090-000119
357	奉天省长公署为奉天省公立图书馆造送民国八年度十一月份支出计算书事给奉天省公立图书馆的指令	1920	JC010-01-029090-000120
358	奉天省公立图书馆为造送民国八年十二月份支出计算书事给奉天省长公署的呈	1920	JC010-01-029090-000125
359	奉天省长公署为奉天省公立图书馆造送民国八年十二月份支出计算书事给奉天省公立图书馆的指令	1920	JC010-01-029090-000126
360	奉天省立图书馆民国十年四月五月支出计算书2份	1921	JC010-01-029096-000016
361	奉天省公立图书馆为造送民国十年度省地方岁出预算书请鉴核备案事给奉天省长公署的呈	1921	JC010-01-029101-000082

续表

序号	题名	年份	档号
362	奉天省长公署为奉天省公立图书馆送民国十年度岁出预算书事给奉天省公立图书馆的指令	1921	JC010-01-029101-000083
363	奉天教育厅厅长谢荫昌为报收到山东私立易俗舍所编剧本并遵令转发图书馆等事给奉天省长公署的呈	1919	JC010-01-029615-000012
364	奉天省长公署为奉天教育厅厅长谢荫昌报收到山东私立易俗舍所编剧本并遵令转发图书馆等事给奉天教育厅厅长谢荫昌的指令	1919	JC010-01-029615-000013
365	清源县政府为报添筑清源县师中学校教室及围墙并设置图书馆之费用由清源县各区分摊请鉴核示遵事给辽宁省政府的呈	1929	JC010-01-029806-000011
366	清源县政府为报翻修清源县师中校舍原有材料丰多朽坏拟请加料添修以期坚固且所需各款拟由清源县各区筹摊情形请鉴核示遵并声明如蒙俯准拟与请设图书馆一案同时筹摊款项事给辽宁省政府的呈	1929	JC010-01-029806-000012
367	辽宁省政府为清源县政府报清源县师中校舍添料费用并添筑教室围墙设置图书馆所有款项由清源县各区筹摊请鉴核示遵事给清源县政府的指令	1930	JC010-01-029806-000013
368	辽宁省财政厅为会核清源县请添翻修清源县师中校舍材料暨添筑教室围墙创设图书馆等款由清源县各区分摊应予照准并声明此案系辽宁省财政厅主稿事给辽宁省政府的呈	1930	JC010-01-029806-000018
369	辽宁省政府为辽宁省财政厅会核清源县请添翻修清源县师中校舍材料暨添筑教室围墙创设图书馆等款由清源县各区分摊应予照准事给辽宁省财政厅的指令	1930	JC010-01-029806-000019
370	奉天教育厅为报已将吉林通俗教育讲演范本转发奉天省立图书馆留备阅览事给奉天省长公署的呈	1920	JC010-01-030223-000007
371	奉天省长公署为奉天教育厅报已将吉林通俗教育讲演范本转发奉天省立图书馆留备阅览事给奉天教育厅的指令	1920	JC010-01-030223-000008
372	上海中华图书馆为请购《法令判解分类汇要》一书并送预约简章事给奉天省长公署的函（附预约简章）	1923	JC010-01-030402-000001
373	营口县公署为报营口县教育公所酌拟筹设总贩卖部并送简章事给奉天省长公署的呈（附营口县教育公所拟设图书馆贩卖部简章）	1925	JC010-01-030405-000001

续表

序号	题名	年份	档号
374	署辉南县知事白纯义为拟设图书馆以宏文化而兴教育及采购四库备要与应置各书作馆设备事给奉天省长公署的呈	1926	JC010-01-030407-000006
375	奉天省长公署为署辉南县知事白纯义报拟设图书馆以宏文化而兴教育及采购四库备要与应置各书作馆设备事给署辉南县知事白纯义的指令	1926	JC010-01-030407-000007
376	辽宁省教育厅为查复新宾县公民高元惠控新宾县教育局长兼图书馆长王福九侵吞公款抗令渎职盗卖公物等情一案事给辽宁省政府的呈（附抄图书馆科员的呈；所需各工及各工料清折；图书馆已索回之书目清单；切结15纸）	1930	JC010-01-031220-000001
377	新宾县县图书馆科员为变通图书馆职员及书记薪俸拟请月编辑员一人以兴教育请鉴核示遵事给新宾县政府的呈	1930	JC010-01-031220-000002
378	新宾县图书馆整顿应修招集工人开始工作至工竣所需各工料清折	1930	JC010-01-031220-000003
379	新宾县图书馆已索回之书清单	1930	JC010-01-031220-000004
380	辽宁省政府为辽宁省教育厅查复新宾县公民高元惠控新宾县教育局长兼图书馆长王福九侵吞公款抗令渎职盗卖公物等情一案事给辽宁省教育厅的指令	1930	JC010-01-031220-000005
381	辽宁省政府为报查办新宾县公民高元惠控新宾县教育局长兼图书馆长王福九侵吞公款等情一案事给东北政务委员会的呈	1930	JC010-01-031220-000006
382	东北政务委员会为辽宁省政府报查办新宾县民高元惠控新宾县教育局长兼图书馆长王福九吞款一案事给辽宁省政府的指令	1930	JC010-01-031220-000007
383	徐续生为报前图书馆长拟于今夕赴河北等省游历请发护照事给辽宁省政府的函	1931	JC010-01-032005-000007
384	辽宁省政府为徐续生报前图书馆长拟于今夕赴河北等省游历请发护照事给徐续生的函	1931	JC010-01-032005-000008
385	安东市市立图书馆阅览室规则	1929	JC010-01-032255-000011
386	安东市市立图书馆章程	1929	JC010-01-032255-000016
387	安东市市立图书馆借阅图书暂行章程	1929	JC010-01-032255-000018
388	辽宁省立图书馆民国十九年八月份单据粘存簿	1930	JC010-01-033207-000001

续表

序号	题名	年份	档号
389	辽宁省省立图书馆为报图书馆馆长卞鸿儒到差日期事给辽宁省省立第八小学校的函	1929	JC010-01-033569-000014
390	沈阳县政府行政会议会员赵会凤为提出设图书馆平民学校开启民智事的提议案	1930	JC011-01-000113-000023
391	本溪县教育局长钟秀崎为提出筹办通俗讲演所及公共图书馆事的提议案	1930	JC011-01-000114-000024
392	盖平县政府第二次行政会议为讨论盖平县图书馆加民众二字以耸听闻拨归市政办理仍支教育预算事	1930	JC011-01-000115-000029
393	奉天省立图书馆为造送民国三年度国家岁出决算报告书请汇转事给奉天财政厅的详	1915	JC011-01-001656-000083
394	奉天财政厅为奉天省立图书馆造送民国三年度国家岁出决算报告书事给奉天省立图书馆的批	1915	JC011-01-001656-000084
395	奏办奉天省清理财政局为请将宣统三年计划预算书内贫民习艺所及图书馆并各学堂经费分别细数另开清单即日送局事给辽阳州知州史纪常的函	宣统二年（1910）	JC011-01-001696-000014
396	署宁远州知州王玉泉为查明宁远自治研究所并师范简易科简易识字学塾及图书馆等业于宣统二年间因无款项先后停办事给奉天度支使司的呈	1912	JC011-01-001995-000004
397	奉天省公立图书馆为送民国五年一月至四月阅览票费及收入计算书等件请核转事给奉天财政厅的呈（附金库报告单；奉天省公立图书馆民国五年一月至四月收入计算书各4份）	1917	JC011-02-000400-000001
398	奉天财政厅为奉天省公立图书馆送民国五年一月至四月阅览票费及收入计算书等件请核转事给奉天省公立图书馆的指令	1917	JC011-02-000400-000002
399	辽宁省立图书馆为收到辽宁省财政厅民国十五年财政统计年鉴事给辽宁省财政厅的函	1929	JC011-02-001896-000034
400	辽宁省立图书馆为辽宁省财政厅民国十六年财政统计年鉴已收讫事给辽宁省财政厅的函	1930	JC011-02-001896-000113
401	国立北平图书馆为请将辽宁省财政厅出版之全份辽宁公报财政月刊送至国立北平图书馆以便众览事给辽宁省财政厅的函	1929	JC011-02-002205-000001
402	辽宁省财政厅为将辽宁省财政厅经理出版之辽宁公报财政月刊按期赠送请查照事给国立北平图书馆的函	1929	JC011-02-002205-000002

续表

序号	题名	年份	档号
403	奉天省立图书馆为复收到民国十四年度奉省财政统计年鉴事给奉天财政厅的函	1928	JC011-02-002824-000069
404	辽宁省立图书馆民国十六年度经费统计表	1930	JC011-02-003036-000083
405	辽宁省立图书馆民国十六年度经费节余统计表	1930	JC011-02-003036-000084
406	奉天省立图书馆为送民国三年度岁入决算报告书并解售票费事给奉天财政厅的详（附收证）	1915	JC011-02-004672-000001
407	奉天财政厅为奉天省立图书馆送民国三年度岁入决算报告书并解售票费事给奉天省立图书馆的批	1915	JC011-02-004672-000002
408	奉天省立图书馆为送民国四年七月至十二月收入计算书并解阅览费事给奉天财政厅的详（附金库报告单；民国四年七月份至十二月收入计算书共24份）	1916	JC011-02-004672-000003
409	奉天财政厅为奉天省立图书馆送民国四年七月至十二月收入计算书并解阅览费事给奉天省立图书馆的批	1916	JC011-02-004672-000004
410	奉天财政厅制用科为公立图书馆解民国十二年节余已核收并送金库报告单请查照事给奉天财政厅征榷科的付（附金库报告单）	1925	JC011-02-004930-000002
411	奉化县图书馆为订阅奉天公报1份报费与奉化县公署报费一同汇缴事给奉天公报发行处的函	1913	JC011-02-007095-000079
412	署理黑山县县长高德光为报黑山县教育局及黑山县图书馆等民国十八年占用官房房租拟请准由预算数目核收事给辽宁省财政厅的呈	1930	JC011-02-008131-000011
413	辽宁省财政厅为黑山县县长高德光报黑山县教育局及黑山县图书馆等民国十八年占用官房房租拟请准由预算数目核收事给黑山县县长高德光的指令	1930	JC011-02-008131-000012
414	辽宁省教育厅为送辽宁省立各小学及图书馆民国二十年三月份计算书等事给辽宁省财政厅的咨（附辽宁省立各小学图书馆民国二十年三月份计算清单；辽宁省立第一高级中学校等民国二十年三月份收支对照表43纸）	1931	JC011-02-008173-000006
415	辽宁省财政厅为前送辽宁省立各小学及图书馆民国二十年三月份计算书等件查核书据尚符应准照销事给辽宁省教育厅的咨	1931	JC011-02-008173-000007

续表

序号	题名	年份	档号
416	辽宁省教育厅为送辽宁省立各小学及图书馆民国二十年四月份计算书等件事给辽宁省财政厅的咨（附辽宁省立各小学及图书馆民国二十年四月份计算清单；辽宁省立第一高级中学校等民国二十年四月份收支对照表43纸）	1931	JC011-02-008173-000012
417	辽宁省财政厅为前送辽宁省立各小学及图书馆民国二十年四月份计算书等件查核书据数目均属相符应准照销事给辽宁省教育厅的咨	1931	JC011-02-008173-000013
418	辽宁省教育厅为送辽宁省立各小学及图书馆民国二十年五月份计算书等件事给辽宁省财政厅的咨（附辽宁省立各小学及图书馆民国二十年五月份计算清单）	1931	JC011-02-008173-000014
419	辽宁省财政厅为前送辽宁省立各小学及图书馆民国二十年五月份计算书等件查核书据数目均属相符应准照销事给辽宁省教育厅的咨	1931	JC011-02-008173-000015
420	辽宁省教育厅为送辽宁省立各小学及图书馆民国二十年六月份计算书等件请列销事给辽宁省财政厅的咨（附辽宁省立各小学及图书馆民国二十年六月份计算清单）	1931	JC011-02-008173-000020
421	辽宁省财政厅为前送辽宁省立各小学图书馆民国二十年六月计算书等查核书据尚符应准照销惟六月系年度终止之期所有各校节余亟应解缴事给辽宁省教育厅的咨（附辽宁省立第五小学校等民国十九年度经费节余清单）	1931	JC011-02-008173-000021
422	上海东亚同文书院图书馆为预解民国十五年份奉天公报价款请查收并赐给收条并将来按期续寄事给奉天财政厅公报处的函	1926	JC011-02-008871-000189
423	彰武县公署为县属各界士绅议定公共小学校图书馆及校林等地址与南侧空地预防纠葛办法并送图说及议决录请刊登省政公报俾资声明事给奉天财政厅的呈（附图说；议决录）	1929	JC011-02-009188-000001
424	奉天财政厅为彰武县公署报各界士绅议定公共小学校图书馆及校林等地址与南侧空地预防纠葛办法事给彰武县公署的指令	1929	JC011-02-009188-000002
425	辽宁省财政厅第三科为送彰武县公署前送公共小学校图书馆及校林等地址与南侧空地预防纠葛办法及图说等件请查照归案办理事给辽宁省财政厅第二科的付	1929	JC011-02-009188-000004
426	奉天省长公署为准予将奉天教育会图书馆房间暂行出租作为淑慎女子学校经费以资补助饬知照事给奉天财政厅的训令	1918	JC011-02-010312-000003

序号	题名	年份	档号
427	奉天省长公署为筹备历史博物馆及图书馆事宜敦聘执事金锡侯先生任历史博物馆及图书馆筹备委员长职请查照事给金锡侯的函	1928	JC011-02-012148-001014
428	奉天巡按使公署为将奉天省垣东华门图书馆旧址拨作奉天全省官地清丈局办公请知照事给奉天财政厅的饬	1915	JC011-02-012657-000001
429	奉天巡按使公署为旧奉天劝业道署作为东三省屯垦总局并奉天劝业道旧署工务总会借用之房屋应即另行迁移至奉天辽沈道尹公署办公处查图书馆地方甚为适用请知照事给奉天财政厅的饬	1915	JC011-02-012723-000011
430	奉天省立图书馆为补送民国三年七月份至十二月份收入计算书事给奉天财政厅的详（附收入计算书12份）	1915	JC011-02-014267-000001
431	奉天财政厅为奉天省立图书馆补送民国三年七月份至十二月份收入计算书事给奉天省立图书馆的批	1915	JC011-02-014267-000002
432	奉天省立图书馆为送民国四年一月份至三月份收入计算书事给奉天财政厅的详（附收入计算书3份）	1915	JC011-02-014267-000003
433	奉天财政厅为奉天省立图书馆送民国四年一月份至三月份收入计算书事给奉天省立图书馆的批	1915	JC011-02-014267-000004
434	奉天省立图书馆为补送民国四年一月份至三月份收入计算书事给奉天财政厅的详	1915	JC011-02-014267-000005
435	奉天财政厅为奉天省立图书馆补送民国四年一月份至三月份收入计算书事给奉天省立图书馆的批	1915	JC011-02-014267-000006
436	奉天省立图书馆为补送民国三年七月份至十二月份收入计算书事给奉天财政厅的详	1915	JC011-02-014267-000007
437	奉天财政厅为奉天省立图书馆送民国三年七月份至十二月份收入计算书事给奉天省立图书馆的批	1915	JC011-02-014267-000008
438	奉天省立图书馆为陈明收入计算疑义请核示民国三年七月至民国四年六月收入计算书如何编造事给奉天财政厅的详	1915	JC011-02-014267-000009
439	奉天财政厅为奉天省立图书馆陈明收入计算疑义请核示民国三年七月至民国四年六月收入计算书如何编造事给奉天省立图书馆的批	1915	JC011-02-014267-000010

续表

序号	题名	年份	档号
440	奉天省立图书馆为送民国三年七月份至民国四年六月份收入计算书事给奉天财政厅的详（附民国四年一月份至六月份收入计算书）	1915	JC011-02-014267-000011
441	奉天财政厅为奉天省立图书馆送民国三年七月份至民国四年六月份收入计算书事给奉天省立图书馆的批	1915	JC011-02-014267-000012
442	辽宁省立图书馆为已收到辽宁省民国十七年度财政统计年鉴请知照事给辽宁省财政厅秘书处的函	1931	JC011-02-014626-000004
443	奉天地方事务所为在大连图书馆开满蒙研究资料展览会请将最近出版物寄赠2部事给奉天财政厅的函（附译件）	1926	JC011-02-014777-000001
444	大连图书馆为预定在大连图书馆开满蒙研究资料展览会请将最近出版物寄送至大连图书馆凡关于产业经济文艺及其他会报等均在搜集之列发行者不问为何印刷版本皆可事给奉天地方事务所的函	1926	JC011-02-014777-000002
445	奉天财政厅为送民国十一年度民国十二年度财政统计年鉴请查照转寄给大连图书馆事给奉天地方事务所的函	1926	JC011-02-014777-000003
446	奉天地方事务所为在大连图书馆开满蒙研究资料展览会请速将最近出版物寄赠事给奉天财政厅的函（附译件）	1926	JC011-02-014777-000004
447	奉天公立图书馆为送民国十一年度收支统计表请查照汇编事给奉天财政厅的函	1924	JC011-02-014778-000001
448	奉天财政厅为奉天公立图书馆送民国十一年度收支统计表经查核尚属相符请查照事给奉天公立图书馆的函	1925	JC011-02-014778-000002
449	国立中山大学图书馆为请送中国国内各机关所编之专门图书表册等件如需付给书价希先示数目事给奉天财政厅的函	1923	JC011-02-014802-000004
450	奉天省立图书馆民国九年度经费统计表	1922	JC011-02-014894-000009
451	奉天财政厅为前送奉天教育厅及省立各学校民国十一年度经费收支统计表已将不符各处代为更正存候汇编请查照再奉天省立图书馆经费等统计表漏未填送请速补报事给奉天教育厅的函	1924	JC011-02-014894-000020
452	奉天教育厅为送奉天省立图书馆民国十一年度经费统计表请查照列编事给奉天财政厅的咨	1925	JC011-02-014894-000021

序号	题名	年份	档号
453	奉天财政厅为前送奉天省立图书馆民国十一年度经费统计表已存候汇编请查照事给奉天教育厅的函	1925	JC011-02-014894-000022
454	奉天财政厅为请速送奉天教育厅及各学校并奉天省立图书馆民国十四年度经费及学费收入等统计表事给奉天教育厅的函	1927	JC011-02-014894-000029
455	奉天教育厅为送奉天教育厅及各学校并奉天省立图书馆民国十四年度收支各统计表请查收事给奉天财政厅的函	1927	JC011-02-014894-000032
456	奉天财政厅为前送奉天教育厅及各学校并奉天省立图书馆民国十四年度收支各统计表已存备汇编并请速送奉天省立第五师范学校民国十四年度经费统计表事给奉天教育厅的函	1927	JC011-02-014894-000033
457	国立中央大学商学院图书馆为请将辽宁省财政厅出版之财政月刊自第1卷1号起按期赠送1份事给辽宁省财政厅的函	1929	JC011-02-015394-000005
458	安徽省立图书馆为请定期寄送刊物或公报事给辽宁省财政厅的函	1930	JC011-02-015394-000021
459	辽宁省政府秘书处为请按日寄送辽宁省政府公报1份至广州文明路国立中山大学图书馆事给辽宁省财政厅的函	1929	JC011-02-015394-000023
460	辽宁省政府秘书处为美国国会图书馆拟征集各省政府出版品请按日寄送辽宁省政府公报1份封面载美国华盛顿国会图书馆并加书英文字样事给辽宁省财政厅的函	1930	JC011-02-015394-000025
461	辽宁省政府秘书处为请按日寄送辽宁省政府公报1份至南京市立图书馆事给辽宁省财政厅的函	1930	JC011-02-015394-000040
462	辽宁省政府为美国国会图书馆征集中国各省政府出版品请查酌如有应寄出版物品立即检送辽宁省政府事给辽宁省财政厅的训令	1930	JC011-02-015394-000048
463	辽宁省财政厅为检送出版之财政刊物请查收汇寄美国国会图书馆事给辽宁省政府的呈	1930	JC011-02-015394-000049
464	辽宁省政府为辽宁省财政厅检送出版之财政刊物请查收汇寄美国国会图书馆事给辽宁省财政厅的指令	1930	JC011-02-015394-000055
465	辽宁省立图书馆为辽宁省财政厅所赠之财政月刊已如数收讫请源源惠赐事给辽宁省财政厅的函	1930	JC011-02-015394-000059

续表

序号	题名	年份	档号
466	奉天教育厅厅长谢荫昌为在奉天省城前女工传习所地址筹备开厅日期并赴任请各县知事各学校图书馆查照事的训令	1919	JC011-02-015679-000300
467	经济讨论处为自中外经济周刊第16期起改订收费章程除各官署及国立学校图书馆等仍照送外余者暂停赠阅酌收回成本凡属私人订阅者概按价目表收费如系教育机关或学界人士则按价8折计算事的启事	1923	JC011-02-015701-000070
468	辽宁省立图书馆为解民国十七年经费节余请列收事给辽宁省财政厅的呈（附省库报告单）	1930	JC011-02-015940-000005
469	辽宁省财政厅为辽宁省立图书馆解民国十七年经费节余请列收事给辽宁省立图书馆的指令	1930	JC011-02-015940-000006
470	辽宁省财政厅第三科为送辽宁省立图书馆民国十八年经费节余款洋省库报告单事给辽宁省财政厅第二科的付（附省库报告单）	1930	JC011-02-015940-000025
471	奉天省公立图书馆为送民国十年下半年奉天公报报费邮费请列收并希赐送收据事给奉天财政厅的函	1921	JC011-02-020872-000248
472	奉天财政厅为民国十年下半年奉天公报报费邮费已如数列收请查照事给奉天省公立图书馆的函	1921	JC011-02-020872-000249
473	奉天省公立图书馆为请查照于民国八年十月底将订阅奉天公报注销1份事给奉天财政厅奉天公报经理发行处的函	1919	JC011-02-021006-000169
474	奉天省公立图书馆为解民国十三年七月至十二月底奉天公报费请列收赐据事给奉天财政厅的函	1925	JC011-02-021012-000049
475	奉天财政厅为复前解民国十三年下届奉天报邮各费已核收事给奉天省公立图书馆的函	1925	JC011-02-021012-000050
476	奉天财政厅为前送民国六年八月份邮寄公报底册内未将奉天省城图书馆登记请查照更正事给印铸局政府公报发行所的函	1917	JC011-02-021116-000014
477	奉天省公立图书馆为送民国八年一月至六月奉天公报报费事给奉天财政厅的函	1919	JC011-02-021129-000053
478	奉天财政厅为具复收到所送民国八年一月至六月奉天公报报费事给奉天省公立图书馆的函	1919	JC011-02-021129-000054

续表

序号	题名	年份	档号
479	奉天省公立图书馆为送民国九年上半年奉天公报报费请查收并汇送收据事给奉天财政厅的函	1920	JC011-02-021132-000128
480	奉天财政厅为前送民国九年上半年奉天公报报费已如数列收请查照事给奉天公立图书馆的函	1920	JC011-02-021132-000129
481	奉天公立图书馆为送民国八年下半年奉天公报报费请查收迅赐收据事给奉天财政厅的函	1919	JC011-02-021141-000228
482	奉天财政厅为复民国八年下半年奉天公报报费已如数列收事给奉天公立图书馆的函	1919	JC011-02-021141-000229
483	奉天公立图书馆为送民国七年下半年奉天公报报费请查将报逐日寄下迅赐收据事给奉天财政厅的函	1918	JC011-02-021152-000340
484	奉天财政厅为民国七年下半年奉天公报报费已如数收讫请查照事给奉天省立图书馆的函	1918	JC011-02-021152-000341
485	奉天省长公署政务厅为开设图书室如有定期刊品希随时寄赠至于计值之件并愿列目通知希查照办理事给奉天财政厅的函	1928	JC011-02-021156-000003
486	辽宁省财政厅为复旧报无存碍难检补事给南京建设委员会图书馆的函	1929	JC011-02-021156-000011
487	南京建设委员图书馆为收到《辽宁省政府公报》第204期并嗣后希源源惠赠事的函	1929	JC011-02-021156-000012
488	南京建设委员会图书馆为请补送《辽宁省政府公报》事给辽宁省政府公报发行处的函	1929	JC011-02-021156-000013
489	奉天省图书馆为送民国五年一月份至十二月份政府公报费及邮费奉天公报费请查收并发给收据事给奉天财政厅的函	1916	JC011-02-021165-000005
490	奉天省公立图书馆为送民国十一年七月起至十二月底奉天公报报邮各费事给奉天财政厅的函	1922	JC011-02-021171-000350
491	奉天财政厅为复如数收到民国十一年下半年奉天公报报邮各费事给奉天省公立图书馆的函	1922	JC011-02-021171-000351
492	奉天财政厅为复前解民国十七年上届奉天公报报费已如数核收事给奉天省公立图书馆的函	1928	JC011-02-021173-000165
493	奉天省公立图书馆为解民国十七年一月起至六月底奉天公报费请查收赐据事给奉天财政厅的函	1928	JC011-02-021173-000166

续表

序号	题名	年份	档号
494	辽宁省财政厅为复辽宁省政府公报96号127号系属停刊日期号数误印并非漏寄事给武汉大学图书馆的函	1929	JC011-02-021176-000014
495	辽宁省政府秘书处为请将96号及127号辽宁省政府公报补寄武汉大学图书馆事给辽宁省财政厅的函	1929	JC011-02-021176-000015
496	辽宁省政府秘书处为转告北平图书馆征集各种书报月刊请查照径行检寄事给辽宁省财政厅的函	1929	JC011-02-021176-000027
497	辽宁省政府秘书处为转告国立北平图书馆新建筑未落成前请寄辽宁省政府公报至北平中海居仁堂第一馆请查照事给辽宁省财政厅的函	1929	JC011-02-021176-000037
498	辽宁省财政厅为复辽宁省政府公报《财政月刊》现已分别按期检寄事给山东省立图书馆的函	1929	JC011-02-021176-000041
499	辽宁省政府秘书处为请按日寄送辽宁省政府公报1份至山东图书馆事给辽宁省财政厅的函	1929	JC011-02-021176-000042
500	山东省立图书馆为请将所有出版刊物分别惠寄1份事给奉天省政府财政厅的函	1929	JC011-02-021176-000043
501	奉天财政厅为奉天省长公署图书室拟订政府公报请自民国十七年二月一日起并送清单请查照径寄事给印铸局发行课的函（附奉天省长公署图书室订购政府公报清单）	1928	JC011-02-021176-000070
502	辽宁省财政厅为已检寄辽宁省政府公报至北平中国大学图书馆等处请查照事给辽宁省政府秘书处的函	1929	JC011-02-021176-000085
503	辽宁省政府秘书处为请按日检寄辽宁省政府公报至于北平中大图书馆事给辽宁省财政厅的函	1929	JC011-02-021176-000087
504	辽宁省财政厅为嘱赠北平北海图书馆之辽宁省政府公报全份现已缺略不完并已将所存尽量检齐付邮事给辽宁省政府秘书处北平北海图书馆的函	1929	JC011-02-021176-000089
505	辽宁省政府秘书处为请将辽宁省政府公报自改组日起检寄全份按日照寄北海图书馆事给辽宁省财政厅的函	1929	JC011-02-021176-000090
506	辽宁省财政厅为寄赠北平中山图书馆辽宁省政府公报已遵办事给辽宁省政府秘书处的函	1929	JC011-02-021176-000105

续表

序号	题名	年份	档号
507	辽宁省政府秘书处为请按日径寄北平中山图书馆辽宁省政府公报事给辽宁省财政厅的函	1929	JC011-02-021176-000106
508	辽宁省财政厅公报处为补发《财政月刊》30册事给建设委员会图书馆的函	1929	JC011-02-021176-000127
509	辽宁省财政厅为将辽宁省政府公报按日检寄兰州中山大学图书馆事给辽宁省政府秘书处的函	1929	JC011-02-021176-000216
510	辽宁省政府秘书处为请将辽宁省政府公报按日检寄兰州中山大学图书馆事给辽宁省财政厅公报编辑处的函	1929	JC011-02-021176-000217
511	辽宁省政府秘书处为请按日检寄辽宁省政府公报径寄安庆市立图书馆查收事给辽宁省财政厅公报编辑处的函	1929	JC011-02-021176-000285
512	辽宁省政府秘书处为请按日检寄辽宁省政府公报径寄国立武汉大学图书馆查收事给辽宁省财政厅公报编辑处的函	1929	JC011-02-021176-000286
513	奉天省政府第四科为请将辽宁省政府公报按日径寄厦门鼓浪屿中山图书馆查收事给奉天财政厅公报编辑处的函	1929	JC011-02-021176-000296
514	国立武汉大学图书馆为请将已出版刊物惠寄1份及未出版刊物按期颁发事给奉天财政厅公报处的函	1928	JC011-02-021176-000297
515	奉天省公立图书馆为送民国十三年一月起至六月底奉天公报报邮各费请列收赐据事给奉天财政厅的函	1924	JC011-02-021263-000170
516	奉天财政厅公报处为复如数收到民国十三年一月起至六月底奉天公报报邮各费事给奉天省立图书馆的函	1924	JC011-02-021263-000171
517	奉天省公立图书馆为送民国十一年一月至六月奉天公报费请查收赐据事给奉天财政厅的函	1922	JC011-02-021271-000259
518	奉天财政厅为前送民国十一年一月至六月奉天公报费已列收请查照事给奉天省公立图书馆的函	1922	JC011-02-021271-000260
519	奉天省立图书馆为送民国九年下半年奉天公报报费请查照列收并希送收据事给奉天财政厅的函	1920	JC011-02-021272-000234
520	奉天财政厅为民国九年下半年奉天公报报费已如数列收请查照事给奉天省立图书馆的函	1920	JC011-02-021272-000235

续表

序号	题名	年份	档号
521	奉天省公立图书馆为解民国十年一月起至六月底奉天公报费请查收赐据事给奉天财政厅的函	1921	JC011-02-021273-000462
522	奉天财政厅为收到民国十年上半年奉天公报费事给奉天省公立图书馆的函	1921	JC011-02-021273-000463
523	奉天省公立图书馆为解民国十二年一月至六月奉天公报报费请查收赐据事给奉天财政厅的函	1923	JC011-02-021343-000085
524	奉天财政厅为具复收到所解民国十二年一月至六月奉天公报报费事给奉天省公立图书馆的函	1923	JC011-02-021343-000086
525	东亚同文书院图书馆为解民国十二年全年奉天公报报邮各费事给奉天财政厅的函	1923	JC011-02-021343-000137
526	奉天财政厅为具复收到所解民国十二年全年奉天公报报邮各费尚欠之款希即补解掣取收单请查照事给东亚同文书院图书馆的函	1923	JC011-02-021343-000138
527	东亚同文书院图书馆为解民国十三年全年奉天公报报邮各费事给奉天财政厅公报处的函	1923	JC011-02-021343-000582
528	奉天财政厅公报处为具复收到所解民国十三年全年奉天公报报邮各费尚欠之款希即补解掣取收单请查照事给东亚同文书院图书馆的函	1923	JC011-02-021343-000583
529	东亚同文书院图书馆为解民国十四年全年奉天公报报费邮费请查收发给收条并按期续寄奉天公报事给奉天财政厅的函	1925	JC011-02-021345-000093
530	奉天财政厅为复民国十四年全年奉天公报报费邮费已核收及尚存大洋票6元2角俟下届解款径行扣抵并送收单请查照事给东亚同文书院图书馆的函	1925	JC011-02-021345-000094
531	奉天省公立图书馆为解民国十四年一月至六月底奉天公报报费邮费请列收发给收据事给奉天财政厅的函	1925	JC011-02-021345-000116
532	奉天财政厅为复民国十四年一月至六月底奉天公报报费邮费已如数核收请查照事给奉天省公立图书馆的函	1925	JC011-02-021345-000117
533	奉天省公立图书馆为解民国十四年七月至十二月底奉天公报报费请查核列收发给收据事给奉天财政厅的函	1926	JC011-02-021345-000319
534	奉天财政厅为复民国十四年七月至十二月底奉天公报报费已如数核收请查照事给奉天省公立图书馆的函	1926	JC011-02-021345-000320

续表

序号	题名	年份	档号
535	奉天省公立图书馆为送民国十二年七月起至十二月底奉天公报费请列收赐据事给奉天财政厅的函	1924	JC011-02-021528-000011
536	奉天省公立图书馆为复收到民国十二年七月起至十二月底奉天公报费事给奉天财政厅的函	1924	JC011-02-021528-000012
537	奉天省公立图书馆为解民国十七年七月份起至十二月份止奉报报费请查收赐据事给奉天财政厅的函	1929	JC011-02-021530-000068
538	奉天财政厅为具复收到所解民国十七年七月份起至十二月份止奉报报费事给奉天省公立图书馆的函	1929	JC011-02-021530-000069
539	辽宁省立图书馆为解民国十八年一月起至六月底止辽宁公报报邮各费事给辽宁省财政厅的函	1929	JC011-02-021530-000181
540	辽宁省财政厅为具复收到所解民国十八年一月起至六月底止辽宁公报报邮各费事给辽宁省立图书馆的函	1929	JC011-02-021530-000182
541	辽宁省财政厅公报处为具复收到所解民国十八年五月二日至六月三十日辽宁公报报邮各费事给安东市立图书馆的函	1929	JC011-02-021530-000211
542	安东市立图书馆为解民国十八年五月二日至六月三十日辽宁公报报邮各费请将收条附报寄下并民国十八年六月三十日停寄附送图书馆图书目录1册事给辽宁省财政厅公报处的函	1929	JC011-02-021530-000212
543	奉天省公立图书馆为送民国五年十月至十二月民国六年二月至六月收入计算书等及阅览票费事给奉天财政厅的呈（附金库报告单；民国五年十月至十二月收入计算书12份；民国六年二月至六月收入计算书20份；货币换算表32份）	1917	JC011-02-022524-000001
544	奉天财政厅为奉天省公立图书馆解民国五年十月份至民国六年六月份收入阅览票费洋元并送计算书货币换算表事给奉天省公立图书馆的指令	1917	JC011-02-022524-000002
545	奉天省公立图书馆为送民国六年七月份至十二月份收入计算书及解入览票费请汇转事给奉天财政厅的呈（附金库报告单）	1918	JC011-02-022524-000003
546	奉天财政厅为奉天省公立图书馆解民国六年七月份至十二月份收入票费银元并送计算书事给奉天省公立图书馆的指令	1918	JC011-02-022524-000004

续表

序号	题名	年份	档号
547	奉天省公立图书馆为送民国七年一月份至六月底收入计算书及货币换算表并解入览票费恳请汇转批示事给奉天财政厅的呈（附金库报告单）	1918	JC011-02-022524-000005
548	奉天财政厅为奉天省公立图书馆送民国七年一月份至六月底收入计算书并解入览票费事给奉天省公立图书馆的指令	1918	JC011-02-022524-000006
549	奉天省公立图书馆为更正补送民国六年七月份至民国七年六月份收入计算书请汇转事给奉天财政厅的呈	1918	JC011-02-022524-000007
550	奉天财政厅为奉天省公立图书馆更正补送民国六年七月份至民国七年六月份收入计算书事给奉天省公立图书馆的指令	1918	JC011-02-022524-000008
551	奉天省长公署为奉天省公立图书馆拟免收图书阅览费应准照办请知照事给奉天财政厅的训令	1919	JC011-02-022524-000009
552	奉天财政厅征榷科为奉天省公立图书馆拟免收图书阅览费应准照办请查照备案事给奉天财政厅制用科的付	1919	JC011-02-022524-000010
553	奉天省公立图书馆为送民国七年七月份至民国八年二月份收入计算书换算表及阅览票请查收汇转事给奉天财政厅的函（附金库报告单）	1919	JC011-02-022524-000011
554	奉天财政厅为民国七年七月份至民国八年二月份收入计算书换算表及阅览票已收到俟汇案核办请查照事给奉天省公立图书馆的函	1919	JC011-02-022524-000012
555	奉天省公立图书馆为奉天省公立图书馆自民国八年三月份起免收阅览费请查照事给奉天财政厅的函	1919	JC011-02-022524-000013
556	奉天财政厅制用科为送奉天省公立图书馆解民国八年度经费节余洋款报告单请查照列收事给奉天财政厅征榷科的付（附奉天省金库报告单）	1920	JC011-02-022524-000014
557	奉天财政厅制用科为送奉天省公立图书馆解民国九年度经费节余洋款报告单请查照列收事给奉天财政厅征榷科的付（附奉天省库报告单）	1921	JC011-02-022524-000015
558	奉天财政厅制用科为送奉天省立图书馆解民国十年度结余经费款报告单请查照列收事给奉天财政厅征榷科的付	1922	JC011-02-022936-000047
559	奉天提学司并图书馆各学堂宣统三年三月份收支经常临时费报告册	宣统三年（1911）	JC011-02-032251-000001

序号	题名	年份	档号
560	奉天省公立图书馆中华民国六年六月份支付预算书（附请款凭单）	1917	JC011-02-033313-000001
561	奉天市立图书馆暨分馆民国十二年十一月份省地方支付经费预算书	1923	JC011-02-033433-000001
562	奉天市立图书馆民国十二年十月份省地方支付经费预算书（附请款凭单）	1923	JC011-02-033988-000001
563	奉天市立图书馆民国十二年十月份省地方支付经费预算书	1923	JC011-02-033989-000001
564	奉天省公立图书馆中华民国六年七月份支付预算书（附请款凭单）	1917	JC011-02-033993-000001
565	奉天省公立图书馆民国十二年八月份省地方支付经费预算书（附请款凭单）	1923	JC011-02-034236-000001
566	奉天省公立图书馆民国十二年八月份省地方支出经费预算书	1923	JC011-02-034237-000001
567	奉天省公立图书馆民国十二年八月份省地方支付经费预算书	1923	JC011-02-034238-000001
568	奉天省公立图书馆民国十二年六月份省地方支付经费预算书（附请款凭单）	1923	JC011-02-034239-000001
569	奉天省公立图书馆民国十二年六月份省地方支付经费预算书（附请款凭单）	1923	JC011-02-034240-000001
570	奉天省公立图书馆民国十二年六月份省地方支付经费预算书（附请款凭单）	1923	JC011-02-034241-000001
571	奉天省公立图书馆民国十二年五月份省地方支付经费预算书（附请款凭单）	1923	JC011-02-034242-000001
572	奉天省公立图书馆民国十二年五月份省地方支付经费预算书（附请款凭单）	1923	JC011-02-034243-000001
573	奉天省公立图书馆民国十二年五月份省地方支付经费预算书（附请款凭单）	1923	JC011-02-034244-000001
574	奉天提学使司为送省城图书馆各学堂及学务公所宣统三年正月收支款项总册事给奉天度支司的咨（附收支经常临时费报告册）	宣统三年（1911）	JC011-02-035544-000001
575	奉天提学使司为前送省城图书馆各学堂及学务公所宣统三年正月收支款项报销册内学务公所消耗费稍有超越应自行撙节事给奉天度支司的咨	宣统三年（1911）	JC011-02-035544-000002
576	奉天学务公所为请领图书馆各学校民国元年五月份经常费事的副领	1912	JC011-02-036815-000036
577	奉天学务公所为请领图书馆各学堂民国元年四月份经常费事的副领	1912	JC011-02-036815-000203

续表

序号	题名	年份	档号
578	奉天学务公所为请领图书馆各学堂民国元年三月份经常费事的副领	1912	JC011-02-036815-000204
579	奉天学务公所为请领图书馆各学堂民国元年二月十九日至二月底止12天经常费事的副领	1912	JC011-02-036815-000205
580	奉天学务公所为请领图书馆各学校民国元年七月份经常费事的副领	1912	JC011-02-036815-000329
581	奉天学务公所为请领图书馆各学校民国元年八月份经常费款事的副领	1912	JC011-02-036815-000394
582	奉天学务公所为请领图书馆各学校民国元年六月份经常费款事的副领	1912	JC011-02-036815-000415
583	奉天学务公所为请领图书馆各学校民国元年九月份经常费款事的副领（附凭条3份）	1912	JC011-02-036815-000488
584	奉天学务公所为领得图书馆各学校民国元年十二月经常费事的印领	1913	JC011-02-039486-000071
585	奉天教育司为领得奉天财政司拨到图书馆各学校民国二年三月份经常费事的正领	1913	JC011-02-039834-000120
586	奉天财政厅为抄送催造收入计算书区域及月份单请迅将单开未造收入计算书赶紧查明按月编造齐全即刻送厅事给奉天图书馆奉天陈列厅等的函	1917	JC011-02-044515-000014
587	奉天财政厅为催赶造民国七年度收入计算书事给奉天图书馆奉天工业学校奉天两级师范学校等的函	1919	JC011-02-044515-000056
588	奉天省图书馆为民国元年度决算册业已送至奉天教育司请鉴照转向奉天教育司查取事给奉天度支司的函	1913	JC011-02-052055-000001
589	奉天省图书馆为民国元年七月份至十二月底月报册早经陆续造齐送至奉天教育司请鉴照转向奉天教育司查取事给奉天度支司的函	1913	JC011-02-052055-000002
590	奉天度支司为请将续领图书馆工程并改造左参赞衙署工程银两数目一并开单见复事给奉天提学司的咨	宣统元年（1909）	JC011-02-056660-000001
591	奉天度支司为请将建造宗人府胡同图书馆工程用过工料价银数目分别详查明晰迅速回复事给奉天提学使司的咨	宣统元年（1909）	JC011-02-056661-000001
592	奉天提学使司为宗人府胡同图书馆工程改为左参赞署所有工程做法及动用工料价银细数由前图书馆庶务员钱鼎熙造册径报左参赞核销学务公所并无底案请查照办理事给奉天度支司的咨	宣统元年（1909）	JC011-02-056661-000002

续表

序号	题名	年份	档号
593	奉天行省公署为奉天图书馆总理陈炳焕造送奉天图书馆宣统元年正月份预算清册事给奉天图书馆总理陈炳焕的批（附奉天图书馆总理陈炳焕的呈）	光绪三十四年（1908）	JC011-02-066530-000012
594	辽宁省财政厅为辽宁省立图书馆补送民国二十年九月份支出概算书事给辽宁省立图书馆的指令	1931	JC011-02-079905-000001
595	辽宁省财政厅为辽宁省立图书馆补送民国二十年九月份支出概算书事给辽宁省立图书馆的指令	1931	JC011-02-079906-000001
596	辽宁省立图书馆为补送经费岁出概算书事给辽宁省财政厅的呈	1931	JC011-02-079906-000002
597	奉天民政使司民政使张元奇为前请将小北关望北楼西胡同官地及城内东南隅图书馆东官地拨归修建学堂一节业经查勘尚无妨碍自应准予拨归应用请查照办理事给奉天提学司的咨	宣统元年（1909）	JC011-02-083470-000001
598	奉天民政司为前请将小北关望北楼西胡同官地及城内东南隅图书馆东官地拨归修建学堂一节查官地公用已属有案可稽毋庸领照事给奉天提学司的函	宣统元年（1909）	JC011-02-083470-000004
599	奉天提学司为前领小北关望北楼西胡同官地及城内东南隅图书馆东官地修建学校一节已派员前往接收树立界标事给奉天民政司的函	宣统元年（1909）	JC011-02-083470-000006
600	奉天行政公署教育司为社会教育各机关急待开办须购买图书幻灯影片等请迅将图书馆民国二年一月至二月经费及社会教育编辑所等处民国二年三月经费一并拨给事给奉天财政司的函	1913	JC011-02-099056-000001
601	奉天教育司为领得图书馆各学校民国二年二月份经常费事的印领	1913	JC011-02-099460-000014
602	奉天教育司为各校馆初编民国二年七月份概算书尚缺奉天图书馆等处概算册是否遗漏请见复等情形事给奉天财政司的函	1913	JC011-02-100493-000001
603	奉天省公署为奉天财政厅拨解奉天教育厅省立图书馆临时修购费请鉴核事给奉天财政厅的指令	1932	JC011-02-101119-000001
604	奉天教育司为民国元年前奉天全省学务公所咨领经常临时各费并图书馆学校各经费请拨发事给奉天财政司的函	1913	JC011-02-101761-000001
605	奉天提学使司为领得省城图书馆各学堂宣统二年正月份经费事的印领	宣统二年（1910）	JC011-02-104518-000004

续表

序号	题名	年份	档号
606	奉天提学使司为领得省城图书馆各学堂宣统二年三月份经费银两事的印领	宣统二年（1910）	JC011-02-104518-000010
607	奉天提学使司为领得省城图书馆各学堂宣统元年二月份经费事的印领	宣统二年（1910）	JC011-02-104518-000019
608	奉天提学使司为领得省城图书馆各学堂宣统二年五月份经常费事的印领	宣统二年（1910）	JC011-02-104518-000032
609	奉天提学使司为领得省城图书馆各学堂宣统二年四月份经费事的印领	宣统二年（1910）	JC011-02-104518-000038
610	奉天提学使司为领得省城图书馆各学堂宣统二年六月份经常费事的印领	宣统二年（1910）	JC011-02-104518-000053
611	奉天提学使司为领得省城图书馆各学堂宣统二年七月份经费事的印领	宣统二年（1910）	JC011-02-104518-000057
612	奉天提学使司为领得省城图书馆各学堂宣统二年八月份经费事的印领	宣统二年（1910）	JC011-02-104518-000060
613	奉天提学使司为领得省城图书馆各学堂宣统二年九月份经费事的印领	宣统二年（1910）	JC011-02-104518-000068
614	奉天提学使司为领得省城图书馆各学堂宣统二年十月份经费事的印领	宣统二年（1910）	JC011-02-104518-000072
615	奉天提学使司为领得省城图书馆各学堂宣统二年十一月份经常费事的印领	宣统二年（1910）	JC011-02-104518-000077
616	奉天提学使司为领得省城图书馆各学堂宣统二年十二月份经常费事的印领	宣统二年（1910）	JC011-02-104518-000084
617	奉天提学使司为领得奉天省城图书馆及各学堂应领宣统元年闰二月份经费事的印领	宣统元年（1909）	JC011-02-105487-000026
618	奉天提学使司为领得奉天省城图书馆及各学堂应领宣统元年十一月份经费事的印领	宣统元年（1909）	JC011-02-105487-000092
619	奉天提学使司为领得奉天省城图书馆及各学堂应领宣统元年十二月份经费事的印领	宣统元年（1909）	JC011-02-105487-000098
620	东三省总督赵尔巽为奉天提学司解学务公所及图书馆各学堂宣统二年十二月底积存银两请查核事给奉天提学司奉天度支司的批	宣统三年（1911）	JC011-02-105829-000114
621	奉天提学司为领得奉天学务公所及奉天教育官练习所图书馆各校光绪三十三年七月份常年经费银两事的印领	光绪三十三年（1907）	JC011-02-106639-000095
622	奉天行省公署为奉天省城图书馆造送光绪三十三年十一月份经费预算册领事给奉天省城图书馆奉天度支使司的批	光绪三十三年（1907）	JC011-02-107518-000089
623	奉天省城图书馆经理陈炳焕造送光绪三十三年十一月份额支活支经费银两数目预算清册	光绪三十三年（1907）	JC011-02-107518-000090

序号	题名	年份	档号
624	奉天省城图书馆经理陈炳焕为领得光绪三十三年十一月份额支活支经费事的印领	光绪三十三年（1907）	JC011-02-107518-000091
625	奉天行省公署为奉天图书馆请领光绪三十四年正月份额支活支经费并送预算册事给奉天图书馆奉天度支司的批（附正领状；预算清册）	光绪三十三年（1907）	JC011-02-107772-000010
626	奉天行省公署为发奉天图书馆总理陈炳焕请领建筑陈列发售所经费银两并光绪三十四年四月份五月份预算经费银两领状等饬查核拨给具报事给奉天度支司的札（附正领状等3份）	光绪三十四年（1908）	JC011-02-107774-000039
627	奉天图书馆总理陈炳焕为领得奉天度支司拨给添建陈列发售室建筑经费事的正领状	光绪三十四年（1908）	JC011-02-107774-000040
628	奉天图书馆总理陈炳焕为领得光绪三十四年五月份开支并四月份补支经费事的正领状	光绪三十四年（1908）	JC011-02-107774-000041
629	奉天图书馆总理陈炳焕造送建光绪三十四年五月份开办额支活支预算各项经费并补四月份添派员司公役薪工伙食银两数目清册	光绪三十四年（1908）	JC011-02-107774-000042
630	奉天行省公署为奉天图书馆送光绪三十四年四月份额支活支经费银两数目预算清册事给奉天度支司奉天图书馆的批（附正领；预算清册；奉天图书馆的呈）	光绪三十四年（1908）	JC011-02-120131-000034
631	奉天行省公署为奉天省城图书馆请领光绪三十四年六月份额支活支各县经费事给奉天省城图书馆奉天度支司的批（附奉天省城图书馆的呈；正领；预算清册）	光绪三十四年（1908）	JC011-02-120133-000024
632	奉天行省公署为奉天省城图书馆总理陈炳焕送宣统元年三月份预算清册事给奉天省城图书馆总理陈炳焕奉天度支司的批（附奉天省城图书馆总理陈炳焕的呈；开支各项经费预算册；正印领）	宣统元年（1909）	JC011-02-120181-000001
633	奉天省城图书馆总理陈炳焕为领得奉天度支司拨给借垫发售书款经费事的印领	光绪三十四年（1908）	JC011-02-120536-000001
634	奉天省城图书馆总理陈炳焕为领得奉天度支司拨给图书馆工程建筑不敷经费事的印领	光绪三十四年（1908）	JC011-02-120536-000002
635	奉天省城图书馆发售室为领到奉天度支司借垫发售书款事的印领	光绪三十四年（1908）	JC011-02-120536-000003
636	奉天省城图书馆庶务员钱鼎熙为领得奉天度支司发给承修左参赞衙署工料不敷钱款事的印领	光绪三十四年（1908）	JC011-02-120536-000004

续表

序号	题名	年份	档号
637	奉天行省公署为奉天省城图书馆送光绪三十四年三月份经费预算册领事给奉天省城图书馆奉天度支司的批（附正领状；预算清册）	光绪三十四年（1908）	JC011-02-121613-000028
638	奉天行省公署为奉天省城图书馆请领光绪三十四年七月份经费并送册领事给奉天省城图书馆奉天度支司的批（附奉天省城图书馆的副呈；正领状；预算册）	光绪三十四年（1908）	JC011-02-121614-000018
639	奉天行省公署为奉天省城图书馆造送光绪三十四年八月份开支预算清册及正领状请核发事给奉天省城图书馆奉天度支司的批（附奉天省城图书馆的副呈；正领状；开支预算清册）	光绪三十四年（1908）	JC011-02-121615-000001
640	奉天行省公署为奉天省城图书馆送光绪三十三年八月份预算册并请发款事给奉天省城图书馆奉天度支司的批（附开支各项预算数目清册；正领）	光绪三十三年（1907）	JC011-02-121763-000001
641	奉天行省公署为奉天省城图书馆报请拨款置备器具并造送册领事给奉天省城图书馆奉天度支司的批（附开办器具应用款项预算清册；正领）	光绪三十三年（1907）	JC011-02-121763-000005
642	奉天行省公署为奉天省城图书馆送光绪三十三年九月份开支预算册并请发款事给奉天省城图书馆奉天度支司的批（附预算数目清册；正领）	光绪三十三年（1907）	JC011-02-121763-000010
643	奉天行省公署为奉天省城图书馆送光绪三十三年十二月份经费预算册领事给奉天省城图书馆奉天度支司的批（附正领；经费预算册）	光绪三十三年（1907）	JC011-02-121764-000037
644	奉天华产商品陈列所为报已归并实业科将原有经费酌减一半并请转饬图书馆戏曲馆认纳房租事给奉天巡按使公署的详	1916	JC015-01-000034-000025
645	奉天省长公署为奉天华产商品陈列所报已归并实业科将原有经费酌减一半并请转饬图书馆戏曲馆认纳房租事给奉天华产商品陈列所的批	1916	JC015-01-000034-000026
646	清原县政府为报邑绅张振鹭关怀桑梓热心教育捐款修建清原县图书馆并送事实表册请鉴核予以褒奖事给辽宁省教育厅的呈（附张振鹭捐资兴学事实表册）	1930	JC019-01-000184-000007
647	辽宁省教育厅为清原县政府报邑绅张振鹭关怀桑梓热心教育捐款修建清原县图书馆并送事实表册请鉴核予以褒奖事给清原县政府的指令	1930	JC019-01-000184-000008

续表

序号	题名	年份	档号
648	辽宁省立第三高级中学校为请购置教室讲桌及图书馆书架事给辽宁省教育厅的呈	1929	JC019-01-000214-000003
649	辽宁省教育厅为辽宁省立第三高级中学校请购置教室讲桌及图书馆书架事给辽宁省立第三高级中学校的指令	1930	JC019-01-000214-000004
650	辽宁省立第三高级中学校为请添购学生饭厅桌椅及图书馆小圆凳事给辽宁省教育厅的呈	1931	JC019-01-000214-000034
651	辽宁省教育厅为辽宁省立第三高级中学校请添购桌椅讲桌黑板办公桌椅学生饭厅桌椅及图书馆小圆凳等木器事给辽宁省立第三高级中学校的指令	1931	JC019-01-000214-000035
652	营口县政府为遵令更送代理营口县教育局长王裕国接收前任局长孙凤楼移交款项公有物品等件四柱清册事给辽宁省教育厅的呈（附移交收支款项清册；移交铃记物品县立图书馆器具图书等件四柱清册2份）	1931	JC019-01-000329-000003
653	辽中县政府为报辽中县嘉许图书馆馆长靳廷章奉令撤换继任无人情形并请仍以靳廷章充任以资熟手事给辽宁省教育厅的呈	1931	JC019-01-000356-000001
654	辽宁省教育厅为辽中县政府报辽中县嘉许图书馆馆长靳廷章奉令撤换继任无人情形并请仍以靳廷章充任以资熟手事给辽中县政府的指令	1931	JC019-01-000356-000002
655	黑山县政府为报归并黑山县县立第三小学校改设图书馆及讲演所请鉴核示遵事给辽宁省教育厅的呈	1930	JC019-01-000456-000003
656	辽宁省教育厅为黑山县政府报归并黑山县县立第三小学校改设图书馆及讲演所请鉴核示遵事给黑山县政府的指令	1930	JC019-01-000456-000004
657	黑山县政府为报黑山县图书馆开览日期请鉴核备案事给辽宁省教育厅的呈	1930	JC019-01-000456-000013
658	辽宁省教育厅为黑山县政府报黑山县图书馆开览日期请鉴核备案事给黑山县政府的指令	1930	JC019-01-000456-000014
659	黑山县政府为送图书馆附设阅报所成立日期及订购报纸名称数目清折事给辽宁省教育厅的呈（附图书馆附设阅报所订购报纸名称份数清折）	1930	JC019-01-000456-000015
660	辽宁省教育厅为黑山县政府送图书馆附设阅报所成立日期及订购报纸名称数目清折事给黑山县政府的指令	1930	JC019-01-000456-000016
661	黑山县图书馆民国十八年度支付预算书	1930	JC019-01-000470-000007

续表

序号	题名	年份	档号
662	署理新宾县县长衣文深为第三区教育会会员朱葆文捐资创办图书馆及民众学校讲演所情形检同清折等件送请鉴核事给辽宁省教育厅的呈（附蠲金清折）	1930	JC019-01-000512-000001
663	辽宁省教育厅为署理新宾县县长衣文深报第三区教育会会员朱葆文捐资创办图书馆及民众学校讲演所情形检同清折等件送请鉴核事给署理新宾县县长衣文深的指令	1930	JC019-01-000512-000002
664	桓仁县政府为送桓仁县教育局遵拟桓仁县立图书馆简章请鉴核施行事给辽宁省教育厅的呈（附桓仁县立图书馆简章）	1931	JC019-01-000552-000001
665	辽宁省教育厅为桓仁县政府送桓仁县教育局遵拟桓仁县立图书馆简章请鉴核施行事给桓仁县政府的指令	1931	JC019-01-000552-000002
666	法库县政府为拟将法库县县立图书馆增设通俗阅报社6处以资推广社会教育是否可行事给辽宁省教育厅的呈	1929	JC019-01-000634-000001
667	辽宁省教育厅为法库县政府拟将法库县县立图书馆增设通俗阅报社6处以资推广社会教育是否可行给法库县政府的指令	1930	JC019-01-000634-000002
668	辽宁省安广县立民众图书馆为请将辽宁省教育厅所出版书报按期寄赠或交换事给辽宁省教育厅的函	1930	JC019-01-000659-000005
669	辽宁省教育厅为辽宁省安广县立民众图书馆望将辽宁省教育厅所出版书报按期寄赠或交换请知照事给安广县教育局的训令	1930	JC019-01-000659-000006
670	国立北平图书馆为送国立北平图书馆概况61册及出版图书目录请转发各县教育局及其他教育机关事给辽宁省教育厅的函	1929	JC019-01-000724-000036
671	辽宁省教育厅为国立北平图书馆送国立北平图书馆概况61册及出版图书目录请转发各县教育局及其他教育机关事给国立北平图书馆的函	1929	JC019-01-000724-000037
672	辽宁省教育厅为送国立北平图书馆概况61册及出版图书目录等件请查收事给辽宁省立图书馆等的训令	1929	JC019-01-000724-000038
673	诏安县立民众图书馆为请寄送辽宁省教育厅出版之教育月刊事给辽宁省教育厅的函	1930	JC019-01-000724-000066
674	辽宁省教育厅为诏安县立民众图书馆请寄送辽宁省教育厅出版之教育月刊事给诏安县立民众图书馆的函	1930	JC019-01-000724-000067

续表

序号	题名	年份	档号
675	贵州省教育会为图书馆征集图书请送教育月刊事的函（附贵州省教育会图书馆征集图书办法）	1930	JC019-01-000724-000068
676	福建学院图书馆为请寄教育月刊及各种规程概行公表事给辽宁省教育厅的函	1929	JC019-01-000724-000070
677	辽宁省教育厅为福建学院图书馆请寄教育月刊及各种规程概行公表事给福建学院图书馆的函	1930	JC019-01-000724-000071
678	诏安县立民众图书馆为复收到辽宁省教育厅出版之教育月刊8本并请按月续送事给辽宁省教育厅的函	1930	JC019-01-000724-000100
679	福建学院图书馆为复收到教育月刊事给辽宁省教育厅的函	1930	JC019-01-000724-000101
680	河南村治学院图书馆为请送辽宁省教育厅出版图书刊物事给辽宁省教育厅的函	1930	JC019-01-000724-000138
681	辽宁省教育厅为河南村治学院图书馆请送辽宁省教育厅出版图书刊物事给河南村治学院图书馆的函	1930	JC019-01-000724-000139
682	辽宁省立图书馆为送辽宁省立图书馆内各种规程请转寄各省事给辽宁省教育厅的呈	1930	JC019-01-000724-000146
683	辽宁省教育厅为辽宁省立图书馆送辽宁省立图书馆内各种规程请转寄事给辽宁省立图书馆的指令	1930	JC019-01-000724-000147
684	江宁县民众教育实验区图书馆为请寄辽宁省教育厅出版各种刊物事给辽宁省教育厅的函	1930	JC019-01-000724-000163
685	辽宁省教育厅为江宁县民众教育实验区图书馆请寄辽宁省教育厅出版各种刊物事给江宁县民众教育实验区图书馆的函	1930	JC019-01-000724-000164
686	四川内江县禅镇图书馆为请捐助辽宁省教育厅出版之图书杂志报章等项事给辽宁省教育厅的函	1930	JC019-01-000724-000181
687	辽宁省教育厅为四川省内江县禅镇图书馆请捐助辽宁省教育厅出版之图书杂志报章等项事给四川省内江县禅镇图书馆的函	1930	JC019-01-000724-000182
688	私立福建三民中学校图书馆为请寄赠辽宁省教育厅出版之古籍新书杂志等项事给辽宁省教育厅的函	1930	JC019-01-000724-000183
689	辽宁省教育厅为私立福建三民中学校图书馆请寄赠辽宁省教育厅出版之古籍新书杂志等项事给私立福建三民中学校图书馆的函	1930	JC019-01-000724-000184

续表

序号	题名	年份	档号
690	吉林大学图书馆为请寄辽宁省教育厅出版之各种刊物事给辽宁省教育厅的函	1930	JC019-01-000724-000208
691	辽宁省教育厅为吉林大学图书馆请寄辽宁省教育厅出版之各种刊物事给吉林大学图书馆的函	1930	JC019-01-000724-000209
692	河北省立第二图书馆为请寄民众教育刊物事给辽宁省教育厅的函	1930	JC019-01-000724-000221
693	辽宁省教育厅为河北省立第二图书馆请寄民众教育刊物事给河北省立第二图书馆的函	1930	JC019-01-000724-000222
694	贵州省立高中图书馆为请赠辽宁省教育厅出版之各种刊物事给辽宁省教育厅的函	1930	JC019-01-000724-000225
695	辽宁省教育厅为贵州省立高中图书馆请赠辽宁省教育厅出版之各种刊物事给贵州省立高中图书馆的函	1930	JC019-01-000724-000226
696	辽宁省教育厅为送辽宁省教育厅出版之教育月刊等件事给福建省建瓯县公立图书馆的函	1930	JC019-01-000724-000253
697	广州市立第三小学校儿童图书馆为请寄赠辽宁省教育厅出版之各种刊物事给辽宁省教育厅的函	1930	JC019-01-000724-000260
698	辽宁省教育厅为广州市立第三小学校儿童图书馆请寄赠辽宁省教育厅出版之各种刊物事给广州市立第三小学校儿童图书馆的函	1930	JC019-01-000724-000261
699	国立劳动大学图书馆为请寄赠辽宁省教育厅出版之各种刊物事给辽宁省教育厅的函	1930	JC019-01-000724-000262
700	辽宁省教育厅为国立劳动大学图书馆请寄赠辽宁省教育厅出版之各种刊物事给国立劳动大学图书馆的函	1930	JC019-01-000724-000263
701	福建省立图书馆为请寄辽宁省教育厅出版之各类刊物书籍并送图书馆年报请查收事给辽宁省教育厅的函	1930	JC019-01-000724-000276
702	辽宁省教育厅为福建省立图书馆请寄辽宁省教育厅出版之各类刊物书籍并送图书馆年报请查收事给福建省立图书馆的函	1930	JC019-01-000724-000277
703	上海江湾复旦大学图书馆为复收到辽宁省教育厅所寄业刊公报并请按期寄赠事给辽宁省教育厅的函	1930	JC019-01-000724-000294
704	辽宁省教育厅为上海江湾复旦大学图书馆复收到辽宁省教育厅所寄业刊公报并请按期寄赠事给上海江湾复旦大学图书馆的函	1930	JC019-01-000724-000295
705	国立青岛大学图书馆为请寄赠辽宁省教育厅出版之东北业刊事给辽宁省教育厅的函	1930	JC019-01-000724-000317

续表

序号	题名	年份	档号
706	辽宁省教育厅为国立青岛大学图书馆请寄赠辽宁省教育厅出版之东北业刊事给国立青岛大学图书馆的函	1930	JC019-01-000724-000318
707	沈阳商务印书馆为恳请准予通令辽宁省所属地方酌量采用印行万有文库拟具办理图书馆商务计划事给辽宁省教育厅的呈	1929	JC019-01-000725-000001
708	辽宁省政府为沈阳商务印书馆请准予通令辽宁省所属地方酌量采用印行万有文库拟具办理图书馆商务计划事给沈阳商务印书馆辽宁省教育厅的批（附沈阳商务印书馆的抄呈）	1929	JC019-01-000725-000002
709	沈阳商务印书分馆苏上达为通饬各省立学校及各县教育局图书馆迅缴送采订万有文库价款事给辽宁省教育厅的呈	1929	JC019-01-000725-000027
710	辽宁省教育厅为沈阳商务印书分馆通饬各省立学校及各县教育局图书馆迅缴送采订万有文库价款事给沈阳商务印书馆的批	1929	JC019-01-000725-000028
711	辽宁省教育厅为沈阳商务印书分馆通饬各省立学校及各县教育局图书馆迅缴送采订万有文库价款请遵照迅予声复核办事给绥中县政府兴城县政府锦县政府等的训令	1929	JC019-01-000725-000029
712	辽宁省财政厅为通化县图书馆订购万有文库1部价款邮费准由民国十八年度地方余款项下支给事给辽宁省教育厅的呈	1930	JC019-01-000725-000136
713	辽宁省教育厅为饬迅解送通化县图书馆订购万有文库1部价款邮费事给通化县政府的训令	1930	JC019-01-000725-000137
714	教育部为辽宁省教育厅报遵办中华图书馆协会条陈情形事给辽宁省教育厅的指令	1930	JC019-01-000727-000114
715	辽宁省政府为书店不应称图书馆请查照事给辽宁省教育厅的训令	1929	JC019-01-000730-000016
716	辽宁省政府为中华图书馆协会议决各案意见经核准照办请查照事给辽宁省教育厅的训令（附抄中华图书馆协委执委会的呈；教育部审核中华图书馆协会原呈各案意见）	1930	JC019-01-000730-000040
717	辽宁省立图书馆馆长卞鸿儒为报拟赴大连图书馆参观请假3日请鉴核示遵事给辽宁省教育厅的呈	1929	JC019-01-000841-000001

续表

序号	题名	年份	档号
718	辽宁省教育厅为辽宁省立图书馆馆长卞鸿儒报拟赴大连图书馆参观请假3日请鉴核示遵事给辽宁省立图书馆馆长卞鸿儒的指令	1929	JC019-01-000841-000002
719	辽宁省立图书馆为报请拨还提辽宁省教育厅书籍并颁给存书以免添购借资节省事给辽宁省教育厅的呈	1929	JC019-01-000841-000003
720	辽宁省教育厅为辽宁省立图书馆报请拨还提辽宁省教育厅书籍并颁给存书以免添购借资节省事给辽宁省立图书馆的指令	1929	JC019-01-000841-000004
721	辽宁省立图书馆为报参观大连图书馆情形并送报告书请鉴核事给辽宁省教育厅的呈（附参观大连图书馆报告书）	1929	JC019-01-000841-000005
722	辽宁省教育厅为辽宁省立图书馆报参观大连图书馆情形并送报告书请鉴核事给辽宁省立图书馆的指令	1929	JC019-01-000841-000006
723	辽宁省教育厅为发参观大连图书馆报告书饬查照参考事的训令	1929	JC019-01-000841-000007
724	辽宁省立图书馆为报拟举办现代国际参考图书展览会并送办法大纲请备案事给辽宁省教育厅的呈（附现代国际参考图书展览会办法大纲）	1929	JC019-01-000841-000008
725	辽宁省教育厅为辽宁省立图书馆报拟举办现代国际参考图书展览会并送办法大纲请备案事给辽宁省立图书馆的指令	1929	JC019-01-000841-000009
726	辽宁省立图书馆为送民国十八年下半年工作报告请鉴核事给辽宁省教育厅的呈（附民国十八年夏季秋季工作报告）	1930	JC019-01-000841-000010
727	辽宁省教育厅为辽宁省立图书馆送民国十八年下半年工作报告请鉴核事给辽宁省立图书馆的指令	1930	JC019-01-000841-000011
728	辽宁省立图书馆为请领民国十九年国民历请鉴核颁发事给辽宁省教育厅的呈	1930	JC019-01-000841-000012
729	辽宁省教育厅为辽宁省立图书馆请领民国十九年国民历请鉴核颁发事给辽宁省立图书馆的指令	1930	JC019-01-000841-000013
730	辽宁省立图书馆馆长卞鸿儒为报赴铁岭教员讲习会请假两日并辽宁省立图书馆事暂由图书部主任夏蔓园代理事给辽宁省教育厅的签	1930	JC019-01-000841-000014
731	辽宁省教育厅为辽宁省立图书馆馆长卞鸿儒报赴铁岭教员讲习会请假两日并辽宁省立图书馆事暂由图书部主任夏蔓园代理事给辽宁省立图书馆馆长卞鸿儒的指令	1930	JC019-01-000841-000015

续表

序号	题名	年份	档号
732	交卸辽宁省立图书馆馆长徐续生为送借出及纷失图书清折请鉴核备案证金及书局退还书价事给辽宁省教育厅的呈	1929	JC019-01-000841-000016
733	辽宁省教育厅为交卸辽宁省立图书馆馆长徐续生送借出及纷失图书清折请鉴核备案证金及书局退还书价事给前任辽宁省立图书馆馆长徐续生现任辽宁省立图书馆馆长卞鸿儒的指令	1930	JC019-01-000841-000017
734	前任辽宁省立图书馆馆长徐续生为报馆中器具损失缘由事给辽宁省教育厅的呈	1930	JC019-01-000841-000025
735	辽宁省教育厅为前任辽宁省立图书馆馆长徐续生报馆中器具损失缘由事给前任辽宁省立图书馆馆长徐续生现任辽宁省立图书馆馆长卞鸿儒的指令	1930	JC019-01-000841-000026
736	辽宁省立图书馆为报参观江浙图书馆及民众交易经过并拟具意见恭请鉴核事给辽宁省教育厅的呈	1930	JC019-01-000841-000035
737	辽宁省教育厅为辽宁省立图书馆报参观江浙图书馆及民众交易经过并拟具意见恭请鉴核事给辽宁省立图书馆的指令	1930	JC019-01-000841-000037
738	辽宁省立图书馆馆长卞鸿儒为送拟具扩充辽宁省立图书馆进行计划书恭请鉴核示遵事给辽宁省教育厅的呈（附扩充计划书）	1930	JC019-01-000841-000044
739	辽宁省教育厅为辽宁省立图书馆馆长卞鸿儒送拟具扩充辽宁省立图书馆进行计划书恭请鉴核示遵事给辽宁省立图书馆馆长卞鸿儒的指令	1930	JC019-01-000841-000045
740	辽宁省立图书馆馆长卞鸿儒为报因事旋里拟自民国十九年六月三十日起请短假3日恭请鉴核事给辽宁省教育厅的呈	1930	JC019-01-000841-000048
741	辽宁省教育厅为辽宁省立图书馆馆长卞鸿儒报因事旋里拟自民国十九年六月三十日起请短假3日恭请鉴核事给辽宁省立图书馆馆长卞鸿儒的指令	1930	JC019-01-000841-000049
742	辽宁省立图书馆馆长卞鸿儒为报销假视事恭请鉴核事给辽宁省教育厅的呈	1930	JC019-01-000841-000050
743	辽宁省教育厅为辽宁省立图书馆馆长卞鸿儒报销假视事恭请鉴核事给辽宁省立图书馆馆长卞鸿儒的指令	1930	JC019-01-000841-000051
744	辽宁省立图书馆为送民国十八年度工作报告书事给辽宁省教育厅的呈（附工作报告书）	1930	JC019-01-000841-000055

续表

序号	题名	年份	档号
745	辽宁省教育厅为辽宁省立图书馆送民国十八年度工作报告书事给辽宁省立图书馆的指令	1930	JC019-01-000841-000056
746	辽宁省立图书馆为造送选购数目及书价表恭请鉴核准予拨款添购事给辽宁省教育厅的呈（附基本图书书目及书价表）	1930	JC019-01-000841-000060
747	辽宁省教育厅为辽宁省立图书馆造送选购数目及书价表恭请鉴核准予拨款添购事给辽宁省立图书馆的指令	1930	JC019-01-000841-000061
748	辽宁省立图书馆为报请增加民国十九年度书报印刷等费并送节略恭请鉴核事给辽宁省教育厅的呈（附民国十九年度请增加各项经费节略）	1930	JC019-01-000841-000062
749	辽宁省教育厅为辽宁省立图书馆报请增加民国十九年度书报印刷等费并送节略恭请鉴核事给辽宁省立图书馆的指令	1930	JC019-01-000841-000063
750	辽宁省立图书馆为报民国十八年度经费节余请备案事给辽宁省教育厅的呈	1930	JC019-01-000841-000064
751	辽宁省教育厅为辽宁省立图书馆报民国十八年度经费节余请备案事给辽宁省立图书馆的指令	1930	JC019-01-000841-000065
752	前任辽宁省立图书馆馆长徐续生为报借出书籍追索为艰恳请核销事给辽宁省教育厅的呈（附借出书籍姓名册数纷失书名册数清折）	1930	JC019-01-000841-000066
753	辽宁省教育厅为前任辽宁省立图书馆馆长徐续生报借出书籍追索为艰恳请核销事给前任辽宁省立图书馆馆长徐续生的指令	1930	JC019-01-000841-000067
754	辽宁省立图书馆为报请发给购书价款以便采购请鉴核示遵事给辽宁省教育厅的呈	1930	JC019-01-000841-000068
755	辽宁省教育厅为辽宁省立图书馆报请发给购书价款以便采购请鉴核示遵事给辽宁省立图书馆的指令	1930	JC019-01-000841-000069
756	辽宁省立图书馆为具领购书价款请鉴核准予罚款事给辽宁省教育厅的呈（附正钤领）	1930	JC019-01-000841-000070
757	辽宁省教育厅为辽宁省立图书馆具领购书价款请鉴核准予罚款事给辽宁省立图书馆的指令	1930	JC019-01-000841-000071
758	辽宁省立图书馆馆长卞鸿儒为请续假半月事给辽宁省教育厅的电	1930	JC019-01-000841-000072
759	辽宁省教育厅为辽宁省立图书馆馆长卞鸿儒报续假半月事给辽宁省立图书馆馆长卞鸿儒的指令	1930	JC019-01-000841-000073

续表

序号	题名	年份	档号
760	辽宁省立图书馆为送东北参考书目2册请备案事给辽宁省教育厅的呈	1931	JC019－01－000841－000074
761	辽宁省教育厅为辽宁省立图书馆送东北参考书目2册请备案事给辽宁省立图书馆的指令	1931	JC019－01－000841－000075
762	辽宁省立图书馆讲习员夏万元李光尊为报第一学期讲习学程并请领第二学期学膳费恳鉴核赐准俾得如期入学事给辽宁省教育厅的呈（附第一学期讲习学程表；正领）	1930	JC019－01－000841－000076
763	辽宁省教育厅为辽宁省立图书馆讲习员夏万元李光尊报第一学期讲习学程并请领第二期学膳费恳鉴核赐准俾得如期入学事给辽宁省立图书馆讲习员夏万元李光尊的批	1931	JC019－01－000841－000077
764	辽宁省立图书馆为报前任辽宁省立图书馆馆长徐续生借出古籍不易索还恳请准予核销以清交接事给辽宁省教育厅的呈	1931	JC019－01－000841－000078
765	辽宁省教育厅为辽宁省立图书馆报前任辽宁省立图书馆馆长徐续生借出古籍不易索还恳请准予核销以清交接事给辽宁省立图书馆的指令	1931	JC019－01－000841－000079
766	辽宁省立图书馆为送民国二十年度馆务进行计划并拟请增加民国二十年度馆员预算请鉴核事给辽宁省教育厅的呈（附民国二十年度进行计划书）	1931	JC019－01－000841－000080
767	辽宁省教育厅为辽宁省立图书馆送民国二十年度馆务进行计划并拟请增加民国二十年度馆员预算请鉴核事给辽宁省立图书馆的指令	1931	JC019－01－000841－000081
768	前任辽宁省立图书馆馆长徐续生现任馆长卞鸿儒为报交接清楚并送交接清册请备案以清交案事给辽宁省教育厅的呈（附图章卷宗册簿清折）	1929	JC019－01－000841－000085
769	辽宁省教育厅为前任辽宁省立图书馆馆长徐续生现任馆长卞鸿儒报交接清楚并送交接清册请备案以清交案事给前任辽宁省立图书馆馆长徐续生现任馆长卞鸿儒的指令	1931	JC019－01－000841－000086
770	辽宁省立图书馆为具领添购明熹宗实录价款事给辽宁省教育厅的呈（附正钤领）	1931	JC019－01－000841－000089
771	辽宁省教育厅为辽宁省立图书馆具领添购明熹宗实录价款事给辽宁省立图书馆的指令	1931	JC019－01－000841－000090
772	辽宁省立图书馆讲习员夏万元李光尊为请发回馆川资请鉴核俯赐早日发下事给辽宁省教育厅的呈（附正领）	1931	JC019－01－000841－000091

续表

序号	题名	年份	档号
773	辽宁省教育厅为辽宁省立图书馆讲习员夏万元李光萼请发回馆川资请鉴核俯赐早日发下事给辽宁省立图书馆讲习员夏万元李光萼的指令	1931	JC019-01-000841-000092
774	辽宁省督学金长祉为报验收辽宁省立图书馆添购图书事给辽宁省教育厅的呈	1931	JC019-01-000841-000093
775	辽宁省立图书馆为送添购图书清册请鉴核派员验收事给辽宁省教育厅的呈（附民国十九年九月添购图书清册）	1931	JC019-01-000841-000094
776	辽宁省教育厅为辽宁省立图书馆送添购图书清册请鉴核派员验收事给辽宁省立图书馆的指令	1931	JC019-01-000841-000095
777	卸任辽宁省立图书馆馆长卞鸿儒为送开除图书目录1册请鉴核准予列销事给辽宁省教育厅的呈（附民国二十年三月开除图书目录清册）	1931	JC019-01-000841-000096
778	辽宁省立图书馆讲习员夏万元李光萼为报第二学期讲习学程请鉴核准予备案事给辽宁省教育厅的呈（附第二学期讲习学程表）	1931	JC019-01-000841-000097
779	辽宁省教育厅为辽宁省立图书馆讲习员夏万元李光萼报第二学期讲习学程请鉴核准予备案事给辽宁省立图书馆讲习员夏万元李光萼的指令	1931	JC019-01-000841-000098
780	卸任辽宁省立图书馆馆长卞鸿儒为送民国十九年九月添购图书支出计算书请鉴核准予列销事给辽宁省教育厅的呈	1931	JC019-01-000841-000099
781	辽宁省教育厅为卸任辽宁省立图书馆馆长卞鸿儒送民国十九年九月添购图书支出计算书请鉴核准予列销事给辽宁省立图书馆的指令	1931	JC019-01-000841-000100
782	辽宁省立图书馆为造送添购抄本明熹宗实录支出计算书恭请鉴核准予列销事给辽宁省教育厅的呈	1931	JC019-01-000841-000106
783	辽宁省教育厅为辽宁省立图书馆造送添购抄本明熹宗实录支出计算书恭请鉴核准予列销事给辽宁省立图书馆的指令	1931	JC019-01-000841-000107
784	前任辽宁省立图书馆馆长卞鸿儒现任馆长刘德成为具报交接清楚并送交接清册请备案事给辽宁省教育厅的呈	1931	JC019-01-000841-000108
785	辽宁省教育厅为前任辽宁省立图书馆馆长卞鸿儒现任馆长刘德成具报交接清楚并送交接清册请备案事给前任辽宁省立图书馆馆长卞鸿儒现任馆长刘德成的指令	1931	JC019-01-000841-000109

续表

序号	题名	年份	档号
786	辽宁省立图书馆为送改订现行组织大纲请鉴核备案事给辽宁省教育厅的呈（附现行组织大纲；组织系统图）	1931	JC019-01-000841-000110
787	辽宁省教育厅为辽宁省立图书馆送改订现行组织大纲请鉴核备案事给辽宁省立图书馆的指令	1931	JC019-01-000841-000111
788	辽宁省立图书馆为具报添制书套竣工请派员验收以昭核实而便发款事给辽宁省教育厅的呈	1931	JC019-01-000841-000112
789	辽宁省教育厅为辽宁省立图书馆具报添制书套竣工请派员验收以昭核实而便发款事给辽宁省立图书馆的指令	1931	JC019-01-000841-000113
790	辽宁省教育厅秘书刘维清为报验收图书馆添制书套事给辽宁省教育厅的呈	1931	JC019-01-000841-000114
791	辽宁省教育厅为辽宁省教育厅秘书刘维清报验收图书馆添制书套事给辽宁省教育厅秘书刘维清的指令	1931	JC019-01-000841-000115
792	辽宁省立图书馆为具报民国十九年度节余数目祈鉴核备查事给辽宁省教育厅的呈	1931	JC019-01-000841-000116
793	辽宁省教育厅为辽宁省立图书馆具报民国十九年度节余数目祈鉴核备查事给辽宁省立图书馆的指令	1931	JC019-01-000841-000117
794	辽宁省教育厅为送吉林省第二期通俗教育讲演月刊请查收具报事给辽宁省立图书馆的训令	1929	JC019-01-000842-000002
795	辽宁省教育厅为报吉林省第二期通俗教育讲演月刊已转发辽宁省立图书馆存备参考请鉴核事给辽宁省政府的呈	1929	JC019-01-000842-000003
796	辽宁省立图书馆为报收到吉林省第二期通俗教育讲演月刊事给辽宁省教育厅的呈	1929	JC019-01-000842-000004
797	辽宁省教育厅为辽宁省立图书馆报收到吉林省第二期通俗教育讲演月刊事给辽宁省立图书馆的指令	1929	JC019-01-000842-000005
798	辽宁省政府为辽宁省教育厅报吉林省第二期通俗教育讲演月刊已转发辽宁省立图书馆存备参考请鉴核事给辽宁省教育厅的指令	1929	JC019-01-000842-000006
799	辽宁省教育厅为送吉林省第三期通俗教育讲演月刊请查收具报事给辽宁省立图书馆的训令	1930	JC019-01-000842-000008

续表

序号	题名	年份	档号
800	辽宁省教育厅为报吉林省第三期通俗教育讲演月刊已转发辽宁省立图书馆存备参考请鉴核事给辽宁省政府的呈	1930	JC019-01-000842-000009
801	辽宁省立图书馆为报收到吉林省第三期通俗教育讲演月刊事给辽宁省教育厅的呈	1930	JC019-01-000842-000010
802	辽宁省教育厅为辽宁省立图书馆报收到吉林省第三期通俗教育讲演月刊事给辽宁省立图书馆的指令	1930	JC019-01-000842-000011
803	辽宁省政府为辽宁省教育厅报吉林省第三期通俗教育讲演月刊已转发辽宁省立图书馆存备参考请鉴核事给辽宁省教育厅的指令	1930	JC019-01-000842-000012
804	辽宁省教育厅为送吉林省第四期通俗教育讲演月刊请查收具报事给辽宁省立图书馆的训令	1930	JC019-01-000842-000014
805	辽宁省教育厅为报吉林省第四期通俗教育讲演月刊已转发辽宁省立图书馆存备参考请鉴核事给辽宁省政府的呈	1930	JC019-01-000842-000015
806	辽宁省立图书馆为报收到吉林省第四期通俗教育讲演月刊事给辽宁省教育厅的呈	1930	JC019-01-000842-000016
807	辽宁省教育厅为辽宁省立图书馆报收到吉林省第四期通俗教育讲演月刊事给辽宁省立图书馆的指令	1930	JC019-01-000842-000017
808	辽宁省政府为辽宁省教育厅报吉林省第四期通俗教育讲演月刊已转发辽宁省立图书馆存备参考请鉴核事给辽宁省教育厅的指令	1930	JC019-01-000842-000018
809	辽宁省教育厅为送人道须知册请查收存备事给辽宁省立图书馆的训令	1930	JC019-01-000842-000020
810	辽宁省教育厅为送吉林省第五期通俗教育讲演月刊请查收具报事给辽宁省立图书馆的训令	1930	JC019-01-000842-000022
811	辽宁省教育厅为报吉林省第五期通俗教育讲演月刊已转发辽宁省立图书馆存备参考请鉴核事给辽宁省政府的呈	1930	JC019-01-000842-000023
812	辽宁省立图书馆为报收到吉林省第五期通俗教育讲演月刊事给辽宁省教育厅的呈	1930	JC019-01-000842-000024
813	辽宁省教育厅为辽宁省立图书馆报收到吉林省第五期通俗教育讲演月刊事给辽宁省立图书馆的指令	1930	JC019-01-000842-000025
814	辽宁省政府为辽宁省教育厅报吉林省第五期通俗教育讲演月刊已转发辽宁省立图书馆存备参考请鉴核事给辽宁省教育厅的指令	1930	JC019-01-000842-000026

序号	题名	年份	档号
815	辽宁省教育厅为送吉林省第六期通俗教育讲演月刊请查收具报事给辽宁省立图书馆的训令	1930	JC019－01－000842－000028
816	辽宁省教育厅为报吉林省第六期通俗教育讲演月刊已转发辽宁省立图书馆存备参考请鉴核事给辽宁省政府的呈	1930	JC019－01－000842－000029
817	辽宁省教育厅为送吉林省第七期通俗教育讲演月刊请查收具报事给辽宁省立图书馆的训令	1930	JC019－01－000842－000031
818	辽宁省教育厅为报吉林省第七期通俗教育讲演月刊已转发辽宁省立图书馆存备参考请鉴核事给辽宁省政府的呈	1930	JC019－01－000842－000032
819	辽宁省政府为辽宁省教育厅报吉林省第七期通俗教育讲演月刊已转发辽宁省立图书馆存备参考请鉴核事给辽宁省教育厅的指令	1930	JC019－01－000842－000033
820	辽宁省政府为辽宁省教育厅报吉林省第六期通俗教育讲演月刊已转发辽宁省立图书馆存备参考请鉴核事给辽宁省教育厅的指令	1930	JC019－01－000842－000034
821	辽宁省教育厅为送吉林省第八期通俗教育讲演月刊请查收具报事给辽宁省立图书馆的训令	1930	JC019－01－000842－000036
822	辽宁省教育厅为报吉林省第八期通俗教育讲演月刊已转发辽宁省立图书馆存备参考请鉴核事给辽宁省政府的呈	1930	JC019－01－000842－000037
823	辽宁省立图书馆为报收到吉林省第六期通俗教育讲演月刊事给辽宁省教育厅的呈	1930	JC019－01－000842－000038
824	辽宁省教育厅为辽宁省立图书馆报收到吉林省第六期通俗教育讲演月刊事给辽宁省立图书馆的指令	1930	JC019－01－000842－000039
825	辽宁省立图书馆为报收到吉林省第七期通俗教育讲演月刊给辽宁省教育厅的呈	1930	JC019－01－000842－000040
826	辽宁省教育厅为辽宁省立图书馆收到吉林省第七期通俗教育讲演月刊事给辽宁省立图书馆的指令	1930	JC019－01－000842－000041
827	辽宁省立图书馆为报收到吉林省第八期通俗教育讲演月刊给辽宁省教育厅的呈	1930	JC019－01－000842－000042
828	辽宁省教育厅为辽宁省立图书馆收到吉林省第八期通俗教育讲演月刊事给辽宁省立图书馆的指令	1930	JC019－01－000842－000043
829	辽宁省政府为辽宁省教育厅报吉林省第八期通俗教育讲演月刊已转发辽宁省立图书馆存备参考请鉴核事给辽宁省教育厅的指令	1930	JC019－01－000842－000044

序号	题名	年份	档号
830	辽宁省教育厅为送吉林省第九期第十期通俗教育讲演月刊请查收具报事给辽宁省立图书馆的训令	1930	JC019-01-000842-000046
831	辽宁省教育厅为报吉林省第九期第十期通俗教育讲演月刊已转发辽宁省立图书馆存备参考请鉴核事给辽宁省政府的呈	1930	JC019-01-000842-000047
832	辽宁省立图书馆为报收到吉林省第九期第十期通俗教育讲演月刊事给辽宁省教育厅的呈	1930	JC019-01-000842-000048
833	辽宁省教育厅为辽宁省立图书馆收到吉林省第九期第十期通俗教育讲演月刊事给辽宁省立图书馆的指令	1930	JC019-01-000842-000049
834	辽宁省政府为辽宁省教育厅报吉林省第九期第十期通俗教育讲演月刊已转发辽宁省立图书馆存备参考请鉴核事给辽宁省教育厅的指令	1930	JC019-01-000842-000050
835	辽宁省教育厅为送吉林省第十一期通俗教育讲演月刊请查收具报事给辽宁省立图书馆的训令	1930	JC019-01-000842-000052
836	辽宁省教育厅为报吉林省第十一期通俗教育讲演月刊已转发辽宁省立图书馆存备参考请鉴核事给辽宁省政府的呈	1930	JC019-01-000842-000053
837	辽宁省立图书馆为报收到吉林省第十一期通俗教育讲演月刊事给辽宁省教育厅的呈	1930	JC019-01-000842-000054
838	辽宁省教育厅为辽宁省立图书馆收到吉林省第十一期通俗教育讲演月刊事给辽宁省立图书馆的指令	1930	JC019-01-000842-000055
839	辽宁省政府为辽宁省教育厅报吉林省第十一期通俗教育讲演月刊已转发辽宁省立图书馆存备参考请鉴核事给辽宁省教育厅的指令	1930	JC019-01-000842-000056
840	辽宁省教育厅为送吉林省第一期民众教育讲演月刊请查收具报事给辽宁省立图书馆的训令	1930	JC019-01-000842-000058
841	辽宁省教育厅为报吉林省第一期民众教育讲演月刊已转发辽宁省立图书馆存备参考请鉴核事给辽宁省政府的呈	1930	JC019-01-000842-000059
842	辽宁省立图书馆为报收到吉林省第一期民众教育讲演月刊事给辽宁省教育厅的呈	1930	JC019-01-000842-000060
843	辽宁省教育厅为辽宁省立图书馆报收到吉林省第一期民众教育讲演月刊事给辽宁省立图书馆的指令	1930	JC019-01-000842-000061

续表

序号	题名	年份	档号
844	辽宁省教育厅为送吉林省第二期民众教育讲演月刊请查收具报事给辽宁省立图书馆的训令	1931	JC019-01-000842-000063
845	辽宁省教育厅为报吉林省第二期民众教育讲演月刊已转发辽宁省立图书馆存备参考请鉴核事给辽宁省政府的呈	1931	JC019-01-000842-000064
846	辽宁省立图书馆为报收到吉林省第二期民众教育讲演月刊给辽宁省教育厅的呈	1931	JC019-01-000842-000065
847	辽宁省教育厅为辽宁省立图书馆报收到吉林省第二期民众教育讲演月刊事给辽宁省立图书馆的指令	1931	JC019-01-000842-000066
848	辽宁省政府为辽宁省教育厅报吉林省第一期民众教育讲演月刊已转发辽宁省立图书馆存备参考请鉴核事给辽宁省教育厅的指令	1931	JC019-01-000842-000067
849	辽宁省政府为辽宁省教育厅报吉林省第二期民众教育讲演月刊已转发辽宁省立图书馆存备参考请鉴核事给辽宁省教育厅的指令	1931	JC019-01-000842-000068
850	辽宁省教育厅为送吉林省第三期民众教育讲演月刊请查收具报事给辽宁省立图书馆的训令	1931	JC019-01-000842-000070
851	辽宁省教育厅为报吉林省第三期民众教育讲演月刊已转发辽宁省立图书馆存备参考请鉴核事给辽宁省政府的呈	1931	JC019-01-000842-000071
852	辽宁省教育厅为送吉林省第四期民众教育讲演月刊请查收具报事给辽宁省立图书馆的训令	1931	JC019-01-000842-000073
853	辽宁省教育厅为报吉林省第四期民众教育讲演月刊已转发辽宁省立图书馆存备参考请鉴核事给辽宁省政府的呈	1931	JC019-01-000842-000074
854	辽宁省政府为辽宁省教育厅报吉林省第三期民众教育讲演月刊已转发辽宁省立图书馆存备参考请鉴核事给辽宁省教育厅的指令	1931	JC019-01-000842-000075
855	辽宁省政府为辽宁省教育厅报吉林省第四期民众教育讲演月刊已转发辽宁省立图书馆存备参考请鉴核事给辽宁省教育厅的指令	1931	JC019-01-000842-000076
856	辽宁省教育厅为送吉林省第五期民众教育讲演月刊请查收具报事给辽宁省立图书馆的训令	1931	JC019-01-000842-000078
857	辽宁省教育厅为报吉林省第五期民众教育讲演月刊已转发辽宁省立图书馆存备参考请鉴核事给辽宁省政府的呈	1931	JC019-01-000842-000079

续表

序号	题名	年份	档号
858	辽宁省政府为辽宁省教育厅报吉林省第五期民众教育讲演月刊已转发辽宁省立图书馆存备参考请鉴核事给辽宁省教育厅的指令	1931	JC019-01-000842-000080
859	辽宁省教育厅为送吉林省第六期民众教育讲演月刊请查收具报事给辽宁省立图书馆的训令	1931	JC019-01-000842-000082
860	辽宁省教育厅为报吉林省第六期民众教育讲演月刊已转发辽宁省立图书馆存备参考请鉴核事给辽宁省政府的呈	1931	JC019-01-000842-000083
861	辽宁省立图书馆为报收到吉林省第六期民众教育讲演月刊事给辽宁省教育厅的呈	1931	JC019-01-000842-000084
862	辽宁省教育厅为辽宁省立图书馆报收到吉林省第六期民众教育讲演月刊事给辽宁省立图书馆的指令	1931	JC019-01-000842-000085
863	辽宁省政府为辽宁省教育厅报吉林省第六期民众教育讲演月刊已转发辽宁省立图书馆存备参考请鉴核事给辽宁省教育厅的指令	1931	JC019-01-000842-000086
864	辽宁省教育厅为送吉林省第七期民众教育讲演月刊请查收具报事给辽宁省立图书馆的训令	1931	JC019-01-000842-000088
865	辽宁省教育厅为报吉林省第七期民众教育讲演月刊已转发辽宁省立图书馆存备参考请鉴核事给辽宁省政府的呈	1931	JC019-01-000842-000089
866	辽宁省政府为辽宁省教育厅报吉林省第七期民众教育讲演月刊已转发辽宁省立图书馆存备参考请鉴核事给辽宁省教育厅的指令	1931	JC019-01-000842-000090
867	辽宁省立图书馆为报收到吉林省第七期民众教育讲演月刊事给辽宁省教育厅的呈	1931	JC019-01-000842-000091
868	奉天教育厅科员张赞良为查验奉天省立第二工科高级中学校将接收红十字会房舍另行修葺改作仪器室图书室造胰工厂等及砌土墙等工程暂缓修理情形事给奉天教育厅的报告	1925	JC019-01-000875-000054
869	奉天省立第二工科高级中学校为报将接收红十字会房舍另行修葺改作仪器室图书室造胰工厂等及砌土墙等工程暂缓修理并送破碎工程估单说明书事给奉天教育厅的呈（附破碎工程估单说明书）	1925	JC019-01-000875-000055
870	奉天教育厅为奉天省立第二工科高级中学校报将接收红十字会房舍另行修葺改作仪器室图书室造胰工厂等及砌土墙等工程暂缓修理并送破碎工程估单说明书事给奉天省立第二工科高级中学校的指令	1925	JC019-01-000875-000056

续表

序号	题名	年份	档号
871	奉天省立第五师范学校为补送奉天省立第五师范学校图书馆图书清册请鉴核备案事给奉天教育厅的呈	1926	JC019-01-000885-000042
872	奉天教育厅为奉天省立第五师范学校补送奉天省立第五师范学校图书馆图书清册事给奉天省立第五师范学校的指令	1926	JC019-01-000885-000043
873	奉天省城第二小学校为报添置学生图书馆桌凳拟由房地租款项下开销请核示事给奉天教育厅的呈	1926	JC019-01-000892-000097
874	奉天教育厅为奉天省城第二小学校报添置学生图书馆桌凳拟由房地租款项下开销请核示事给奉天省城第二小学校的指令	1926	JC019-01-000892-000098
875	辽宁省城第六小学校为报图书购置齐全请派员验收事给辽宁省教育厅的呈（附图书馆图书目录）	1929	JC019-01-000903-000077
876	辽宁省教育厅为图书馆职位遗缺调任刘德成前往接充事给图书馆馆长卞鸿儒的训令	1931	JC019-01-000914-000078
877	辽宁省教育厅为委刘德成前往图书馆补充遗缺请知照事给刘德成的令	1931	JC019-01-000914-000079
878	教育部为饬知修正前大学院公布之图书馆条例并改称为图书馆规程并抄发原规程请转饬周知事给辽宁省教育厅的训令（附图书馆规程）	1930	JC019-01-000927-000001
879	辽宁省教育厅为发图书馆规程饬知照事给辽宁省立图书馆等的训令	1930	JC019-01-000927-000002
880	西丰县教育局为补送民国十九年社会教育事项表祈鉴核事给辽宁省教育厅的呈（附民众学校状况表；社会教育机关主任人员学历表；西丰县图书馆西丰县民众馆设立及进行状况表）	1931	JC019-01-000958-000017
881	北镇县立图书馆民国十九年六月份阅报进行状况表	1931	JC019-01-000958-000096
882	营口县教育局为报送图书馆进行事项状况表民众学校毕业生数及成绩表等社会教育事项及期限表乞俯赐转报事给辽宁省教育厅的呈（附民众学校概况及招收新生数目表等）	1931	JC019-01-000958-000108
883	营口县立图书馆之设立进行状况表	1931	JC019-01-000958-000113
884	辽宁省教育厅为营口县教育局报送图书馆进行事项状况表民众学校毕业生数及成绩表等社会教育事项及期限表乞俯赐转报事给营口县教育局的指令	1931	JC019-01-000958-000118

续表

序号	题名	年份	档号
885	开原县教育局为报民国二十年三月份应报图书馆长学历经历薪给表请鉴核事给辽宁省教育厅的呈（附开原县图书馆馆长学历经历薪给一览表）	1931	JC019-01-000958-000119
886	辽宁省教育厅为开原县教育局报民国二十年三月份应报图书馆长学历经历薪给表请鉴核事给开原县教育局的指令	1931	JC019-01-000958-000120
887	金川县教育局为报图书馆之设立及进行状况事给辽宁省教育厅的呈	1931	JC019-01-000958-000139
888	辽宁省教育厅为金川县教育局报图书馆之设立及进行状况事给金川县教育局的指令	1931	JC019-01-000958-000140
889	通化县教育局为送社会教育应报事项表请鉴核汇报事给辽宁省教育厅的呈（附民国二十年上学期民众教育概况表；通化县图书馆馆长学历进行状况表）	1931	JC019-01-000958-000157
890	长白县教育局为报图书馆阅报所通俗演讲所公共体育场4项社会教育事项事给辽宁省教育厅的呈	1931	JC019-01-000958-000161
891	辽宁省教育厅为长白县教育局报图书馆阅报所通俗演讲所公共体育场4项社会教育事项事给长白县教育局的指令	1931	JC019-01-000958-000162
892	锦县教育局为具报锦县县立图书馆主任人员学历经历薪给事项表事给辽宁省教育厅的呈（附锦县县立图书馆主任人员经历薪给表）	1931	JC019-01-000958-000165
893	辽宁省教育厅为锦县教育局具报锦县县立图书馆主任人员学历经历薪给事项表事给锦县教育局的指令	1931	JC019-01-000958-000166
894	营口县教育局为送图书馆主任人员之学历经历薪给等社会教育事项表乞鉴核转报事给辽宁省教育厅的呈（附营口县立图书馆主任人员学历经历俸给等项一览表）	1931	JC019-01-000958-000173
895	辽宁省教育厅为营口县教育局送图书馆主任人员之学历经历薪给等社会教育事项表乞鉴核转报事给营口县教育局的指令	1931	JC019-01-000958-000174
896	海城县教育局为填送图书馆主任人员及其他事项表事给辽宁省教育厅的呈（附社会教育事项表）	1931	JC019-01-000958-000191
897	辽宁省教育厅为海城县教育局填送图书馆主任人员及其他事项表事给海城县教育局的指令	1931	JC019-01-000958-000192

续表

序号	题名	年份	档号
898	通化县教育局为送通化县社会教育各事项表事给辽宁省教育厅的呈（附图书馆附设书报阅览处设立及进行状况表；图书馆长学历表；识字运动状况次数表；审查通俗讲演说书大鼓戏剧表）	1931	JC019-01-000959-000015
899	开原县教育局为报民国二十年六月份应报图书馆馆长学历经历薪给等一览表事给辽宁省教育厅的呈（附图书馆馆长学历经历薪给等一览表）	1931	JC019-01-000959-000019
900	辽宁省教育厅为开原县教育局报民国二十年六月份应报图书馆馆长学历经历薪给等一览表事给开原县教育局的指令	1931	JC019-01-000959-000020
901	营口县教育局为报营口县社会教育事项并送图书馆设立及进行状况等表事给辽宁省教育厅的呈（附图书馆设立及进行状况；教育机关主任人员学历经历薪给一览表；毕业生数目及成绩表）	1931	JC019-01-000959-000024
902	奉天省立第一高级中学校为报填设奉天省立第一高级中学校图书馆工程完竣恳请派员验收事给奉天教育厅的呈	1923	JC019-01-000972-000086
903	奉天教育厅为奉天省立第一高级中学校报填设奉天省立第一高级中学校图书馆工程完竣恳请派员验收事给奉天省立第一高级中学校的指令	1923	JC019-01-000972-000087
904	奉天教育厅为奉天省立第一高级中学校填设奉天省立第一高级中学校图书馆工程完竣请前往验收具复事给奉天教育厅科员于省吾的训令	1923	JC019-01-000972-000088
905	奉天教育厅为奉天省立第一高级中学校送填设奉天省立第一高级中学校图书馆工程计算书据请备案事给奉天省立第一高级中学校的指令	1924	JC019-01-000972-000089
906	奉天教育厅为奉天省立第一高级中学校填设图书馆一案与奉天省立第一高级中学校送计算书据是否属实请切实验收具复事给奉天教育厅科员江秉文的训令	1924	JC019-01-000972-000090
907	奉天省立第一高级中学校为造送建设奉天省立第一高级中学校图书馆工程及图书试验等费计算书单据簿事给奉天教育厅的呈	1924	JC019-01-000972-000097
908	奉天教育厅为奉天省立第一高级中学校造送建设奉天省立第一高级中学校图书馆工程及图书试验等费计算书单据簿事给奉天省立第一高级中学校的指令	1924	JC019-01-000972-000098

续表

序号	题名	年份	档号
909	奉天教育厅科员于省吾为报验收奉天省立第一高级中学校图书馆工程情形事给奉天教育厅的呈（附图书馆及大礼堂添置修理油饰各件工单）	1924	JC019－01－000972－000099
910	奉天教育厅为奉天教育厅科员于省吾报验收奉天省立第一高级中学校图书馆工程情形事给奉天教育厅科员于省吾的指令	1924	JC019－01－000972－000100
911	奉天教育厅为已验收奉天省立第一高级中学校图书馆工程一案情形属实请知照事给奉天省立第一高级中学校的训令	1924	JC019－01－000972－000101
912	奉天省立第四师范学校校长陈荣绶为报奉天省立第四师范学校图书室需要器具恳请拨款补助事给奉天教育厅的呈	1924	JC019－01－000978－000165
913	奉天教育厅为奉天省立第四师范学校校长陈荣绶报奉天省立第四师范学校图书室需要器具恳请拨款补助事给奉天省立第四师范学校校长陈荣绶的指令	1924	JC019－01－000978－000166
914	奉天省立第四师范学校校长陈荣绶为奉天省立第四师范学校图书室需要器具已请款补助请准予拨给大洋530元出具印领送请鉴核拨发事给奉天教育厅的呈	1924	JC019－01－000978－000184
915	奉天省城第一女子高等小学校为请饬图书馆拨借图书事给奉天教育厅的呈（附借用图书名目清单）	1920	JC019－01－000997－000004
916	奉天教育厅为奉天省城第一女子高等小学校请饬图书馆拨借图书事给奉天省城第一女子高等小学校的指令	1920	JC019－01－000997－000005
917	奉天教育厅为拨借图书给奉天省城第一女子高等小学校图书馆仰即遵照事给图书馆的训令	1920	JC019－01－000997－000006
918	奉天省立初级中学校为拟请以旷余开销图书馆费用事给奉天教育厅的呈	1924	JC019－01－001000－000023
919	奉天教育厅为奉天省立初级中学校拟请以旷余开销图书馆费用事给奉天省立初级中学校的指令	1924	JC019－01－001000－000024
920	奉天教育厅为发考察青岛烟台大连旅顺熊岳农林汇志刊登公报请查照事给奉天省立图书馆等的训令	1925	JC019－01－001013－000009
921	辽宁省立第五师范学校为造送民国十九年上学期辽宁省立第五师范学校图书馆图书目录物品及仪器药品标本等册请鉴核备案事给辽宁省教育厅的呈	1930	JC019－01－001018－000003

续表

序号	题名	年份	档号
922	辽宁省教育厅为辽宁省立第五师范学校造送民国十九年上学期辽宁省立第五师范学校图书馆图书目录物品及仪器药品标本等册请鉴核备案事给辽宁省立第五师范学校的指令	1930	JC019-01-001018-000004
923	辽宁省教育厅厅长王毓桂为交代厅印厅长小官印及款项物品账簿契据等请点收事给新任代理辽宁省教育厅厅长吴家象的咨（附员役名单；图书馆书单；物品清单；图书馆物品清单；图书清单；收支款项四柱清单）	1929	JC019-01-001032-000008
924	辽宁省教育厅为送民国十九年度省教育经费预算书表事给辽宁省政府的呈（附经费预算总表；辽宁省立高级初级各中学及图书馆经费预算表；各校员役俸给标准表；学级总表；留学费及补助费经费预算表）	1930	JC019-01-001036-000002
925	卸任辽宁省教育厅厅长吴家象为送任内官印密电本及款项物品图书文卷等清单请查照点收事给新任辽宁省教育厅厅长金毓绂的咨（附图书清单；现洋清单；收支款项清单；物品清册；辽宁省教育厅存图书馆物品清单；日金清单）	1931	JC019-01-001039-000026
926	辽宁省教育厅为抄发民国二十年度各学校图书馆经费概算书请自行编制各月概算领款请遵照事的训令（附各学校民国二十年度经费概算书）	1931	JC019-01-001041-000009
927	辽宁省立第十一小学校辽宁省立第十二小学校辽宁省立第十三小学校辽宁省立第十四小学校辽宁省立图书馆及讲演所民国二十年度岁出概算书辽宁省民国二十年度教育经费预算书奉天省留学生名簿	1931	JC019-01-001041-000016
928	奉天市政公所为奉天市立第一小学校奉天市立第二小学校奉天市立第三小学校及市立图书馆移归奉天教育厅管辖再送民国十三年七月份经费请转领拨还事给奉天教育厅的咨	1924	JC019-01-001042-000010
929	奉天教育厅为委赵国柱耿熙旭王成信徐续生任奉天省立第五小学校校长奉天省立第六小学校校长奉天省立第七小学校校长奉天省公立图书馆长事给赵国柱耿熙旭王成信徐续生的令	1924	JC019-01-001042-000013
930	奉天教育厅为接收奉天市立第一小学校第二小学校第三小学校奉天市立图书馆改订名称及改委校长馆长事给奉天财政厅的咨	1924	JC019-01-001042-000026

续表

序号	题名	年份	档号
931	辽宁省教育厅为奉省改称辽宁发新钤记请查收启用并将旧章缴销事给辽宁省立第一高级中学校辽宁省立第二高级中学校辽宁省公立图书馆等的训令	1929	JC019-01-001042-000205
932	辽宁省教育厅为现任省视学解职改委省督学委派汪毓昌王继兴崔笠堂等任辽宁省督学并发给钤记请各学校图书馆各县查照事的训令	1929	JC019-01-001047-000083
933	洮南县立女子师范讲习科学校洮南县立第一小学校洮南县立第二小学校等为报洮南县图书馆长王育民性情乖谬品行卑污请准予免委所长事给奉天教育厅的呈（附保条）	1927	JC019-01-001053-000003
934	奉天教育厅为洮南县立女子师范讲习科学校洮南县立第一小学校洮南县立第二小学校等报洮南县图书馆长王育民性情乖谬品行卑污请查明严加申斥事给洮南县公署的训令	1928	JC019-01-001053-000004
935	奉天省立第六师范学校校长那云鹏为送开列借用书目清单请奉天图书馆检发备用事给奉天教育厅的呈（附借用奉天省立图书馆书目册数清单）	1920	JC019-01-001057-000047
936	奉天教育厅为奉天省立第六师范学校校长那云鹏送开列借用书目清单请奉天图书馆检发备用事给奉天省立第六师范学校校长那云鹏的指令	1920	JC019-01-001057-000048
937	奉天教育厅为转送奉天省立第六师范学校校长那云鹏开列之借用书目清单请检发事给奉天图书馆的训令	1920	JC019-01-001057-000049
938	奉天省立第四高级中学校为送民国十一年度图书物品清册请鉴核备案事给奉天教育厅的呈（附物理仪器册；图书册；物品册；化学药品册；动物标本册；动植物标本应用器具册；借奉天省立图书馆书目录）	1923	JC019-01-001058-000062
939	奉天教育厅为请奉天各学校图书馆及各县知事于民国八年九月八日赴辽宁省女工传习所开厅事的训令	1919	JC019-01-001060-000001
940	奉天教育厅为请奉天各学校图书馆及各县知事于民国八年九月八日赴辽宁省女工传习所开厅事给奉天财政厅奉天高等审判厅奉天高等检察厅等的咨	1919	JC019-01-001060-000002
941	奉天教育厅为请奉天各学校图书馆及各县知事于民国八年九月八日赴辽宁省女工传习所开厅事给奉天省教育会的函	1919	JC019-01-001060-000003

续表

序号	题名	年份	档号
942	卸任奉天教育厅厅长谢荫昌为送任内各项物品清单请查照点收事给奉天教育厅厅长祁彦树的咨（附文卷清单；各项物品清单；各科并实验会编审处人员名单；款项收支清单；契据账簿数目清单；存图书馆书单；存图书馆物品单）	1924	JC019-01-001060-000060
943	奉天教育厅为委徐殿文任图书馆馆长请查照事给徐殿文的照会	1921	JC019-01-001061-000101
944	卸任奉天教育厅厅长祁彦树为送教育厅印厅长小官印等件请查收见复事给新任奉天教育厅厅长王毓桂的咨（附收支款项四柱清单；图书馆书单；物品清单；图书馆物品单；各账簿折据支票清单；各项契据清单；员役名单）	1928	JC019-01-001084-000009
945	通化县教育局为送通化县立图书馆简章请备案事给辽宁省教育厅的呈（附通化县立图书馆简章）	1931	JC019-01-001106-000001
946	辽宁省教育厅为通化县教育局送通化县立图书馆简章请备案事给通化县教育局通化县政府的指令	1931	JC019-01-001106-000002
947	盖平县政府第二次行政会议纪录议决盖平图书馆加民众二字以耸听闻拨归市政办理仍支教育预算案事	1930	JC019-01-001139-000047
948	盖平县教育局第一次教育行政会议纪录议决填设儿童图书馆案事	1930	JC019-01-001139-000109
949	辽宁省立图书馆民国十九年九月份经费支出计算书	1930	JC019-01-001142-000001
950	辽宁省立图书馆民国十九年九月份与民国十九年八月份收支对照表	1930	JC019-01-001142-000002
951	辽宁省立图书馆民国十九年八月份收支公布表	1930	JC019-01-001142-000003
952	辽宁省立图书馆民国十九年八月份与民国十九年七月份收支对照表	1930	JC019-01-001142-000004
953	辽宁省立图书馆民国十九年九月份收支公布表	1930	JC019-01-001142-000005
954	辽宁省立图书馆民国十九年八月份经费支出计算书	1930	JC019-01-001142-000006
955	沈阳县政府民国十九年春行政会议议决设图书馆平民学校开启民智事	1930	JC019-01-001143-000038
956	奉天省城图书馆各学校民国元年三月份收支经常费报告册	1912	JC019-01-001157-000001

续表

序号	题名	年份	档号
957	奉天省城图书馆各学校民国元年五月份收支经常费报告册	1912	JC019-01-001157-000002
958	奉天省城图书馆各学校民二年三月份请领经费概算书	1913	JC019-01-001157-000003
959	奉天图书馆民国二年上半年地方岁出预算清册	1913	JC019-01-001158-000001
960	奉天省城图书馆中华民国三年一月份支出计算书	1914	JC019-01-001162-000001
961	奉天省公立图书馆送民国七年全年各月份经费支付预算书（附请款凭单）	1919	JC019-01-001169-000001
962	奉天提学司并图书馆各学堂宣统三年五月份收支经常临时费报告册	宣统三年（1911）	JC019-01-001183-000001
963	辽宁省立图书馆为请参加现代国际参考图书展览会事给辽宁同泽女子中学的函	1929	JC020-01-000016-000003
964	辽宁省立图书馆为告知新任辽宁省立图书馆馆长卞鸿儒报到日期事给辽宁同泽女子中学的函	1929	JC020-01-000018-000011
965	辽宁省立图书馆为请辽宁同泽女子中学校捐赠书籍事给辽宁同泽女子中学的函	1929	JC020-01-000018-000012
966	辽宁省立图书馆为告知刘德成任辽宁省立图书馆馆长及报到日期事给辽宁同泽女子中学的函	193□	JC020-01-000018-000055

4　山东省档案馆

序号	题名	年份	档号
1	关于向教育厅人事部函送员工眷属清册的公函		J101-09-0473-046
2	关于为该馆购买书籍费预算书经核相符事宜给省立图书馆的训令		J101-09-0482-079
3	关于为函送图书馆购书费预算书请查事宜给会计处的公函给图书馆的指令		J101-09-0482-080
4	关于为编造核定购书费用及预算书事宜给会计处的呈		J101-09-0482-081
5	关于为据呈图书馆预算书事宜给图书馆的指令		J101-09-0482-082

续表

序号	题名	年份	档号
6	关于为核给图书馆购书费用由卅五年度文献收复项下动支事宜给会计处的公函		J101-09-0482-083
7	关于为造送购买书籍临时费预算书六份给省教育厅的呈		J101-09-0482-084
8	关于为呈请由文献收复费下续拨购书费以便购买书籍给省教育厅的呈		J101-09-0482-085
9	关于为该馆寻获李璧碑奖金预算已经核相符给图书馆的训令		J101-09-0482-086
10	关于为该馆定购书籍费预算书经核相符给省立图书馆的训令		J101-09-0482-087
11	关于为函送省立图书馆购书费预算书事宜给会计处的公函		J101-09-0482-088
12	关于为该馆购买书籍费预算书经核相符事宜给省立图书馆的训令		J101-09-0482-089
13	关于为图书馆随时收买各类书籍拟由文献收复费拨给五百万元事宜给会计处的公函		J101-09-0482-090
14	关于为函送图书馆收买书籍预算书事宜给会计处的公函		J101-09-0482-091
15	关于为补送收买书籍费及预算书事宜给省教育厅的呈		J101-09-0482-092
16	关于为补送续买书籍费及预算书请鉴核存给省教育厅的呈		J101-09-0482-094
17	关于三十四年度增加员、长警公粮代金及生活补助给图书馆的通知		J101-09-0484-001
18	关于三十四年度补发员工公粮代金及生活费的分配表		J101-09-0484-002
19	关于三十四年度增加员工之公粮代金及生活补费情形的呈文		J101-09-0484-003
20	关于员工生补费等报销核与规定不合给省立图书馆的通知		J101-09-0484-004
21	关于员工生补费及公粮代金审核尚无不符给省立图书馆的通知单		J101-09-0484-005
22	关于省立图书馆造送民国三十四年临时费支出的计算书		J101-09-0484-009
23	关于三十四年度十至十二月份经费预算业已核准给图书馆的训令		J101-09-0484-010
24	关于报送三十四年度十至十二月份经常费预算书的呈文		J101-09-0484-011

续表

序号	题名	年份	档号
25	关于三十四年度十至十二月份经费预算经转准会计处复准予给图书馆的指令		J101-09-0484-013
26	关于增加办公冬炭费核实尚无不符发给省立图书馆的通知单		J101-09-0484-015
27	关于报送三十四年度经常费累计表请核的呈文		J101-09-0484-016
28	关于给省立图书馆三十四年度经费流用手续补办的通知		J101-09-0484-018
29	关于本馆三十四年度俸给费结余请求准予流用的呈文		J101-09-0484-019
30	关于三十四年度超支办公费拟流用俸给费图书馆准予的训令		J101-09-0484-020
31	关于三十四年度十二月份办公费超支流用俸给费结余报表请核的呈文		J101-09-0484-021
32	关于省立图书馆经费会计报表审核尚无不符的通知单		J101-09-0484-022
33	关于增加十一、十二月份办公费及冬炭费给图书馆的训令		J101-09-0484-023
34	关于十一、十二月份增加办公费及冬炭费预算的呈文		J101-09-0484-024
35	关于三十四年度增加办公费及冬炭费支付预算书给省立图书馆的指令		J101-09-0484-025
36	关于报送三十四年度办公冬炭费累计表及收支对照表等请核的呈文		J101-09-0484-027
37	关于三十四年度各级学校及社教机关员役学生生活津贴事宜给图书馆的训令		J101-09-0484-028
38	关于报送十至十二月份员役津贴清册给省政府的呈文		J101-09-0484-029
39	关于三十四年度各费报销迄未送齐希速造送给省立图书馆的电		J101-09-0484-030
40	关于报送三十四年度员役生活津贴报核表请核的呈文		J101-09-0484-031
41	关于三十四年度员工生活津贴报报表业已分别存转给图书馆的通知		J101-09-0484-032
42	关于报送接收费预算书五份请核的呈文		J101-09-0484-034
43	关于三十四年度接收费预算书准予存转发给图书馆的指令		J101-09-0484-035

续表

序号	题名	年份	档号
44	关于报送三十四年度接收期间临时费累计表等的呈文		J101-09-0484-037
45	关于图书馆呈送三十四年度接收临时费累计表等准予核转的指令		J101-09-0484-038
46	关于核准图书馆接收费尚无不符的报告通知单		J101-09-0484-039
47	关于编造临时费计算书请核的呈文		J101-09-0484-040
48	关于图书馆呈送三十四年度临时费计算书等准予存转的指令		J101-09-0484-041
49	关于补送补办注意事项、补送财产增减表给省政府会计处的公函		J101-09-0484-043
50	关于教育复员费计算书特发给省立图书馆的核准通知		J101-09-0484-044
51	关于本馆临时费预算书并恳请批发的呈文		J101-09-0484-045
52	关于图书馆三十四年度临时费已核准予具领并呈报预算审核的训令		J101-09-0484-046
53	关于报送临时预算书请省政府核查的呈文		J101-09-0484-047
54	关于省立图书馆呈送三十四年度临时费预算书准予存转的指令		J101-09-0484-048
55	关于图书馆呈送临时费预算书经会计处复查属实并请编造计算书的训令		J101-09-0484-049
56	关于请领图书馆临时费拾万元的呈文		J101-09-0484-051
57	关于将接收日伪财物注明价值、购置日期等给省图书馆的训令		J101-09-0485-099
58	关于将出版物送交图书馆收藏的给临时职业学校的训令		J101-09-0486-084
59	卅四年度十一至十二月增加办公费及增加冬炭费支付预算书请鉴核备查呈文		J101-09-0492-025
60	图书馆呈送卅四年度增加办公费及冬炭费支付预算指令		J101-09-0492-026
61	呈送民国卅四年十一、十二两月份增加办公费支付预算书各一件及民国卅四年十二月增加冬炭费支付预算书请鉴核		J101-09-0492-027
62	为省立图书馆呈送卅四年度十一、十二月增加办公冬炭费预算书已函会计处核准令遵照造报令		J101-09-0492-028

续表

序号	题名	年份	档号
63	核定省立图书馆卅四年十一、十二月增加办公费及冬炭费预算书一份请查照函		J101-09-0492-029
64	省立图书馆卅四年十至十二月经费累计表等请查照存案函		J101-09-0492-030
65	卅四年度十至十二月经常费累计表收支对照表各五份单据粘存簿三份请鉴核示遵由呈文		J101-09-0492-031
66	图书馆卅四年十一、十二月增加办公冬炭费累计表等请查照函		J101-09-0492-032
67	卅四年度十一、十二月增加冬炭费累计表收支对照表分类账汇总表		J101-09-0492-033
68	卅四年度十至十二月份俸给费结余详一八〇元请求准予流用文		J101-09-0492-037
69	省立图书馆卅四年度十至十二月超支办公费拟流用俸给费一案姑念款已实支准予流用编报清查		J101-09-0492-039
70	关于呈送卅四年度十至十二月份经费预算会计处给省立图书馆的训令		J101-09-0492-040
71	关于三十四年度十至十二月份经费预算请批书给山东省政府教育厅的呈		J101-09-0492-041
72	关于三十四年度十一、十二两月办公冬炭等费预算给省立图书馆和济南师范的核定书		J101-09-0492-042
73	关于函送济师第一附小及省立图书馆卅四年度十一、十二两月增加办公费冬炭费等给山东省教育厅的函		J101-09-0492-043
74	关于授呈卅四年度十一、十二月增加办公费及冬炭费给省立图书馆和济南师范第一附小的指令		J101-09-0492-044
75	关于省立图书馆及济南师范第一附小呈送卅四年度十一、十二月份增加办公费及冬炭费预算给会计处的公函		J101-09-0492-045
76	关于呈送民国卅四年度十一、十二月份增加办公费及冬炭费支出给省政府民政厅的预算书		J101-09-0492-046
77	关于省立图书馆及济师第一附小卅四年十一、十二月份增加办公费及冬炭费预算给山东省教育厅的公函		J101-09-0492-047
78	关于函送省立图书馆及济师第一附小卅四年十一、十二两月增加办公费及冬炭费预算给会计处的公函		J101-09-0492-048

续表

序号	题名	年份	档号
79	关于函转省立图书馆三十四年十至十二月份经费累计表等给财政厅、会计处的公函给省立图书馆的指令		J101-09-0492-049
80	关于函转省立图书馆三十四年十一、十二月增加办公冬炭等费累计表给财政厅、会计处的公函给省立图书馆指令		J101-09-0492-050
81	关于据呈三十四年十至十二月办公费超支拟流用费给条请鉴核给省立图书馆的指令		J101-09-0495-038
82	关于为三十四年十至十二月经费因办公费超支由俸给费结余给山东省政府教育厅的呈		J101-09-0495-039
83	关于呈送三十四年十至十二月经常费预算书及领款收据请鉴核给省立图书馆的指令		J101-09-0495-040
84	关于为遵令呈民国三十四年十至十二月经常费支付预算书及领款收据给省政府教育厅的呈		J101-09-0495-041
85	关于为呈送造报民国三十四年十至十二月经常费支付预算书五份给省政府教育厅的呈		J101-09-0495-042
86	关于为呈送造报三十四年临时费计算书收支对照表累计表单据粘存簿等给省政府教育厅的呈		J101-09-0495-043
87	关于为呈报三十四年临时费预算请鉴核给省民政厅的呈		J101-09-0495-044
88	关于为补实三十四年临时费支付预算书请鉴核给省教育厅的呈		J101-09-0495-045
89	关于为呈造三十四年临时费支付预算书五份请鉴核给省教育厅的呈		J101-09-0495-046
90	关于造送民国三十四年临时费支付的预算书		J101-09-0495-047
91	关于据该馆呈送三十四年十至十二月经常费预算书经转会计处给省立图书馆的训令		J101-09-0495-048
92	关于为函送核定省立图书馆三十四年十至十二月经费预算书给省教育厅的公函		J101-09-0495-049
93	关于为函转图书馆三十四年经费预算书请核办给省会计处的公函		J101-09-0495-050
94	关于为该馆呈送三十四年经费预算书已转函会计处核办给省立图书馆的指令		J101-09-0495-051
95	关于为呈送另造三十四年经常费支付预算书请鉴核给省教育厅的呈		J101-09-0495-052

续表

序号	题名	年份	档号
96	关于省立图书馆三十四年度修缮费累计等给财政厅会计处的公函给省立图书馆的指令		J101-09-0495-053
97	关于呈送三十四年度十至十二月份经费预算给省立图书馆的指令		J101-09-0495-054
98	关于函送图书馆三十四年度十一、十二月份增加办公冬炭费给会计处的公函给省立图书馆的指令		J101-09-0495-055
99	关于三十四年度十一、十二月份增加办公费及冬炭费预算给山东省政府教育厅的呈		J101-09-0495-056
100	关于为呈送三十四年度临时费预算书给省立图书馆的训令		J101-09-0495-058
101	关于为呈送三十四年度临时费预算书给省立图书馆的训令		J101-09-0495-059
102	关于为呈送三十四年度临时费预算书给省立图书馆的指令		J101-09-0495-063
103	关于为呈送三十四年度临时费预算书给省立图书馆的指令		J101-09-0495-065
104	关于为呈送图书馆三十四年度临时费预算书给会计处的公函给省立图书馆的指令		J101-09-0495-066
105	关于山东省立图书馆临时经费累计表及单据		J101-09-0497-045
106	关于省立图书馆及济师附小1945年十至十二月经费预算的公函		J101-09-0498-063
107	关于省立图书馆三十四年度临时费及收支对照事宜致会计的指令公函		J101-09-0499-015
108	关于遵令编送临时费计算书请核销的呈		J101-09-0499-016
109	关于省立图书馆送34年度临时费预算书的公函		J101-09-0499-017
110	关于为请求拨发印刷海源阁美本书目经费给教育厅的呈		J101-09-0501-001
111	关于为暂缓办理海源阁书籍经费拨发事宜给省立图书馆的指令		J101-09-0501-002
112	关于为中央各部会署所拨补助款依法应办理追加省市总预案给省立图书馆的训令		J101-09-0501-003
113	关于为遵谕集零售请求拨款给教育厅的呈		J101-09-0501-004
114	关于为该馆拨收买书籍费事宜给省立图书馆的通知		J101-09-0501-006

序号	题名	年份	档号
115	关于为补送收买书籍费预算书给省教育厅的呈		J101-09-0501-007
116	关于为据令呈送收买书籍费预算书请鉴核事宜给省立图书馆的指令		J101-09-0501-008
117	关于为该馆收买书籍费预算书经核相符事宜给省立图书馆的训令		J101-09-0501-009
118	关于为请派员验收以便编报事宜给教育厅的呈		J101-09-0501-010
119	关于为购书费用尽另据编报事宜给教育厅的呈		J101-09-0501-011
120	关于为据呈送购书费五百万元报表指令准备查由给省立图书馆的指令		J101-09-0501-012
121	关于为刻板十种请求派员勘估购存事宜给教育厅的呈		J101-09-0501-013
122	关于为遵令查勘篆友著述刻板请派员勘估购存事宜给教育厅的呈		J101-09-0501-014
123	关于为拟购王篆友著述刻板十种款田文献收复项下动支事宜给省立图书馆的指令		J101-09-0501-015
124	关于为购买王篆友著述刻板十种造具报由		J101-09-0501-016
125	关于为据呈报购买王篆友著述刻板十种附清单一纸指令准予备查给省立图书馆的指令		J101-09-0501-017
126	关于为现拟预购买新中学文库一部请核示给教育厅的呈		J101-09-0501-018
127	关于为据拟约购买新中学文库一部等情形给省立图书馆的指令		J101-09-0501-019
128	关于山东省立图书馆三十六年度购买书籍一览表		J101-09-0501-020
129	关于为请续拨购书费五百万元以便继续购书事宜给省教育厅的呈		J101-09-0501-021
130	关于据呈请续拨文献收复费指令应予照准除函会计处事宜给省立图书馆的指令		J101-09-0501-022
131	关于为补送续买书籍费预算书五份请鉴核给教育厅的呈		J101-09-0501-024
132	关于为据呈送购买书籍预算书五份请鉴核特指令照准给省立图书馆的指令		J101-09-0501-025
133	关于为该馆购书籍费预算书经核相符事宜给省立图书馆的训令		J101-09-0501-026

续表

序号	题名	年份	档号
134	关于为续购书籍业已齐备请求派员验收给省教育厅的呈		J101-09-0501-027
135	关于为续领之购买费已用尽编造报告呈请鉴核给教育厅的呈		J101-09-0501-028
136	关于为续领购书费五百万元之明细表准予备查给省立图书馆的指令		J101-09-0501-029
137	关于为呈请由文献收复费下动支续拨购书费事宜给教育厅的呈		J101-09-0501-030
138	关于为呈请由文献收复费下续拨购书费事宜给教育厅的呈		J101-09-0501-031
139	关于为造送购书预算书六份给教育厅的呈		J101-09-0501-032
140	关于卅六年度临时费预算书		J101-09-0501-033
141	关于据呈请购书费预算书请鉴核指令饬知给山东省立图书馆的指令		J101-09-0501-034
142	关于为据呈送购书费预算书请鉴核指令饬知事宜给省立图书馆的指令		J101-09-0501-037
143	关于为该馆购书费预算书经核相符事宜给省立图书馆的训令		J101-09-0501-038
144	关于山东省立图书馆造送三十六年临时费预算书支出事宜给教育厅的报表		J101-09-0501-039
145	关于为续购书籍业已购齐请求派员验收事宜给教育厅的呈		J101-09-0501-040
146	关于为据呈请派员验收购书籍一案当属相符事宜给省立图书馆的指令		J101-09-0501-041
147	关于类总分类账总表		J101-09-0501-042
148	关于为呈请发给保管费若干请迅速汇寄给教育厅厅长的函		J101-09-0501-043
149	关于为据呈请发给保管费若干情形令遵照事宜给山东省立图书馆的指令		J101-09-0501-044
150	关于收到本馆职员李义贵保管费的签字		J101-09-0501-045
151	关于三十六年度第二期购置书籍清册		J101-09-0501-046
152	关于三十六年四月至五月临时预算累积表		J101-09-0501-047
153	关于三十六年度临时费预算书		J101-09-0501-049
154	关于为造具医药补助费预算书给教育厅李厅长的呈		J101-09-0501-050

序号	题名	年份	档号
155	关于据呈送王馆长医药补助费预算书事宜饬知省立图书馆的指令		J101-09-0501-051
156	关于为王馆长医药补助费预算书经核相符给省立图书馆的指令		J101-09-0501-052
157	关于造送三十六年度临时费预算书		J101-09-0501-053
158	关于为请核发临时费以便购印书码卡片事宜给教育厅的呈		J101-09-0501-054
159	关于造送民国三十六年岁出临时费预算表		J101-09-0501-055
160	关于为追加卅六年度图书馆临时费的核款通知单		J101-09-0501-056
161	关于为核定该馆临时费令饬遵照事宜给省立图书馆的训令		J101-09-0501-057
162	关于本馆财产目录		J101-09-0501-059
163	关于为函送图书馆及济南师范附属第一小学三十四年度十至十二月份经费预算书给会计处的公函		J101-09-0506-027
164	关于为自卅七年元月起调整文职人员待遇案事宜给省立各学校机关的训令给图书馆的代电		J101-09-0509-063
165	关于省立图书馆以伪钞用作接收费的批复		J101-09-0512-016
166	关于为山东省文化协会搜集之文物书籍由本厅运往省立图书馆保存的给敌伪财产清理保管委员会的公函		J101-09-0514-014
167	关于通知图书馆馆长负责搬运、樱井荣章负责整理经管文物书籍的给山东省立图书馆文化协会及其服务社的通知		J101-09-0514-016
168	关于为呈报接收文化协会服务社所支搬运费的给省立图书馆的指令		J101-09-0514-019
169	关于为呈报接收文化协会服务社文物书籍情形给省立图书馆的指令		J101-09-0514-020
170	关于为呈报遵令搬运文化协会及其服务社文物书籍的给山东省政府教育厅的呈		J101-09-0514-021
171	关于为呈报遵从指示处理文化协会文物情形给省立图书馆的指令		J101-09-0514-022
172	关于为奉令接收文化协会服务社遵指示三点办理将该会钤记缴销给山东省政府教育厅的呈		J101-09-0514-023

续表

序号	题名	年份	档号
173	关于为呈请接收文化协会余物的给省立图书馆的指令		J101-09-0514-024
174	关于补上窗户玻璃以御寒可否动用接收文化协会余款的给山东省政府教育厅的呈		J101-09-0514-025
175	关于省立医专等及图书馆等二十一个单位1946年上下两半年度决算表教育厅给会计处、图书馆的公函、指令、代电		J101-09-0518-001
176	关于补造1946年度复员补助费决算表请予鉴核备查教育厅给省立图书馆的指令		J101-09-0518-010
177	关于补造1946年度复员补助费决算表件请予鉴核查考图书馆给教育厅的呈		J101-09-0518-011
178	关于呈送1946年下半年度决算表该馆给教育厅的呈		J101-09-0518-012
179	关于造送1946年上半年度决算表该馆给教育厅的呈		J101-09-0518-013
180	关于呈造1946年上下两半年度经费决算表教育厅给图书馆的代电		J101-09-0518-014
181	关于电送1946年下半年经临费、上下两半年补员决算表及现金出纳表财产目录资力平衡表等该馆给教育厅的代电		J101-09-0518-015
182	关于附1946年度上半年经常费及临时费决算表该馆给省政府会计处的代电		J101-09-0518-016
183	关于附1945年度接收临时费、经常费决算表该馆给教育厅的代电		J101-09-0518-017
184	关于赶速造报三十四年度接收临时费预算书事宜给省立图书馆、民众体育场的训令		J101-09-0524-017
185	关于函送核定省立图书馆三十四年度接收费预算书一份给教育厅的公函		J101-09-0524-023
186	关于省立图书馆呈送三十四年度接收费预算书事宜给会计处的公函,给省立图书馆的指令		J101-09-0524-024
187	关于遵令造送接收费预算书五份给省教育厅的呈		J101-09-0524-025
188	关于省立图书馆呈送三十四年度接收临时费累计表事宜给财政厅、会计处的公函,给省立图书馆的指令		J101-09-0524-026
189	关于造送三十四年度接收期间临时费累计表等件给省教育厅的呈		J101-09-0524-027

续表

序号	题名	年份	档号
190	关于核定省立图书馆临时费请图书馆遵照的训令		J101-09-0529-064
191	关于王馆长献唐医药补助费预算书经核相符令省立图书馆遵照的训令		J101-09-0529-065
192	关于核发书套费以便置购书套保护善本给省立图书馆的指令		J101-09-0532-001
193	关于省立图书馆呈请核发书套费给王主席的签呈		J101-09-0532-002
194	关于请核发书套费以便购置书套保护善本书籍给教育厅李厅长的呈		J101-09-0532-003
195	关于函送图书馆购置书套费预算书等给图书馆会计处的公函、指令		J101-09-0532-004
196	关于呈送书套预算请鉴核备查给教育厅李厅长的呈		J101-09-0532-005
197	关于为该馆购置书套费预算书经核相符给图书馆的训令、公函		J101-09-0532-006
198	关于该校为日伪所占取之中文图书及书架与省立图书馆交接事给教育厅李厅长的函		J101-09-0532-007
199	关于图书馆留用齐鲁大学书架需赔偿由教育复员费项下支出给李厅长的公函		J101-09-0532-009
200	关于令具领留用齐大书架费购付并运送预算书以备存给省立图书馆的训令、公函		J101-09-0532-010
201	关于遵令造送书架费一宗预算书五份给教育厅李厅长的呈		J101-09-0532-011
202	关于发还核实该馆留用齐大书架费给省立图书馆的训令、公函		J101-09-0532-012
203	关于遵令编造临时费预算书给教育厅李厅长的呈		J101-09-0532-013
204	关于省立图书馆预算书（临时）来往公函一宗		J101-09-0532-015
205	关于奉令呈送估价表一份预算书三本请鉴核给省政府教育厅的呈		J101-09-0532-016
206	关于送编造三十五年度经常费分配预算书请教育厅鉴核示遵的呈		J101-09-0536-013
207	关于民众教育馆、图书馆三十五年度分配预算书经核尚符准予照列事宜的训令		J101-09-0536-014
208	关于本馆抗战时财产损失表给省教育厅的呈		J101-09-0541-021

续表

序号	题名	年份	档号
209	关于抗战损失报告表鉴核备查的电及附表		J101-09-0542-011
210	财产损失报告表		J101-09-0542-014
211	关于电知迅将该厅省属机关学校图书馆仪器房屋用具等的战时损失报知的代电		J101-09-0543-016
212	关于为补报抗战期间损失报表二份的呈		J101-09-0543-022
213	关于为据呈送卅七年一至四月份会计报表事宜给省立图书馆的指令及回呈		J101-09-0548-001
214	关于省立图书馆四六年度经临费节余的指令、呈文		J101-09-0556-020
215	关于呈报请领员工补助费名册给山东省政府教育厅的呈		J101-09-0558-026
216	关于为函转图书馆接收敌伪财产估价清册给会计处的公函/给省立图书馆的指令		J101-09-0560-019
217	为填报"山东省政府现有机关及文武官佐军警员工调查表"的训令 附：山东省立民众教育馆、山东省立图书馆、山东省立民众体育场等员工调查表		J101-09-0568-008
218	1946年度员役薪级表		J101-09-0568-027
219	为拨发接收伪馆费用与省立图书馆的来往文件		J101-09-0568-035
220	冬季炭费累计表（1946.12.1-1946.12.31）		J101-09-0570-001
221	一至四月份生补费计算表		J101-09-0570-002
222	发放1-3月份员役生补费数目表		J101-09-0570-003
223	1946年1-3月份员工薪饷借支数目表		J101-09-0570-004
224	1946年1-3月份生补费实发数目总表		J101-09-0570-005
225	1946年6月份补发员工生补费计算表		J101-09-0570-006
226	1946年5月下半月生补费实付数目表		J101-09-0570-007
227	1946年5月份发放员工生补费半数清册		J101-09-0570-008
228	谢宜禄8-11月份已领生补费计算表		J101-09-0570-009
229	8月份员工生补费证明册		J101-09-0570-010
230	1-9月份生补费计算总表		J101-09-0570-011
231	8月份员工生补费计算表		J101-09-0570-012
232	8-9月份员工生补费计算表		J101-09-0570-013
233	10月份员工生补费暂付一部计算表		J101-09-0570-014

续表

序号	题名	年份	档号
234	1—7月份生活补助费应行扣补数目表及省政府教育厅为抄发该表给省立图书馆的训令		J101-09-0570-015
235	1—7月份核发员役生补费数目表及为抄发该表给省立图书馆的训令		J101-09-0570-016
236	1—7月份核发员役生补费计算表		J101-09-0570-017
237	8—9月份员工生补费补发尾欠计算表		J101-09-0570-018
238	10月份职员生活补助费证明册		J101-09-0570-019
239	10月份工役生活补助费证明册		J101-09-0570-020
240	10月份下半月生补费支付表		J101-09-0570-021
241	11月份员工生活补助费发放一部分计算表		J101-09-0570-022
242	10月份暂付款一览表		J101-09-0570-023
243	6月份员役生活费实付数清册		J101-09-0570-024
244	6月份补发员工生补费增加数清册		J101-09-0570-025
245	6月份补发生补费计算表		J101-09-0570-026
246	7月份员工生补费计算表		J101-09-0570-027
247	5月份发放员工生补费半数清册		J101-09-0570-028
248	5月份下半月发放员工生补费清册		J101-09-0570-029
249	1—4月份生补费计算表		J101-09-0570-030
250	1月份员工生补费实付数目表		J101-09-0570-031
251	1—3月份生补费补发数目分配表		J101-09-0570-032
252	7月份职员生补费证明册		J101-09-0570-033
253	发放7月份职员俸薪证明册		J101-09-0570-034
254	12月份工役生补费计算表		J101-09-0570-035
255	7—12月份工薪、10—11月份生补费计算表		J101-09-0570-036
256	12月份职员生补费计算表		J101-09-0570-037
257	8月份员工生补费计算表		J101-09-0570-038
258	9月份职员生活补助费证明册		J101-09-0570-039
259	9月份工役生活补助费证明册		J101-09-0570-040
260	8月份员工坐扣款项一览表		J101-09-0570-041
261	9月份员工生补费计算表		J101-09-0570-042
262	员工坐扣款项一览表		J101-09-0570-043
263	为报送7月份临时费累计表与山东省政府会计处的来往文件		J101-09-0570-044

续表

序号	题名	年份	档号
264	为报送8—9月份临时费累计表与山东省政府会计处的来往文件		J101-09-0570-045
265	为报送1946年12月份收支对照表等与省政府会计处的来往文件		J101-09-0570-046
266	1—12月份生补费收支对照表		J101-09-0570-047
267	为冬季炉炭费开支问题与省政府教育厅的来往文件		J101-09-0570-048
268	为呈送1—5月份战时生活补助费报核清册、收支对照表与省政府教育厅的来往文件		J101-09-0570-049
269	为呈送1—12月份员役生活补助费人数异动册与省政府的来往文件		J101-09-0570-050
270	补报4—9月份追加馆长王献唐生补费数目表		J101-09-0570-051
271	补报4—6月份生补费累计表		J101-09-0570-052
272	为报送1—3月份经费预算表与教育厅第4科的来往信函		J101-09-0570-053
273	1—4月份员役姓名清册		J101-09-0570-054
274	为报送社教机关员役人数表与省教育厅的来往文件		J101-09-0570-055
275	为报送社教机关自6月份起增加员工每月生补费数目表与省教育厅、省政府会计处的来往文件		J101-09-0570-056
276	为垫发1—3月份生补费时勿超标准问题给省立图书馆的训令		J101-09-0570-057
277	为公务员生活补助费自2月份起予以调整问题给省立图书馆的训令		J101-09-0570-058
278	为洽领1—3月份经费补发数项及4月份经费给省立图书馆的训令		J101-09-0570-059
279	为行政院核定学生、警察、士兵、工役、收容人员待遇标准自二月份起实行给省立图书馆的训令		J101-09-0570-060
280	为执行行政院关于公务员、工役生补费标准问题给省立图书馆的训令		J101-09-0570-061
281	为洽领1—4月份生补费给省立图书馆的训令		J101-09-0570-062
282	为省府所拨各单位1946年度经临各费系暂时垫发给省立图书馆的训令		J101-09-0570-064
283	为抄发调整各地公教人员及工警生补费标准给省立图书馆的训令		J101-09-0570-065

序号	题名	年份	档号
284	为生活补助费自6月份起按新规定标准发给给省立图书馆的训令		J101-09-0570-066
285	为自8月份起调整公教人员生活补助费问题给省立图书馆的训令		J101-09-0570-067
286	为自8月份起公务员生补费准先照九成拨发给省立图书馆的训令		J101-09-0570-068
287	1946年12月份应增加生补费数额表、生活补助费支给标准及省政府教育厅的训令		J101-09-0570-069
288	为垫发元月份生补费给省立图书馆的训令		J101-09-0570-070
289	为发二月份生补费给省立图书馆的训令		J101-09-0570-071
290	为补发1-3月份生补费给省立图书馆的训令		J101-09-0570-072
291	关于本馆各种经费预算、开支、职员薪给报酬等问题与省政府教育厅的来往文件（内有接收海源阁藏书楼藏书经费开支及点收、整理情况的文件材料）		J101-09-0572-001
292	为省立图书馆三十五年度经临费节余应填具缴款书解库给该馆的训令		J101-09-0596-021
293	关于省立图书馆长王献唐医药费等的有关材料		J101-09-0605-002
294	关于年度经费生补费收支报告表		J101-09-0605-034
295	关于山东省民众教育馆图书馆等三十六年度岁出单位分配预算书		J101-09-0607-004
296	为报省立图书馆冬季火炉按装及煤炭费款拟请由该馆三十五年度生补费节余项下动支等情给省府王主席的签呈等有关材料		J101-09-0613-013
297	为遵令造送追加追减预算书请鉴核给教育厅的呈等有关材料		J101-09-0613-014
298	为函送省立图书馆气象测候所济南女子师范等校三十五年度冬季炉炭费移用表请查照给会计处的公函		J101-09-0613-015
299	为拟订山东省各机关经临费支领办法给图书馆的训令		J101-09-0617-001
300	为函送缴款书支出收回书等样式给图书馆的公函		J101-09-0617-002
301	为据呈复三十五年度复员补助费决算表等情给图书馆的指令		J101-09-0617-003

续表

序号	题名	年份	档号
302	为奉令重申预算法第六十五条及六十八条之规定嗣后各机关追加预算应全盘考虑不得分次提出等情给图书馆的训令		J101-09-0617-015
303	为饬该馆速按审核意见办理三十五年度决算表等情给省立图书馆的训令等有关材料		J101-09-0617-016
304	为令发各机关办理决算须知等情给图书馆的训令等有关材料		J101-09-0617-017
305	为抄发中央各机关编制年度决算要点给图书馆的训令		J101-09-0617-018
306	为三十五年度以前年度收支未经报销者应速编报等情给图书馆的训令		J101-09-0617-019
307	为据呈复军库外移请派员勘估等情给省立图书馆的指令		J101-09-0617-020
308	为抄发各机关对于审计事务应注意事项给省立图书馆的训令		J101-09-0617-021
309	为该馆三十五年上下两半年度经补各费节余应即缴库给图书馆的训令等有关材料		J101-09-0617-022
310	为各机关历年之经费剩余保管款项应依照各年度国库收支结束期限以前从速缴库给图书馆的训令等有关材料		J101-09-0617-025
311	为抄发审计部建议改进事项给省立图书馆的训令		J101-09-0617-026
312	为呈三十五年度十、十一月溢领生补费如何缴还给财政厅第三科的公函		J101-09-0617-028
313	为关于公务员支给薪俸变通办法本省施行日期已准审计部山东审计处函复备查等情给省立图书馆的训令		J101-09-0617-029
314	为核定该馆本年度经费数饬编造预算书给省立图书馆的训令等有关材料		J101-09-0617-030
315	为检发临时请款预算书格式给省立图书馆的训令		J101-09-0617-031
316	为检发该馆三十六年度追加经费分配预算书给省立图书馆的训令等有关材料		J101-09-0617-032
317	为报三十六年度经费科目流动表给教育厅的呈等有关材料		J101-09-0617-033
318	为增加三十六年度办公费给省立图书馆的训令		J101-09-0617-034

续表

序号	题名	年份	档号
319	为三十六年度预算应于三月底前办竣给省立图书馆的训令等有关材料		J101-09-0617-035
320	为三十六年度增加办公费应迅编分配预算给省立图书馆的训令		J101-09-0617-036
321	为据呈复三十六年度追加办公费分配预算书准予存转给省立图书馆的指令等有关材料		J101-09-0617-037
322	为省图书馆呈请派员验收续购书籍并经验收尚属相符给该馆的指令		J101-09-0619-042
323	关于本馆临时费生活补助费等累计表		J101-09-0624-009
324	为据呈复冬季炉炭费移用表请鉴核等情给图书馆等四单位的指令		J101-09-0625-007
325	为转知嗣后编送会计报告务附所属总预算费部款项目科目名称填明等情给省立图书馆的公函		J101-09-0626-001
326	关于省立图书馆呈送三十六年十二月份会计报表等的有关材料		J101-09-0626-003
327	关于三十六年度财产目录等有关材料		J101-09-0626-004
328	为复该馆三十六年十二月份经常费审核情形给山东省立图书馆的通知		J101-09-0626-005
329	为核复该馆三十六年度十二月份生活补助费情形给省立图书馆的审核通知		J101-09-0626-006
330	为据实声复恳请免予剔除等情给山东省审计处的函		J101-09-0626-007
331	为核复该馆三十六年度十二月份第三次购书费情形给省立图书馆的审核通知等有关材料		J101-09-0626-008
332	关于省立图书馆三十六年度八至十二月份员工福利费审核的有关材料		J101-09-0626-009
333	为限期编送本年一至五月份会计报告等情给省立图书馆的训令		J101-09-0626-010
334	为送三十六年一月、二至五月份会计报告函请审查给会计处的公函		J101-09-0626-011
335	为令催上半年及本年度各月份经临费会计报表给省立图书馆的训令		J101-09-0626-012
336	为报送三十六年度一至五月份各项会计报告给教育厅的呈		J101-09-0626-013
337	为审核三十六年度一月份经费准存备查给省立图书馆的通知		J101-09-0626-014

续表

序号	题名	年份	档号
338	为编造三十六年一至五月份会计报告请备查给省政务厅的公函		J101-09-0626-015
339	为复审核三十六年度二至五月经费报表准存备查给省立图书馆的通知		J101-09-0626-016
340	为据呈复三十六年度一至五月会计报表准予备查给省立图书馆的指令		J101-09-0626-017
341	关于省立图书馆三十六年度六、七两月会计报告的有关材料		J101-09-0626-018
342	为电请审核三十六年一至五月份会计报告给审计处的代电		J101-09-0626-019
343	为编送本年度六、七月份会计报告给青岛审计处的代电		J101-09-0626-020
344	为据呈复三十六年度六、七月份会计报告给省立图书馆的指令		J101-09-0626-021
345	关于省立图书馆三十六年度八、九两月会计报告的有关材料		J101-09-0626-022
346	为该馆三十六年二至四月份被裁员工遣散、一至五月份生活补助等费准予存查给省立图书馆的通知		J101-09-0626-023
347	关于省立图书馆三十六年度十月份会计报告的有关材料		J101-09-0626-024
348	为准该馆三十六年度六、七两月生活补助费存查给省立图书馆的通知		J101-09-0626-025
349	为准该馆三十六年八、九两月份生活补助费存查给省立图书馆的通知		J101-09-0626-026
350	关于省立图书馆三十六年度十一月份会计报告的有关材料		J101-09-0626-027
351	为核准该馆三十六年度一至十一月份经常费给省立图书馆的通知		J101-09-0626-028
352	为审核准该馆三十六年度十一月份生活补助费等费给省立图书馆馆的通知等有关材料		J101-09-0626-029
353	转发本年度一月份职员工役生补费证明册		J101-09-0626-031
354	转发本年度二至十二月职员工役生补费证明册		J101-09-0626-032
355	关于二月至五月暂付款明细表		J101-09-0626-033
356	关于十二月份经临费累计等表		J101-09-0628-044

续表

序号	题名	年份	档号
357	关于图书馆呈请以三十六年度薪补费结余拟充工役奖金等的有关材料		J101-09-0628-045
358	关于省立图书馆呈报八至十二月份生补费节余拟充员工福利办理情形案的有关材料		J101-09-0628-046
359	为再请拨发购书费以便采购新书而济急需等情给李厅长的呈		J101-09-0628-052
360	关于省立图书馆呈送赴青点收赵氏书籍用费预算书等的有关材料		J101-09-0645-011
361	关于三十七年度一至六月份经费预算分配表		J101-09-0646-001
362	关于山东省立图书馆呈送三十七年度事业费支出预算书等的有关材料		J101-09-0646-002
363	为各机关概算案及追加概算案应径送主计部等情给省立图书馆的通知		J101-09-0646-003
364	为转知三十七年上下两半年度预决算及会计账表等处理办法给省立图书馆的通知		J101-09-0646-004
365	为订定山东省政府普通公务单位会计制度暂行变动办法等情给省立图书馆的代电		J101-09-0646-006
366	关于查核省立图书馆三十七年度六月份会计报表的有关材料		J101-09-0646-007
367	关于省立图书馆呈送三十七年一至四月份会计报表等的有关材料		J101-09-0646-008
368	关于为邮件回执戳记不符函请查询等情与济南市布政司街出局的来往函件等材料		J101-09-0646-009
369	为报送本馆五、六月份会计报表给山东审计处的代电等有关材料		J101-09-0646-011
370	关于本馆财产目录等表件		J101-09-0646-012
371	为抄发山东省政府所属各机关存款检查办法给省立图书馆的训令		J101-09-0646-013
372	为报送三十七年度四至八月份现金收支报告给省政府会计处的公函		J101-09-0646-014
373	为抄发三十六年度国库收支结束办法给省立图书馆的训令		J101-09-0646-015
374	为币制改革拟具省款收支处理办法给省立图书馆的代电		J101-09-0646-016
375	为奉转令各机关主管各项费类计决算应依审计法之规定办法给省立图书馆的通知		J101-09-0646-017

续表

序号	题名	年份	档号
376	为审计处派股长王赓申等三人常驻本府核签支付书等情给省立图书馆的训令		J101-09-0646-018
377	为抄发三十七年上半年度省府收支结束办法给省立图书馆的训令		J101-09-0646-019
378	为饬指派代表参加公祭张故委员溥泉大会给省立图书馆的通知		J101-09-0646-020
379	为自本年八月份起调整本省绥靖殉职省县级公教人员特别抚恤标准给省立图书馆的训令		J101-09-0646-021
380	为省府核发省属机关职雇员长警殓葬补助费标准另按金元折合核发给省立图书馆的训令		J101-09-0646-023
381	为奉令荐任级机关官章停发给省立图书馆的训令		J101-09-0646-025
382	为准国防部代电以转业人员有少数不守规律应转饬纠正一案给省立图书馆的训令		J101-09-0646-026
383	为奉省府通知以奉院令关于地方行政首长各级行政主管议会议长议员之守城责任一案给省立图书馆的训令		J101-09-0646-027
384	为转发六项运动书给省立图书馆的通知		J101-09-0646-028
385	为奉转饬各人事管理人员应辅佐机关长官对所属公务员操行严加考核一案给省立图书馆的训令		J101-09-0646-029
386	为转令本年度教师节纪念办法给省立图书馆的训令		J101-09-0646-030
387	为本府公报着自本年八月份起每册加价为叁拾万元给省立图书馆的训令		J101-09-0646-031
388	为转发明令禁止诬蔑少数民族之书报影剧等提案一份给省立图书馆的训令		J101-09-0646-033
389	为奉抄发实施爱民月宣传及办法给省立图书馆的训令		J101-09-0646-034
390	为奉转关于宪兵学校学员学生队毕业资格于转任警察官或普通公务员时均可采取一案给省立图书馆的训令		J101-09-0646-035
391	为本府公报着自本年六月份起每册加价为拾五万元等情给省立图书馆的训令		J101-09-0646-037
392	为准考试院河北山东考铨处函关于转业军官任用后应在法定期间送审一案等情给省立图书馆的训令		J101-09-0646-041

续表

序号	题名	年份	档号
393	为总统副总统于五月二十日就任届期应悬旗帜庆给省立图书馆的训令		J101-09-0646-043
394	为奉发以参加政府工作各党政党务工作人员拟任公务员送审时计资办法至总统就职之日给省立图书馆的训令		J101-09-0646-044
395	为本府公报着本年四月份第九九期每册暂改为拾万元给省立图书馆的训令		J101-09-0646-045
396	为奉发修正公私立专科以上学校经费稽核委员会组织办法条文一案省省立图书馆的训令		J101-09-0646-046
397	为令催本府三月份公报费给省立图书馆的训令		J101-09-0646-047
398	为准奉发以人事与主计机构之联系办法案给省立图书馆的训令		J101-09-0646-048
399	为奉发本年夏令时间实施起止时间情形给省立图书馆的训令		J101-09-0646-049
400	为准发关于中央训练团西安分团毕业学员寄送遗失毕业证明者请领补发学历证明书一案给省立图书馆的训令		J101-09-0646-050
401	为本府公报自本年三月份起加价每册改为七万元给省立图书馆的训令		J101-09-0646-052
402	为检发本省参加第七届全国运动会选拔办法给省立图书馆的通知		J101-09-0646-053
403	为奉转令以各机关主官非因公务及长官准核不得擅离任所一案给省立图书馆的训令		J101-09-0646-055
404	为奉令颁简化事前审计程序暂行办法给省立图书馆的训令		J101-09-0646-056
405	为抄发各级政府机关学校团体悬挂国旗方式给省立图书馆的训令		J101-09-0646-059
406	为转发捐资兴学事宜表式及受奖人履历表式给省立图书馆的训令		J101-09-0646-062
407	为本省教育工作计划本年度识字教育应完成限度通令等情给省立图书馆的训令		J101-09-0646-065
408	为抄发解释参加竞选国大代表及立法委员提名与签署疑义给省立图书馆的训令		J101-09-0646-066
409	为准电发以转业军官任用后应在法定期间送审等情给省立图书馆的训令		J101-09-0646-067
410	为奉转令据立法院呈请防止选举舞弊一案给省立图书馆的训令		J101-09-0646-068

续表

序号	题名	年份	档号
411	为奉转饬尽量遴用善后救济总署工作人员一案给省立图书馆的训令		J101-09-0646-069
412	为奉转令以黄杰等建议之转业人员安置任用问题的有关项款案给省立图书馆的训令		J101-09-0646-070
413	为本府前颁省会各机关职员证自三十七年一月一日起一律废止等情给省立图书馆的训令		J101-09-0646-071
414	为奉转各机关接待宾客及会议不可使用茶点以资节约等情给省立图书馆的训令		J101-09-0646-072
415	关于省立图书馆、体育场呈送三十五年度经常费分配预算书等的有关材料		J101-09-0655-003
416	为图书馆等四单位呈三十五年度经费分配预算书转准等情的有关材料		J101-09-0655-021
417	关于省立图书馆王献唐一月份生补费按旧标准应发数尚未发等情的有关材料		J101-09-0663-020
418	造送第十一战区副长官部拨发捐款用途计划书		J101-09-0674-047
419	人员出差旅费报告表		J101-09-0676-004
420	三十六年度临时费收支对照表		J101-09-0676-005
421	为发第二类乙项定额薪资所得税税率表给省立图书馆的函		J101-09-0708-002
422	为发第二类乙项定额薪资所得税率表给省立图书馆的公函		J101-09-0708-003
423	三十七年度4-6月份员工扣交生补费印花税清册		J101-09-0708-004
424	为发第二类乙项定额薪资所得税税率表给省立图书馆的公函		J101-09-0708-005
425	为发公教军警人员定额薪资所得税征课说明给图书馆的训令		J101-09-0708-006
426	为调整公教人员定额薪资所得税给省图书馆的公函		J101-09-0708-007
427	三十七年度4-6月份所得税报告表		J101-09-0708-008
428	为扣交公务人员定额薪资所得税给山东省立图书馆的公函		J101-09-0708-009
429	为报财产损失的报表等材料		J101-09-0708-010
430	为将战时损失文物从速上报给省图书馆的训令		J101-09-0708-011
431	为填报战时被劫物资表给省图书馆的训令		J101-09-0708-014

续表

序号	题名	年份	档号
432	为催报抗战期间各级学校财产损失表给省图书馆的训令		J101-09-0708-015
433	为发教育人员损失报告表给省图书馆的训令		J101-09-0708-016
434	为转发抗日战争损失调查实施要点给图书馆的通令		J101-09-0708-017
435	为发机关学校图书仪器、房产等战时损失调查要点给省图书馆的训令		J101-09-0708-018
436	为查报抗战损失给省图书馆的训令		J101-09-0708-019
437	财产间接损失报告表		J101-09-0708-021
438	财产直接损失汇报表		J101-09-0708-022
439	财产损失报告单		J101-09-0708-023
440	为发查报抗战损失汇报表给省立图书馆的训令		J101-09-0708-024
441	为省图书馆呈送三十六年度预算科目流用表给该校的指令		J101-09-0715-043
442	为省立图书馆修缮工程验收的代电		J101-09-0718-011
443	为图书馆及四临中三十七年上半年度经常费预算科目流用表与有关的指令		J101-09-0719-008
444	给李涤生的还书通知单及本人签注		J101-09-0735-018
445	为将出版刊物检送中央图书馆的训令		J101-09-0735-052
446	为教育部核定山东省立图书馆本年度保管费给教育厅的代电		J101-09-0782-047
447	为省立图书馆补助费支报给驻渝办事处的代电		J101-09-0782-060
448	为查报省图书馆三十五年度经常费生补费收支情形与有关单位的来往文件		J101-09-0795-018
449	为发全国图书馆教育办法及图书馆工作实施办法的训令		J101-09-0798-027
450	为领取电化教育人员短期训练班给图书馆的通知		J101-09-0804-001
451	为在济复校给山东省立图书馆的公函		J101-09-0804-002
452	为本报创刊给山东省图书馆的请柬		J101-09-0804-003
453	员工福利用煤姓名清册及购煤发票		J101-09-0804-004
454	为查报科学运动办法与省图书馆的来往文件		J101-09-0804-008

续表

序号	题名	年份	档号
455	为收到山东省立图书馆呈报搬运文化协会及文化协会服务社文物书籍费用应由何款开支给该馆的指令		J101-09-0804-009
456	为查报本年度青年节至儿童节推行科学运动情形与省图书馆的来往文件		J101-09-0804-011
457	为筹办电化教育人员短期训练班与省图书馆的来往文件		J101-09-0804-012
458	为造送请领夏季服装人员名册给省立图书馆的训令		J101-09-0804-013
459	为送本馆请领抗战纪念章初审合格人员名单与山东省抗战纪念章审查委员会的来往文件		J101-09-0804-014
460	为开会商讨公务员级俸补发及改进事宜与省图书馆的来往文件		J101-09-0804-015
461	为购领脚踏车免税牌照与济南市政府的来往文件		J101-09-0804-016
462	为查报搬运文化服务社经管文物书籍情形与山东省立图书馆的来往文件		J101-09-0804-018
463	为查报请领工役复员补助费清册与省图书馆的来往文件		J101-09-0804-021
464	三十五年度夏季职员制服领据及领发清册		J101-09-0804-023
465	为本馆职员抗战服务证件八纸列单给教育厅人事室的公函		J101-09-0804-024
466	为注销工支罗伟之十二号黄色布质符号给长官部副官处的公函		J101-09-0804-026
467	为催交麦袋与省立图书馆的来往文件		J101-09-0804-029
468	为领取面粉给省图书馆的公函		J101-09-0804-030
469	为送各种纪念日暨节日一览表四种给省图书馆的公函		J101-09-0804-032
470	为声明使用本馆门外隙地给济南市政府的公函		J101-09-0804-033
471	为送山东省济南市中等以上学校训导会议预备会会议记录给图书馆的公函		J101-09-0804-034
472	为举行师范教育运动周给省立图书馆的代电		J101-09-0804-036
473	为王近信兼本处处长给省立图书馆的公函		J101-09-0804-037
474	为检国民代表大会等书籍给山东省立图书馆的公函		J101-09-0804-039
475	为修理福禄街石路给济南市政府的公函		J101-09-0804-040

序号	题名	年份	档号
476	为送本馆铜质证章与济南防守司令部参谋处的来往文件		J101-09-0804-042
477	为麦克鲁将军汇集我国为民主自卫而战之有关资料给省立图书馆的代电		J101-09-0804-045
478	为举行总理广州蒙难纪念给省立图书馆的公函		J101-09-0804-046
479	为举行读书阅报竞赛座谈会给省立图书馆的公函		J101-09-0804-047
480	为寄本处工作汇志给山东省立图书馆的公函		J101-09-0804-049
481	为拨工疏浚河道扫除垃圾与鲁青分署济南办事处的来往文件		J101-09-0804-050
482	为"第十战区纪念册"邮购办法给山东省立图书馆的公函		J101-09-0804-053
483	为举行秋季国术表演给省图书馆的公函		J101-09-0804-055
484	为征购"昆虫与艺术"给山东省立图书馆的公函		J101-09-0804-056
485	为征集中西文化出版品给山东省立图书馆的公函		J101-09-0804-057
486	为征集奖品给山东省立图书馆的公函		J101-09-0804-058
487	申请配煤登记表		J101-09-0804-060
488	为购买大华日报合订本给该社的公函		J101-09-0804-061
489	为配售更纸给省立图书馆的通知		J101-09-0804-064
490	为征集出版刊物给山东省立图书馆的公函		J101-09-0804-066
491	为省立图书馆为运动会惠赐奖品给该馆的公函		J101-09-0804-068
492	为催交公报费给省立图书馆的公函		J101-09-0804-069
493	为发起一日捐献运动给省立图书馆的公函		J101-09-0804-070
494	为求赐箴规给省立图书馆的训令		J101-09-0804-073
495	为送平装熟料纸考试院施编年录给山东省立图书馆的公函		J101-09-0804-079
496	为请将出版品寄赠国立中央图书馆出版品国际交换处给省立图书馆的公函		J101-09-0804-081
497	为摘录本市律师孙铭书折陈政治意见给省立图书馆的训令		J101-09-0893-005
498	为抄发国立中央图书馆办理出版品国际交换事项办法的训令		J101-09-0896-009

续表

序号	题名	年份	档号
499	为济南市政府呈请民教馆附设图书馆房舍暂缓迁移给该市政府的指令		J101-09-0929-019
500	关于核示山东省图书馆三六年度一至六月份经费类会计报表的代电		J101-09-0936-003
501	关于核示省图书馆七、八月份经费类会计报表的代电		J101-09-0936-004
502	关于核示省图书馆九、十月份经费类会计报表的代电		J101-09-0936-005
503	为查报省立图书馆三十六年各月会计报表与该馆的来往指令等		J101-09-0937-001
504	关于恢复山东省立图书馆以利学术研究的提案		J101-09-1005-009
505	为省图书馆呈报购书费给该馆的指令		J101-09-1021-012
506	为省立图书馆五、六月份报章杂志费预算书核转与有关单位的来往文件		J101-09-1023-026
507	为省立民教馆、图书馆订购报章杂志预算书核转与有关单位的来往文件		J101-09-1023-028
508	为核转济南农职省立第一实验小学图书馆修缮费预算书与有关单位的来往文件		J101-09-1023-031
509	为省立图书馆呈报修缮藏书楼及院边河岸等情给该馆的指令		J101-09-1023-032
510	为送普及全国图书教育办法及图书馆工作实施办法给山东省政府的咨文及有关文件		J101-09-1173-004
511	为发行出版品依法呈缴立法院图书馆的通知		J101-09-1175-007
512	为本省未编国民教育实施刊物与湖北师院图书馆的来往文件		J101-09-1175-028
513	山东省立图书馆组织规程		J101-09-1178-015
514	山东省立图书馆组织规程		J101-09-1180-025
515	为浙江省瑞安县立图书馆征集法令汇编与山东省教育厅的来往函等		J101-09-1236-005
516	为酌增月薪与山东省教育厅的来往文件		J101-09-1349-001
517	为寄普通书籍借阅暂行办法的公函		J101-09-1353-052
518	省立图书馆、省立民众教育馆等例行文件表		J101-09-1355-042
519	为配发收音机及巡回文库图书给第一队队长的训令		J101-10-0119-014

序号	题名	年份	档号
520	为颁发巡回文库图书借阅规则给第一队队长的训令		J101—10—0119—015
521	巡回文库团体借阅概况调查表		J101—10—0121—062
522	为配发收音机及巡回文库书派员领取的训令等		J101—10—0127—019
523	巡回文库图书目录共两册		J101—10—0129—002
524	巡回文库图书目录		J101—10—0129—005
525	关于修建实习各工厂及图书馆等工程的公函		J101—12—0334—015—005
526	关于报党员特别捐现款及认捐人员名册的呈		J101—12—0374—022
527	为函送省立图书馆等遣散人员清册给会计处的公函、指令		J101—13—0127—007
528	为奉令裁员谨将遵办情形给教育厅的呈文		J101—13—0127—023
529	为送被遣散工役一名清册给教育厅的呈文		J101—13—0127—031
530	为向教育厅呈请核发遣散费俾被裁人员另谋生活的呈文		J101—13—0127—043
531	为收到省立图书馆35年度员工复员费累计表的指令		J101—13—0179—004
532	为收到省立图书馆推行科学运动办理情形的指令和该馆的呈文		J101—15—0016—026
533	为收到省立图书馆青年节至儿童节推行科学运动清册的指令和该馆的呈文		J101—15—0016—027
534	为遵令举行科学运动向省政府呈报办理情形的呈文		J101—15—0020—006
535	办理三十七年科学运动情形册		J101—15—0021—021
536	接到省图书馆举行科学运动情形报告的指令		J101—15—0022—075
537	向省政府报送举办科学运动情形报告的呈文		J101—15—0022—076
538	向省政府报送科学化运动举办情形清册的呈文附清册		J101—15—0026—007
539	为省图书馆呈报国父诞辰变通纪念情形的指令附呈文		J101—15—0028—003
540	为遵令向教育厅选送教育讲座演讲稿五份的呈文附讲稿		J101—15—0047—001
541	接到省图书馆待筹有相当房舍后即行开办识字教育班的指令		J101—15—0057—016
542	向省府报送俟筹有相当房舍即筹设识字教育班的呈文		J101—15—0057—017

续表

序号	题名	年份	档号
543	向省府呈送应征物品的呈文		J101-15-0071-013
544	为奉部令于3月1日到会接铃视事给山东省政府的公函		J101-15-0073-018
545	告知该馆已还都办公等通过省政府给教育厅的通知		J101-15-0073-022
546	为令发"图书馆工作实施办法"并令知废止修正图书馆工作大纲等给山东省教育厅的训令		J101-15-0074-008
547	为函复中央图书馆本厅尚无中西文出版物品的公函及该馆来函		J101-15-0093-018
548	为准广西桂林图书馆函索书刊字画给省立民教馆等的训令及该馆明信片		J101-15-0093-019
549	为转发省市县立图书馆实施概况及调查表给省立图书馆的训令及教育部训令		J101-15-0093-027
550	为向教育部转呈省立图书馆实施概况等的呈文给省立图书馆的指令及省立图书馆的呈文		J101-15-0093-028
551	为令发"国父墨宝"一册给省立图书馆、民教馆的训令和该二馆呈文		J101-15-0094-006
552	为寄赠民众教育第二、三期各一册给嘉兴青年中学图书馆的便函		J101-15-0094-014
553	为准嘉兴青年中学图书馆函请本厅赠寄出版刊物给省立图书馆、民教馆的训令及该校来函、民教馆呈文		J101-15-0094-015
554	为和平日报南京社函附扩大优待办法给省立图书馆、学校民教馆等的公函和该社来函		J101-15-0094-019
555	为令将该馆出版品每种送厅30份以便寄赠国际交换处给省立图书馆、民教馆的训令和该处来函		J101-15-0094-023
556	为转介"社会教育行政"一书给省立图书馆等的公函及教育部的来函		J101-15-0094-029
557	为转介湖北恩施图书馆交换书目表给省立图书馆的训令及该馆代电		J101-15-0094-032
558	为据教育图书社呈请通令各市县采购中华文库初中小学两集给省立图书馆等的代电及该社来函教育部训令等		J101-15-0094-037
559	为抄发中央图书馆国际交换处调查我国各机关出版品表式给省立民教馆的训令及该处函		J101-15-0094-039

序号	题名	年份	档号
560	为召开学校教职员代表会议给省立民众教育馆图书馆的代电（通知）		J101-15-0096-001
561	为各学校派遣代表对外界和外国人接洽应注意人选问题给图书馆的训令		J101-15-0096-003
562	为废止战区中等以下学校发给毕业证书办法给省民教馆、图书馆的训令		J101-15-0096-004
563	为订购"英语教学"杂志问题给省教育馆、图书馆的训令		J101-15-0096-005
564	为全体参加十月十日国庆纪念给民教馆、图书馆的训令		J101-15-0096-006
565	为修正山东省政府教育厅核发中等学校毕业证明书办法给图书馆的训令附办法和保证书式样		J101-15-0096-007
566	为准北平区考试委员会成立等给图书馆的训令		J101-15-0096-010
567	为奉令禁止任用姻娅私人管理财务给民教馆、图书馆的训令		J101-15-0096-013
568	为撤销之电化教育办法给省图书馆的训令		J101-15-0097-002
569	为指示东北问题之宣传方针及有关事项给省图书馆的训令		J101-15-0097-007
570	为发山东省会区春季公共卫生检查日期区域表及检查办法给图书馆的训令		J101-15-0097-008
571	为转发部印各种书籍给省图书馆的训令		J101-15-0097-009
572	为检发济南各界节约实施办法给图书馆的训令		J101-15-0097-012
573	为准国立社会教育学院函送"教育与社会"第五卷第一、二期合刊目录及价格表给省图书馆的训令		J101-15-0097-021
574	为抄发推行节约运动实施办法省图书馆的训令		J101-15-0097-022
575	为转发卫生检查区域日期表及检查办法各一份给图书馆的训令		J101-15-0097-023
576	关于准山东省新运会函知节约运动捐款处理决议情形给省图书馆的训令		J101-15-0097-024
577	关于本月二十六日为本省节食救灾日给省图书馆的训令		J101-15-0097-026
578	为转发推行节约运动宣传标语给省图书馆的训令		J101-15-0097-031

续表

序号	题名	年份	档号
579	为准山东省新生活运动促进会函嘱转饬各学校备款领取节约标语给省图书馆的训令		J101-15-0097-032
580	为转令对新生活运动会倡导事项须认真执行给省图书馆的训令		J101-15-0097-033
581	为发防疫漫画及卫生教育画以广宣传给省图书馆的训令		J101-15-0097-039
582	为奉转内政部肃清烟毒进行方式要点文项给省图书馆的训令		J101-15-0097-044
583	为准新生活运动促进会函开为主席六秋寿辰各地献校一项应普通响应给省图书馆的训令		J101-15-0097-045
584	为准福建省教育厅电请介订谈厅出版之教育与文化月刊给省图书馆的训令		J101-15-0097-046
585	为抄发修正公文封信封式样给省图书馆的训令		J101-15-0097-047
586	为取缔滥用红十字标识给省图书馆的训令		J101-15-0097-050
587	为送清洁大扫除办法给省图书馆的训令		J101-15-0097-051
588	为抄发第二绥靖区通信器材及汽油管制暂行办法给省图书馆的训令		J101-15-0097-058
589	为抄发修订各公务机关领用敌伪产业物资国库转账手续给省图书馆的训令		J101-15-0097-059
590	为令知山东省抚恤救济委员会成立日期给省图书馆的训令		J101-15-0097-060
591	为抄发收发公事电话办法及电话样式给省图书馆的通知		J101-15-0097-061
592	关于准田粮处函复各校购买面粉可径向各分厂自行洽购等给省图书馆的训令		J101-15-0097-062
593	为令发国府原颁公文标点举例及行文款式并摘抄统一各机关公文用纸格式等给省图书馆的训令		J101-15-0097-063
594	为抄发修正公文用纸格式条文及纸样给省图书馆的训令		J101-15-0097-064
595	为转发民国三十六年国历摘要给省图书馆的训令		J101-15-0097-065
596	为查各教职员在其他机关兼课重领面粉一事给省立图书馆的训令		J101-15-0100-002
597	为发节约暂行办法给省立民众图书馆的训令		J101-15-0100-003
598	为搜集抗战史料给省立图书馆的训令		J101-15-0100-004

续表

序号	题名	年份	档号
599	为从三十五年元旦前一律按装旗顶给省立图书馆的训令		J101-15-0100-005
600	为抄发三十五年度通用中心宣传标语给图书馆的训令		J101-15-0100-007
601	为把握时间加强工作效率给图书馆的训令		J101-15-0100-008
602	关于约会要严守时间给省立图书馆的训令		J101-15-0100-011
603	为规定会客时间给省立图书馆的训令		J101-15-0100-012
604	关于各公务员眷属应速向所在地警局报户口给省立图书馆的训令		J101-15-0100-013
605	为自五月十五日起夏季已届时间拨早一小时给省立图书馆的训令		J101-15-0100-014
606	为惩治盗匪条例期限一年给省立图书馆的训令		J101-15-0100-015
607	关于因维持治安禁止任意发枪违则严办给省立图书馆的训令		J101-15-0100-016
608	关于对执行小组须注意保护及防范给省立图书馆的训令		J101-15-0100-017
609	为切实改用夏令时间以免贻误省立图书馆的训令（给民众教育馆）		J101-15-0100-019
610	为严禁私存枪支给省立图书馆的训令（给民众教育馆训令第32页）		J101-15-0100-020
611	为空军第一联队司令部济南指挥所已由空军第二军区司令部接收开始办公省立图书馆的训令		J101-15-0100-027
612	为转发国党旗制用升降办法给省立图书馆的训令（附办法）		J101-15-0100-028
613	为各机关颁发重要法令应于施行前定时期宣传要旨及用意给省立图书馆的训令		J101-15-0100-029
614	为7月7日九时参加抗战殉难军民追悼大会给省立图书馆的训令		J101-15-0100-030
615	关于党政各机关及人民团体应避免用考选委员会同一名称给省立图书馆的训令		J101-15-0100-034
616	关于各地国府主席行辕直隶国府给省立图书馆的训令		J101-15-0100-035
617	为禁止市民在各机关顶替员役避免征兵给省立图书馆的训令		J101-15-0100-036

续表

序号	题名	年份	档号
618	为转知国民参政会建议励行革新政治案给省立图书馆的训令		J101-15-0100-037
619	为疏通电路壅塞非必要信电尽量少发给省立图书馆的训令		J101-15-0100-038
620	为蒋主席六秩寿辰自行编制壁报扩大宣传给省立图书馆的训令		J101-15-0100-039
621	为转发赔偿委员会组织条例给省立图书馆的训令		J101-15-0100-043
622	为三十六年元旦一律放假三天给省立图书馆的训令		J101-15-0100-044
623	关于自编密电应送审核定始准启用给省立图书馆的训令		J101-15-0100-045
624	为本年度夏令时期起止时间给省立图书馆的训令		J101-15-0100-054
625	为抄发国立中央图书馆为理出版品国际交换事项办法给省立民众教育馆的训令		J101-15-0100-057
626	为发兵役协会组织规程给省立图书馆的训令		J101-15-0100-060
627	为切实保障人民自由禁严违法等事给省立图书馆的训令		J101-15-0100-061
628	为抄发济南市政府原呈暨现役及龄男子各卅令仰编造适龄员工各卅给省立图书馆的训令		J101-15-0100-062
629	为历行时间节约办法给省立图书馆的训令		J101-15-0100-068
630	关于凡非法机关及非依法赋予司法警察职权之机关不得逮捕人民给省立图书馆的训令		J101-15-0100-069
631	为公务员及学校教职员在外兼课法有限制通饬注意给省立图书馆的训令		J101-15-0100-070
632	为行政机关行文署名盖章办法第三项应予修正一事给省立图书馆的训令		J101-15-0100-071
633	为民盟结束善后事宜政府提示办法五项给省立图书馆的训令		J101-15-0100-072
634	为内政部宣布民主同盟为非法团体应严加取缔给省立图书馆的训令		J101-15-0100-073
635	为历行消费节约废止互相拜年互送贺年片给省立图书馆的训令		J101-15-0100-074
636	为本月二十五日为云南起义及民族复兴节纪念日并分别举行纪念仪式给省立图书馆的训令		J101-15-0100-075

续表

序号	题名	年份	档号
637	为中央青年部派专门委员会来鲁豫区视察给省立图书馆的训令		J101-15-0100-076
638	为制止选举弊端给省立图书馆的训令		J101-15-0100-077
639	关于购买"四库全书学典"给省立图书馆的代电		J101-15-0100-078
640	关于本厅各科次序变动给省立图书馆的函		J101-15-0100-079
641	山东省立图书馆存文献古物调查表一		J101-15-0104-001
642	为呈请偿发星石价金批示候查明核夺给韩凤仪、省图书馆的批文及呈文		J101-15-0106-003
643	为图书馆对于星石来历偿价不能证明仰该市民光将原星内所称韩前主席批给该石价值国币三千元给韩凤仪的通知及呈文		J101-15-0106-005
644	为批给图书馆星石价金三千元、偿法币二万三千元给省图书馆及韩凤仪的通知		J101-15-0106-007
645	为支给市民韩凤仪星石价金赏洋二万三千元给省图书馆的指令及呈文		J101-15-0106-009
646	关于搜集军事需要材料困难并抄附省图书馆现存志书请给省府的呈文		J101-15-0106-022
647	为图书馆增加职员二人补费仍请费厅自行筹拨给教育厅的函		J101-15-0106-027
648	为省图书馆组织评议会等情给该馆的指令及呈文		J101-15-0106-031
649	为省图书馆馆长王献唐拟组织评议会以利饴务等情给省府主席的呈文		J101-15-0106-032
650	为登记合格教员名册的任用给图书馆馆长的训令		J101-15-0108-008
651	关于举办各种运动比赛应以不售票为原则给图书馆的训令		J101-15-0108-009
652	为收复区整理社会教育机关注意事项给省立图书馆的训令		J101-15-0108-010
653	为转山东省各界庆祝中华民国三十六年元旦纪念大会筹备会函列祝庆办法给省立图书馆的训令		J101-15-0108-015
654	为于二月二十二日前迅将表列征集抗战及绥靖殉难人员各项给省立图书馆的代电		J101-15-0108-017
655	为转知社会部解释教育会法第十七条第一款意义给省立图书馆的训令		J101-15-0108-018

续表

序号	题名	年份	档号
656	关于订阅科学世界作课余参考资料给图书馆的训令		J101—15—0108—021
657	为介绍订阅中西医药月刊给省立图书馆的训令		J101—15—0108—022
658	为转发禁用唱片表给省立图书馆的训令		J101—15—0108—025
659	为转饬中国文化建设学会诈款案给省立图书馆的训令		J101—15—0108—026
660	为转饬划一规定升降国旗所奏乐谱给省立图书馆的训令		J101—15—0108—027
661	为抄转部发国立中央图书馆办理出版局国际交换事项办法给省立图书馆的训令		J101—15—0108—034
662	为发纪念孔子诞辰暨教师节宣传标语给省图书馆的训令		J101—15—0108—052
663	为转介湖北恩施图书馆交换书目表给省民教馆的训令		J101—15—0108—057
664	为抄发历行节约消费办法纲要给省立图书馆的训令		J101—15—0108—059
665	为抄发实施宪政扩大宣传纲要给省图书馆的训令		J101—15—0108—060
666	关于本市各餐馆已添售节约餐给省图书馆的训令		J101—15—0108—061
667	为抄发节约实施办法给省图书馆的训令		J101—15—0108—062
668	为抄发历行节约法令给省图书馆的训令		J101—15—0108—063
669	关于订定月会或周会仪式及月会秩序给省图书馆的训令		J101—15—0108—064
670	为查禁连索传单以杜绝迷信给省图书馆的训令		J101—15—0108—065
671	为搜集历代先贤遗稿给省图书馆的代电		J101—15—0108—068
672	关于本厅所属职业艺术家踊跃参加本年度联合国举办招贴竞赛给省图书馆的训令		J101—15—0108—069
673	关于禁止公私机关团体向公务员募捐各机关并不得公款认捐给省图书馆的训令		J101—15—0108—073
674	为抄发三十六年度追加预算限制办法给省图书馆的训令		J101—15—0108—074
675	为遵令编制三十四学年度社会教育工作计划给省教育厅的呈文附计划		J101—15—0129—001

序号	题名	年份	档号
676	为收到省立图书馆 35 年度工作报告 36 年度进行计划的训令和教育部指令		J101－15－0130－001
677	为令饬自本年九月份起按月呈送工作报告给省立民教图书馆的训令		J101－15－0130－002
678	为收到省立图书馆 9 月份工作报告的指令和该馆的呈文		J101－15－0130－003
679	为收到省立图书馆 10 月份工作报告的指令和该馆呈文		J101－15－0130－004
680	为收到省立图书馆 11 月份工作报告的指令和该馆呈文		J101－15－0130－005
681	为收到省立图书馆 35 年 12 月份工作月报的指令和该馆呈文		J101－15－0130－006
682	向教育部转呈山东省立图书馆 35 年度工作报告 36 年度事业进行计划的呈文给省立图书馆的指令和该馆呈文和 36 年度工作日历		J101－15－0130－007
683	为接到省图书馆呈送的三十六年一月份工作报告的指令		J101－15－0131－001
684	向教育厅呈报三十六年度一月份工作报告的呈文附一月份工作报告		J101－15－0131－002
685	为接到省图书馆呈送的三十六年度二月份工作报告的指令		J101－15－0131－003
686	向教育厅呈送三十六年度二月份工作报告的呈文附二月份报告		J101－15－0131－004
687	为接到省图书馆呈送的三十六年三月份工作报告的指令		J101－15－0131－005
688	向教育厅呈报三十六年三月份工作报告的呈文附三月份工作月报表		J101－15－0131－006
689	为接到省图书馆呈送的三十六年四月份工作报告的指令		J101－15－0131－007
690	向教育厅呈报三十六年四月份工作报告的呈文附四月份工作报告表		J101－15－0131－008
691	为接到省图书馆呈送的三十六年五月份工作报告的指令		J101－15－0131－009
692	向教育厅呈送三十六年五月份工作报告的呈文附五月份工作报告		J101－15－0131－010
693	为接到省图书馆呈送的三十六年六月份工作报告的指令		J101－15－0131－011

续表

序号	题名	年份	档号
694	向教育厅呈送三十六年六月份工作报告的呈文附六月份工作报告		J101-15-0131-012
695	为接到省图书馆呈送的三十六年七月份工作报告的指令		J101-15-0131-013
696	向教育厅呈送三十六年七月份工作报告的呈文附七月份工作月报清册		J101-15-0131-014
697	为接到省图书馆呈送的三十六年八月份工作报告的指令		J101-15-0131-015
698	向教育厅呈送三十六年八月份工作报告的呈文附八月份工作报告		J101-15-0131-016
699	为接到省图书馆三十六年九月份工作报告的指令		J101-15-0131-017
700	向教育厅呈送三十六年九月份工作报告的呈文附九月份工作报告清册		J101-15-0131-018
701	为接到省图书馆十月份工作报告的指令		J101-15-0131-019
702	向教育厅呈送十月份工作报告的呈文附十月份工作报告清册		J101-15-0131-020
703	为接到省图书馆三十六年十一月份工作报告的指令		J101-15-0131-021
704	向教育厅呈送三十六年十一月份工作报告的呈文附十一月份工作报告清册		J101-15-0131-022
705	为接到省图书馆呈送的三十六年度十二月份工作报告的指令		J101-15-0131-023
706	向省教育厅呈送三十六年度十二月份工作报告的呈文附十二月份工作报告		J101-15-0131-024
707	向教育部转呈省图书馆三十六年度工作报告的呈文接到省图书馆三十六年度工作报告的指令		J101-15-0131-025
708	向教育厅呈送三十六年度工作报告和经费计算书的呈文附工作报告和经费计算书		J101-15-0131-026
709	为奉令转知省图书馆三十六年度工作报告等件的训令		J101-15-0131-027
710	为接到山东省图书馆三十六年度工作报告给教育厅的指令		J101-15-0131-028
711	为接到省图书馆三十七年度一月份工作报告的指令		J101-15-0132-001
712	为呈报37年度1月份工作报告给教育厅的呈文附1月份工作报告清册		J101-15-0132-002

续表

序号	题名	年份	档号
713	为接到省图书馆2月份工作报告的指令		J101-15-0132-003
714	向教育厅呈报2月份工作月报的呈文附2月份工作报告清册		J101-15-0132-004
715	为接到省图书馆37年度3月份工作报告的指令		J101-15-0132-005
716	向教育厅呈报37年度3月份工作报告的呈文附报告清册		J101-15-0132-006
717	为接到省图书馆4月份工作报告的指令		J101-15-0132-007
718	向教育厅呈送四月份工作报告的呈文附报告清册		J101-15-0132-008
719	为接到省图书馆37年度事业费预算书的指令		J101-15-0132-009
720	为呈送37年度事业费预算书给教育厅的呈文附事业费支出预算书		J101-15-0132-010
721	为接到省图书馆37年度工作计划的训令		J101-15-0132-011
722	为接到省图书馆5月份工作报告的指令		J101-15-0132-012
723	向教育厅报送五月份工作报告的呈文附5月份工作报告清册		J101-15-0132-013
724	为省图书馆拟于7月1日至7日一周期间普查馆存图书的指令		J101-15-0132-014
725	为拟定于7月1日至7日一周期间普查馆存图书给教育厅的呈文		J101-15-0132-015
726	向教育部转呈省图书馆37年度工作计划的呈文接到37年度工作计划给省图书馆的指令		J101-15-0132-016
727	向教育厅报送37年度工作计划及经费预算书的呈文附计划表和预算书		J101-15-0132-017
728	为接到省图书馆六月份工作报告的指令		J101-15-0132-018
729	向教育厅呈送6月份工作报告的呈文附报告清册		J101-15-0132-019
730	为接到省图书馆37年度七月份工作报告的指令		J101-15-0132-020
731	向教育厅呈送37年度7月份工作报告的呈文附报告清册		J101-15-0132-021
732	为省图书馆启用钤记日期的指令和该馆呈文		J101-15-0155-006
733	为省图书馆启用新钤记销毁旧钤记的指令和该馆的呈文		J101-15-0155-007

续表

序号	题名	年份	档号
734	山东省县市文献报告表		J101-15-0157-004
735	为收到省图书馆呈送的社教机关概况报告表的指令		J101-15-0158-013
736	向省教育厅呈送社会教育机关概况报告表的呈文附表二份		J101-15-0158-014
737	山东省37年度1-5月份省级各社会教育机关概况表		J101-15-0159-011
738	向教育厅函送6、7月份概况表的公函附6、7月份概况表		J101-15-0159-012
739	向教育厅函送8月份概况表附表		J101-15-0159-013
740	36年度职员姓名组织概况经费概况工作概况、工作计划清册		J101-15-0159-014
741	为转发35年度全国学术机关概况表给省民教馆、图书馆、各县市政府的代电		J101-15-0164-016
742	为抄发修改图书馆规程有关主计部分条文给各区县市局省图书馆的训令		J101-15-0184-001
743	为修改图书馆规程有关主计部分条文给教育厅的训令		J101-15-0184-002
744	为函复检寄山东省图书馆组织规程给国立社会教育院的公函		J101-15-0184-003
745	请山东省教育厅惠赠历年所颁发有关图书馆事业之法令的公函		J101-15-0184-004
746	为图书馆规程有关主计部分条文再予修改给各区县市局图书馆的训令		J101-15-0184-005
747	为修正图书馆规程第九条条文给山东省教育厅的训令		J101-15-0184-006
748	为接到省图书馆组织章程及办事细则的指令并将该件转呈教育部的呈文		J101-15-0184-007
749	向教育厅造送本馆办事细则及组织章程的呈文附章程细则各1份		J101-15-0184-008
750	为省图书馆组织章程及办事细则业经修正的训令		J101-15-0184-009
751	为接到省教育厅转呈的山东省图书馆章程及办事细则的指令		J101-15-0184-010
752	为从速修正省图书馆所拟普通书借阅暂行办法及借书单的指令		J101-15-0184-011

序号	题名	年份	档号
753	山东省立图书馆普通书籍借阅暂行办法、山东省立图书馆借书单		J101-15-0184-012
754	向教育厅呈送本馆拟就普通书籍借阅暂行办法及借书单的呈文附暂行办法及借书单各一份		J101-15-0184-013
755	为省图书馆遵将修正普通书籍借阅暂行办法等印制分发等情的指令		J101-15-0184-014
756	为遵将修正普通书籍借阅暂行办法及借书单印制分发给教育厅的呈文		J101-15-0184-015
757	山东省立图书馆普通书籍借阅暂行办法、山东省立图书馆借书单		J101-15-0184-016
758	为省图书馆请示未立案学校教职员学生借书手续的指令		J101-15-0184-017
759	向教育厅呈为未立案学校教职员学生来馆借书可否与已立案学校适用同样手续的呈文		J101-15-0184-018
760	为接到省图书馆呈报派员在将校研究班开设简易图书室的指令		J101-15-0184-019
761	向教育厅呈报派员在将校研究班开设简易图书室的呈文		J101-15-0184-020
762	接到省图书馆呈报临时阅览处已于六月十六日正式成立的指令		J101-15-0184-021
763	向教育厅呈报临时阅览处已于6月16日正式成立的呈文附临时阅览处规则		J101-15-0184-022
764	为省图书馆呈报前设将校班简易图书室现已撤回的指令		J101-15-0184-023
765	为前设将校班简易图书室现已撤回给教育厅的呈文		J101-15-0184-024
766	为省图书馆呈报联合阅览处及将校班简易图书室共损失书籍七十六册的指令		J101-15-0184-025
767	为本馆联合阅览处及将校班简易图书室开始以来共损失图书76册给省教育厅的呈文附损失书籍清单		J101-15-0184-026
768	向教育部电报本省社教机关民教馆、图书馆等情形的电报等		J101-15-0193-008
769	为填报人事机构及人事管理人员登记册给教育厅的呈文		J101-15-0209-002
770	向教育厅呈送本馆设置人事管理机构情形调查表的呈文		J101-15-0209-010

续表

序号	题名	年份	档号
771	向教育厅呈送证章式样的呈文		J101-15-0210-007
772	向教育厅呈报办理连环保证情形的呈文		J101-15-0212-004
773	为省立图书馆呈请添用吴陆孙继和为干事信联迁为事务员的指令和该馆的呈文		J101-15-0213-007
774	职员履历表		J101-15-0213-008
775	为本厅图书室汪杼臣因事假不归另补缺额给教育厅长的签呈		J101-15-0213-009
776	为函送图书馆35年度1至5月份员役生补费人数异动清册给会计处的公函		J101-15-0214-002
777	向教育厅呈送35年度1-5月份员役生活补助费人数异动清册的呈文		J101-15-0214-003
778	向教育厅呈送35年度5月份员役生活补助费人数异动册的呈文附5月份异动册三份		J101-15-0214-004
779	民国35年度1-5月份员役生活补助费人数异动册		J101-15-0214-005
780	为收到省立图书馆呈送的36年度元月份员役异动册的指令		J101-15-0214-012
781	向教育厅呈送36年度1月份员役异动册的呈文附异动册二份		J101-15-0214-013
782	为收到省立图书馆呈送的35年度10-12月份员役异动册和补报35年度追回王馆长献唐四至六及七至九各月份生补费数目表的指令		J101-15-0214-014
783	向教育厅呈送35年度10-12月份员役异动册的呈文附册各二份		J101-15-0214-015
784	向教育厅补报35年度追加王馆长献唐四至六及七至九各月份生补费数目表的呈文附数目表各二份		J101-15-0214-016
785	为收到省立图书馆35年9月份员役异动册的指令		J101-15-0215-005
786	向教育厅呈送35年9月份员役异动清册的呈文		J101-15-0215-006
787	为收到省立图书馆35年度7月份员役异动册的指令		J101-15-0215-009
788	向教育厅呈送35年度7月份员役生补费人数异动册的呈文附册5份		J101-15-0215-010
789	为收到气象测候所、省立图书馆、济南中学分校35年6、7月份员役异动册的指令		J101-15-0215-011

序号	题名	年份	档号
790	向教育厅呈送35年度6月份员役生活补助费人数异动册的呈文附册		J101—15—0215—013
791	为令饬随时报缴员役生补费节余给省立测候所、省立图书馆的训令		J101—15—0215—015
792	为送还气象测候所及图书馆员役异动册给教育厅的公函附省图书馆1—5月份异动册各2份		J101—15—0215—016
793	为收到省立图书馆本年八月份员役异动册的指令		J101—15—0215—017
794	向教育厅呈送35年度8月份员役异动册的成文附册		J101—15—0215—018
795	35年度9月份员役生活补助费人数异动册		J101—15—0215—021
796	为罗象临代理省立图书馆馆长的指令		J101—15—0216—004
797	为遵令填送被截人员清册二份给省教育厅的呈文		J101—15—0217—003
798	遵令造具职员名册给省教育厅的呈文		J101—15—0217—004
799	为订购联合年监第一卷给省立图书馆的公函		J101—15—0218—003
800	职员子女就学情形调查表		J101—15—0218—013
801	为准函转知图书馆民教馆会计室奉主计处核定设委任会计员一员的训令		J101—15—0218—015
802	为抄送省图书馆等会计室员额编制表给教育厅的公函		J101—15—0218—017
803	向教育厅造送职员眷属花名册的公函		J101—15—0218—022
804	向教育厅呈送职员名册的呈文		J101—15—0218—023
805	向教育厅造送现有员额调查表的呈文		J101—15—0218—032
806	向教育厅呈送35年12月份现有员额调查表的呈文		J101—15—0218—035
807	为收到省立图书馆、气象测候所、农业学校呈送的9月份职员考勤月报表的指令		J101—15—0219—006
808	向教育厅呈送35年9月份考勤月报表的呈文附表		J101—15—0219—007
809	为收到省立图书馆呈送的10月及11月份考勤月报表的指令		J101—15—0219—015
810	向教育厅呈送35年10月份职员考勤月报表的呈文		J101—15—0219—016

续表

序号	题名	年份	档号
811	向教育厅呈送35年11月份职员考勤月报表的呈文		J101-15-0219-017
812	10、11月份职员考勤月报表		J101-15-0219-018
813	向教育厅呈送35年度12月份职员考勤月报表的呈文附表		J101-15-0219-030
814	向人事处转送民教馆、图书馆、体育场三机关五、六两月职员考勤月报表的公函		J101-15-0220-004
815	为收到民教馆、图书馆、体育场三个单位的七、八两月考勤月报表的指令并转送人事处的公函		J101-15-0220-005
816	向人事处函送省立民教馆、图书馆、体育场三机关9月份考勤月报表的公函		J101-15-0220-006
817	为收到民教馆、图书馆、省立体育场、省气象测候所本年1月份职员考勤月报表的指令		J101-15-0220-009
818	为收到省民教馆、省立图书馆、气象测候所呈的2月份职员考勤月报表的公函		J101-15-0220-010
819	为收到省立民教馆、图书馆、体育场、气象测候所呈送的3月份考勤月报表的指令		J101-15-0220-011
820	为收到省立民教馆、图书馆、气象测候所、体育场呈送的4月份职员考勤月报表的指令		J101-15-0220-012
821	为收到省立民教馆、图书馆体育场呈送的5、6月份考勤月报表的指令		J101-15-0220-013
822	向教育厅呈送36年1月份职员考勤月报表的呈文附表		J101-15-0220-026
823	向教育厅呈送36年2月份职员考勤表的呈文附表		J101-15-0220-027
824	向教育厅呈送36年3月份职员考勤月报表的呈文附表		J101-15-0220-028
825	向教育厅呈送36年4月份职员考勤月报表的呈文附表		J101-15-0220-029
826	向教育厅呈送36年5月份职员考勤月报表的呈文附表		J101-15-0220-030
827	向教育厅呈送36年6月份职员考勤月报表的呈文附表		J101-15-0220-031
828	向教育厅呈送36年7月份职员考勤月报表的呈文附表		J101-15-0220-032
829	向教育厅呈送36年8月份职员考勤月报表的呈文附表		J101-15-0220-033

序号	题名	年份	档号
830	向教育厅呈送 36 年 9 月份职员考勤月报表的呈文附表		J101-15-0220-034
831	向教育厅呈送 36 年 10 月份职员考勤月报表的呈文附表		J101-15-0220-035
832	向教育厅呈送 36 年 11 月份职员考勤月报表的呈文附表		J101-15-0220-036
833	向教育厅呈送 36 年 12 月份职员考勤月报表的呈文附表		J101-15-0220-037
834	向教育厅呈送 37 年度 1 月份职员考勤月报表的呈文附表		J101-15-0221-004
835	向教育厅呈送 37 年 2 月份职员考勤月报表的呈文附表		J101-15-0221-005
836	向教育厅呈送 37 年度 3 月份职员考勤月报表的呈文附表		J101-15-0221-011
837	向教育厅呈送 4 月份考勤表的呈文附表		J101-15-0221-012
838	向教育厅呈送 7 月份考勤表的呈文附表		J101-15-0221-014
839	向教育厅呈送 5 月份考勤月报表的呈文附表 2 份		J101-15-0221-016
840	向教育厅呈送 6 月份职员考勤月报表的呈文附表		J101-15-0221-021
841	向教育厅呈送 8 月份职员考勤月报表的呈文		J101-15-0221-024
842	为济南收复将省图书馆物品运回给馆长王献唐的电报		J101-15-0223-003
843	为省图书馆呈请发还聊斋全集给该馆的指令		J101-15-0223-033
844	为收到省立图书馆呈送公务员寄居难民人数调查清册的指令		J101-15-0227-006
845	向教育厅呈送寄居难民清册的呈文附调查清册		J101-15-0227-007
846	职员驻济眷属花名清册		J101-15-0228-002
847	为转发兵役协会组织规程给社教工作队图书馆、体育场、民教馆、教育电影院的训令		J101-15-0230-021
848	馆长罗象临呈报教育厅奉令调查海源阁书籍前后情形的呈文		J101-15-0231-001
849	山东海源阁书籍委员会委员名单		J101-15-0231-002
850	海源阁书籍委员会委员名单		J101-15-0231-003

续表

序号	题名	年份	档号
851	罗象临馆长为遵令呈报本馆职员咬牙无兼差重领面粉等情给政务厅厅长的呈文		J101-15-0231-005
852	省立图书馆恢复整理情形（书面答参议会）		J101-15-0231-006
853	向教育厅第四科呈报入党入团人员名册的公函附党团员调查表		J101-15-0231-007
854	向教育厅呈报罗象临的送审书送审证等的呈文		J101-15-0232-002
855	为收到省立图书馆呈送的于孔训等14员任审表件的指令		J101-15-0232-003
856	向教育厅退回省立图书馆于孔训等14员任用审查表件等的公函		J101-15-0232-004
857	向人事处函送省立图书馆送审人员任审书件的公函		J101-15-0232-006
858	向教育厅呈送本馆职员于孔训等七人任审表件的呈文		J101-15-0232-007
859	向教育厅呈送本馆职员谢宜禄的任审表件的呈文		J101-15-0232-008
860	向教育厅呈送本馆干事王桂荣的任审表件的呈文		J101-15-0232-009
861	向人事处函送省立图书馆送审人员邵浩然等五位任审表件的公函		J101-15-0232-010
862	向教育厅报送本馆职员邵浩然等五人的任审表件的呈文		J101-15-0232-011
863	为准予阳谷县孔庆芳代理图书馆馆长的通知附简历表		J101-15-0232-012
864	为收到省立图书馆员工姓名履历表的指令		J101-15-0233-001
865	向教育厅呈送员工姓名履历表的呈文附履历一览表2份		J101-15-0233-002
866	为省立图书馆事务员辞职以阎历端补充的指令		J101-15-0233-003
867	为本馆事务员胡飞鸿辞职以阎历端抵补给教育厅的呈文附阎历端履历一份		J101-15-0233-004
868	为新添职员三名给教育厅的呈文		J101-15-0233-006
869	为省立图书馆新添事务员王淑颖并追加三月份生补费给省立图书馆的指令给会计处的公函附表式		J101-15-0233-007
870	为新添事务员王淑颖一名给教育厅的呈文		J101-15-0233-008

序号	题名	年份	档号
871	为准函请核发图书馆事务员王淑颖薪给给教育厅的公函		J101-15-0233-009
872	为图书馆新添事务员王淑颖一员经函准会计处即将请发生补费的训令		J101-15-0233-010
873	为本馆干事罗维奎事务员李一彭辞职另以李仰宜吕荣华递补给教育厅的呈文附职员履历表2份		J101-15-0233-012
874	为省图书馆呈报于五月一日添用干事谢宜禄一员的指令		J101-15-0233-013
875	为本馆于五月一日添用干事谢宜禄一名给教育厅的呈文附履历表1份		J101-15-0233-014
876	为收到省立图书馆4月份员役册的指令		J101-15-0233-015
877	向教育厅呈报本馆4月份员役姓名清册的呈文附清册4份		J101-15-0233-016
878	为收到省立图书馆呈报工役房汧崇等二名更动情形的指令		J101-15-0233-017
879	为本馆工役房汧崇、张绍先二名辞职当以何同举、孙成汝补充给教育厅的呈文附更换工役名单1份		J101-15-0233-018
880	为收到省立图书馆新添职员王桂荣等履历表的指令		J101-15-0233-019
881	为遵令添用职员4名给教育厅的呈文附职员履历表1份		J101-15-0233-020
882	为收到省立图书馆职员邵养轩等4人更换原名的指令		J101-15-0233-021
883	为本馆职员邵养轩等4人更换原名给教育厅的呈文		J101-15-0233-022
884	为收到省立图书馆新用助理干事郑秀云刘令文履历表的指令		J101-15-0233-023
885	向教育厅呈送新用助理干事郑秀云刘令文履历表的呈文附履历表		J101-15-0233-024
886	省立图书馆职员履历表		J101-15-0233-025
887	为批准省立图书馆自37年度起增加工役一名的指令并给会计处的公函		J101-15-0233-026
888	向教育厅呈请准予添用工役二名的呈文		J101-15-0233-027
889	为省立图书馆自37年1月份起准增加工役一名给教育厅的公函		J101-15-0233-028

序号	题名	年份	档号
890	向教育厅呈报37年2、3月份职员姓名履历册的公函附2月份履历表		J101-15-0233-029
891	向教育厅呈报4、5、6月份职名姓名履历表的公函附6月份履历册		J101-15-0233-030
892	36年度1月份职员姓名履历册		J101-15-0233-031
893	省立图书馆公务员任用审查表		J101-15-0233-032
894	为饬撰教育讲座讲演稿报核给省立图书馆的训令		J101-15-0233-033
895	为遵令撰送教育讲座讲演稿给教育厅的呈文		J101-15-0233-034
896	评议会拟聘名单		J101-15-0234-001
897	省立图书馆职员35年8月份任用卸职情形统计表		J101-15-0234-002
898	35年度6月份员役生活补助费人数异动册		J101-15-0234-003
899	职员参加修筑跑道姓名册		J101-15-0234-004
900	为接到省立图书馆12月份职员任用情形清册及统计表的指令并将表册转送人事处		J101-15-0234-005
901	向教育厅报送36年12月份职员任用情形清册及统计表的呈文附表2清册2类各2份		J101-15-0234-006
902	为遵令造送职员任用卸职情形统计表给教育厅的呈文附1、2、3月份统计表		J101-15-0234-008
903	职员任用情形报告清册		J101-15-0234-009
904	职员卸职情形报告清册		J101-15-0234-010
905	为收到省立图书馆任卸职情形统计表册等情的指令		J101-15-0234-011
906	向教育厅造送36年4月份职员任用卸职情形统计表的呈文附表		J101-15-0234-012
907	为收到省立图书馆任卸职情形统计表等情的指令		J101-15-0234-013
908	向教育厅呈送36年5月份职员任用卸职情形统计表的呈文附表		J101-15-0234-014
909	为收到省立图书馆任卸职情形统计表等情的指令		J101-15-0234-015
910	向教育厅呈送36年6月份职员任用情形清册及统计表的呈文附表册		J101-15-0234-016
911	为收到省图书馆任用情形清册及统计表等情的指令		J101-15-0234-017

序号	题名	年份	档号
912	向教育厅呈送36年7月份职员任用卸职情形统计表的呈文附表		J101-15-0234-018
913	为收到省立图书馆7月份职员任用卸职情形统计表的指令		J101-15-0234-019
914	向教育厅呈送36年8月份职员任用及卸职情形清册的呈文附表册		J101-15-0234-020
915	为收到省图书馆8月份职员任卸职情形清册及统计表等情的指令		J101-15-0234-021
916	向教育厅呈送36年9月份职员任用卸职情形统计表的呈文附表		J101-15-0234-022
917	为收到省图书馆9月份职员任卸职情形统计表的指令		J101-15-0234-023
918	向教育厅呈送10月份职员任用卸职情形统计表的呈文附表		J101-15-0234-024
919	为收到省图书馆10月份职员任卸职情形统计表的指令		J101-15-0234-025
920	向教育厅呈送36年11月份职员任用情形清册及统计表的呈文附表册		J101-15-0234-026
921	为收到省图书馆11月份职员任用情形清册及统计表的呈文		J101-15-0234-027
922	向教育厅呈送36年12月份职员任用情形清册及统计表的呈文附表册		J101-15-0234-028
923	为收到省图书馆十二月份职员任用情形清册及统计表的呈文		J101-15-0234-029
924	为函送职员姓名册式给省图书馆的公函附册式		J101-15-0234-030
925	向人事处造送职员姓名清册的公函附姓名册		J101-15-0234-031
926	向人事处补送6月份新用职员郑秀云刘令文姓名册的公函		J101-15-0234-032
927	向人事处函送7月份职员姓名册的公函附册		J101-15-0234-033
928	为本处前请每月造送职员名册一案嗣后改用通知办法给省图书馆的公函		J101-15-0234-034
929	为本馆9月份员额并无增减给人事处的公函		J101-15-0234-035
930	为本馆36年10月份员额并无增减给人事处的公函		J101-15-0234-036
931	向人事处函送本馆11月份新任人员清册的公函		J101-15-0234-037

续表

序号	题名	年份	档号
932	向人事处函送36年12月份新增职员姓名清册的公函		J101-15-0234-038
933	向教育厅呈报36年度1月份员役异动册的呈文附册		J101-15-0234-039
934	为收到省图书馆36年1月份员役异动册的指令		J101-15-0234-040
935	35年上半年人员异动调查表式		J101-15-0234-041
936	35年上半年人员异动调查表式		J101-15-0234-042
937	为收到省图书馆任卸职情形统计表册的指令并函送人事处公函		J101-15-0235-001
938	向教育厅呈送职员任用卸职情形统计表的呈文附1、2、3月份统计表各2份报告清册各2份		J101-15-0235-002
939	为收到省图书馆任卸职情形统计表等情的指令并函送人事处公函		J101-15-0235-003
940	向教育厅呈送36年4月份职员任用卸职情况统计表的呈文附统计表2份		J101-15-0235-004
941	为收到省图书馆任卸职情形统计表的指令并函送人事处公函		J101-15-0235-005
942	向教育厅呈送36年5月份职员任卸职情形统计表的呈文附表2份		J101-15-0235-006
943	为收到省图书馆任用情形清册及统计表的指令并函送人事处公函		J101-15-0235-007
944	向教育厅呈送36年6月份职员任用情形清册及统计表的呈文附统计表清册各2份		J101-15-0235-008
945	为收到省图书馆6月份现有员额调查表等情的指令并函送人事处公函		J101-15-0235-009
946	向教育厅呈送本年6月份现有名额调查表的呈文附调查表2份		J101-15-0235-010
947	为收到省图书馆7月份职员任用卸职情形统计表的指令并函送人事处公函		J101-15-0235-011
948	向教育厅呈送36年7月份职员任用卸职情形统计表的呈文附统计表2份		J101-15-0235-012
949	为收到省图书馆8月份职员任卸情形清册及统计表的指令并函送人事处公函		J101-15-0235-013
950	向教育厅呈送36年8月份职员任用及卸职情形清册及统计表的呈文附表册各2份		J101-15-0235-014

序号	题名	年份	档号
951	为收到省图书馆九月份职员任卸情形统计表的指令并函送人事处公函		J101-15-0235-015
952	向教育厅呈送36年9月份职员任用卸职情形统计表的呈文附表2份		J101-15-0235-016
953	为收到省图书馆10月份职员任卸情形统计表的指令并函送人事处公函		J101-15-0235-017
954	向教育厅呈送36年10月份职员任用卸职情形统计表的呈文附表2份		J101-15-0235-018
955	为收到省图书馆11月份职员任用情形清册及统计表的指令并函送人事处公函		J101-15-0235-019
956	向教育厅呈送36年11月份职员任用情形清册及统计表的呈文附统计表清册各2份		J101-15-0235-020
957	为遵令派乔杰民前往短训班受训给教育厅的呈文		J101-15-0250-047
958	向建设厅移交省气象所及各项测候事业卷的公函省气象测候所自即日起改隶建设厅接管的训令职员工人名额仍拨归建设厅，所余二员额自六月一日起分配于省图书馆给会计处的公函		J101-15-0258-002
959	为省气象测候所六月份起改隶建设厅增拨之职员工人生补费即予收回分配予图书馆、给教育厅的公函		J101-15-0258-005
960	为收发室、秘书室、图书室人员调动问题给厅长的签呈		J101-15-0266-012
961	为省会警察局刑警队长荣获省图书馆遗失之李璧碑拨付奖金给会计处的公函		J101-15-0266-021
962	为刑警队长霍震荣获李璧碑拟请给冀给省图书馆的指令		J101-15-0266-022
963	为警察局荣获之李璧碑业已运回给省图书馆的指令		J101-15-0266-023
964	向省教育厅呈报由警察总局荣获之李璧碑业已运回的呈文		J101-15-0266-024
965	为警察局霍队长荣获李璧碑请予奖励给省教育厅的呈文		J101-15-0266-027
966	向省立图书馆令发宪政言论集一书的训令		J101-15-0269-001
967	为关于敌伪产业非依规定不得接管给省立图书馆的训令		J101-15-0269-002

序号	题名	年份	档号
968	为抄发济南防守司令部第二次物资管理制座谈会议纪录给省立图书馆的训令附纪录		J101-15-0269-003
969	为抄发增订收复区敌伪产业处理办法第八条条文给省立图书馆的训令		J101-15-0269-013
970	关于逆产处理机关一案抄发原令给省立图书馆的训令		J101-15-0269-014
971	为政府机关参加标购敌伪房地产给省立图书馆的训令		J101-15-0269-015
972	为接收敌伪产业应发还原主案给省图书馆的训令		J101-15-0269-016
973	奉令转知凡国家行政局及政府机关借用敌伪房产为办公之用者应售于财政部交中信局经租给省立图书馆的训令		J101-15-0269-017
974	为逆产处理机关案给省立图书馆的训令		J101-15-0269-018
975	为令知各机关于迁移办公地址时切勿自行拆撤话机给省立图书馆的训令		J101-15-0269-019
976	奉令抄发关于处理敌伪产业事项原建议案给省立图书馆的训令		J101-15-0269-020
977	抄发地方政府拨用接收敌伪产业办法一份给省立图书馆的通令附办法		J101-15-0269-023
978	为令知自8月1日起筵席税增收20%娱乐税增收50%给省立民教馆、图书馆的训令		J101-15-0269-024
979	为抄发军政机关公款存汇办法给省立图书馆、民教馆的训令附办法		J101-15-0269-025
980	为抗战期间伪组织所设学校教职员从业年资应不予计算给省立图书馆的训令		J101-15-0269-027
981	关于党政接收委员会接收敌伪图书、古物拨归省图书馆保存给该委员会等的指令		J101-15-0270-003
982	为将二次接收日文图书8860册移交省图书馆给省党部的公函及省图书馆的训令		J101-15-0270-064
983	接收济南日伪总领事馆日文书、日本高等女中月文书等清册		J101-15-0270-070
984	为接收省党部日文书籍经过情形给省府的呈文		J101-15-0270-072
985	为省立图书馆移交之日文书7060册已如数点收给省府的公函		J101-15-0270-073

序号	题名	年份	档号
986	令发收复区敌伪大学及文化机关之设备等依照行政院令颁发收复区敌伪产业处理办法之规定办理给省立图书馆的训令		J101-15-0271-001
987	为本市敌伪文物有无为其他机关接收情形本馆无从调查省省教育厅的呈文		J101-15-0271-006
988	为令调查主席私人藏书给省立图书馆的训令和该馆的呈文		J101-15-0276-002
989	为查缴主席藏书77册给教育厅的呈文和该厅给省府秘书处的公函		J101-15-0276-004
990	为令饬将所有齐鲁大学中文书籍归还给省立图书馆的训令和两封外文函		J101-15-0276-014
991	向省教育厅呈报已将所存齐鲁大学书籍遵令归还的呈文		J101-15-0276-015
992	为齐鲁大学林仰山君函请将图书馆接收明义士和人之书亦予发还等情给省立图书馆馆长罗象临的训令和明义士的来函等		J101-15-0276-016
993	为令饬将所存齐鲁大学各教授之中西图书悉数发还给省立图书馆的训令并给齐鲁大学的公函和外文函		J101-15-0276-017
994	为省立图书馆呈报归还齐鲁大学教授明义士等私人书籍的指令和该馆的呈文		J101-15-0276-018
995	为拟举办巡回文库以便利各小学学生阅读拟具办法一份给教育厅长的呈文		J101-15-0276-019
996	为图书馆呈东关后坡街班荆里21号藏有图书馆四部丛刊如何处理的指令并给林局长的便函和李郁迁罗象临的来函		J101-15-0276-020
997	为省图书馆请转市府提去班荆里20号存书拨还的指令及省政府给济南市政府的训令、省图书馆的呈文		J101-15-0276-021
998	为省立图书馆呈报奉令派员往市府取书据云非图书馆原书籍未蒙发给的指令和省图书馆的呈文		J101-15-0276-022
999	为省金库事务由山东省银行代理嗣后各机关交纳及具领各费应备书据向该行办理给省图书馆的训令		J101-15-0277-003
1000	为各附属机关学校抗战员工布面奉批"不发"给省图书馆的训令		J101-15-0277-004
1001	为抄发伪造资历证件事例给省图书馆的训令		J101-15-0277-005

续表

序号	题名	年份	档号
1002	为胜利勋章颁授期间定为一年单内所列官阶须注明简任荐任委任并在备考栏证明是否足八年给省立图书馆的训令		J101-15-0277-006
1003	为抄发公务员直系亲属在沦陷区内死亡战时不能奔丧成服事后声请题词办法给省图书馆的训令		J101-15-0277-007
1004	为前订颁给胜利勋章条例内之勋章两字一律改为胜利勋奖章给省图书馆的训令		J101-15-0277-008
1005	为抄发考试及格人员复员办法给省图书馆的训令		J101-15-0277-009
1006	为收复区专科以上学校毕业生就业送审附交伪校毕业证书时应先试用薪俸不得超过八十元给省图书馆的训令		J101-15-0277-010
1007	为转令禁止出入不正当之娱乐场所以肃宦箴给省图书馆的训令		J101-15-0277-011
1008	为抄发参议会临时动议案给省图书馆的训令		J101-15-0277-012
1009	为战时雇员公役给恤办法给省图书馆的训令		J101-15-0277-013
1010	为山东省政府人事处关防宦章启用日期给省图书馆的训令		J101-15-0277-015
1011	为抄发自四月份起调整国内出差每日缮宿等费分区支给教务员表给省图书馆的训令		J101-15-0277-025
1012	为转知二中全会对政治报告决议案改进办法之（二）（四）（五）各节给省图书馆的训令		J101-15-0277-026
1013	为订定公务员行政应加检束及各机关提倡公余活动办法二项给省图书馆的训令		J101-15-0277-027
1014	关于山东省接收工作清查委员会制定清查证给省图书馆的训令		J101-15-0277-028
1015	关于六月一日成立国防部给省图书馆的训令		J101-15-0277-029
1016	关于夏服标期已满不再制发给省图书馆的训令		J101-15-0277-030
1017	关于省府委员高传珠因案停职任命傅立平为平府委员给省图书馆的训令		J101-15-0277-031
1018	为抄发文武职公务员被处罚案件通布办法给省图书馆的训令		J101-15-0277-032
1019	关于备用人员登记区域扩至全国并抄发给备用人员登记案例等给省图书馆的训令		J101-15-0277-033

序号	题名	年份	档号
1020	为通知公务员请恤身限疑自复员令颁行后一年内仍准请求给省图书馆的训令		J101-15-0277-034
1021	关于公务员恤金本年度调整办法给省图书馆的训令		J101-15-0277-035
1022	关于以主管业务呈准中常会移交有关机关接管给省图书馆的训令		J101-15-0277-038
1023	关于查报曾任将级以上军官佐而现任荐任级以上之行政官吏给省图书馆的训令		J101-15-0277-039
1024	为山东绥靖统一总指挥部更换新式证章佩带日期给省图书馆的训令		J101-15-0277-040
1025	关于公路局办事员钱霭云免职另予一定期间停职任用案给省图书馆的训令		J101-15-0277-042
1026	关于尽先设法录用军队党工人员给省图书馆的训令		J101-15-0277-043
1027	关于各县职员在省各机关服务者如其县府须其回县或本人意欲回县时一律准其回县给省图书馆训令		J101-15-0277-044
1028	关于尽先任用曾经参加抗战现被裁汰之人员给省图书馆的训令		J101-15-0277-045
1029	为抄发国内出差每日月差宿杂费分区支给数额表给省第一民教馆及图书馆的训令		J101-15-0277-047
1030	为抄发设计考核工作检讨会议关于中监会秘书处提依法考核后应严厉执行奖惩以收工作实效给省图书馆的训令		J101-15-0277-048
1031	关于有后方工作离职证件及胜利前加入党团证件之人员应注意保留给省图书馆的训令		J101-15-0277-049
1032	关于军公教人员党团员于购买物品或交付银钱时索取印花税凭证给省图书馆的训令		J101-15-0277-050
1033	关于公务员不得兼职给省图书馆的训令		J101-15-0277-051
1034	关于规定核转公务员声请题词手续给省图书馆的训令		J101-15-0277-052
1035	关于考铨处与辖区省政府各厅处附属机关及县市政府往返行政呈式给省图书馆的训令		J101-15-0277-053
1036	关于尽先录用并褒奖曾在沦区参加抗战人员给省图书馆的训令		J101-15-0277-054
1037	为抄发伪组织或其所属机关团体任职人员候选及任用限制办法给省图书馆的训令		J101-15-0277-055

续表

序号	题名	年份	档号
1038	关于新任人员到职及卸任人员离职报告表式给省图书馆的训令		J101-15-0277-056
1039	为转发任用卸职情形报告清册格式统计表及说明各一份给省图书馆的训令		J101-15-0277-057
1040	关于六月份现任公务员决定待遇为增给计算标准给省图书馆的训令		J101-15-0277-058
1041	关于著作审查费自本年8月1日起每种调为八千元给省图书馆的训令		J101-15-0277-059
1042	关于严惩贪污案给省图书馆的训令		J101-15-0277-060
1043	关于国民参政会议议将汶上建案中以耻字教国人、并矫正其所耻一案给省图书馆的训令		J101-15-0277-061
1044	关于山东淄博区工矿管理委员会济南办事处于三十五年九月二日成立给省图书馆的训令		J101-15-0277-062
1045	关于裁并机关汰除冗员一案给省图书馆的训令		J101-15-0277-063
1046	关于公务员非学校出身或原学校停办已久在教育行政机关无案可稽时请更名改姓或冠姓之办理手续给省图书馆的训令		J101-15-0277-064
1047	为转发公务员因公伤病核给医药费办法给省立图书馆的训令		J101-15-0277-065
1048	为各公营事业机关超支经费应于年度终了前估计概数提前追加给省图书馆的训令		J101-15-0277-080
1049	关于总决算核定给各该年度会计报告不予收受给省图书馆的训令		J101-15-0277-081
1050	为抄发本府总务处组织大纲给省图书馆的训令		J101-15-0277-082
1051	关于公务员年终考核与平时考核应依法严格执行给省图书馆的训令		J101-15-0277-086
1052	关于派驻外审计王其昌兼山东省审核处处长给省图书馆的训令		J101-15-0277-087
1053	关于办理职员进修函授班报名手续并限期造册呈报给省图书馆的训令		J101-15-0277-088
1054	关于重申保障事务官前令通饬切实遵照一案给省图书馆的训令		J101-15-0277-089
1055	为发雇员给恤办法给省图书馆的训令		J101-15-0277-090
1056	为修正公务员登记规则给省图书馆的训令		J101-15-0277-091

续表

序号	题名	年份	档号
1057	关于中央信托局创办物价指数团体寿险检发简章给省图书馆的训令		J101-15-0277-092
1058	关于公教人员等作保或机关证明应特别慎重否则依法惩处给省图书馆的训令		J101-15-0277-093
1059	重申公教人员等依法参加考试认为因公请假给省图书馆的训令		J101-15-0277-094
1060	关于各机关征用日籍技术人员及其眷属应由征用机关发给身份证书给省图书馆的训令		J101-15-0277-095
1061	为抄发欢迎复缓转业及退役军官佐办法给省图书馆的训令		J101-15-0277-097
1062	关于本府委员兼秘书长等分别任免给省图书馆的训令		J101-15-0277-098
1063	为收省立图书馆所送35年度1—6月份经费累计表的指令附1—6月份累计表分账案总表		J101-15-0278-001
1064	为收到省立图书馆35年度1—5月份生补费报核册的指令并转送财政厅会计处的公函		J101-15-0278-002
1065	向教育厅呈送35年度1—5月份员役生补费报核册的呈文附报核册和收支对照表（1—5月份）		J101-15-0278-003
1066	为收到省立图书馆35年度6—9月份生补费累计表对照表及1—6月份生补费余额表的指令附表		J101-15-0278-004
1067	为收到省立图书馆10—12月份生补费及经费累计表等的指令附表		J101-15-0278-005
1068	为收到省立图书馆省立民教馆呈送的处理矿委会拨款业已支用完竣并造具表仰的指令		J101-15-0278-006
1069	为省立图书馆民教馆核对开支情形给教育厅的报告		J101-15-0278-007
1070	为奉播分配11战区拨交矿委会余款1百万元业已支用完竣造具报核表给教育厅的呈文附财产增减表1份累计表5份单据簿1本对照表5份		J101-15-0278-008
1071	为收到省立图书馆购置书套临时费累计表等情的指令并转送财政厅会计处公函		J101-15-0278-009
1072	为奉准发给书套费160万元已购置完竣遵令编报给教育厅的呈文附临时费累计表1张收支对照表1张		J101-15-0278-010
1073	为收到省立图书馆留用齐大书架价款临时费累计表等的指令并转财政厅会计处公函		J101-15-0278-011

续表

序号	题名	年份	档号
1074	为留用齐大书架费已领发完竣遵令编报给教育厅的呈文附累计表对照表增减表各1份		J101—15—0278—012
1075	为收到省立图书馆递送的35年度临时修缮购置费累计表的指令附对照表累计表增减表各1份		J101—15—0278—013
1076	为收到省立图书馆以接收文化协会余款购置玻璃等累计表的指令		J101—15—0278—014
1077	为奉令以接收文化协会余款购置玻璃修理办公室现已照办遵令编报给省教育厅的呈文附对照表、累计表、单据簿		J101—15—0278—015
1078	为明年度之行政及事业费应照核定预算统筹支配不准请求追加给省图书馆的训令		J101—15—0282—001
1079	为抄发伪组织或其所属机关团体任职人员候选及任用限制办法给省图书馆的训令		J101—15—0282—002
1080	为专科以上学校及中等学校在伪组织期间毕业生应参加教育部或省市教育厅局甄审合格后方得任用给省图书馆的训令		J101—15—0282—003
1081	关于非军事机关学校人员一律不得着用军人同样制式服装给省图书馆的训令		J101—15—0282—004
1082	关于各机关主管对所属公务员不得无故更动给图书馆的训令		J101—15—0282—005
1083	为私立中学校教职员在敌伪时期任职年资不予采用给省图书馆的训令		J101—15—0282—006
1084	为抄转考试及格人员任职情形调查表式令仰依式填报给省图书馆的训令		J101—15—0282—008
1085	为奉省府通知本厅人事室仍保持原定名义给省图书馆的训令		J101—15—0282—009
1086	关于此次裁员应先裁汰伪职人员尽量留用抗战人员给省图书馆的训令		J101—15—0282—010
1087	为规定国家银行行员及公务员服役事项给省图书馆的训令		J101—15—0282—011
1088	为解释公务员因伤病核给医药费办法第一条甲项之疑义给省图书馆的训令		J101—15—0282—012
1089	为抄转监察院请示代理人员支给特别办公费及警卫支给生活补助费疑义给省图书馆的训令		J101—15—0282—013
1090	为抄发教育用品免税规则给省图书馆的训令		J101—15—0282—014

续表

序号	题名	年份	档号
1091	为各机关此次裁员后任免人员暂以现在实有人数为准非有去职者不得再补其裁减人数超越规定者须满三个月后始得递补给省图书馆的训令		J101-15-0282-016
1092	为报被裁员工名册核发迁散费给省图书馆的通知		J101-15-0282-017
1093	为换发迁散费办法给省图书馆的训令		J101-15-0282-018
1094	为令发被裁员工核发迁散费办法给省图书馆的训令		J101-15-0282-019
1095	为发本年度裁汰各骈枝机关及冗员拟定缩减办法给省图书馆的训令		J101-15-0282-020
1096	关于呈送迁散人员清册给省图书馆的指令		J101-15-0282-021
1097	为填报被裁人员清册经省图书馆的训令		J101-15-0282-022
1098	为省图书馆呈报迁散员役清册给该馆的指令		J101-15-0282-023
1099	为函购广东省人事通讯社纂印之人事管理人员工作须知给省立图书馆的训令		J101-15-0282-024
1100	关于公务员特别办公费收据免贴印花税给省图书馆的训令		J101-15-0282-025
1101	为公务员或工厂工作人员外出工作得外勤费领据免贴印花给省图书馆的训令		J101-15-0282-026
1102	关于各机关不能收容中等壮丁给省图书馆的训令		J101-15-0282-029
1103	为解释尊亲属在沦陷区死亡事后声请题词办法疑义给省图书馆的训令		J101-15-0282-030
1104	关于伪组织或其所属机关团体任职人员候选及任用限制办法第七条所称人员之证明机关一事给省图书馆的训令		J101-15-0282-031
1105	为报送抗战忠贞事迹调查表给省图书馆的训令		J101-15-0282-032
1106	关于废止捐敌代替照电暂行办法给省图书馆的训令		J101-15-0282-033
1107	关于营利事业所得税不得借故请求减免或拖延纳税时间给省图书馆的训令		J101-15-0282-034
1108	为省会警察局分队长赵连城等四员传令嘉奖给省图书馆的训令		J101-15-0282-036
1109	为解释公务员退休施行细则第四条疑义给省图书馆的训令		J101-15-0282-037

续表

序号	题名	年份	档号
1110	关于官章使用范围给省图书馆的训令		J101-15-0282-038
1111	为发雇员给恤办法给省图书馆的训令		J101-15-0282-039
1112	为解释现任公务员地方自治人员事业机关人员民意机关人员代表及其职员等应否缓征事项给省图书馆的训令		J101-15-0282-040
1113	为伪蒙疆银行钞票兑换法印办法给省图书馆的训令		J101-15-0282-041
1114	为各级政府所办公营事业费依法应课征营利业所得税给省图书馆的训令		J101-15-0282-042
1115	为审计机关稽查各机关营缮工程费及购置变卖财物价额提高给省图书馆的训令		J101-15-0282-046
1116	关于中训团党政高级班学员曹士弘准予自新撤销永不录用处分给省图书馆的训令		J101-15-0282-049
1117	关于调整国内出差每日膳食费分区支给数额给省图书馆的训令		J101-15-0282-055
1118	关于公务员生补费及俸薪加成数收据免贴印花之规定自新税法公布后应废止给省图书馆的训令		J101-15-0282-058
1119	为抄发接收国内日本产业赔偿我国损失记账办法给省图书馆的训令		J101-15-0282-059
1120	关于各机关公务员因公伤病请核发医药费应注意事项省图书馆的训令		J101-15-0282-065
1121	关于修正山东省公务员就医优待办法名称给省图书馆的训令		J101-15-0282-066
1122	关于修订山东省立图书馆等单位会计机构员额给省民教馆的训令		J101-15-0282-087
1123	为第三次运移图书金石存曲阜奉祀官府造具清册给教育厅的呈文		J101-15-0289-001
1124	为转运图书馆珍贵物品筹集运费问题的呈文		J101-15-0289-002
1125	第三次运移图书金石细目清册		J101-15-0289-003
1126	为省图书馆中重要图书金石的保存给省图书馆长王献唐的函和王的回函		J101-15-0290-001
1127	为曲阜县政府报协运省图书馆前存省府书物情形的指令和该县呈文、王馆长的来函等		J101-15-0290-005
1128	由南京赴曲阜搬运山东省立图书馆书籍文物等件运费清单		J101-15-0290-006

续表

序号	题名	年份	档号
1129	为省立图书馆呈请寄发李义贵保管费5百万元等情的指令及省图书馆的呈文给王献唐的便函来函等		J101-15-0290-008
1130	为收到省立图书馆存省府图书室书籍文物清册2份的指令为转呈省府主席1份存查的签呈		J101-15-0291-001
1131	为遵令将本馆珍贵书物送存省府图书室谨将送存物品呈报给省府的呈文附清册1本		J101-15-0291-002
1132	为转呈省立图书馆送存省府图书室书籍文物清册1份给省府主席的签呈附清册1本		J101-15-0291-003
1133	为省立图书馆呈请将移存本府图书室之书籍文物迁回保存等情的指令		J101-15-0291-004
1134	向省府呈请将移存钧府图书室之书籍文物准予迁回保存的呈文		J101-15-0291-005
1135	为省立图书馆呈请将移存本府图书室之书籍文物迁回保存等情给省府主席的签呈		J101-15-0291-006
1136	为省立图书馆呈请将移存本府图书室之书籍文物迁回保存给省府主席的签呈		J101-15-0291-007
1137	为函复本省出版书刊一部存鲁一部遗失无从照寄给中央图书馆的公函和该馆的来函		J101-15-0292-017
1138	山东省政府教育厅图书馆管理规则		J101-15-0292-018
1139	向教育厅报送35年度购置图书清册的函附清册1份		J101-15-0293-001
1140	为省立图书馆拟购王篆友著述刻板十种款由文献收复费下开支的指令		J101-15-0293-002
1141	为遵令查勘王篆友著述刻板将查勘情形呈教育厅的呈文附清单1份		J101-15-0293-003
1142	为现有王篆友著述刻板十种求售请求派员勘估购存给教育厅的呈文附刻板名单1份		J101-15-0293-004
1143	为省立图书馆呈报购置王篆友著述刻板十种的指令		J101-15-0293-005
1144	为购置王篆友著述刻板十种给教育厅的呈文附刻板清单1份		J101-15-0293-006
1145	为省立图书馆拟预约购置新中学文库一部的指令		J101-15-0293-007
1146	为省立图书馆呈拟预约订购新中学文库一部给教育厅长的签呈		J101-15-0293-008

续表

序号	题名	年份	档号
1147	为现拟预约购置新中学文库一部给教育厅的呈文		J101-15-0293-009
1148	为所购书籍业已齐备请派员验收以便编报给教育厅的呈文		J101-15-0293-010
1149	36年度购置书籍一览表		J101-15-0293-011
1150	为省立图书馆呈请续拨文献收复费500万元的指令并函请将该款拨厅转发的公函		J101-15-0293-013
1151	为省立图书馆续购新中学文库第三期及其他新旧书籍请再拨给文献收复费款500万元给教育厅长的签呈		J101-15-0293-014
1152	向教育厅呈请续拨购置费500万元以便购书的呈文		J101-15-0293-015
1153	为函复省立图书馆续请购书费500万元先编预算确有困难仍请准先拨付俟用毕编报给会计处的公函		J101-15-0293-016
1154	复为图书馆请再拨收买书籍费500万元应饬先编预算送核给教育厅的公函		J101-15-0293-017
1155	为请会计处将文献收复费余款27512000元全数拨交本厅以备分配民教馆、图书馆购置书物的公函		J101-15-0293-018
1156	为民教馆、图书馆添购置刊用费请饬先编预算以便签发给教育厅的公函		J101-15-0293-020
1157	为补缺县志给教育厅长的签呈附教育厅图书室所存县志清单		J101-15-0293-021
1158	为续购书籍业已齐备请求派员验收以便编报给教育厅的呈文附第二期购置书籍清册1本		J101-15-0293-022
1159	为收到省立图书馆呈报续领购书费500万元之明细表对照表的指令		J101-15-0293-023
1160	为续领之购书费500万元已经用尽编造报告给教育厅的呈文附购书临时费明细表收支对照表		J101-15-0293-024
1161	为本厅所购妥模邕阁在青书籍多种拟暂存贵馆给青岛市立图书馆的公函		J101-15-0293-030
1162	为发给青岛市立图书馆公件等给教育厅的呈文		J101-15-0293-032
1163	为省立图书馆馆长罗象临出差拟着邵浩然暂代馆长职务的指令		J101-15-0293-035

序号	题名	年份	档号
1164	为奉令出差所有馆长职务拟着采编部主任邵浩然暂行代理给教育厅的呈文		J101-15-0293-036
1165	据呈公毕销差、准予备查给省立图书馆的指令		J101-15-0293-042
1166	为公毕销差签请鉴核备查给教育厅的呈文		J101-15-0293-043
1167	为收到省立图书馆赴青点收莫阁书籍旅费报告表等件的指令		J101-15-0293-044
1168	向教育厅呈报赴青岛点收模邕阁书籍经过情形造具书目清单旅费报告表的收支对照表的呈文		J101-15-0293-045
1169	托人由青向济航寄书单		J101-15-0293-046
1170	点收安丘赵氏模邕阁书籍清单		J101-15-0293-047
1171	点收渠丘赵氏模邕阁所藏书籍目录		J101-15-0293-048
1172	东方书社门市部发票		J101-15-0293-049
1173	为省立图书馆拟将馆存伪教科书变卖以作购新书之用的指令		J101-15-0293-050
1174	为拟将馆存伪教科书变卖以作购置新书之用给教育厅的呈文		J101-15-0293-051
1175	向教育厅呈请拨发购书费贰亿元以便继续购置新书的呈文		J101-15-0293-052
1176	造送37年度临时费预算书		J101-15-0293-053
1177	为省立图书馆遵令变卖伪书另购新书办理情形的指令		J101-15-0293-054
1178	为遵令将馆存伪书变卖另购新书呈报办理情形的呈文附新书清册1份		J101-15-0293-055
1179	为省立图书馆呈报收到渠邱赵氏交来皇明开天御律一函六册等情的指令		J101-15-0293-056
1180	为收到渠邱赵氏交来皇明开天御律一函六册一给教育厅的呈文		J101-15-0293-057
1181	为省立图书馆将前购小学文库二部拨给省民教馆一部的训令		J101-15-0293-058
1182	为省立图书馆拨交省民教馆小学生文库一部等情的指令		J101-15-0293-059
1183	为奉令拨给省立民教馆小学生文库一部现已拨请给教育厅长的呈文		J101-15-0293-060
1184	赵氏模邕阁书目一本和借条		J101-15-0293-061

续表

序号	题名	年份	档号
1185	为拟将附设第二讲演所停办改成联合书报阅览室给教育厅的呈文		J101-15-0295-004
1186	为奉交济南市政府呈准市参议会函转请将市图书馆旧址全拨归市民教馆专用给省府主席的签呈等和市府呈文省府指令		J101-15-0297-008
1187	为查明经六路纬二路口之地址原为市立图书馆馆址给新运会的公函和该会公函		J101-15-0297-009
1188	为后勤总部第十监部弹药库占据馆舍恳请教育厅电转该部转移另地以免意外而保文献的呈文		J101-15-0299-001
1189	向教育厅呈请派工扫除院内砖砾的呈文		J101-15-0299-002
1190	为函请适用以工代赈办法拨工清除省立图书馆院内碎砖砂砾给救济部署鲁青分署第四工作队的公函		J101-15-0299-003
1191	为令饬该馆院内碎砖砂砾催再度清除时即行拨工清理给省立图书馆的训令		J101-15-0299-004
1192	为电复本队清理垃圾作业已结束省立图书馆内碎砖砾容俟再度清除尽力处理给教育厅的代电		J101-15-0299-005
1193	为转呈省立图书馆房舍为军队占用无法工作给省府主席的签呈		J101-15-0299-006
1194	为呈请教育厅转呈省府函请后勤总部饬将占据本馆之弹药库从速迁移以利工作的呈文		J101-15-0299-007
1195	为呈请为本馆房舍问题签呈的函		J101-15-0299-008
1196	为签请对本馆房舍问题提交省府会议令总监部饬104库从速移迁以利工作的呈文		J101-15-0299-009
1197	为据呈报省立图书馆房舍久为第十分整部104库占用无法工作给第二绥靖区司令部的公函		J101-15-0299-010
1198	为转呈省立图书馆房舍为军队占用无法工作给省府主席的签呈		J101-15-0299-011
1199	为省立图书馆呈请转函104库迁让房舍的指令		J101-15-0299-012
1200	为占用省立图书馆房舍问题给省政府的代电		J101-15-0299-013
1201	为省立图书馆呈报军库外移请派员勘优以便整理开馆的指令		J101-15-0299-014
1202	为军库外移开馆有期请派员查勘估计以便整理开馆给教育厅的呈文		J101-15-0299-015

续表

序号	题名	年份	档号
1203	为省立图书馆呈报104库在馆东墙另开大门的指令		J101-15-0299-016
1204	为104库在本馆东墙另开大门本馆无力阻止给教育厅的呈文		J101-15-0299-017
1205	为省立图书馆续报军队驻馆器具损失清册的指令		J101-15-0300-001
1206	向教育厅续报军队驻馆器具损失情形的呈文附损失清册		J101-15-0300-002
1207	为省立图书馆呈请修缮楼房购置书架的指令		J101-15-0300-003
1208	为楼房急待修缮书架必须购置等给教育厅的呈文		J101-15-0300-004
1209	为省立图书馆门外空地商人设摊营业请严予取缔的指令		J101-15-0300-005
1210	为门外空地商人设摊营业恳请饬令警察局严予取缔给教育厅的呈文		J101-15-0300-006
1211	为令饬派警严禁商贩在省图书馆门前摆摊营业给省会警察局的训令		J101-15-0300-007
1212	为省立图书馆请饬警在门前设岗的指令		J101-15-0300-008
1213	向教育厅呈请饬令警察局于本馆门前仍旧设置岗警以维秩序的呈文		J101-15-0300-009
1214	为省立图书馆馆长请在馆门前设岗以维秩序给省府主席的签呈		J101-15-0300-010
1215	为令饬派警于省立图书馆门前设岗给省会警察局的训令		J101-15-0300-011
1216	为准函转知省立图书馆劝业商场已无空间房舍划拨的训令		J101-15-0300-012
1217	为现拟筹设民众阅览室二处给教育厅的呈文		J101-15-0300-016
1218	为奉部令遵于3月1日到会接铃视事给教育厅的公函		J101-15-0300-017
1219	为省立图书馆呈请将接收伪馆长交来伪钞作接收费的指令		J101-15-0300-018
1220	为省立图书馆接收伪馆长交来伪钞拟作接收费给教育厅的呈文		J101-15-0300-019
1221	函请将省立图书馆及民教馆之房舍让出以便恢复各项教育给第二绥靖区王主任佐民的便函（代电）		J101-15-0301-003
1222	为让出省立图书馆民教馆之房舍恢复各项教育给王耀武的代电		J101-15-0301-004

续表

序号	题名	年份	档号
1223	为奉令转知省立图书馆组织章程及办事细则业经修正的训令		J101-15-0303-001
1224	向教育厅选送本馆办事细则及组织章程的呈文		J101-15-0303-002
1225	为省立图书馆呈送组织章程及办事细则的指令附章程、细则		J101-15-0303-003
1226	为省立图书馆编制表草案业经呈院的训令		J101-15-0303-004
1227	为抄发省立图书馆组织规程及编制员额薪俸的训令附规程		J101-15-0303-005
1228	为奉发修正图书馆规程有关主计部分条文转饬知照的训令附修正条文		J101-15-0303-006
1229	为图书馆规程有关主计部分条文再予修改给省立图书馆的训令		J101-15-0303-007
1230	为准考铨处函复前嘱修正各附属机关组织规程及编制表等给省立图书馆的训令附修正条文		J101-15-0303-008
1231	员额编制薪俸表		J101-15-0303-009
1232	为准教育部咨复关于省立图书馆组织规程及员额编制薪俸表明定官一案的训令		J101-15-0303-010
1233	为本处呈拟修正贵馆会计室员额编制请核示一案给省立图书馆的公函		J101-15-0303-011
1234	为准主计处函复关于修订山东省立图书馆等单位会计机构员额一案给省立图书馆的训令		J101-15-0303-012
1235	为遵电呈报本省图书馆实施情形及概况表给教育部的呈文附概况表		J101-15-0303-013
1236	为将各省市县立图书馆实施概况及馆长姓名等项一并查明具报给省教育厅的代电		J101-15-0303-014
1237	为各机关拟订或修改组织法规关于人事机构组织条文应与铨叙部洽商嘱查照转饬知照一案给省立图书馆的训令		J101-15-0304-001
1238	为奉部令凡持有考选委员会所发认定合格通知径行换领证书给省立图书馆的训令		J101-15-0304-002
1239	为奉省府通知以准考铨处函以抗战期间各级公务员现仍在职送请铨叙遇有未尽合法定资格者以本年底以前之年资作为曾任年资以宽任用及过去送审因受年资限制未能合格者亦尽可依限声请复查一案给省立图书馆的训令		J101-15-0304-003
1240	为抄发修订公务员任用审查表等件给省立图书馆的训令		J101-15-0304-004

序号	题名	年份	档号
1241	为准人事处函以准铨叙部甄核司函知抗战期间各级公务员从宽叙用及过去送审未能合格人员补救办法给省立图书馆的训令		J101－15－0304－005
1242	为抗战期间各级公务员从宽叙用及过去送审未能合格人员补救办法给省立图书馆的公函		J101－15－0304－006
1243	为呈请教育厅发给委任以便送审的呈文		J101－15－0304－007
1244	为遵令提证送审请求鉴核汇转给教育厅的呈文		J101－15－0304－008
1245	馆长罗象临送审证件目录		J101－15－0304－009
1246	35年度职员叙级一览表		J101－15－0304－010
1247	保证书等5件		J101－15－0304－011
1248	为奉省府通知准铨叙处电关于本省各机关委任及委派公务员铨叙事宜及未送审人员依法遵审一案给省立图书馆的训令		J101－15－0304－012
1249	为奉省府通知据人事处呈奉铨叙部令修正本省核发经历证明书暂行办法给省立图书馆的训令		J101－15－0304－013
1250	为奉省府通知准铨叙处函规定委任及委派人员任用审查程序给省图书馆的训令		J101－15－0304－014
1251	为抄发聘用派用人员管理条例实施办法给省立图书馆的训令		J101－15－0304－016
1252	为抄发山东省属机关核发经历证明书办法保证书格式及证明书格式各一份给省立图书馆的训令		J101－15－0304－017
1253	为请求核发经历证明书以便送审给省民政厅的呈文、给教育厅的呈文		J101－15－0304－018
1254	为转令填报雇佣人员登记表给省立图书馆的训令		J101－15－0304－019
1255	为抄发曾经铨叙人员调查表式令仰遵照填报给省立图书馆的训令		J101－15－0304－020
1256	现有员额调查表		J101－15－0304－021
1257	抗战期间各级公务员现仍在职送请铨叙遇有未尽合法定资格者以准本年底以前之年资作为曾任年资予以从宽任用给省图书馆的训令		J101－15－0304－022
1258	为奉主席谕关于核发经历证书着人事处依照规定切实审核认真办理给省图书馆的训令		J101－15－0304－024
1259	为奉通知关于民教馆博物馆等职员送审案给省立图书馆的训令		J101－15－0304－025

续表

序号	题名	年份	档号
1260	为公务员送审之资历证件应加初核给省立图书馆的训令		J101-15-0304-026
1261	为准考铨处函各机关逾限未送审及经审不合格逾期未复审之委任职人员自民国37年之月份起一律分别改支雇员薪及免职嘱查照办理给省立图书馆的训令		J101-15-0304-027
1262	为准考铨处函关于本年7、8、9三个月各县市送审竞赛结果案例比较表嘱查照一案给省立图书馆的训令		J101-15-0304-028
1263	为准铨叙部以关于抗战期间各级公务员现仍在职以35年年底以前之年资作为曾任年资予以从宽任用一案经拟具办法两项呈准将适用期间延至本年年底止给省立图书馆的训令和铨叙部公函（抄件）		J101-15-0304-029
1264	为准考铨处函以行宪在即嘱督饬所属克速送审给省立图书馆的训令		J101-15-0304-030
1265	为准铨叙部咨以公务员履历表委托中国文化服务社印售一案给省立图书馆的训令		J101-15-0304-031
1266	为令饬具报对于公务员级俸改进及补救办法执行情形给省立图书馆的训令		J101-15-0304-032
1267	为准考铨处关于已送审之委任公务员复审或政绩改成时须填明铨叙情形缴验原任审通知书等件给省图书馆的训令		J101-15-0304-033
1268	为准铨叙部函关于原在后方服务嗣以奉派参加接收人员或继续调任他职年资并未中断者得予从宽计算一案给省立图书馆的训令		J101-15-0304-034
1269	为各机关公务员办理送审赴省市县公立医院检查体格一律免费给省图书馆的训令		J101-15-0304-035
1270	为抗战期间公务员依限送审一案应于6月27日以前呈送来府以便核转给省立图书馆的训令		J101-15-0304-036
1271	为制定山东省府及附属机关公务员级俸改进及补救办法给省立图书馆的训令		J101-15-0304-038
1272	为奉令嗣后各机关送审人员具资历证件"收据由各该"所在机关填发给省立图书馆的训令		J101-15-0304-039
1273	为各机关公务员送审案其于抗战期间未曾任职者须于任职表备考栏内声叙说明给省图书馆的训令		J101-15-0304-040

序号	题名	年份	档号
1274	为奉令以抗战期间各级公务员如于36年6月底以前送审仍将现任年资作为曾任年资计之35年底一案给省立图书馆的训令		J101-15-0304-041
1275	为省立图书馆呈送罗象临任审表件请核转等情的指令		J101-15-0304-042
1276	为准考铨处函为各机关办理任审案件时应依组织规程规定职称及员额办理等事项一案给省立图书馆的训令		J101-15-0304-043
1277	为准铨叙部咨到职已满一年送审未核复人员应一律办理考绩考成给省立图书馆的训令		J101-15-0304-044
1278	为各机关荐任职人员逾限未送审及经审定不合格逾限未复审者应依照委任职人员之规定办理一案给省立图书馆的训令		J101-15-0304-045
1279	会议记录		J101-15-0305-001
1280	为据报视察该馆情形给省立图书馆的训令		J101-15-0306-001
1281	为教育部专门委员隋星源莅济视察教育给省立图书馆的通知		J101-15-0306-002
1282	为据视察报告省立图书馆应行改进各点给省立图书馆的训令		J101-15-0306-003
1283	函送出借书籍册数人数一览表的公函（给孙督学）附表		J101-15-0306-004
1284	为据本府督学孙宝贤视察报告将该馆应行改进各点给省立图书馆的训令		J101-15-0306-007
1285	职员调查表		J101-15-0306-008
1286	为遵令呈送府教机关概况报告表		J101-15-0306-011
1287	为抄发34年度国民教育及社教统计报告表各一份仰遵式填报以凭汇转给省立图书馆的训令附表		J101-15-0306-012
1288	为催报部颁34年度国民教育及社令教育统计报告表给省立图书馆的训令		J101-15-0306-013
1289	据呈送省立图书馆社教机关概况报告表的指令		J101-15-0306-014
1290	为转饬各校编制33学年度办理社教工作报告及34学年度工作计划给省图书馆的训令		J101-15-0307-001
1291	34年度社会教育工作计划		J101-15-0307-002
1292	向山东省立图书馆催报复员情形的训令和该馆呈文计划		J101-15-0307-003
1293	为准济南市党部函建议加强社教工作提高市民政治认识给省立图书馆的训令		J101-15-0307-004

续表

序号	题名	年份	档号
1294	为准函转知劝业商场已无空间房舍划拨给省立图书馆的训令		J101-15-0307-006
1295	为转饬积极协助推进识字教育给省立图书馆的训令和该馆呈文省府指令		J101-15-0307-007
1296	为颁发附设民众识字教育班第某期概况一览表教职员一览表及学生名册各式各一份仰遵照函期填报给省立图书馆的训令		J101-15-0307-008
1297	为将所需成人班及初级妇女班课本数目报厅以备核发给省立图书馆的代电		J101-15-0307-009
1298	为颁发机关团体学校附设识字教育班（或民众学校）结业学生成绩册格式给省立图书馆的训令		J101-15-0307-010
1299	为令饬自本年九月份起按月呈送工作报告给省立图书馆的训令		J101-15-0308-001
1300	为呈送九月份工作报告给教育厅的呈文附工作报告		J101-15-0308-002
1301	据呈送省立图书馆九月份工作报告的指令		J101-15-0308-003
1302	为呈送十月份工作报告给教育厅的呈文附工作报告		J101-15-0308-004
1303	据省立图书馆呈送10月份工作报告的指令		J101-15-0308-005
1304	向教育厅呈送11月份工作报告的呈文附工作报告		J101-15-0308-006
1305	据省立图书馆呈送11月份工作报告的指令		J101-15-0308-007
1306	向教育厅呈送35年12月份工作月报的呈文		J101-15-0308-008
1307	据省立图书馆呈送35年12月份工作月报的指令		J101-15-0308-009
1308	为通令各社教机关呈报全年度工作月历给图书馆的训令		J101-15-0308-010
1309	向教育厅呈报35年度工作报告、36年度事业进行计划及工作月历的呈文附工作报告（16）计划（20）月历（30）		J101-15-0308-011
1310	据省立图书馆呈送35年度工作报告、36年度工作计划、工作月历的指令		J101-15-0308-012
1311	为据转省立图书馆35年度工作报告、36年度进行计划给图书馆的训令		J101-15-0308-013
1312	向教育厅呈送36年度工作报告及经费计算书的呈文附工作报告和经费计算书		J101-15-0308-014
1313	据省立图书馆呈送36年度工作报告及经费计算书的指令		J101-15-0308-015

序号	题名	年份	档号
1314	为奉令转知省立图书馆36年度工作报告的训令		J101-15-0308-016
1315	36年度暂行月份预算分配表		J101-15-0308-017
1316	为令知修正审计机关稽察各机关营缮工程及购置变卖财物办法一案给省立图书馆的训令		J101-15-0308-018
1317	为审计机关稽察机关营缮工程及购置变卖财物限额已按7月份生补费指数提高一案给省图书馆的训令		J101-15-0308-019
1318	为本馆藏书楼办公室院内河岸诸待修理呈请派员勘验以便招工估修给教育厅的呈文		J101-15-0308-020
1319	为本馆房舍诸待修理谨造具临时费预算书再请核发给教育厅的呈文附预算书		J101-15-0308-021
1320	为省立图书馆呈请修理藏书楼及修理整院内河岸请派员勘验以便招工估修等情的指令		J101-15-0308-022
1321	为省立图书馆呈送修缮费预算书的指令附预算书		J101-15-0308-023
1322	向教育厅呈送修缮临时费预算书六份的呈文附预算书1份		J101-15-0308-024
1323	为修缮工毕呈请派员验收以便造报给教育厅的呈文		J101-15-0308-026
1324	37年夏季修缮工程估计单		J101-15-0308-027
1325	修缮工科费收到条		J101-15-0308-028
1326	为省立图书馆修缮工程准予验收的代电		J101-15-0308-029
1327	为核给省立图书馆36年度冬炭费的训令		J101-15-0308-030
1328	为定额薪资所得税之起征额及课税级距各再调整一次一案给省立图书馆的训令		J101-15-0308-031
1329	36年度工作报告		J101-15-0308-032
1330	36年度5月份职员姓名履历表		J101-15-0308-033
1331	编造36年度组织概况经费概况及保存书籍各项报告清册		J101-15-0308-034
1332	36年度工作概况		J101-15-0308-035
1333	36年度工作计划		J101-15-0308-036
1334	向教育厅呈请核发本馆职员吕荣华医药费之十三万八千二百六十元的呈文		J101-15-0308-037
1335	为省立图书馆请发职员吕荣华医药费的指令		J101-15-0308-038
1336	为再请核发本馆职员吕荣华医药费给教育厅的呈文附交单据函		J101-15-0308-039

续表

序号	题名	年份	档号
1337	为自本年12月份起暂照半价缴纳电费给省立图书馆的训令		J101-15-0308-041
1338	为检送各机关编制36年度单位决算注意事项给图书馆的公函附注意事项		J101-15-0308-042
1339	为检发各机关编制36年度单位决算注意事项给省立图书馆的训令附注意事项		J101-15-0308-043
1340	为补充编制36年度单位决算注意事项给省立图书馆的训令		J101-15-0308-044
1341	为催送36年度单位决算给省立图书馆的训令		J101-15-0308-045
1342	为令发社教机关工作报告工作计划等表式四种给省立图书馆的训令附表式		J101-15-0308-046
1343	特别公费表		J101-15-0308-047
1344	接收图书馆清册、现款收据函		J101-15-0308-048
1345	为补送10月份馆长特别办公费给政务厅的公函		J101-15-0308-049
1346	接收图书馆临时费给教育厅的呈文附收条		J101-15-0308-050
1347	向教育厅呈报36年度1月份工作报告的呈文		J101-15-0309-001
1348	为收到省立图书馆36年度1月份工作报告的指令		J101-15-0309-002
1349	向教育厅呈报36年度2月份工作报告的呈文		J101-15-0309-003
1350	为收到省立图书馆36年度2月份工作报告的指令		J101-15-0309-004
1351	向教育厅呈报36年度3月份工作报告的呈文		J101-15-0309-005
1352	为收到省立图书馆呈送的36年度3月份工作报告的指令		J101-15-0309-006
1353	向教育厅呈送36年度4月份工作报告的呈文		J101-15-0309-007
1354	为收到省立图书馆36年度4月份工作报告的指令		J101-15-0309-008
1355	向教育厅呈送36年度5月份工作报告的呈文		J101-15-0309-009
1356	为收到省立图书馆36年度5月份工作报告的指令		J101-15-0309-010
1357	向教育厅呈送37年度6月份工作报告的呈文		J101-15-0309-011
1358	为收到省立图书馆36年度6月份工作报告的指令		J101-15-0309-012
1359	向教育厅呈送36年度7月份工作报告的呈文		J101-15-0309-013

续表

序号	题名	年份	档号
1360	为收到省立图书馆36年度7月份工作报告的指令		J101-15-0309-014
1361	向教育厅呈送36年度8月份工作报告的呈文附工作报告		J101-15-0309-015
1362	为收到省立图书馆36年度8月份工作报告的指令		J101-15-0309-016
1363	向教育厅呈送36年度9月份工作报告的呈文附工作报告		J101-15-0309-017
1364	为收到省立图书馆36年度9月份工作报告的指令		J101-15-0309-018
1365	向教育厅呈送10月份工作报告的呈文附工作报告2份		J101-15-0309-019
1366	为收到省立图书馆10月份工作报告的指令		J101-15-0309-020
1367	向教育厅呈送11月份工作报告的呈文附工作报告2份		J101-15-0309-021
1368	为收到省立图书馆36年度11月份工作报告的指令		J101-15-0309-022
1369	向教育厅呈送12月份工作报告的呈文附工作报告（不全）		J101-15-0309-023
1370	为收到省立图书馆36年度12月份工作报告的指令		J101-15-0309-024
1371	各部每月工作报告底稿		J101-15-0309-025
1372	36年度5月份工作报告		J101-15-0309-026
1373	36年度7月份工作报告		J101-15-0309-027
1374	采编部6月份报告底稿		J101-15-0309-028
1375	为自本年7月份起按月报送经临费分配情形、人员异动、设备状况等概况表给省立图书馆的通知		J101-15-0310-001
1376	向教育厅报送七月份社教机关概况表附表		J101-15-0310-002
1377	向教育厅函送36年度8月份概况表的公函附表		J101-15-0310-003
1378	向教育厅报送9月份概况表的公函附表		J101-15-0310-004
1379	向教育厅报送10月份概况表的公函附表		J101-15-0310-005
1380	向教育厅报送11月份概况表的公函附表		J101-15-0310-006
1381	向教育厅报送12月份概况表的公函附表		J101-15-0310-007
1382	向教育厅报送1月份概况表的公函附表		J101-15-0310-008

续表

序号	题名	年份	档号
1383	向教育厅报送 37 年度 2 月份概况表的公函附表		J101－15－0310－009
1384	向教育厅报送 37 年度 3 月份概况表的公函附表		J101－15－0310－010
1385	向教育厅报送 37 年度 4 月份概况表的公函附表		J101－15－0310－011
1386	向教育厅报送 5 月份工作概况表的公函附表		J101－15－0310－012
1387	6 月份省级社教机关概况表		J101－15－0310－013
1388	向教育厅报送 7 月份概况表的公函附表		J101－15－0310－014
1389	向教育厅报送 8 月份概况表的公函附表		J101－15－0310－015
1390	向教育厅呈报 1948 年度 1 月份工作报告的呈文附工作报告		J101－15－0311－001
1391	为收到省立图书馆 37 年度 1 月份工作报告的指令		J101－15－0311－002
1392	向教育厅呈报 2 月份工作报告的呈文附工作报告		J101－15－0311－003
1393	二月份工作报告（在夹页内）		J101－15－0311－004
1394	为收到省立图书馆 2 月份工作报告的指令		J101－15－0311－005
1395	向教育厅呈报 37 年度 3 月份工作报告的呈文附工作报告和草稿		J101－15－0311－006
1396	为收到省立图书馆 37 年度 3 月份工作报告的指令附工作报告		J101－15－0311－007
1397	向教育厅呈报 37 年度 4 月份工作报告的呈文附工作报告		J101－15－0311－008
1398	为收到省立图书馆 4 月份工作报告的指令		J101－15－0311－009
1399	向教育厅呈报 5 月份工作报告的呈文附工作报告（正稿底稿）		J101－15－0311－010
1400	为收到省立图书馆 5 月份工作报告的指令		J101－15－0311－011
1401	向教育厅呈送 6 月份工作报告的呈文附 6 月份工作报告		J101－15－0311－012
1402	为收到省立图书馆 6 月份工作报告的指令		J101－15－0311－013
1403	向教育厅呈送 37 年度 7 月份工作报告的呈文附工作报告正稿草稿		J101－15－0311－014
1404	为收省立图书馆 37 年度 7 月份工作报告的指令		J101－15－0311－015
1405	向教育厅呈报 37 年度 8 月份工作报告的呈文附工作报告		J101－15－0311－016

序号	题名	年份	档号
1406	向教育厅造送37年度工作计划及经费预算书的呈文附预算书		J101-15-0311-017
1407	37年度工作计划表		J101-15-0311-018
1408	37年度工作计划分目进度表		J101-15-0311-019
1409	为收到省立图书馆37年度工作计划的指令		J101-15-0311-020
1410	36年度增加图书金石数目		J101-15-0311-022
1411	保存书籍数目一览表		J101-15-0311-023
1412	36年度业务概况登记表		J101-15-0311-024
1413	36年度每月报告图书总数及编目数目表		J101-15-0311-025
1414	37年度每月报告图书总数及编目数目表		J101-15-0311-026
1415	为规定重要账簿及尚未报核之报表单据保管办法一案给省立图书馆的训令		J101-15-0311-027
1416	以主计处核定省立图书馆等五单位会计机构员额编制一案给省立图书馆的训令		J101-15-0311-028
1417	为本年度总预算未核定前机关经费按上年度12月数目签发并准正式入账造报将来总预算核定数如有增无减再行调整作追加减之纪录一案给省立图书馆的训令		J101-15-0311-029
1418	为所有在省府领经费机关之印刷一律由印刷所承办否则不发印刷费或不予核销给省立图书馆的训令		J101-15-0311-030
1419	为奉省府通知以准山东审计处函为各项会计报告及决算应依法定期限编造送审以便依宪完成总决算之审核一案给省立图书馆的训令		J101-15-0311-031
1420	向教育厅造送37年度上半年度预算科目流用表的呈文附表		J101-15-0311-032
1421	为收到省立图书馆本年上半年度经费预算科目流用表的指令		J101-15-0311-033
1422	37年度5月份工作报告		J101-15-0311-034
1423	向教育厅呈请拨发报章杂志费以便筹设门外阅览的呈文附该项临时费预算书、通知单		J101-15-0311-035
1424	为省立图书馆呈送订购报章杂志费预算书的指令附预算书		J101-15-0311-036
1425	为临时阅览室已于本月16日正式成立呈请教育厅鉴核的呈文		J101-15-0311-037
1426	山东省立图书馆临时阅览处规则		J101-15-0311-038
1427	为省立图书馆呈报临时阅览处已于6月16日正式成立的指令		J101-15-0311-039

续表

序号	题名	年份	档号
1428	为筹设门外阅览一案奉令补编预算给教育厅的呈文		J101-15-0311-040
1429	37年度5、6月份报章杂志临时费文件预算书		J101-15-0311-041
1430	为收到省立图书馆呈送报章杂志费预算书的指令		J101-15-0311-042
1431	向教育厅呈请续拨报章杂志费以便继续办理临时阅览的呈文附37年度7、8、9月份报章杂志临时费预算书2份、通知单1份		J101-15-0311-043
1432	为收到省立图书馆7-9月份报章杂志费预算书的指令		J101-15-0311-044
1433	为报送人事机构及人事管理人员登记册给省立图书馆的训令		J101-15-0312-001
1434	向教育厅报送人事机构及人事登记册的呈文附表		J101-15-0312-002
1435	向省府报送设置人事管理机构情形调查表的呈文附表		J101-15-0312-003
1436	为省立图书馆呈送人事机构情形表与规定不合需另填报的指令附表式		J101-15-0312-004
1437	为令发各机关设置人事管理机构情形调查表式给省立图书馆的训令		J101-15-0312-005
1438	向教育厅报送设置人事管理机构情形调查表的呈文附表5张		J101-15-0312-006
1439	向教育厅呈送员工姓名履历及到差年月一览表的呈文和职员略历表等和省政府的指令和增加员工的呈文等		J101-15-0313-001
1440	为省立图书馆新添事务员王淑颖并追加三月份生补费的呈文		J101-15-0313-002
1441	为干事辞职另以递补人员备案给省教育厅的呈文和教育厅的指令		J101-15-0313-003
1442	为添用干事谢宜禄一名给教育厅的呈文和教育厅的指令		J101-15-0313-004
1443	为填报各机关员役眷属查报表给省立图书馆通知和该馆报表等		J101-15-0313-005
1444	为转令填报留用伪职人员调查表以恁转报给省立图书馆的训令和该馆的呈文		J101-15-0313-007
1445	为添用干事二员事务员一名给教育厅的呈文和教育厅的指令		J101-15-0313-008

序号	题名	年份	档号
1446	为职员邵养轩等四人更换无名给教育厅呈文和该厅指令		J101-15-0313-009
1447	为添用干事一名以利工作给教育厅长的呈文		J101-15-0313-010
1448	35年度2月份员役姓名清册等		J101-15-0313-011
1449	为新添职员3人请求教育厅追加生补费的呈文		J101-15-0313-012
1450	35年度3月份员役姓名清册和函		J101-15-0313-013
1451	为省省立图书馆新添事务员王淑颖一员经函准会计处即发生补费的训令		J101-15-0313-014
1452	35年度4月份员役姓名清册和教育厅指令等		J101-15-0313-015
1453	职员姓名一览表		J101-15-0313-016
1454	朱衍升等人的略历		J101-15-0313-017
1455	为介绍推荐参加教育厅图书馆等单位工作的公件多封和略历等		J101-15-0313-018
1456	为本馆工役房衍崇等2名辞职的补充给教育厅呈文和该厅指令		J101-15-0313-019
1457	住馆职员及住馆职员亲友户籍册		J101-15-0314-001
1458	济南市第二区第七保第四甲第二十三户壮丁名册		J101-15-0314-002
1459	户籍登记申请书		J101-15-0314-003
1460	济南市第二区市民请领国民身份证姓名清册		J101-15-0314-004
1461	要求办理身份证的函件		J101-15-0314-005
1462	为转发公务员及市民领发国民身份证法令给省立图书馆的训令附办法		J101-15-0314-006
1463	寄居难民姓名册		J101-15-0314-008
1464	暂住本馆姓名列表		J101-15-0314-009
1465	刘锡曾保证书		J101-15-0314-010
1466	刘锡曾经历证明书		J101-15-0314-011
1467	李羲贵服务证明书		J101-15-0314-013
1468	为转令呈报证章符号给省立图书馆的训令		J101-15-0314-014
1469	为呈送证章式样给教育厅的呈文		J101-15-0314-015
1470	为罗象临暂行兼代馆长就职时间给政务厅的公函		J101-15-0314-016
1471	呈报启用钤记日期给教育厅的呈文		J101-15-0314-017
1472	为呈件均悉准予备案的省立图书馆的指令		J101-15-0314-018

续表

序号	题名	年份	档号
1473	向内西分局函送本馆住馆职工学生姓名清册的公函		J101-15-0314-019
1474	向济南市第二区署申请填发李士适等国民身份证的公函		J101-15-0314-020
1475	为本馆职工亲戚傅光泽避难来济暂住申请填发国民身份证给济南市第二区署的公函附申请书、履历表各1份		J101-15-0314-023
1476	为亲朋高慕月等三人向济南市第二区公署申请填发国民身份证的公函		J101-15-0314-024
1477	连环保证书		J101-15-0315-001
1478	令发户口检查会报二项决议案及连环保证书格式给省立图书馆的训令附式样		J101-15-0315-002
1479	为遵令办理连环保证情形给教育厅的呈文		J101-15-0315-004
1480	36年度6月请领职员生补费清册		J101-15-0316-001
1481	5、6月份工役职员清册（不详）		J101-15-0316-002
1482	36年度6月份工役生补费清单		J101-15-0316-003
1483	36年度6月份新添职员2名生补费清单		J101-15-0316-004
1484	36年度五、六两月职员应领生补费调整数增加数清册各1份		J101-15-0316-005
1485	36年度7月份员工应领生补费表（8、9月份同）		J101-15-0316-006
1486	动用36年度四、七月份生补费节余移充员工伙食津贴数目表		J101-15-0316-007
1487	36年度7月份补发职员二人生补费数目单		J101-15-0316-008
1488	36年度9月份员工应领生补费表		J101-15-0316-009
1489	36年度10月份上半月员工应领生补费表（下半月同）		J101-15-0316-010
1490	员工应领36年度8、9、10三个月调整生补费表		J101-15-0316-011
1491	36年度11月份员工应领生补费表		J101-15-0316-012
1492	36年度10-11月份员工生补助费调整数清册		J101-15-0316-013
1493	36年度12月份员工应领生补费表		J101-15-0316-014
1494	表式、姓名表（不明）		J101-15-0316-015
1495	36年度1月份工役生补费证明册附字条4张		J101-15-0316-016
1496	暂收款明细表		J101-15-0316-017
1497	36年度1-12月岁出经常门临时部分表8张		J101-15-0316-018

序号	题名	年份	档号
1498	为通知将34年度无公粮之复职新委及留用员役实际额数造册送厅汇办给省立图书馆的通知		J101-15-0317-001
1499	为送缴34年度本馆无分粮员役实际额数清册给省民政厅的呈文		J101-15-0317-002
1500	向厅长报送10月份应领员工薪津办公费数目表等的呈文		J101-15-0317-003
1501	为10至12月份领用面粉令给省立图书馆的训令和该馆的呈文		J101-15-0317-004
1502	为抄送省立图书馆本厅规定员役数目的函		J101-15-0317-005
1503	为颁发胜利勋章条例者从速列名给省立图书馆的函		J101-15-0317-006
1504	为领煤面粉给省图书馆的通知函		J101-15-0317-007
1505	为省图书馆购11月份员工面粉的扣款单		J101-15-0317-009
1506	为省图书馆科服造具花名清册的通知和该馆造册及教育厅训令		J101-15-0317-010
1507	为领取女职员冬服衣料等给省立图书馆的通知和该馆领到条		J101-15-0317-011
1508	转发36年度冬季棉制服证明册		J101-15-0317-012
1509	为配发DDT及鱼肝油精并附办法给省立图书馆的函和该馆造册等		J101-15-0317-013
1510	为准卫生处函检发分配各级公务人员DDT及鱼肝油精各种办法给省图书馆的训令等		J101-15-0317-014
1511	为省图书馆请求援照各中学成例配拨各社教机关煤炭以利工作的指令和该馆呈文		J101-15-0317-015
1512	为函请省府总务处对本馆新添员役增发福利面粉的公函		J101-15-0317-016
1513	为派员领取12月份福利面粉给省立图书馆的通知		J101-15-0317-017
1514	为函知奉令优待公务员诊病拖行日期并补发办法给图书馆的公函		J101-15-0317-018
1515	为配给员工福利面粉给省府总务处的公函、名册		J101-15-0317-019
1516	为派员领取公教人员福利面粉给省立图书馆的通知和购领条		J101-15-0317-020
1517	职员子女在中等以上学校就读学生证明文件		J101-15-0317-021
1518	为员工冬服造册给省立图书馆的通知和该馆的造册和函		J101-15-0317-022

序号	题名	年份	档号
1519	为各机关学校之煤炉起停日期给省立图书馆的通知		J101-15-0317-023
1520	为准总务处函复新设与增加员工冬服面粉自36年12月份起照发给省立图书馆的通知和该馆公函和领到证		J101-15-0317-024
1521	为派员领取员工夏服给省立图书馆的通知和该馆领到条及函		J101-15-0317-025
1522	为省会区各机关公务员无不动产者各种负担概予免除一案给省立图书馆的通知和该馆给干事主任的通知		J101-15-0317-027
1523	为领取6至8月份员工福利面粉给省立图书馆的通知和该馆的领到条等		J101-15-0317-028
1524	为领取本府职员福利煤给省立图书馆的通知和该馆的造册及扣款单等		J101-15-0317-029
1525	为本会成立的通知附发会议记录给省立图书馆的函		J101-15-0317-030
1526	为准教育厅函复各机关职员子女在本市私立中学求学者安插于公立学校一案给省立图书馆的代电和该馆公函、调查表		J101-15-0317-031
1527	为代配DDT给省府卫生处的公函和职员名册等		J101-15-0317-032
1528	为派员领取职员补助布给省立图书馆的通知和该馆的造册、领到条等		J101-15-0317-033
1529	为准总务处通知将有生补费之职员在济直系眷属人数于文到三日内造册二份分送本厅人事处总务处备核给省立图书馆的训令和该馆呈文清册、总务处通知等		J101-15-0318-001
1530	为发放寄居公务员家中难民赈款请查照领取给省立图书馆的公函和该馆呈文清册、教育厅指令等		J101-15-0318-002
1531	为奉查寄居公务员家中之难民转饬从速依式造册给省立图书馆的训令		J101-15-0318-003
1532	为审查难民不合规定名单给省立图书馆的函		J101-15-0318-004
1533	为寄居公务员家中难民造册给省立图书馆的公函和该馆公函名册		J101-15-0318-005
1534	送给王崇五市长制服等的函和复函		J101-15-0318-006
1535	为领取各单位公粮人数配给二等面粉给省立图书馆的函		J101-15-0318-007
1536	为检发女教职员夏服制作办法给省立图书馆的训令		J101-15-0318-008

续表

序号	题名	年份	档号
1537	为发救济布迅造册给省立图书馆的函和该馆来函、造册		J101-15-0318-009
1538	为职员子女受中等学校教育者补助夏服给图书馆的公函和该馆来函和造表、领到条、证明册		J101-15-0318-010
1539	为各机关职员夏服白布缮造名册给省立图书馆的函和该馆公函名册领到条等		J101-15-0318-011
1540	为派员取购职员食用面粉给省立图书馆的通知		J101-15-0318-012
1541	为购布给省立图书馆的通知		J101-15-0318-013
1542	为暂停经营和更换经理给省立图书馆的通知		J101-15-0318-014
1543	35年度职员领取冬季棉服清册		J101-15-0318-015
1544	为造送编制内实有职员名册给省立图书馆的通知		J101-15-0318-016
1545	为准予制发棉服数目给省立图书馆的函和该馆领到条		J101-15-0318-017
1546	职工及学生姓名清册		J101-15-0318-018
1547	为购货事项等给省立图书馆的函等		J101-15-0318-019
1548	为发给职员冬服补助布给省立图书馆的通知和该馆名册领到条		J101-15-0318-020
1549	37年度十月份职员俸薪证明书		J101-15-0319-001
1550	37年度被裁人员俸薪资遣费证明书		J101-15-0319-002
1551	37年度5月份职员俸薪证明书		J101-15-0319-003
1552	37年度5月份工役工资证明书		J101-15-0319-004
1553	发放37年度6月份职员俸薪证明册		J101-15-0319-005
1554	37年度6月份生活补助费清册		J101-15-0319-006
1555	发放37年度1、2月份员工生补费清册		J101-15-0319-007
1556	37年度4月份生补费一部计算表		J101-15-0319-008
1557	转发37年度4、5月份生补费（每月15万倍）清册		J101-15-0319-009
1558	37年度6月份生补费（14万倍）一部证明册		J101-15-0319-010
1559	37年度6月份员工生补费一部发放计算表		J101-15-0319-011
1560	37年度6月份生活补助费清册		J101-15-0319-012
1561	37年度7月份员工生补费实付数目表（四十一万倍）		J101-15-0319-013
1562	37年度8月份生补费（五十五万倍）证明册		J101-15-0319-014

续表

序号	题名	年份	档号
1563	37年度8月份生活补助费清册		J101-15-0319-015
1564	为本年8月份起增拨省立图书馆1人薪俸给会计处公函为增拨馆长王献唐薪俸给省立图书馆的指令		J101-15-0320-001
1565	向教育厅呈请补发本馆馆长王献唐8、9、10、11各月份俸薪及生补费以便汇款的呈文		J101-15-0320-002
1566	为自37年元月份起奉准调整文职人员待遇案给省立图书馆的训令附调整办法		J101-15-0320-003
1567	为奉颁减发各机关生活补助费办法一案给省立图书馆的训令		J101-15-0320-004
1568	为抄发节余薪俸及生活补助费移充员工福利用途核计表格式给省立图书馆的训令附表式		J101-15-0320-005
1569	为37年上半年度各机关公役饷资应遵院颁规定支报一案给省立图书馆的训令		J101-15-0320-006
1570	为转奉行政院规定本年4—6月份减发生活补助费成数给省立图书馆的通知		J101-15-0320-007
1571	为令知自4月份起按月调整文武职人员待遇给省立图书馆的训令		J101-15-0320-008
1572	为令知本年4月份应发生补费数额给省立图书馆的训令		J101-15-0320-010
1573	为令知本年5月份文职公役生补费应增数额给省立图书馆的训令		J101-15-0320-011
1574	为转奉行政院电示5月份文武职人员生补费调整标准给省立图书馆的通知		J101-15-0320-012
1575	为抄转行政院电知本省文武职人员本年6月份调整待遇案给省立图书馆的训令		J101-15-0320-013
1576	为令知本年6月份应增生补费数额给省立图书馆的指令		J101-15-0320-014
1577	为抄发生补费附表格式及报销清单给省立图书馆的训令附表式		J101-15-0320-015
1578	为令知自3月份起裁减人员役后应支生补费数额给省立图书馆的训令		J101-15-0320-016
1579	为转奉行政院电示文武人员待遇自7月份起按当月生活指数调整并7月份生补费发放办法给省立图书馆的通知		J101-15-0320-017
1580	为本省文武职人员本年7月份调整待遇标准给省立图书馆的训令		J101-15-0320-018
1581	为转奉行政院电示自8月份起文武人员待遇支给标准案给省立图书馆的训令		J101-15-0320-019

续表

序号	题名	年份	档号
1582	章程草案和给省立图书馆的公函		J101-15-0321-001
1583	给省立图书馆的售货通知		J101-15-0321-004
1584	为填写手册办理登记等给省立图书馆的通知		J101-15-0321-005
1585	为填造社员急需物品调查表给合作社的公函		J101-15-0321-006
1586	为报送社员登记册给合作社的公函		J101-15-0321-007
1587	为新添职员登记给合作社的公函		J101-15-0321-009
1588	为购置敌伪产业处理局的一批物资给省立图书馆的通知		J101-15-0321-011
1589	为发社员盈余分配证给省立图书馆的通知		J101-15-0321-013
1590	为推选社员代表给省立图书馆的通知		J101-15-0321-014
1591	为报送社员代表名单给合作社的函		J101-15-0321-015
1592	合作社个人名册和收到条2件		J101-15-0321-016
1593	为购置原煤办理手续给省立图书馆的通知		J101-15-0321-017
1594	为新添职员加入合作社事宜给教育厅的公函		J101-15-0321-018
1595	为声明遗失交易手册一本给合作社的公函		J101-15-0321-019
1596	为召开会议配售物品等给省立图书馆的通知和表		J101-15-0321-020
1597	合作社社员配售物品数目和配售通知等		J101-15-0321-022
1598	为发给社员手册18册给省立图书馆的通知		J101-15-0321-023
1599	为本社变更登记各种手续给省立图书馆的通知和登记名单		J101-15-0321-024
1600	为购盐给省立图书馆的通知和该馆需购物品表		J101-15-0321-025
1601	为社员股金数目给省立图书馆的通知		J101-15-0321-026
1602	为举行欢迎田天主教耕莘大会给省立图书馆的通知		J101-15-0321-027
1603	为召开第三届社员代表大会给省立图书馆的通知、售货通知		J101-15-0322-014
1604	为新社员入社登记册式给省立图书馆的通知和该馆清册		J101-15-0322-018
1605	为社员补缴股金或退股领取股息等给省立图书馆的公函和股息赢余分配证留底（页内存）		J101-15-0322-019
1606	为物品配售问题的通知多件给省立图书馆的训令		J101-15-0322-022
1607	为遵令填报职员任用卸职统计各项表册给教育厅呈文		J101-15-0323-001

续表

序号	题名	年份	档号
1608	为本月24日以前照式列送职员录一案给省立图书馆的训令和该馆呈文名册		J101-15-0323-002
1609	职员任用情形报告清册和统计表		J101-15-0323-003
1610	为制发各机关现有在职人员工作分配及支薪情形清册给省立图书馆的训令和该馆呈文、清册		J101-15-0323-004
1611	为奉通知制发各机关现有在职人员工作分配及支薪情形清册格式给省立图书馆的训令和该馆呈文清册		J101-15-0323-005
1612	为奉通知造送35年度12月份现有员额调查表给省立图书馆的训令和该馆呈文调查表		J101-15-0323-006
1613	为奉通知造送本年6月份各机关现有员额调查表给省立图书馆的训令和该馆呈文调查表		J101-15-0323-007
1614	为收到省立图书馆6月份现有员额调查表等情的指令		J101-15-0323-008
1615	为造送36年度12月份现有员额调查表给教育厅的呈文及调查表		J101-15-0323-009
1616	为抄发新制人事表报格式填表说明及实例等件给省立图书馆的训令		J101-15-0323-010
1617	为检发新制人事表报格式填表说明及实例等件给省立图书馆的训令		J101-15-0323-011
1618	向教育厅呈送37年度1月份职员任用情形报告清册、表的呈文和教育厅指令		J101-15-0323-012
1619	向教育厅呈送37年度2月份员额进退情形统计表的呈文和该厅的指令		J101-15-0323-013
1620	向教育厅呈报37年度3月份职员卸职情形报告清册及员额进退情形统计表的呈文和教育厅指令		J101-15-0323-014
1621	向教育厅呈报37年度4至8月份员额进退情形统计报告表的呈文和教育厅指令		J101-15-0323-015
1622	向教育厅呈报干事丁春亭等因病辞职补缺等情的呈文和教育厅指令		J101-15-0323-017
1623	为准社教学院函送鲁籍毕业生名册请予任用给省立图书馆的训令		J101-15-0323-018
1624	为选用大学生应注意事项给省立图书馆的训令		J101-15-0323-019
1625	为准国立中大介绍本年度毕业生请予任用给省立图书馆的训令		J101-15-0323-020

序号	题名	年份	档号
1626	为函请省立图书馆补造遣散费预算五份的公函和该馆给会计处的公函和预算书及教育厅训令		J101-15-0323-021
1627	为请求省政府减低薪俸保留有名额的呈文		J101-15-0323-022
1628	为37年度省属机关裁遣员役案给省立图书馆的训令		J101-15-0323-023
1629	为遵令呈送裁员名册给省政府的呈文和省府的指令		J101-15-0323-024
1630	员役资遣费核定单		J101-15-0323-025
1631	为奉检发省民教馆等单位裁遣员役一案给省立图书馆的训令		J101-15-0323-026
1632	为呈请省府更正资遣费核定单的呈文		J101-15-0323-027
1633	为省立图书馆呈请更正资遣费核定单内核列李仰宜薪俸一案的指令		J101-15-0323-028
1634	为遵令自37年度添用工役一名给教育厅的呈文		J101-15-0323-029
1635	为制定员工名册式样给省立图书馆的通知和该馆公函、呈文		J101-15-0323-031
1636	为准考叙部咨以嗣后各机关人事机构如有变更应会商本部办理不得任意裁撤或归并自应照办给省立图书馆的训令		J101-15-0323-033
1637	为职员月薪奉令增加另造清册一份给人事处第三科的公函		J101-15-0323-034
1638	为奉抄发本年暑假各院校应届毕业生师范生名册饬指派工作一案给省立图书馆的训令		J101-15-0323-036
1639	为奉本省通知以时值戡乱期间应勤力工作不得托故请假等给省立图书馆的训令		J101-15-0323-037
1640	为职员曹庚生服务证写的证明信		J101-15-0323-038
1641	向教育厅呈送新用助理干事郑秀云刘全文履历表的呈文和教育厅指令职员曹庚生等履历表		J101-15-0323-040
1642	职员曹庚生等履历表		J101-15-0323-041
1643	为省立图书馆职员郑秀云等辞职以曹庚生等递补的指令等		J101-15-0323-042
1644	为自本年11月份起增加员工生补费名额给省图书馆的训令		J101-15-0323-043
1645	为呈请教育厅准予添用工役2名的呈文和教育厅指令		J101-15-0323-044

续表

序号	题名	年份	档号
1646	为拟用干事丁春亭等二名检证送验给教育厅呈文		J101-15-0323-045
1647	为准铨叙部咨送管理省市政府以下人事机构实施办法及附件一案给省立图书馆的训令		J101-15-0323-048
1648	为规定嗣后各机关请派人员务须叙明空额情形给省立图书馆的训令		J101-15-0323-049
1649	为派员领取购面凭证给省立图书馆的通知和该馆的领到条		J101-15-0323-050
1650	为暂调本厅巡教团团员朱景东前往该馆工作给省立图书馆的训令		J101-15-0323-051
1651	为派员领取福利面粉凭证给省立图书馆的通知和该馆领到条		J101-15-0323-052
1652	为遵令造具职员名册二份给教育厅的呈文		J101-15-0323-053
1653	为准人事处函依式分别造具职员名册给省立图书馆的训令和该馆名册		J101-15-0323-054
1654	为抄发各机关现有员额调查表仰迅即依式填送给省立图书馆的训令		J101-15-0323-055
1655	向教育厅呈送现有员额调查表的呈文		J101-15-0323-056
1656	为层奉行政院令饬尽量遴用善后救济总署工作人员一案给省立图书馆的训令		J101-15-0323-057
1657	为奉省府通知转饬按期填送考勤月报表给省立图书馆的训令附表式		J101-15-0324-001
1658	向教育厅呈送35年度9月份考勤月报表的呈文附9月份月报表		J101-15-0324-002
1659	为收到省立图书馆9月份职员考勤月报表的指令		J101-15-0324-003
1660	向教育厅呈送35年度10月份职员考勤月报表的呈文附表		J101-15-0324-004
1661	向教育厅呈送35年度11月份职员考勤月报表附表		J101-15-0324-005
1662	为收到省立图书馆10、11月份职员考勤月报表的指令		J101-15-0324-006
1663	向教育厅呈送35年度12月份职员考勤月报表的呈文附表		J101-15-0324-007
1664	为收到省立图书馆12月份职员考勤月报表的指令		J101-15-0324-008
1665	为奉发修正考绩表册送达期间表给省立图书馆的训令附表		J101-15-0324-009

续表

序号	题名	年份	档号
1666	为抄发本府职员考勤规则给省立图书馆的训令附规则		J101-15-0324-010
1667	奉省府通知修正本府职员考勤规则给省立图书馆的训令		J101-15-0324-011
1668	为奉发公务员请假规则给省立图书馆的训令附规则		J101-15-0324-012
1669	向教育厅呈送36年度1月份职员考勤月报表的呈文附表		J101-15-0324-013
1670	为收到省立图书馆本年1月份职员考勤月报表的指令		J101-15-0324-014
1671	向教育厅呈送36年度2月份职员考勤月报表的呈文附表		J101-15-0324-015
1672	为收到省立图书馆2月份职员考勤月报表的指令		J101-15-0324-016
1673	向教育厅呈送36年度3月份职员考勤月报表的呈文附表		J101-15-0324-017
1674	为收到省立图书馆3月份职员考勤月报表的指令		J101-15-0324-018
1675	向教育厅呈送36年度4月份职员考勤月报表的呈文附表		J101-15-0324-019
1676	为收到省立图书馆4月份职员考勤表的指令		J101-15-0324-020
1677	向教育厅呈送36年度5月份职员考勤表的呈文附表		J101-15-0324-021
1678	为收到省立图书馆5、6月份职员考勤月报表的指令		J101-15-0324-023
1679	向教育厅呈送36年度7、8、9月份职员考勤月报表的呈文附表		J101-15-0324-024
1680	为收到省立图书馆7、8两月份职员考勤月报表的指令		J101-15-0324-025
1681	向教育厅呈送36年度10、11、12月份职员考勤月报表的呈文附表		J101-15-0324-026
1682	向教育厅呈送37年度1月份职员考勤月报表的呈文附表		J101-15-0325-001
1683	向教育厅呈送37年度2月份职员考勤月报表的呈文附表		J101-15-0325-002
1684	向教育厅呈送37年度3-8月份职员考勤月报表的呈文附表		J101-15-0325-003
1685	为抄发修正本府职员考勤规则给省立图书馆的训令附规则		J101-15-0325-004

续表

序号	题名	年份	档号
1686	办公室职员考勤簿		J101-15-0326-001
1687	办公室职员签到簿		J101-15-0326-002
1688	办公室职员签到簿		J101-15-0326-003
1689	为令转教师节纪念办法给省立图书馆的训令		J101-15-0327-001
1690	为准铨叙部函以公务员支给薪俸变通办法施行日期嘱查照一案给省立图书馆的训令		J101-15-0327-002
1691	为印发各级学校办理社教办法等令给省立图书馆的训令		J101-15-0327-004
1692	为奉令转发著作发明及美术奖励规则一份给省立图书馆的训令		J101-15-0327-006
1693	为本省社会处已于本年4月16日正式成立给省立图书馆的训令		J101-15-0327-007
1694	为各机关严督所属不得违及公务员服务法第13条之规定转令遵照给省立图书馆的训令		J101-15-0327-009
1695	为准省临时参议会函嘱对抗战失业人员设法安置工作切实保障一案规定实施办法给省立图书馆的训令		J101-15-0327-020
1696	为定本年8月1日举办省35年高等及普通检定考试并定是日为每年固定举办时间合行检发检定考试规则及注意事项表各一件给省立图书馆的训令		J101-15-0327-021
1697	为遵令检发补习学校规则一份给省立图书馆的训令		J101-15-0327-022
1698	为转发联合国歌胜利进行曲各一份给省立图书馆的训令		J101-15-0327-023
1699	为检发申请褒扬保证书式给省立图书馆的训令		J101-15-0327-024
1700	为奉行政院令发参加政府工作各政党党务工作人员拟任公务员送审时计资办法给省立图书馆的训令		J101-15-0327-025
1701	为准考铨部电以35年度地方政务机关荐任职以上人员改绩改成案等给省立图书馆的训令		J101-15-0327-026
1702	为各机关嗣后办理公务员退职手续时于发给离职证明书外并请发来考绩合格证明书给省立图书馆的训令		J101-15-0327-027
1703	为奉行政院令以监察委员会于树德等建议革新政治应予紧急施行事项（六）实行人才主义健全人事制度打破派系支配之意见给省立图书馆的训令		J101-15-0327-028

续表

序号	题名	年份	档号
1704	为山东省立隔离病院改称"山东省立传染病医院"给省立图书馆的训令		J101-15-0327-029
1705	为本府无线电总台名义改为"山东省政府专用无线电总台"给省立图书馆的训令		J101-15-0327-030
1706	为准空军总司令部代电以派彭香暂代山东省防空指挥部副指挥官给省立图书馆的训令		J101-15-0327-031
1707	为办理考绩案件补行考绩问题给省立图书馆的训令		J101-15-0327-033
1708	为准内政部电关于伪组织下之民教馆等职员候选及任用应比照伪学校职员办理给省立图书馆的训令		J101-15-0327-036
1709	为函请查照借书暂行办法给省府秘书处的公函		J101-15-0327-037
1710	为转发推行战地平房教育方针及实施办法各种给省立图书馆的训令		J101-15-0327-038
1711	为转知关于机关团体办理民众学校办法修正各点给省立图书馆的训令		J101-15-0327-039
1712	为令知办理民众识字教育班可适用机关团体办理民众学校办法给省立图书馆的训令		J101-15-0327-040
1713	为发本市公教人员参加防御工事服役办法给省立图书馆的代电		J101-15-0327-041
1714	为重申前令各机关主管对所属公务员不得无故更动给省立图书馆的训令		J101-15-0327-042
1715	为令知派员视察各级学校及教育机关给省立图书馆的训令		J101-15-0327-043
1716	为准教育部咨以省立昌乐中学等四校办理社教成绩切实应予传令嘉奖给省立图书馆的训令		J101-15-0327-044
1717	为饬各机关对于所属公务员不得无故更动以资保障给省立图书馆的训令		J101-15-0327-045
1718	为省立图书馆呈东关后坡街班荆里21号藏有图书馆四部丛刊如何办理时指令和该馆呈文各3件		J101-15-0327-047
1719	为请求教育厅通知本市党政接收委员会将所有接收书籍古物等件拨归本馆保存的呈文和该厅指令和书单		J101-15-0327-048
1720	为令饬将所存齐鲁大学中文书籍归还给省立图书馆的指令和该馆呈文		J101-15-0327-049
1721	为齐鲁大学林仰山君函请将图书馆接收明义士私人之书亦予发还给省立图书馆的训令		J101-15-0327-050

续表

序号	题名	年份	档号
1722	为令饬将所存齐大各教授之中西图书悉数发还给省立图书馆的训令各2件		J101-15-0327-051
1723	为订购蒋百里先生文选给省立图书馆的函		J101-15-0327-053
1724	为前往省党部洽取日文书籍给省立图书馆代馆长的训令和省立图书馆、省党部的函		J101-15-0328-001
1725	为遵令将接收省党部日文书籍经过情形给省政府的呈文		J101-15-0328-002
1726	为点收渠邱赵氏模郼阁书籍办法给教育厅长的呈文		J101-15-0328-003
1727	奉令赴青岛市点收新购赵氏模郼阁书籍支出费用预计表、预算书和省政府会计处核款通知单及省教育厅的指令		J101-15-0328-004
1728	为奉令出差所有馆长职务拟着采编部主任邵浩然暂行代理给教育厅长的呈文和教育厅的指令		J101-15-0328-005
1729	为公毕销差给教育厅长的呈文和教育厅的指令		J101-15-0328-006
1730	为呈报赴青岛点收模郼阁书籍经过情形造具书目清单等给教育厅的呈文和清单及教育厅的指令等		J101-15-0328-007
1731	为暂时存放所购妥模郼阁在青岛书籍给青岛市图书馆的公函		J101-15-0328-008
1732	向省政府会计处函送临时费收支对照表、出差旅费报告表的公函和表及会计处查核报告通知单、代电等		J101-15-0328-009
1733	为收到渠邱赵氏交来皇明开天御律一函六册给教育厅长的呈文和教育厅的指令		J101-15-0328-010
1734	为奖励济南市警察局霍队长寻获李璧碑给教育厅的呈文及教育厅指令、省政府会计处核款通知单等		J101-15-0328-011
1735	为补送临时费预算书给省政府会计处的公函、预算表和领取奖金收据及省教育厅训令		J101-15-0328-012
1736	新闻稿——省图书馆悬赏寻求李璧碑和报纸一张		J101-15-0328-013
1737	为拟具本馆珍贵书籍文物办法给处长的公函		J101-15-0329-001
1738	迁移珍贵书籍文物在省府图书室临时保存办法		J101-15-0329-002
1739	山东省立图书馆珍本书籍清单（1—7箱）		J101-15-0329-003

续表

序号	题名	年份	档号
1740	为遵令将本馆珍贵书物送存省府图书室给教育厅的呈文		J101-15-0329-004
1741	送存省府图书室书籍文物总册		J101-15-0329-005
1742	为图书馆呈送存省府图书室书籍文物清册二份的指令		J101-15-0329-006
1743	向省府呈请将移存图书室之书籍文物准予迁回保存的呈文		J101-15-0329-007
1744	接收齐鲁大学图书馆图书目录下册		J101-15-0330-001
1745	为教育部电令征集全国教育展览会展览物品给省立图书馆的训令附目录及注意事项		J101-15-0331-001
1746	为利发钤记令仰具领启用具报并将旧钤截角缴销给省立图书馆的训令		J101-15-0331-003
1747	为遵令备价具领钤记教育厅的呈文附领到条		J101-15-0331-004
1748	为奉知新钤呈报启用日期并将旧钤截角缴销给教育厅的呈文		J101-15-0331-005
1749	据呈报启用新钤日期并将旧钤截角缴销给省立图书馆的指令		J101-15-0331-006
1750	为准函转知该馆会计室奉主计处核定设委任会计员一员给省立图书馆的训令附编制单		J101-15-0331-007
1751	为检发请任人员资历表给省立图书馆的训令附表		J101-15-0331-008
1752	为函请借予济南府志用资参考给省立图书馆的公函		J101-15-0331-009
1753	为转发省市县立图书馆实施概况及图书杂志报纸调查表各1份给省立图书馆的训令附调查表		J101-15-0331-010
1754	向教育厅呈报省市县立图书馆实施概况及图书杂志报纸调查表的呈文附表		J101-15-0331-011
1755	为收到省立图书馆实施概况及图书杂志报纸调查表的指令		J101-15-0331-012
1756	为省立图书馆拟组织评议会等情的指令		J101-15-0331-013
1757	函请济南市市长借给公园内四面亭一座以便设置阅览室供民众阅书的公函		J101-15-0331-014
1758	为函复本府因公便用中山公园内四面亭给省立图书馆的公函		J101-15-0331-015
1759	设立临时阅览处的通知		J101-15-0331-016
1760	为分配十一战区拨交矿委会余款200万元给省立图书馆的训令		J101-15-0332-001

续表

序号	题名	年份	档号
1761	为遵令向教育厅呈送十一战区副长官部拨发捐款用途计划书的呈文附计划书3份		J101-15-0332-002
1762	为收到省立图书馆呈送矿委会金款用途计划书的指令		J101-15-0332-003
1763	为收到省立图书馆呈送处理矿委会拨款支出表的指令附表		J101-15-0332-004
1764	临时费累计表		J101-15-0332-005
1765	临时收支对照表		J101-15-0332-006
1766	财产增减表		J101-15-0332-007
1767	向教育厅呈送35年度购书清册的呈文		J101-15-0332-008
1768	全省立图书馆长查明馆存星石价金以济贫困的训令		J101-15-0332-009
1769	为奉令查报馆存星石给省政府的呈文		J101-15-0332-010
1770	34年度10-12月份经临费收支报告表		J101-15-0333-001
1771	35年度7-8月份经临费收支报告总表		J101-15-0333-002
1772	35年度9、10月份经临费收支报告总表		J101-15-0333-003
1773	为令发35年度教育文化费岁出预算书及注意事项给省立图书馆的训令		J101-15-0333-004
1774	向教育厅造送35年度经费月份分配预算书的呈文附预算书		J101-15-0333-006
1775	为各级学校及社教机关36年度月份分配预算书统限于本月25日前呈送来厅以资核转给省立图书馆的训令		J101-15-0333-007
1776	为收到省立图书馆35年度经常费分配预算书的指令		J101-15-0333-008
1777	为前据呈送35年度经费分配预算书经转准会计处……按月径向财厅具领造报给省立图书馆的训令		J101-15-0333-009
1778	为催办编送本年度临时费、开办费、修缮费预算书给省立图书馆的训令		J101-15-0333-010
1779	为向济南电信局缴纳电话月租费的公函和单据和电信局来函		J101-15-0335-001
1780	为查复占用2019号电话之军队名称以资办理给省立图书馆的公函和该馆复函和通知单		J101-15-0335-002
1781	为电话交费问题给济南电信局的来函和该局的公函		J101-15-0335-003
1782	为2019号电话交费问题给付司令长官部的公函和该部的复函		J101-15-0335-004

序号	题名	年份	档号
1783	为驻居本馆之104库另开大门一事给教育厅的呈文和教育厅指令		J101-15-0336-002
1784	为呈请教育厅与军事当局磋商将本馆所储存子弹迁移市外的呈文		J101-15-0336-003
1785	为后勤部十分监部弹药库占据馆舍给省参议会的公函多件和复函		J101-15-0336-004
1786	为呈请转呈省府函请后勤总部饬将占据本馆房舍从速迁移给教育厅的呈文和教育厅指令等		J101-15-0336-005
1787	为订购《我择取自由》一书给省图书馆的训令		J101-15-0337-001
1788	为订阅礼乐半月刊给省图书馆的训令		J101-15-0337-002
1789	为介绍王船山先生遗书仰自行酌购给省图书馆的训令		J101-15-0337-003
1790	为转发科学业务订单给省图书馆训令		J101-15-0337-004
1791	为介绍"社会教育行政"仰各单位购酌给省图书馆的函		J101-15-0337-005
1792	为购买中华民国宪法原本给省图书馆的训令		J101-15-0337-006
1793	为推销《台湾省五十一年来统计提要》的函		J101-15-0337-007
1794	为转介湖北恩施图书馆交换书目表给省图书馆的训令		J101-15-0337-009
1795	为订购《曾在胡名著合集》给省图书馆的函		J101-15-0337-010
1796	为订阅民众周刊给省图书馆的训令		J101-15-0337-011
1797	为订阅《最近中国各党派》给省图书馆的训令		J101-15-0337-012
1798	为通令各县市采购中华文库初中小学两集给省图书馆的代电		J101-15-0337-013
1799	为检送教育材料给山东省图书馆的代电		J101-15-0337-014
1800	为购买英国文学名著给山东省图书馆的函		J101-15-0337-015
1801	为收集青海省志军事给山东省图书馆的公函		J101-15-0337-016
1802	为借给中等学校国文教学改进委员会参政书给省立图书馆的训令		J101-15-0337-017
1803	为美国胡佛图书馆征集中国革命抗战史料给省立图书馆的训令		J101-15-0337-018
1804	关于订阅昆虫与艺术月刊给省立图书馆的训令		J101-15-0337-019
1805	为准嘉兴青年中学图书馆向本厅寄送出版刊物给该馆的训令		J101-15-0337-020

续表

序号	题名	年份	档号
1806	关于抄发中央图书馆国际交换处调查我国各机关出版品表式给省民教馆的训令		J101-15-0337-021
1807	关于损失图书给省教育厅的呈文		J101-15-0337-022
1808	关于省图书馆损失图书报告的指令		J101-15-0337-023
1809	为举办巡回文库给教育厅的呈文		J101-15-0337-024
1810	关于订购考铨月报给省图书馆的公函		J101-15-0337-025
1811	为采购中华文库民众教育第一集给省图书馆的训令		J101-15-0337-026
1812	为物价采用中华民国行政区域图给省图书馆的训令		J101-15-0337-027
1813	为将前购小学文库上部拨给省民教馆一部给省立图书馆的训令		J101-15-0337-028
1814	为奉令拨给省民教馆小学生文库一部给省教育厅的呈文		J101-15-0337-029
1815	为省图书馆拨给省民教馆小学生文库一部呈文给该馆的指令		J101-15-0337-030
1816	关于普查馆藏图书给省教育厅的呈文		J101-15-0337-031
1817	关于省图书馆普查图书呈文的指令		J101-15-0337-032
1818	关于函谢购书费的公函		J101-15-0337-033
1819	为赠先人遗着冬青室诗钞一册给山东省图书馆的函		J101-15-0337-034
1820	为董太冲先生赠书给于祥五的公函		J101-15-0337-035
1821	为将省党部所存日文书籍收回给省图书馆的训令		J101-15-0337-037
1822	为收回日文书籍给省党部的公函		J101-15-0337-038
1823	关于收交日文书籍如何办理给省图书馆的公函		J101-15-0337-039
1824	关于省党部暂不交日文书籍给省教育厅的公函		J101-15-0337-040
1825	关于将馆藏伪教科书变卖以作购新书之用给省教育厅的呈文及教育厅的指令		J101-15-0337-041
1826	为将本馆存伪书变买另购新书办理情形给省教育厅的呈文及教育厅的指令		J101-15-0337-042
1827	关于教育厅发给"我择取自由"五部领据		J101-15-0337-043
1828	为转发英国名著给省图书馆的代电		J101-15-0337-044
1829	关于借书的证明书、保证书		J101-15-0337-045
1830	山东省图书馆出借书籍一栏表		J101-15-0337-046

续表

序号	题名	年份	档号
1831	山东省图书馆普通书籍借用办法		J101-15-0337-047
1832	为呈送出版抄刊以便汇转给省图书馆的训令		J101-15-0337-048
1833	关于从青岛进书的来往信函单据		J101-15-0337-049
1834	关于未立案学校、教职员学生来校借书有关问题给省教育厅的呈文及教育厅的指令		J101-15-0337-050
1835	为请赐寄印监以便对照而利借阅图书给各学校的公函		J101-15-0337-051
1836	为颁史籍八种希查收转发给山东省图书馆的代电		J101-15-0337-052
1837	为领取本部分配该馆英文名著给山东省图书馆的代电及回电		J101-15-0337-054
1838	为令发"国文墨宝"一册给省图书馆的训令		J101-15-0337-055
1839	为发给"我择取自由"三十部给省府的呈文及省府令及该馆领导呈文		J101-15-0337-056
1840	关于送全国司法行政检讨会议汇编及战时司法纪要给山东省图书馆的函		J101-15-0337-057
1841	为寄本校出版四种书籍给省图书馆的公函		J101-15-0337-058
1842	为发寄山东省图书馆"河北省绥靖区工作实况"的通知单		J101-15-0337-059
1843	为省图书馆通知该校学生张智宪魁还书一事给该馆的函		J101-15-0337-061
1844	为请省图书馆赐借图书的公函		J101-15-0337-062
1845	为要求省图书馆提供图书目录的公函		J101-15-0337-063
1846	关于本馆目前大抵不便外借图书资料给山东南华文学院的公函		J101-15-0337-064
1847	为请省立图书馆到该部开办临时图书馆的公函及笺函		J101-15-0337-065
1848	为派员到第二绥靖区司令部研究生班开设简易图书馆给省教育厅的呈文及教育厅的指令		J101-15-0337-066
1849	为将在第二绥靖区司令部研究生班办的简易图书馆撤回的呈文给教育厅的指令		J101-15-0337-067
1850	关于接收日本学校书籍清单		J101-15-0337-068
1851	为转发省立测候所三十五年一至六月份气象报告给省图书馆的训令		J101-15-0337-069
1852	关于普通书籍借阅暂行办法给教育厅的呈文及教育厅的指令		J101-15-0337-070
1853	关于本院学生借书请予优待给省图书馆的函及复函		J101-15-0337-071

续表

序号	题名	年份	档号
1854	关于本馆借书等方面的布告、公函、通告等		J101-15-0337-072
1855	省市县文献报告表和表式		J101-15-0338-001
1856	关于转饬推行秋季节约运动办法仰遵照办理给省立图书馆的训令		J101-15-0338-002
1857	为制发济南地区公教人员学生义务劳动修筑南郊跑道工程办法给省立图书馆的训令		J101-15-0338-003
1858	向工程处函送参加工作人员名册的函和该处复函		J101-15-0338-004
1859	为参加义务劳动修筑南郊道路工作人员务须遵照规定轮流参加不得迟到早退的训令（给省立图书馆）		J101-15-0338-006
1860	为抄发国内出差膳宿杂费调整数额表给省立图书馆的训令		J101-15-0338-007
1861	为抄发修正国内出差旅费规则第六条条文给省立图书馆的训令		J101-15-0338-008
1862	为修正本府职员出差济南市车马补助费支给标准给省立图书馆的训令		J101-15-0338-009
1863	为自37年4月1日起调整国内出差旅费通知给省立图书馆的通知		J101-15-0338-010
1864	为遵令举行科学运动谨将办理情形造册呈报的呈文（给省政府的）		J101-15-0338-011
1865	为令颁37年青年节至儿童节科学运动办法给省立图书馆的训令		J101-15-0338-012
1866	为省立图书馆呈报举行科学运动办理情形的指令		J101-15-0338-013
1867	为核发公务员药费以预算所限暂不核发给省立图书馆的训令		J101-15-0338-014
1868	为抄发各机关建筑工程料价调整办法给省立图书馆的训令		J101-15-0338-015
1869	为拟重编中国博物馆一览要省立图书馆金石保存所写示详细情形的函和该所的复函		J101-15-0338-016
1870	为馆长请假回县参加会议给教育厅的呈文和该厅指令		J101-15-0338-017
1871	为奉省府通知公务人员依法参加考试应作为因公请假给省立图书馆的训令		J101-15-0338-018
1872	为送还修正组织概况初稿有关部分给省府人事处的呈文		J101-15-0338-020
1873	为救济章邱等县公务人员及慰劳昌潍守军给省立图书馆的通知和该馆的公函收款通知		J101-15-0338-021

序号	题名	年份	档号
1874	借书单		J101-15-0338-022
1875	为省立图书馆门前空地严禁商贩摆摊的布告和该馆的呈文		J101-15-0338-024
1876	为省立图书馆门外空地商人设摊营业请严予取缔的指令和该馆的呈文		J101-15-0338-025
1877	为省立图书馆请饬警在门设岗的指令		J101-15-0338-026
1878	为呈请教育厅派工扫除院内砖砾的呈文		J101-15-0338-027
1879	为令饬省立图书馆院内砖砾候年度清除时即行拨工清理的训令		J101-15-0338-028
1880	为馆藏昌拓片等给省立图书馆的求助函		J101-15-0339-001
1881	向山东新报社投稿函和新闻稿一则		J101-15-0339-002
1882	为利用信封背面加印戡乱宣传口号给省立图书馆的函		J101-15-0339-003
1883	为赠刊者致谢的公函		J101-15-0339-005
1884	为省立图书馆为小学学生讲演竞赛惠赠奖品的致谢函和来函收据等		J101-15-0339-006
1885	请山东省银行发给支票的函更换印监申请书（草稿）		J101-15-0339-007
1886	为乞赐填寄调查表给山东省立图书馆的代电和该馆复函及调查表		J101-15-0339-009
1887	为赠寄一年来工作概况给山东省立图书馆的函		J101-15-0339-010
1888	为交换地址出版物给山东省立图书馆的公函和调查表		J101-15-0339-011
1889	为送省党部季刊的函		J101-15-0339-012
1890	为寄送概况表给浙江省图书馆的公函和来函等		J101-15-0339-013
1891	为馆长王玉孚公毕回济接钤给省立图书馆的公函		J101-15-0339-014
1892	为该校迁址给省立图书馆的公函		J101-15-0339-016
1893	为举行胜利庆祝大会给省立图书馆的通知		J101-15-0339-017
1894	为向省立图书馆借书的证明信		J101-15-0339-018
1895	为孔子诞辰及教师节开会等纪念活动给省立图书馆的公函和会议记录		J101-15-0339-019
1896	为代理校长到职给省立图书馆的公函		J101-15-0339-020
1897	为新任校长到职给省立图书馆的公函		J101-15-0339-021

续表

序号	题名	年份	档号
1898	为赠送《青岛教育》一册给省立图书馆的公函		J101-15-0339-022
1899	为领取《新中学文库》一、二期给省立图书馆的公函		J101-15-0339-023
1900	为举行黄芝亭先生画展给省立图书馆的公函		J101-15-0339-024
1901	为钤送省府25年度7—12月份工作报告给省立图书馆的公函		J101-15-0339-025
1902	为征集书籍给省立图书馆的公函		J101-15-0339-026
1903	为该会组织成立给省立图书馆的公函		J101-15-0339-027
1904	为送还济南府志一书给省立图书馆的公函		J101-15-0339-028
1905	为询问书册给教育部国际文化教育事业处的公函和来函		J101-15-0339-029
1906	为送审书表暂定价目表给省立图书馆的公函		J101-15-0339-030
1907	为奉颁关防、官章各一颗给省立图书馆的公函		J101-15-0339-031
1908	为领取国民身份证给省立图书馆的公函		J101-15-0339-032
1909	为检送毕业学生名册给省立图书馆的公函		J101-15-0339-033
1910	为举行纪念活动给省立图书馆的公函		J101-15-0339-034
1911	为职员吕某某享受治疗优待给省立医院的证明信等		J101-15-0339-035
1912	为办法地址日期给省立图书馆的公函		J101-15-0339-037
1913	为开会日期地址给省立图书馆的公函		J101-15-0339-038
1914	为颁发官章和启用日期给省立图书馆的公函		J101-15-0339-039
1915	为不警搅巷战演习给省立图书馆的公函		J101-15-0339-040
1916	为函送证章样式给省府总务处的公函		J101-15-0339-041
1917	为送组织概况表的人事处第二科的函和表		J101-15-0339-042
1918	为请援助修治馆院等给济南市长的公函		J101-15-0339-045
1919	为检送工作报告给省立图书馆的公函		J101-15-0339-046
1920	为推荐古今人物别名索引给省立图书馆的函		J101-15-0339-047
1921	为销行国防月刊第三期给省立图书馆的函		J101-15-0339-048
1922	为举行纪念典礼给省立图书馆的函		J101-15-0339-049
1923	为惠赐奖品给省立图书馆的公函和该馆的复函		J101-15-0339-050
1924	为函复协助移运贵馆前存至圣奉祀官府书物情形给省立图书馆的公函		J101-15-0339-051

序号	题名	年份	档号
1925	为派员参加大会的通知和标语给省立图书馆的通知		J101-15-0339-054
1926	为校长王宝榗到校视事给省立图书馆的公函		J101-15-0339-055
1927	为举行活动给省立图书馆的公函标语		J101-15-0339-056
1928	为缮造人员名册给省立图书馆的公函和复函		J101-15-0339-057
1929	为通知省立图书馆长开会的函		J101-15-0339-058
1930	为更名给省立图书馆的公函		J101-15-0339-060
1931	为了解省立图书馆设备确数给馆长的函		J101-15-0339-061
1932	为奉令代理人事处长接钤日期给省立图书馆的公函		J101-15-0339-062
1933	为召开追悼张天佐及殉难军民大会给省立图书馆的通知		J101-15-0339-063
1934	为新任市长到职给省立图书馆的公函		J101-15-0339-064
1935	为师专改学院给省立图书馆的公函		J101-15-0339-065
1936	为报送毕业生名册给省立图书馆的公函和复函		J101-15-0339-066
1937	为填报定期刊物调查表给省立图书馆的公函		J101-15-0339-067
1938	为学生参观给省立图书馆的函和复函		J101-15-0339-068
1939	为馆员沈宜之领取任职证明书给省立图书馆馆长的函和复函		J101-15-0339-069
1940	为樊漱圃先生邮书致谢信		J101-15-0339-071
1941	为学生王崇信查阅书报给省立图书馆的介绍信		J101-15-0339-072
1942	为学生借阅书籍问题给省立图书馆的复函		J101-15-0339-073
1943	为函送《济南市政之一年》给省立图书馆的公函		J101-15-0339-074
1944	为运书事给省立图书馆馆长的函		J101-15-0339-075
1945	为选购旧书给省立图书馆馆长的函、书目单及复函		J101-15-0339-076
1946	为赠送《一年来黔省之工程事业专利》给省立图书馆的函和复函		J101-15-0339-078
1947	为收到《教育通讯》表示谢意和投稿给教育通讯社的公函		J101-15-0339-079
1948	为李丕贻来省立图书馆进修给仲舒先生之信		J101-15-0339-080
1949	为植树节植树问题给省立图书馆的公函		J101-15-0339-082
1950	为换发省府来宾铜质证章给省府总务处的公函和收条		J101-15-0339-083

续表

序号	题名	年份	档号
1951	为迁移局址给省立图书馆的公函		J101-15-0339-084
1952	临时费、经费、累计表		J101-15-0365-001
1953	工作提纲		J101-15-0365-002
1954	为函请中央图书馆出版品国际交换处交换事项办法的公函和该处的复函		J101-15-0368-008
1955	为寄送民众教育给中央图书馆出版品国际交换处的函		J101-15-0368-009
1956	为函送国际交换事项办法的函		J101-15-0368-011
1957	为争取业务指导给省立图书馆的公函及复函		J101-15-0370-026
1958	书画文物展览编组名单		J101-15-0370-036
1959	为向国立中央图书馆报送本省公私立图书馆等之名称地址的便函和中央图书馆给省教育厅的函		J101-15-0374-096
1960	据派员视察省立图书馆工作状况报告的训令		J101-16-0025-001
1961	视察省立图书馆报告		J101-16-0025-002
1962	省图书馆、个人给省长唐仰杜的感谢信		J101-16-0031-001
1963	向教育厅呈送31年年终各职员进级加俸表的呈文		J101-16-0041-012
1964	职员年终进级加俸标准表11张		J101-16-0041-022
1965	向教育厅呈送30年年终进级加俸标准表的呈文、附表12张		J101-16-0041-024
1966	为令发省立图书馆组织暂行规则给省立图书馆的训令附规定		J101-16-0326-001
1967	为省立图书馆呈报书记到差日期的指令		J101-16-0327-001
1968	向教育厅呈报书记到差日期的呈文		J101-16-0327-002
1969	为令恢复省立图书馆发给程仲宏委令的训令		J101-16-0327-003
1970	为省立图书馆呈请增加人员的指令		J101-16-0327-004
1971	向教育厅呈请增加一人薪俸的呈文		J101-16-0327-005
1972	为收到省立图书馆呈报继任事务员履历表保证书的指令		J101-16-0327-006
1973	向教育厅呈送事务员苏子厚身份证票云龙保证书的呈文		J101-16-0327-007
1974	为省立图书馆呈请任用程仲宏的呈文		J101-16-0327-008
1975	向省公署呈请任用前任图书馆管理员程仲宏的呈文		J101-16-0327-009
1976	向省公署呈报就职日期的呈文		J101-16-0327-010

序号	题名	年份	档号
1977	为令委辛葆鼎为省立图书馆馆长的任用令给图书馆管理员程仲宏的训令附馆长履历卡		J101-16-0327-011
1978	为收到省立图书馆护员刘茂基履历及保证书的指令		J101-16-0327-012
1979	向教育厅呈送护员刘茂基履历及保证书的呈文附表书		J101-16-0327-013
1980	向教育厅呈请将护员名义改称助理员的呈文		J101-16-0327-014
1981	为收到省立图书馆护员张履霜履历表及保证书的指令		J101-16-0327-015
1982	向教育厅呈送护员张履霜履历表及保证书的呈文附表书		J101-16-0327-016
1983	向教育厅呈送各职员衔名略历清册的呈文		J101-16-0327-017
1984	向教育厅呈送护员赵洪宾履历表及保证书的呈文		J101-16-0327-018
1985	向教育厅呈送事务员王超凡履历表保证书的呈文		J101-16-0327-019
1986	为省立图书馆儿童书籍如何处理的指令		J101-16-0327-020
1987	向教育呈请停止儿童阅书关于书籍如何处理的呈文		J101-16-0327-021
1988	为给省立图书馆馆长假日三日的指令		J101-16-0327-022
1989	因事请假三日给教育厅的呈文		J101-16-0327-023
1990	为省立图书馆职员佩戴徽章图样的指令		J101-16-0327-024
1991	向教育厅呈报职员佩戴徽章图样的呈文附图样		J101-16-0327-025
1992	为省立图书馆委员会聘任委员人选给省公署的签呈		J101-16-0328-001
1993	为函聘邹心一、刘伯峰、李跃陶担任省立图书馆委员会委员的公函附名单		J101-16-0328-002
1994	聘任刘伯峰担任图书馆委员会委员的公函附名单		J101-16-0328-003
1995	为规定省立图书馆委员会开成立会日期地点给省长的签呈		J101-16-0328-004
1996	职员名单委员名单成立会应讨论事项		J101-16-0328-005
1997	兹派兼杨钰泉等八人兼省立图书馆委员会干事的任用令（附名单）		J101-16-0328-006
1998	为函任金惺庐先生担任图书馆委员会委员的公函附致委员函		J101-16-0328-007
1999	给郝副委员长开会的通知三次		J101-16-0328-008

续表

序号	题名	年份	档号
2000	给教育厅厅长开会的通知附议案一纸		J101-16-0328-009
2001	给郝副委员长开会的通知		J101-16-0328-010
2002	向教育厅呈送购书目录册的呈文附册		J101-16-0329-001
2003	为省立图书馆呈报购书进行办法的指令		J101-16-0329-002
2004	向教育厅呈报购置进行办法的呈文		J101-16-0329-003
2005	为收到省立图书馆6月份购置旧书目录清册的指令		J101-16-0329-004
2006	向教育厅呈报六月份购置旧书目录清册的呈文附册		J101-16-0329-005
2007	为向省立图书馆交回查获前图书馆书61种的函附列表和收据		J101-16-0329-007
2008	为省立图书馆呈送到四有图书数目清册及钤领一纸的指令		J101-16-0329-008
2009	向教育厅呈送旧有图书数目清册及钤领一纸的呈文附领到条图书清册		J101-16-0329-009
2010	为省立图书馆呈报在馆院内寻获旧有物品数目的指令		J101-16-0329-010
2011	向教育厅呈报在馆院内寻获旧有物品数目（附表）的呈文		J101-16-0329-011
2012	为收到省立图书馆寻获物品名称清单的指令		J101-16-0329-012
2013	向教育厅呈报在馆院内寻获物品名称缮表的呈文		J101-16-0329-013
2014	为省立图书馆拨借40套书架给济南师范学校的函		J101-16-0329-014
2015	向教育厅呈请转饬济南师范拨借书架的呈文		J101-16-0329-015
2016	为省立图书馆呈报接收前济南维持会收回散佚备书物品数目册的指令		J101-16-0329-016
2017	向教育厅呈报接收前济南维持会收回散佚图书物品各数目造册的呈文附册		J101-16-0329-017
2018	为省立图书馆6、7月份各界赠送书籍清单的指令		J101-16-0329-018
2019	向教育厅呈报6、7两月份收到各界赠书清单的呈文附清单		J101-16-0329-019
2020	为于祥五先生赠书籍的致谢公函给省立图书馆的训令		J101-16-0329-020
2021	向教育厅呈报接收前江苏省长于祥五捐赠书籍及办理情形的呈文附清单		J101-16-0329-022

续表

序号	题名	年份	档号
2022	为省立图书馆呈报于祥五捐赠书贴数目清单及函谢情形的指令		J101-16-0329-023
2023	向教育厅呈报于祥五捐赠书帖数目清单的呈文附清单		J101-16-0329-024
2024	向教育厅呈送兴亚院华北联络部所赠之图书目录的呈文附目录		J101-16-0329-025
2025	为会同呈报交接清楚给省公署的呈文		J101-16-0329-026
2026	为省立图书馆呈报卸任管理员程仲宏等主持各项清册未照财产列报并内容多有遗漏等的指令		J101-16-0329-027
2027	为经手书籍短少恳请准予列入损失给教育厅的呈文附27年财产目录		J101-16-0329-028
2028	向教育厅呈报留音汽回张移交新民教育馆的呈文		J101-16-0329-029
2029	为函送28年1、2两月财产目录给任先生的函（附目录清册一本）		J101-16-0330-001
2030	27年7月至11月底财产目录清册		J101-16-0330-002
2031	28年2月底财产目录清册		J101-16-0330-003
2032	28年3月底财产目录清册		J101-16-0330-004
2033	向教育厅呈送图书目录的呈文		J101-16-0331-001
2034	为收到省立图书馆图书审核委员会呈送的购置图书目录的复函		J101-16-0331-002
2035	28年3月底造送图书目录清册		J101-16-0331-003
2036	为派王惠如、袁惠亭前经省立图书馆协同启封前乡村师范学校书籍的训令		J101-16-0332-001
2037	向教育厅呈报赴省立图书馆分发书籍情形及清册的呈文		J101-16-0333-001
2038	向教育厅呈送一月份工作报告表的呈文		J101-16-0334-001
2039	向教育厅呈送二、三月份工作报告表的呈文（各一份）		J101-16-0334-002
2040	向北京内政部总务局函送山东省市图书馆一览表的笺函附表		J101-16-0334-003
2041	总务局为了解山东辖境内之国立图书馆名称地址数目给教育厅的公函（笺14）		J101-16-0334-004
2042	秘书处给教育厅的公函为在省立图书馆举行展览会附抄展览会内容		J101-16-0334-005
2043	致省立图书馆笺函通知省立济南各级学校前往参观明湖省立图书馆展览会		J101-16-0334-006

续表

序号	题名	年份	档号
2044	为省立图书馆呈报可否先开阅书阅报二室的指令		J101-16-0334-007
2045	向教育厅呈请先开阅书阅报二室的呈文		J101-16-0334-008
2046	向教育厅呈报遵令办理日本友邻赠送书籍纪念展览会业已筹备就绪的呈文		J101-16-0334-009
2047	向教育厅呈报遵令拨给新民教育馆山东学区图一册的呈文		J101-16-0334-010
2048	函送圣迹图鉴订购三联单由省立图书馆购置一部的公函		J101-16-0334-011
2049	为各县呈送县志等转发给省立图书馆给省立图书馆委员会笺函		J101-16-0334-012
2050	为函请警察局将所有搜集图书馆旧有图书移送来厅的公函		J101-16-0334-013
2051	为历城县民韩凤仪呈以前呈送古迹星石陈列图书馆内未蒙给价恳恩赐予抚恤等情给省长的签呈附李岱东调查报告具呈人韩凤仪的呈文		J101-16-0334-014
2052	为收回省立图书馆损失物品拟定办法三条给鲁东、西、南、北道公署公函		J101-16-0334-015
2053	向省立图书馆借用各县学区分图的便函		J101-16-0334-016
2054	为拓馆内碑文两份存查给教育厅的呈文		J101-16-0334-017
2055	向教育厅呈报开馆阅书日期的呈文		J101-16-0334-018
2056	为省立图书馆呈报晒书日期的指令		J101-16-0334-019
2057	向教育厅呈报晒书日期的呈文		J101-16-0334-020
2058	为省立图书馆呈报因两展限晒书一节的指令		J101-16-0334-021
2059	向教育厅呈报晒书展限的呈文		J101-16-0334-022
2060	为省立图书馆第一次揭裱字画清单给省长的签呈（附又一签呈）		J101-16-0334-023
2061	向教育厅呈送第一次揭裱字画用款清单的呈文		J101-16-0334-024
2062	向教育厅呈报晒书日期的呈文		J101-16-0334-025
2063	为发给省立图书馆27年8月份临时费结余收据一纸的训令		J101-16-0335-001
2064	为省立图书馆27年8月份临时费结余照收等情给教育厅的公函		J101-16-0335-002
2065	为省立图书馆装置碑石、收藏书画图章工料用款等情的动支问题的指令		J101-16-0335-003

续表

序号	题名	年份	档号
2066	为省立图书馆拟装置各种碑石用款给省长的签呈		J101-16-0335-004
2067	为拟请装置碑石一案给教育厅长的签呈附方案、工料估单图章式样各一纸		J101-16-0335-005
2068	为省立图书馆电话加价预算不敷的指令		J101-16-0335-006
2069	为电话加价预算不敷给教育厅的呈文		J101-16-0335-007
2070	为图书馆图书费摘出单独报销的指令给财政厅的公函		J101-16-0335-008
2071	为图书馆呈请将图书费摘出单独报销给省长的签呈		J101-16-0335-009
2072	为图书费往委员会议决准予另案报销给教育厅的呈文		J101-16-0335-010
2073	为省立图书馆呈报售卖门票日期的指令		J101-16-0336-001
2074	向教育厅呈报售卖门票的日期附一签呈		J101-16-0336-002
2075	为省立图书馆呈报自1月7日起至3月底止售卖门票价款数目的指令附一签呈		J101-16-0336-003
2076	各教育厅呈报自1月7日起到3月底止售卖门票价款数目的呈文		J101-16-0336-004
2077	向财政厅函送省立图书馆门票价款清册的公函		J101-16-0336-005
2078	为省立图书馆30年1-3月份售卖门票价款报解省库兑收给教育厅的公函		J101-16-0336-006
2079	为省立图书馆呈报四、五、六各月份售出门票及价款数目的指令		J101-16-0336-007
2080	向教育厅呈报4、5、6各月份售卖门票及价款数目的呈文附收费统计表、受领证、价款清册		J101-16-0336-008
2081	为发还省立图书馆票价原呈等件给教育厅的公函附门票、受领证、清册、统计表、教育厅的笺函		J101-16-0336-009
2082	为省立图书馆树株倾倒拟砍伐售出以利交通的指令		J101-16-0337-001
2083	向教育厅呈报查勘图书馆倾倒树株情形的呈文		J101-16-0337-002
2084	为树株倾倒拟砍伐售出以利交通等给教育厅的呈文		J101-16-0337-003
2085	为省立图书馆拍卖残余废物的指令		J101-16-0337-004
2086	为拆房检出的废铁木料拟拍卖购置给教育厅的呈文		J101-16-0337-005

续表

序号	题名	年份	档号
2087	为省立图书馆售卖废铁木块办理情形等的指令		J101-16-0337-006
2088	向教育厅呈报售卖废铁木块办理情形等的呈文		J101-16-0337-007
2089	为省立图书馆呈请拆除旧藏书楼的指令		J101-16-0337-008
2090	向厅长呈报勘查省立图书馆断壁颓垣险情的呈文		J101-16-0337-009
2091	向教育厅呈报旧藏书楼断壁颓垣的呈文		J101-16-0337-010
2092	为省立图书馆呈报省立第四模范学校借砖数目的指令		J101-16-0337-011
2093	向教育厅呈报第四模范学校借砖数目的呈文		J101-16-0337-012
2094	为省立图书馆呈报树被风拔出二株的指令		J101-16-0337-013
2095	向教育厅呈报树被风拔出二株的呈文		J101-16-0337-014
2096	为修复省立图书馆工程开标给教育厅的公函附投标者列单		J101-16-0338-001
2097	为修建图书馆说明及图样给建设厅的公函		J101-16-0338-002
2098	向教育厅函送省立图书馆并建抱璧堂图样及说明的公函附说明图样		J101-16-0338-003
2099	为图书馆内部整理购置预算给建设厅笺函的签呈		J101-16-0338-004
2100	为图书馆修建工程完竣参加验收给教育厅的笺函		J101-16-0338-005
2101	为省立图书馆添修下房厕所给省政会议的提案		J101-16-0338-006
2102	为发给省图书馆机关长官赠给"日本"写真贴等册以备陈列的函附原件		J101-16-0362-026
2103	关于建设、财政、教育三厅提议省立图书馆安置纱门纱窗事宜的提案的决案		J102-22-0042-001
2104	为修理省立济南师范学校图书馆等工程用款给省政会议的提案		J102-22-0265-001
2105	关于省立图书馆按置纱门纱窗等工事需费事宜的提案		J102-22-0272-001
2106	关于图书馆临时费分配办法给省立图书馆的便函		J102-22-0272-002
2107	关于为据情签请省立图书馆修缮抱璧堂及装像安门用费事宜给省长的签呈		J102-22-0272-003
2108	关于省立图书馆添置书架等费事宜的提案		J102-22-0272-004
2109	关于省立图书馆添置书架等费事宜的提案		J102-22-0272-005

续表

序号	题名	年份	档号
2110	关于为该馆添置书架等费事宜给省立图书馆的训令		J102-22-0272-006
2111	关于函送添置书架及连岱云石运费预算给省立图书馆的便函		J102-22-0272-007
2112	关于省立图书馆应添置书架等用费事宜的提案		J102-22-0272-008
2113	关于补发省立图书馆抱璧堂石碑不敷工费事宜的提案		J102-22-0272-009
2114	关于补发省立图书馆抱璧堂石碑不敷工费事宜的决案		J102-22-0272-010
2115	关于省立图书馆工程完竣验收情形的签呈		J102-22-0272-011
2116	关于验收省立图书馆工程给教育厅、济南市公署建设局的便函		J102-22-0272-012
2117	关于追加修建省立图书馆预算的提案		J102-22-0272-013
2118	关于追加修建省立图书馆预算的决案		J102-22-0272-014
2119	关于追加图书馆奎虚书藏临时工料费的提案		J102-22-0272-015
2120	关于追加图书馆奎虚书藏临时工料费的决案		J102-22-0272-016
2121	关于修建省立图书馆工程开标情形时具标价比较表给省秘书处的签呈		J102-22-0272-017
2122	关于前令提修建省立图书馆一案给教育厅的公函		J102-22-0272-018
2123	关于修建省立图书馆工程于本月十五日开标请派员监视给省公署的签呈		J102-22-0272-019
2124	关于修复省立图书馆并建筑抱璧堂事宜的提案		J102-22-0272-020
2125	关于修复省立图书馆并建筑抱璧堂事宜的决案		J102-22-0272-021
2126	修建省立图书馆工程投标简单		J102-22-0272-022
2127	修建山东省立图书馆工程合同全份		J102-22-0273-001
2128	山东省图书馆委员会第二次会议纪录		J102-22-0274-001
2129	山东省图书馆委员会第三次会议纪录		J102-22-0274-002
2130	关于准函嘱派员估修抱璧堂旁厕所下房附具图表事宜给省立图书馆的便函		J102-22-0274-003
2131	关于省立图书馆添修下房厕所用款事宜的提案		J102-22-0274-004

续表

序号	题名	年份	档号
2132	关于省立图书馆添修下房厕所用款事宜的提案		J102-22-0274-005
2133	关于省立图书馆添修下房厕所用款事宜的决案		J102-22-0274-006
2134	关于图书馆添修下房等工程超出预算等情给省长的签呈		J102-22-0274-007
2135	关于准函嘱派员取修下房厕所工款等情给山东省立图书馆的便函		J102-22-0274-008
2136	关于准函嘱派员勘估馆内走廊工程事宜给省立图书馆的便函		J102-22-0274-009
2137	关于据图书馆呈报游廊坍塌一间等损坏情形给建设厅的公函		J102-22-0274-010
2138	关于准函嘱派员勘估图书馆游廊花窖各工程给教育厅的公函		J102-22-0274-011
2139	关于省立图书馆修建蓄水塔函请招标办理给建设厅的公函		J102-22-0274-012
2140	关于准函嘱招标办理省立图书馆修建蓄水塔工程给教育厅的公函		J102-22-0274-013
2141	关于准函嘱直接监督办理省立图书馆修建蓄水塔工程给建设厅的公函		J102-22-0274-014
2142	关于准函嘱办理省立图书馆修建蓄水塔等工事招标事宜给教育厅的公函		J102-22-0274-015
2143	关于据省立图书馆呈报修建蓄水塔工程完竣请派员验收等情给建设厅的公函		J102-22-0274-016
2144	关于准函嘱派员验收省立图书馆蓄水塔工程事宜给教育厅的公函		J102-22-0274-017
2145	关于准函嘱派员勘估管理员室及阅报室等处房屋检附估计表给省立图书馆的便函		J102-22-0274-018
2146	关于建筑图书馆碑亭在大礼堂当众开标事宜给建设厅的公函		J102-22-0274-019
2147	关于准函嘱派员勘估图书馆房舍一案给省立图书馆的公函		J102-22-0274-020
2148	关于中央图书馆办理出版品国际交换事项办法的训令		J103-01-0081-015
2149	关于一所县图书馆的备忘录		J109-01-0128-001
2150	史安娜关于函送图书馆清单及询问儿科部余款致克爱华的函		J109-01-0172-064

序号	题名	年份	档号
2151	北京图书馆袁主任关于请妥善保管甲骨文事致赖恩源的函		J109-01-0182-021
2152	柯德仁关于为齐大找书并联系出版社赠书给医学院图书馆告知张子圣的情况致李赞文的函		J109-01-0218-015
2153	武昌文华图书馆学专科学校沈祖荣与世传校长的往来函件		J109-01-0294-061
2154	武昌文华图书馆学专科学校沈祖荣致世传校长关于聘管理员一事的函件		J109-01-0294-066
2155	黄作平致世传校长关于图书馆内务事的函件		J109-01-0294-067
2156	学校机关图书馆（室）调查表		J109-01-0302-027
2157	呈送本校图书馆主任兼英文副教授胡延钧照片证件等请核发留学生证书由		J109-01-0307-036
2158	呈送本校图书馆主任胡延钧照片证件等请核发留学证书由		J109-01-0307-043
2159	为函知美国交换处送贵校图书请派员持续领取由		J109-01-0348-025
2160	为派员洽领赠书希查照发给由		J109-01-0348-026
2161	函知美国交换处连寄贵校图书请派员持据领取由		J109-01-0348-029
2162	函寄联合国文教组织出版之全国图书馆公报一份由		J109-01-0348-061
2163	函请概赠编印各册三份由		J109-01-0348-065
2164	函送图书馆公报由		J109-01-0348-070
2165	函复已收到胡佛图书馆复员报告等三份由		J109-01-0348-071
2166	为函复奉贵校校刊由		J109-01-0348-081
2167	函谢贵校惠赠校刊及复员报告由		J109-01-0348-087
2168	函复寄赠书籍已交本校图书馆陈列并申谢由		J109-01-0355-091
2169	金陵大学图书馆索取齐大校刊的函		J109-01-0455-025
2170	齐鲁大学复员报告——女生部概况，图书馆概况		J109-01-0458-031
2171	为立案表册图书馆抄写中文书目录函		J109-01-0465-018
2172	关于齐大图书馆藏有《古泉苑》秘本拟交厂馆影印函		J109-01-0470-038
2173	请开放贵校图书馆便于学生阅览事由		J109-01-0471-057

续表

序号	题名	年份	档号
2174	关于查学生孙桂恩呈请为增加在图书室服务津贴一案的通知		J109-01-0472-016
2175	图书馆消息（本馆收到捐赠图书期刊特此致谢）		J109-01-0522-014
2176	济南齐鲁大学全校简章——图书馆，学生团体组织及学生活动		J109-01-0523-014
2177	齐鲁大学普通报告书——图书馆		J109-01-0523-041
2178	私立齐鲁大学文理学院暨图书馆请款书		J109-01-0550-001
2179	齐大图书馆借阅规则		J109-01-0550-002
2180	齐大图书馆1946年年度报告		J109-01-0550-007
2181	图书馆报告（在杭州云楼寺时）		J109-01-0550-008
2182	华西协合大学图书馆关于接收齐大图书馆时残缺书籍记录的函		J109-01-0550-010
2183	四川内江县梓木镇图书馆募捐的公函		J109-01-0550-015
2184	斐礼伯关于助款、图书馆定书、药草种子、麻风院款事致林仰山的函		J109-01-0637-049
2185	图书馆二十四年暑假报告		J109-03-0003-006
2186	文理学院及图书馆请款书（1936年3月）		J109-03-0017-001
2187	本校奥古士丁图书馆请求补助说明		J109-03-0017-007
2188	文理学院及图书馆请款书（1936年1月）		J109-03-0017-008
2189	本校奥古士丁图书馆请求补助说明		J109-03-0017-015
2190	图书馆简介		J109-03-0022-001
2191	齐大医科图书馆年度报告（1948—1949年）		J109-03-0039-010
2192	齐大医院图书馆报告（1930年）（英文）		J109-03-0042-002
2193	史安娜致伦敦中央医学图书馆主任关于告之寄书地址及附上从济南搬至福州的素描函		J109-03-0051-004
2194	伦敦中央医学图书馆主任艾伦致史安娜关于送给一套医学影片读本函		J109-03-0051-005
2195	英国询齐大图书馆地址函		J109-03-0051-012
2196	医学院图书室规则（英文）		J109-03-0098-010
2197	图书馆致会计课关于增发孟昭会、王修五工资的函件		J109-04-0102-003

5　河南省档案馆

序号	题名	年份	档号
1	北泉图书馆代售自版各名著目录价格单		M0002-010-00304-016
2	关于筹办寄宿舍及设立图书馆阅报室俱乐部等的提案		M0006-001-00002-004
3	关于省立第一小学及省图书馆女教职员产期待遇案＋省立第一小学及河南省图书馆女职生产期间代理人应领薪金生活补助费	1946	M0008-001-00016-038
4	关于省图书馆工役室及东小桥费用由设备费内支付案	1948	M0008-002-00033-022
5	关于河南省图书馆、第六小学及十一小学十四小学迁移情形的报告	1945	M0008-003-00066-009
6	关于省图书馆及省立八小等修置临时费审核支付的议案＋四案拨款款源及审核意见表	1947	M0008-004-00096-025
7	关于开封聚点仓库于省垣沦陷时损失情况的报告＋河南田粮处开封聚点仓库损失统计清册＋储于博物馆之小麦、器物等，储于图书馆之黄豆、器物损失证明书	1948	M0008-005-00113-032
8	为财政厅修理图书馆修理费开支问题请公决	1946	M0008-005-00119-024
9	［关于省立商业专科学校、河南图书馆等追加修建经费的案］＋省立商业专科学校、图书馆、第八小学修建费表	1947	M0008-007-00150-044
10	指定款源购买图书充实图书馆案		M0008-008-00215-064
11	为省内新出版品一份送予国立北京图书馆的训令	1945	M0008-009-00232-020
12	为内政部规定发行人应依法将出版品呈缴立法院图书馆一份的代电	1946	M0008-015-00478-059
13	为各地发行人于出版品发行时间依法呈缴立法院图书馆一份的训令	1946	M0008-015-00478-066
14	关于各地发行人于出版品发行时应依法呈交立法院图书馆一份的代电	1946	M0008-016-00503-066
15	转饬各地发行人于出版品发行时依法呈交立法院图书馆一份的训令	1946	M0008-016-00503-072
16	关于省图书馆为编纂本省抗战事迹希协助搜集材料的训令	1947	M0008-016-00511-038

续表

序号	题名	年份	档号
17	关于抄发国立中央图书馆办理出版品国际交换事项办法的训令	1947	M0008-016-00511-039
18	修正图书馆规程第十四、十五、十六、十七条		M0008-017-00531-015
19	向博爱县政府搜集地方志书史料的便函	1946	M0008-020-00591-006
20	为本图书馆建筑请于八月底前将捐款寄交本处的函	1946	M0008-020-00591-018
21	北馆代售自版各名著书刊目录价格单		M0008-020-00591-022
22	国立中央图书馆办理出版品国际交换事项办法		M0008-020-00591-023
23	关于各地书刊发行人发行出版品是依法呈缴立法院图书馆一份的训令	1946	M0008-027-00779-001
24	关于内政部函嘱各地发行人发行出版品时应依法呈缴立法院图书馆一份给各县的代电	1946	M0008-027-00779-010
25	关于转饬发行人发行出版品时应依法呈缴立法院图书馆一份给县教育馆的训令	1946	M0008-027-00779-011
26	关于搜集省市县地方志书的公函		M0008-029-00844-005
27	为奉命修图书馆一带马路给新乡县黄县长的代电（有2附件）	1946	M0008-033-00922-002
28	为颁发河南省社会教育机关工作人员总登记及鉴定实施要点的训令＋县立图书馆工作人员总登记及检定资格及民众教育馆、体育场、图书馆、博物馆等规程有关条款	1946	M0008-034-00942-012
29	为转发中央图书馆关于各书店、杂志社依法呈缴出版品的代电	1946	M0008-038-01091-052
30	关于出版品发行时应依法呈缴立法院图书馆一份的代电	1946	M0008-039-01097-010
31	关于出版品首次发行或改订增删时须依法呈缴立法院图书馆一份的训令	1946	M0008-039-01097-012
32	关于协助省图书馆编纂本省抗战事迹的训令	1947	M0008-041-01152-050
33	关于国立中央图书馆办理出版品国际交换事项办法给林县县政府的训令＋国立中央图书馆办理出版品国际交换事项办法		M0008-041-01161-024
34	关于催报各县县立图书馆实施概况调查表的训令＋省市县立图书馆概况调查表及图书杂志报纸调查表	1947	M0008-043-01213-004
35	为转发县立图书馆实施概况等调查表给县民教馆的代电	1947	M0008-043-01213-005

序号	题名	年份	档号
36	转发教育部关于修正图书馆规程第九条条文的训令	1947	M0008-043-01217-001
37	转发教育部关于修正图书馆规程第九条条文给西安民众教育馆的训令	1947	M0008-043-01217-002
38	关于修正图书馆规程第九条的训令		M0008-050-01427-061
39	关于本团成立图书馆请惠赠书刊给河南训练团的函	1946	M0008-052-01566-033
40	关于举行本馆成立周年纪念的公函	1941	M0010-002-00085-001
41	关于举行文化展览的通知＋文化展览开会宗旨		M0010-002-00085-002
42	关于收到省博物馆赠送《明实录》的公函＋明实录收据	1943	M0010-002-00085-004
43	关于征集展品的公函		M0010-002-00085-005
44	河南大学图书馆由苏州运汴箱子干湿统计表		M0016-002-00040-022
45	关于拟将博物馆之佛经与图书馆之古器交换庋藏以便公展给教育厅的呈	1935	M0019-001-00008-001
46	关于请增加电话费给教育厅的呈稿	1945	M0019-001-00036-017
47	关于调查案编战时损失资历的公函	1945	M0019-001-00037-008
48	关于请借用三十一种书籍给河南图书馆的函稿		M0019-001-00044-060
49	关于正值前后任交替不能参与盛会给江苏省立镇江图书馆的复函稿		M0019-002-00058-010
50	关于寄赠刊物问题给厦门市鼓浪屿中山图书馆的复函稿		M0019-002-00058-028
51	关于河南金石志图等书出版情况给省政府秘书处的复函稿		M0019-002-00058-037
52	关于互相交换书籍刊物给金陵大学文化研究所的函稿		M0019-002-00058-039
53	关于交换馆刊书籍给燕京大学图书馆的复函稿		M0019-002-00058-072
54	关于寄上五份馆刊并希按期交换刊物给北平燕京大学图书馆的复函稿		M0019-002-00058-079
55	关于催还美术丛书给河南图书馆的函稿		M0019-002-00058-095
56	关于和图书馆教育报体育报联名请借薪给省公署的呈	1943	M0019-002-00095-050

续表

序号	题名	年份	档号
57	关于已点收佛经六三七三卷及目条登记簿等给河南博物馆的公函	1936	M0019-003-00115-006
58	关于已点收马伏波冥器等物给河南图书馆的函	1936	M0019-003-00115-007
59	关于本馆已与贵馆所派职员将所存之白云寺佛经及目条登记簿为数呈交给省图书馆的函	1936	M0019-003-00115-008
60	关于奉教育厅指令准予交换佛经马伏波冥器给省博物馆的公函	1936	M0019-003-00115-009
61	关于准点交白云寺佛经等件给省图书馆的函	1936	M0019-003-00115-010
62	关于呈报本馆与省图书馆交换佛经冥器等物情形给教育厅的呈	1936	M0019-003-00115-011
63	关于会呈两馆交换佛经及马伏波冥器等件情形准予备案给省图书馆博物馆的指令	1936	M0019-003-00115-012
64	关于送令已将博物馆佛经与图书馆马伏波冥器等件交换庋藏给教育厅的呈	1936	M0019-003-00115-013
65	元月十二日送交河南图书馆白云寺佛经目录登记册的备考单		M0019-003-00117-012
66	关于图书馆、博物馆、体育馆管理责任的训令	1939	M0019-003-00123-015
67	关于联名呈请追加预算给省公署教育厅的呈	1941	M0019-003-00128-030
68	关于核示联名呈请追加预算一案给图书馆博物馆体育场的指令	1941	M0019-003-00128-032
69	关于申请增加俸薪给教育厅的呈＋博物馆图书馆三十一年度追加第一项俸给费与各中等学校俸给比较表及支付预算书	1942	M0019-003-00131-038
70	关于恢复出版事项国立中央图书馆出版处给省地质调查所的函＋国立中央图书馆办理出版品国际交换事项办法及寄发国外书件地址清单格式	1947	M0026-004-00134-044
71	关于寄燃料研究专报给省地质调查所的函	1947	M0026-004-00136-008
72	关于承赐工作简报一本给省地质调查所的函	1947	M0026-004-00136-032
73	关于筹集儿童图书馆读物、图书及代金的公函		M0029-011-00266-061
74	关于请向儿童图书馆惠助儿童读物等的函		M0029-011-00266-063
75	关于派科员雷凤岐前往搜集有关大禹治水之碑记等给省通志、图书馆的函	1947	M0029-013-00324-008
76	关于申请配购面粉的函	1946	M0030-001-00016-024

续表

序号	题名	年份	档号
77	关于派员购买面粉的函	1946	M0030－001－00016－047
78	关于派员购买面粉的函	1946	M0030－001－00016－057
79	关于派员购买的函	1947	M0030－001－00019－109
80	关于购煤的函	1946	M0030－006－00390－054
81	为赠地球仪书籍等件请查收给立民中学图书馆的函	1947	M0039－001－00330－389
82	关于郑行修理图书室工料估价单祈核备案给总行的呈	1937	M0039－001－00500－072
83	关于郑行修理图书室费用准予备案给郑行的函	1937	M0039－001－00500－073
84	关于郑行图书室配置桌椅书籍等附估价值清单祈鉴察备案给总行的呈	1937	M0039－001－00500－077
85	关于郑行图书室购置桌椅书籍费用准予备案给郑行的函	1937	M0039－001－00500－079
86	关于解图书馆东街11号杜树动国币2000元给洛处的电	1936	M0051－001－00057－231
87	关于请解西关外图书馆内联勤总部临台法念曾三十五万元给新乡收税处的电	1946	M0054－001－00192－076
88	为请解西关外图书馆内联勤总部临台法念曾款十一万八千六十元并告知该款在国库立户给新乡收税处的电	1946	M0054－001－00236－112
89	为请解西关外图书馆内联勤总部临台法念曾款九十万元并告知该款在国库立户给新乡收税处的电	1946	M0054－001－00236－115
90	为请解西关外图书馆内联勤总部临台法念曾款六十九万元并告知该款在国库立户给新乡收税处的电	1946	M0054－001－00236－117
91	关于请助本馆给中央银行开封分行的函	1935	M0055－001－00008－052
92	为告知寄交国立中央图书馆之书刊应一律改寄南京贤街48号给本区各局的训令	1946	M0064－001－00156－009
93	关于我邮区图书馆整理完毕于本月十九日起开放原办借书证仍有效的通告＋河南邮务图书社借书规则	1947	M0064－001－00275－030
94	邮政储金汇业局小额储金账目卡片	1948	M0064－001－00831－003
95	为拟向你局借用图书馆门前之电缆空线给新乡电信局韩局长的代电	1948	M0067－001－00187－051

续表

序号	题名	年份	档号
96	关于申请发还汉奸强迫购买图书馆房屋给行政院的呈	1947	M0070-001-00070-003
97	为呈请发还图书馆馆址案已函河南合作事业管理处及行政院核示给冯翰飞的批示	1947	M0070-001-00133-001
98	为处理冯翰飞呈请发还存德里图书馆馆址案给河南省合作事业管理处的公函	1947	M0070-001-00133-002
99	为呈明图书馆鐏址各情请予以发还给河南接收敌伪产业办公处的呈	1947	M0070-001-00133-003
100	为冯翰飞呈请发还汉奸强购图书馆一案已于十二月九日请示给行政院的呈	1947	M0070-001-00133-004
101	为要求将冯翰飞请求发还图书馆址一案并案查明具复给处理接收行政院河南区敌伪产业特派员办公处的通知单	1947	M0070-001-00133-005
102	为冯翰飞请示发还历史图书馆址一案已呈请核示请鉴核给行政院的呈＋彭进关于调查冯翰飞请发还历史图书馆址一案经过情形的报告	1947	M0070-001-00133-006
103	转行政院关于处理冯翰飞发还历史图书馆馆址案给河南高等法院检察处的公函		M0070-001-00133-007
104	为补具保长证书请发还图书馆馆址给河南接收敌伪产业办公处的呈	1948	M0070-001-00133-018
105	为要求查明具复冯翰飞呈请发还汉奸强购图书馆一案给处理接收行政院河南区敌伪产业特派员办公处的通知单	1947	M0070-001-00133-039

6　陕西省档案馆

序号	题名	年份	档号
1	陕西省企业公司图书室图书移交清册		93-1-201
2	陕西省企业公司图书室阅览及借书简则	1941	93-1-249
3	陕西省企业公司关于复陕西省企业公司业务计划及报告一事给国立中央图书馆的函		93-1-270
4	陕西省企业公司图书室图书移交清册	1944	93-1-431
5	陕西省企业公司移交图书室图书清册		93-1-460
6	陕西省企业公司图书室图书移交清册	1948	93-1-479

续表

序号	题名	年份	档号
7	陕西省林务局关于径寄河南河朔图书馆各项刊物等情给陕西省政府的呈		94-1-106

7 江西省档案馆

序号	题名	年份	档号
1	抄发国立中央图书馆聘任人员遴聘规则令仰知照由	1947	J019-1-00002-0092
2	抄发国立中央图书馆办理出版品国际交换事项办法令仰知照由	1947	J019-1-00003-0111
3	为机关出版品刊物寄赠国立图书馆及大学图书馆以阅览转函查照	1948	J019-1-01319-0228
4	江西省政府关于奉行政院训令抄发国立中央图书馆组织条例等因除分令外令仰知照的训令+国立中央图书馆组织条例	1940	J023-1-00317-0008
5	□□□图书馆图书借阅办法		J024-1-00209-0127
6	国立中正大学图书馆关于增聘陈洪厚的函	1941	J037-1-00037-0297
7	国立中正大学图书馆关于准予发给罗莫塾等4人薪俸及加班费的函	1941	J037-1-00037-0399
8	国立中正大学校长室关于委任张善谋为图书馆练习生及薪津的函	1940	J037-1-00038-0014
9	国立中正大学校长室关于委任王昌明为图书馆书记及薪俸的函	1941	J037-1-00038-0033
10	国立中正大学图书馆关于曾荣旗朱洁对调工作及补发津贴的函	1941	J037-1-00038-0071
11	国立中正大学图书馆关于改支加班费及符式伦熊大锦工作对换的函	1943	J037-1-00038-0157
12	国立中正大学校长室关于改委刘中瑜为图书馆馆员及薪俸的函	1941	J037-1-00038-0179
13	国立中正大学校长室关于委任李蕃为图书馆书记信薪俸的函	1941	J037-1-00038-0192
14	国立中正大学校长室关于改任钟效森为图书馆练习生为薪俸的函	1941	J037-1-00038-0194
15	国立中正大学图书馆主任刘中潘关于调用熊大锦职务及准予领取加班费的呈	1943	J037-1-00038-0323

续表

序号	题名	年份	档号
16	准函以分校图书馆书记刘谦光到职日期报室以便转知有关部分由	1942	J037-1-00039-0003
17	国立中正大学图书馆关于查张东瑜辞职日期及停薪的函	1943	J037-1-00041-0222
18	顾昌栋、潘次侬的退职通知书	1943	J037-1-00041-0224
19	国立中正大学总务处关于准国立中央图书馆编印调查表的笺函	1945	J037-1-00049-0080
20	为美国胡佛图书馆征集中国抗战革命史料案函请赐复并请惠检双份由	1946	J037-1-00051-0164
21	函请兼任图书馆西文编目由	1948	J037-1-00052-0044
22	函请刘中藩先生担任教育系图书馆学由	1947	J037-1-00054-0112
23	为刘中藩先生本学期担任图书馆学三学分依照兼任副教授标准支给钟点费由	1947	J037-1-00054-0116
24	国立中正大学图书馆关于发给于宝矩薪俸的函	1940	J037-1-00061-0030
25	姜文森的迁调通知书	1944	J037-1-00063-0258
26	刘中潘关于检送图书馆职员名单的呈		J037-1-00069-0087
27	任用周权为本大学教务处图书馆书记由	1946	J037-1-00070-0163
28	任用萧敏何为本大学教务处图书馆住教员由	1946	J037-1-00070-0166
29	为派林福曾试充本大学教务处图书馆助理员由	1946	J037-1-00070-0183
30	为任用林福曾为本大学教务处图书馆助理员由	1947	J037-1-00070-0185
31	为派胡正兑试充本大学教导处图书馆助理员由	1946	J037-1-00070-0209
32	为派张裕瑞试充本大学教务处图书馆员由	1947	J037-1-00070-0259
33	为任用该员为本大学教务处图书馆馆员由	1947	J037-1-00073-0004
34	为任用杨钦华为本大学教务处图书馆馆员由	1948	J037-1-00073-0085
35	为任用左行培为本大学教务处图书馆馆员由	1948	J037-1-00073-0092
36	为任用伍尚礼为本大学图书馆馆员由	1948	J037-1-00073-0094
37	为任用程维道为本大学图书馆馆员由	1948	J037-1-00073-0096
38	任用周晋恩为本大学图书馆馆员由及奉校长论调课外活动组主任周晋恩为图书馆馆员由	1947	J037-1-00073-0103
39	为任用符式佳为本大学教务处图书馆助理员由	1947	J037-1-00073-0109

续表

序号	题名	年份	档号
40	图书馆主任刘中藩关于聘任符式佳为助理员的呈	1947	J037-1-00073-0111
41	为任用董耀华为本大学教务处图书馆馆员由	1948	J037-1-00073-0160
42	图书馆主任刘中藩关于董耀华试用期满正式任用的签呈	1947	J037-1-00073-0161
43	为任用滕权为本大学教务处图书馆馆员由	1949	J037-1-00073-0166
44	图书馆主任刘中藩关于滕权试用期满正式任用的签呈	1949	J037-1-00073-0167
45	为任用陈政为本大学教务处图书馆书记由	1949	J037-1-00073-0173
46	为任用韩兰亭为本大学教务处图书馆书记由	1949	J037-1-00073-0174
47	为派该员试充教务处图书馆馆员由	1948	J037-1-00073-0250
48	为派该员试充本大学图书馆馆员由	1948	J037-1-00073-0256
49	国立中正大学关于任用章书梦为图书馆馆员的任用书	1943	J037-1-00075-0005
50	国立中正大学图书馆主任刘中藩关于委用费桂芳及月薪的呈	1943	J037-1-00075-0225
51	陈洪厚柳碧辉的退职通知书（图书馆）	1942	J037-1-00080-0091
52	国立中正大学图书馆关于侯希圣辞职的函	1942	J037-1-00080-0144
53	国立中正大学校长室关于准予蔡啸申辞职的函（图书馆）	1941	J037-1-00081-0047
54	为据图书馆馆员董耀华未经请假擅自离校着即停职函请查照由	1949	J037-1-00082-0096
55	国立中正大学图书馆关于陈洪厚到职日期的呈	1941	J037-1-00083-0079
56	国立中正大学图书馆关于柳碧辉到职日期的呈	1942	J037-1-00084-0129
57	奉令朱辉荣庶务组组员钟兰亭图书馆书记由	1948	J037-1-00095-0023
58	奉校长谕会计室书记陈政改调图书馆书记等因函请查照由	1948	J037-1-00095-0028
59	为调熊大荣先生为图书馆馆员由	1949	J037-1-00095-0045
60	国立中正大学图书馆主任刘中藩关于调任朱洁的呈	1941	J037-1-00100-0035
61	为请借新图书馆俾便举行画展批布知照由	1947	J037-1-00246-0020
62	本会已迁临江花园内前建设厅图书馆旧址已达查照	1941	J037-1-00272-0069

续表

序号	题名	年份	档号
63	为函复知照图书馆照订一份并申贺忱由	1949	J037-1-00276-0182
64	国立中正大学校长室关于调整图书馆及颁发刊物的笺函	1948	J037-1-00277-0059
65	江西省教育厅关于转发各图书馆书目章程的训令	1921	J053-1-00001-0006
66	江西省教育厅关于请山东图书馆代为购寄省志的训令	1921	J053-1-00001-0037
67	江西省教育厅关于要求江西省立图书馆清理积欠租金的指令	1922	J053-1-00001-0215
68	江西省公立图书馆关于派员到国立东南大学图书馆考察的呈	1923	J053-1-00002-0007
69	江西省公立图书馆关于恳请核发印刷书目临时费的呈	1923	J053-1-00002-0009
70	□□□关于恳请察核图书馆新馆址的函		J053-1-00002-0021
71	江西省公立图书馆关于各省公立图书馆编印目录费的呈	1924	J053-1-00002-0031
72	呈为呈送事窃职馆前请派员李莺考察苏浙图书馆业经呈奉	1924	J053-1-00002-0041
73	江西省公立图书馆关于公立图书馆职务值交特检图书目录书籍测册数清单器具清单移交给新任公立图书馆长的函		J053-1-00002-0051
74	江西省公立图书馆概况		J053-1-00002-0053
75	江西省立图书馆关于租到顺化门内谌家巷新式洋房一栋的租约存案	1926	J053-1-00002-0063
76	江西省立图书馆关于接收图书的情况及检送履历的呈	1926	J053-1-00002-0065
77	江西省公立图书馆关于移交建筑费的咨	1926	J053-1-00002-0068
78	江西省立图书馆关于设临时事务员及发放薪津的呈	1926	J053-1-00002-0070
79	江西省立图书馆关于检送八月份支付预算书及请款凭单的呈	1926	J053-1-00002-0073
80	江西省立图书馆关于寄送报纸的函	1926	J053-1-00002-0075
81	江西省立图书馆关于收到大藏经的呈	1926	J053-1-00002-0076
82	江西省立图书馆关于移交建筑费的呈	1926	J053-1-00002-0078
83	江西省立图书馆关于聘请人员为临时事务员的函	1926	J053-1-00002-0080

续表

序号	题名	年份	档号
84	江西省立图书馆关于续聘贺亮采、叶心诚为临时事务员的函	1926	J053-1-00002-0083
85	江西省立图书馆关于申请扩建图书馆的呈	1926	J053-1-00002-0085
86	江西省立图书馆关于报送十一月份支付预算书的函	1926	J053-1-00002-0086
87	江西省立图书馆关于报送十一月份支付预算书及请款凭单的函	1926	J053-1-00002-0088
88	江西省立图书馆关于报送详细报告的函	1926	J053-1-00002-0091
89	江西省立图书馆关于请打日本总领事出书的函	1926	J053-1-00002-0095
90	江西省立图书馆关于申请八月份经费的呈	1926	J053-1-00002-0097
91	江西省立图书馆关于检送十二月份支付预算书的呈	1926	J053-1-00002-0098
92	江西省公立图书馆关于交付预算书的呈	1926	J053-1-00002-0100
93	江西省公立图书馆的馆志		J053-1-00002-0109
94	江西省公立图书馆关于检送各种书籍及杂志的呈	1927	J053-1-00002-0112
95	江西省公立图书馆关于检送一月份预算书及请款凭单的呈	1927	J053-1-00002-0115
96	江西省公立图书馆关于检送各种图书杂志及挂图清册的呈	1927	J053-1-00002-0117
97	江西省公立图书馆关于抄送移交四柱清册的呈	1927	J053-1-00002-0120
98	江西省公立图书馆关于送还四柱清册及复□□新券的函	1927	J053-1-00002-0126
99	江西省公立图书馆关于检送二月份预算书及请款凭单的呈	1927	J053-1-00002-0128
100	江西省公立图书馆关于接收建筑费的函	1927	J053-1-00002-0130
101	江西省立图书馆关于移交表及器具的函	1927	J053-1-00002-0135
102	江西省公立图书馆及江西省通俗图书馆关于检送二月份预算书的呈	1927	J053-1-00002-0138
103	江西教育厅关于叶遇霖为图书馆馆长及送履历的训令	1923	J053-1-00003-0023
104	江西教育厅关于接洽李鸾赴东南大学学习图书馆管理法的指令	1923	J053-1-00003-0073

续表

序号	题名	年份	档号
105	江西教育厅关于附送履历到公立图书馆的训令	1925	J053-1-00004-0009
106	江西教育厅关于请拨给赴全国图书馆协会代表旅费的指令	1925	J053-1-00004-0017
107	江西教育厅关于省立图书馆建筑经费预算书单的训令	1925	J053-1-00004-0051
108	江西教育厅关于公立图书馆预算单的训令	1926	J053-1-00004-0056
109	江西教育厅关于委任丘璧为江西省立图书馆馆长的令	1926	J053-1-00004-0062
110	江西教育厅关于新任江西省公立图书馆馆长接替杨立诚馆长的训令	1926	J053-1-00004-0065
111	江西教育厅关于8月24日得藏经需江西公立图书馆妥善保管的训令	1926	J053-1-00004-0070
112	江西政务委员会关于江西公立大学通俗图书馆并入江西中山大学的令	1927	J053-1-00004-0122
113	江西省政府教育厅关于派科员前赴江西省立图书馆监察图书器具的批	1927	J053-1-00004-0126
114	江西省政府教育厅关于江西省立图书馆汇报到馆就职日期的批	1927	J053-1-00005-0007
115	江西省政府教育厅关于江西省立图书馆报送接收交代情形的批	1927	J053-1-00005-0019
116	江西省政府教育厅关于江西省立图书馆恳请指拨张江二公祠为馆址的批	1927	J053-1-00005-0023
117	江西省政府教育厅关于江西省立图书馆恳请颁发印奉的批	1927	J053-1-00005-0026
118	江西省政府教育厅关于江西省立图书馆请发全年租金移作修理之用的批	1927	J053-1-00005-0030
119	江西省政府教育厅关于江西省立图书馆报送启用钤记日期的批	1927	J053-1-00005-0034
120	江西省政府教育厅关于江西省立图书馆报送职员到馆任事日期造送履历表的批	1927	J053-1-00005-0037
121	江西省政府教育厅关于计发江西省立图书馆规程的令	1927	J053-1-00005-0040
122	江西省政府教育厅关于江西省立图书馆恳准发修理费及前准余款的批	1927	J053-1-00005-0045
123	江西省政府教育厅关于江西省立图书馆请核发临时费的批	1927	J053-1-00005-0049

续表

序号	题名	年份	档号
124	江西省政府教育厅关于江西省立图书馆报送拟订办事细则草案的批	1927	J053－1－00005－0053
125	江西省政府教育厅关于江西省立图书馆报送关于书籍七种缮具清单的批	1928	J053－1－00005－0080
126	江西省政府教育厅关于江西省立图书馆请准予提拨购置费的批	1928	J053－1－00005－0083
127	江西省政府教育厅关于江西省立图书馆转告清理委员会照数点收公款的批	1928	J053－1－00005－0087
128	江西省政府教育厅关于江西省立图书馆检送概况书的批	1928	J053－1－00005－0091
129	江西省政府教育厅关于计发图书馆条例及新出图书呈缴条例的令	1928	J053－1－00005－0095
130	江西省立图书馆修缮委员会简章		J053－1－00006－0118
131	江西省会各通俗图书馆状况一览表		J053－1－00006－0120
132	呈请遵照大学院颁布图书馆条例追加经费由	1928	J053－1－00007－0036
133	呈报添设图书馆学研究室请核准备案由	1928	J053－1－00007－0139
134	江西省立图书馆关于聘请程梦庐和蔡艺圃为图书馆学研究指导员的函		J053－1－00007－0145
135	江西省政府教育厅关于省立图书馆转报南昌市政府拨给拆卸城砖的批	1928	J053－1－00008－0001
136	江西省政府教育厅关于省立图书馆拟请指拨沈公祠旧址的批	1928	J053－1－00008－0004
137	江西省政府教育厅关于省立图书馆拟请准予拨给沈公祠为讲演厅及藏书楼之用并发给临时费以便修缮的批	1928	J053－1－00008－0008
138	江西省政府教育厅关于省立图书馆拟请酌予追加预算及附送意见书的批	1928	J053－1－00008－0012
139	江西省政府教育厅关于省立图书馆报送修缮费估单恳请核发临时费的批	1928	J053－1－00008－0016
140	江西省政府教育厅关于省立图书馆拟请收回公物以重文献的批	1928	J053－1－00008－0035
141	江西省政府教育厅关于省立图书馆恳请再发临时费及询问沈公祠工程如何修缮的批	1928	J053－1－00008－0048
142	江西省政府教育厅关于省立图书馆恳请核准追加预算的批	1928	J053－1－00008－0058
143	江西省政府教育厅关于省立图书馆为添设儿童阅览室办法的批	1928	J053－1－00008－0062

续表

序号	题名	年份	档号
144	江西省政府教育厅关于大学院调查各地图书馆社会教育内容的令	1928	J053-1-00008-0066
145	江西省政府教育厅关于省立图书馆报送经费支配对照表的批	1928	J053-1-00008-0084
146	江西省政府教育厅关于省立图书馆遵拟条例准予提出省务会议通过施行的批	1928	J053-1-00008-0088
147	江西省政府教育厅关于省立图书馆报送调查表规程暨细则及经费预算表的批	1928	J053-1-00008-0092
148	江西省政府教育厅关于省立图书馆请速拨费修理馆宇的批	1928	J053-1-00008-0096
149	江西省政府教育厅关于省立图书馆报送添聘职员履历表的批	1928	J053-1-00008-0106
150	江西省政府教育厅关于省立图书馆为设立图书馆学研究室附送拟具办法的批	1928	J053-1-00008-0124
151	北京图书馆关于寄印笺卡片简章及阅览小简的函	1928	J053-1-00009-0007
152	四川图书馆关于计抄简章规则的函	1928	J053-1-00009-0008
153	杨立诚关于取百花洲图书馆址专建设公园的函		J053-1-00009-0019
154	元江大学图书馆关于百花洲图书馆址问题的函	1928	J053-1-00009-0022
155	杭州图书馆协会执行委员会关于召集临时会议各省图书馆协会一致声援百花洲图书馆的函	1928	J053-1-00009-0025
156	中华图书馆协会关于宣言拟在会报中期发表的函	1928	J053-1-00009-0028
157	李小缘关于中华协会图书馆出版会报订购的函		J053-1-00009-0029
158	龚禩波关于举例图书馆展览的函	1928	J053-1-00009-0034
159	王克生关于寄发图书馆图样及工程概要等件的函	1928	J053-1-00009-0036
160	泰宁县图书馆关于检赐章程规则暨目录签条周年报告各项格式表册成立小史组织现状的函泰宁县图书馆		J053-1-00009-0040
161	中华图书馆协会关于建筑图样补充的函	1928	J053-1-00009-0044
162	呈请派往江浙考察图书馆事宜请鉴核示遵由	1928	J053-1-00010-0001

续表

序号	题名	年份	档号
163	缮呈考察江浙图书馆报告书请鉴核并请采择施行由	1928	J053-1-00010-0049
164	欧阳祖经关于省立图书馆建筑新馆召集募捐的函		J053-1-00010-0054
165	欧阳祖经关于江西省立图书馆进行计划书四条的函	1928	J053-1-00010-0071
166	江西省立图书馆全新建筑印刷机器的估册	1928	J053-1-00010-0119
167	罗振万关于借江西省立图书馆附设印刷所的借据		J053-1-00010-0124
168	江西省政府教育厅关于江西省立图书馆派往江浙考察图书馆事宜的批	1928	J053-1-00011-0001
169	江西省政府教育厅关于江西省立图书馆请指拨百花洲房屋附设印刷所的批	1928	J053-1-00011-0035
170	江西省政府教育厅关于江西省立图书馆接收房屋克日兴工修缮的批	1928	J053-1-00011-0066
171	江西省政府教育厅关于江西省立图书馆查照著作权法及著作权法实施行细则的令	1928	J053-1-00011-0103
172	江西省政府教育厅关于江西省立图书馆检送考察江浙图书馆报告书的批	1928	J053-1-00011-0108
173	江西省政府教育厅关于江西省立图书馆要求江西全省印刷局移交图书及版本的批	1928	J053-1-00011-0112
174	江西省政府教育厅关于江西省立图书馆建筑图书馆第一层平面图的批	1928	J053-1-00011-0120
175	江西省政府教育厅关于改进省立通俗图书馆的训令	1928	J053-1-00013-0024
176	江西省政府教育厅关于在原址设立江西省图书馆的训令	1928	J053-1-00013-0030
177	上海民立中学图书馆关于邮寄精装书册等的函	1928	J053-1-00014-0001
178	国立中央大学国学图书馆关于补寄咏怀堂诗集的函	1928	J053-1-00014-0006
179	北平北海图书馆关于寄呈月出月刊的函	1929	J053-1-00014-0033
180	商务印书馆启事关于图书馆购书减价的函	1929	J053-1-00014-0034
181	江西省政府教育厅关于计划建筑新图书馆的训令	1928	J053-1-00016-0001
182	江西省政府教育厅关于检送建筑新图书馆承包合同的指令	1928	J053-1-00016-0055

续表

序号	题名	年份	档号
183	江西省政府教育厅关于查明省立图书馆建筑是按计划书办理的训令	1928	J053-1-00016-0086
184	江西省政府教育厅关于窃查省立图书馆建筑基地的训令	1928	J053-1-00016-0091
185	周春茂关于恳请江西省立图书馆主任购买或暂借青砖事宜的函		J053-1-00017-0147
186	南昌市公安局关于请图书馆搜索图书书单示于民众的函	1928	J053-1-00018-0003
187	江西省教育厅关于建图书馆馆址问题的训令	1928	J053-1-00018-0025
188	令省立图书馆主任欧阳祖经呈请续拨建筑经费以利工程由	1928	J053-1-00018-0048
189	中华图书馆协会关于第一次常委会议决公推欧阳祖经为建筑组委员的函	1928	J053-1-00018-0095
190	财政部江西财政特派员公署关于江西省立图书馆建筑材料免税问题的函	1928	J053-1-00018-0107
191	请假二十日赴中华图书馆协会年会并请酌予旅费由	1929	J053-1-00019-0067
192	呈择赴图书馆协今年今日期由	1929	J053-1-00019-0115
193	中华图书馆协会年会筹备处关于举行第一年会筹备情况的函	1928	J053-1-00020-0001
194	中华图书馆协会年会筹备处关于派代表参加开幕典礼的函	1929	J053-1-00020-0046
195	江西全省印刷局筹备处关于将旧画木板运往江西省立图书馆的函	1929	J053-1-00020-0094
196	江西省政府教育厅关于准予参加中华图书馆协会年会及发放旅费的指令	1929	J053-1-00020-0096
197	江西省政府教育厅关于手续较繁经由江西省图书馆名义征求大正新修大藏经的指令	1929	J053-1-00020-0114
198	江西省教育厅关于前官书局印刷所所存书籍运往巴黎中法图书馆的训令	1929	J053-1-00020-0143
199	呈请据情转函退庐图书馆将豫章丛书版本及用省款所购图书等移归职馆保藏由	1929	J053-1-00021-0070
200	江西省立图书馆建筑新馆说明		J053-1-00021-0154
201	江西省立图书馆新获汉石经残字说明		J053-1-00021-0156
202	方日政关于复江西省立图书馆呈请转函九江日本领事馆征求大正新修大藏的函	1929	J053-1-00022-0003

序号	题名	年份	档号
203	江西省教育厅关于为建筑图书馆绘具图样呈请备案的训令	1929	J053-1-00022-0056
204	江西省教育厅秘书处关于省图书馆中文英文调查表平面图等件请款的函	1929	J053-1-00022-0175
205	江西省教育厅关于查退庐图书馆所有豫章丛书及公款移交省立图书馆的指令	1929	J053-1-00023-0006
206	中华图书馆协会执行委员会关于在罗马举行国际图书馆会议的函	1929	J053-1-00023-0040
207	江西省教育厅关于增加图书馆藏书的训令	1929	J053-1-00023-0076
208	中华图书馆协会关于请欧阳祖经为宋元善本调查委员会委员检送委员名单的函	1929	J053-1-00023-0082
209	中华图书馆协会关于检送汉石经残字拓本到罗马国际图书展览会陈列的函	1929	J053-1-00023-0129
210	请将省府议决之将厅领存库券全数拨充图书馆基金案令行遵照并呈送基金保管办法由	1929	J053-1-00024-0001
211	江西省教育厅关于将彭公祠划出部分为建筑省立图书馆馆址的训令	1929	J053-1-00025-0008
212	新建县教育局关于领到江西省立图书馆汉石经残字石刻五方的收据	1929	J053-1-00025-0102
213	呈复由主任私人赠送北平大学图书馆江西通志一部并呈请核发前奉令赠送铁道部暨巴黎中国学院通志二部书价九十元仍设法拨款印刷以应征求由	1929	J053-1-00026-0005
214	呈报点收退庐图书馆移交版片图书并捐赠图书附清册三份仰乞核备由	1929	J053-1-00026-0051
215	会函请收前江西全省图书馆图书及豫章丛书版片造具清册移交省立图书馆保管由	1929	J053-1-00026-0089
216	据收贵馆移交前江西全省图书馆豫章丛书版片图书并捐赠图书均照册点清函复查照由	1929	J053-1-00026-0094
217	函请代表列席图书馆协会监委会第一次全体会议由	1929	J053-1-00026-0101
218	函复已函请杨以明先生代表列席图书馆协会监委会第一次会议由	1929	J053-1-00026-0104
219	退庐胡氏图书馆关于移交书籍版片归省图书馆的函	1929	J053-1-00027-0048
220	中华图书馆协会执行委员会关于请照准编列预算草案说明书的函	1929	J053-1-00027-0059
221	北平北海图书馆关于出售摄书影机的函	1929	J053-1-00027-0060

续表

序号	题名	年份	档号
222	据函复该省通志现由该省立图书馆附设印行所请备价径向该所购买仰即知照	1929	J053-1-00027-0068
223	中华图书馆协会执委会关于刊刻印章的函	1929	J053-1-00027-0071
224	中华图书馆协会执行委员会关于对侯委员疑问说明的函	1929	J053-1-00027-0072
225	中华图书馆协会执行委员会关于推广图书馆事业各刊物当以赠阅的函	1929	J053-1-00027-0098
226	中华图书馆协会监察委员会关于执委会提出预算案一致同意并正式施行的函	1929	J053-1-00027-0099
227	山西公立图书馆关于参考新建筑及旧建筑的函	1929	J053-1-00028-0006
228	山西公立图书馆关于销售书籍特别减价的函		J053-1-00028-0009
229	山西公立图书馆关于参观各图书馆的函	1929	J053-1-00028-0012
230	国民政府农矿部地质调查所图书馆关于公布各书价格及购买手续的函	1929	J053-1-00028-0020
231	江西省立图书馆南昌一职印刷所关于图书估价单		J053-1-00028-0026
232	江西省立图书馆关于购买物品价格清单	1934	J053-1-00028-0028
233	松荫图书馆关于请赠书目年刊月刊的函		J053-1-00028-0032
234	上海圣约翰大学图书馆关于检赐最近目录的函	1929	J053-1-00028-0033
235	厦门马巷民众图书馆关于请赠各种刊物的函	1931	J053-1-00028-0036
236	蓉舫图书馆关于蓉舫图书馆的简章		J053-1-00028-0039
237	蓉舫图书馆关于捐赠新旧图书报纸杂志章程目录及各种刊物的函	1931	J053-1-00028-0040
238	交通大学图书馆关于将收稿日期延缓的函	1931	J053-1-00028-0044
239	私立浙江流通图书馆关于出版刊物的函		J053-1-00028-0047
240	福建教育厅图书馆关于惠赠各种刊物的函		J053-1-00028-0049
241	燕京大学图书馆关于惠赐藏书目录规则及交换刊物的函	1929	J053-1-00028-0065
242	燕京大学图书馆关于购买白墨及标识的函		J053-1-00028-0066
243	山东省立图书馆关于奉上季刊的函	1929	J053-1-00028-0077
244	河北省立第一图书馆关于寄送书籍的函		J053-1-00028-0079
245	准财政特派员公署函复沿溪渡扣留建筑图书馆木材已经令饬免税放行希查照仰即知照	1929	J053-1-00030-0022

续表

序号	题名	年份	档号
246	中华图协会监察委员会关于定于二十日在杭州图书馆开第一次监察委员会的函	1929	J053-1-00031-0019
247	令发修正江西省立图书馆规程仰即遵照	1929	J053-1-00031-0071
248	浙江省立图书馆关于填寄捐书证于欧阳祖经的函	1928	J053-1-00033-0004
249	江西全省第五届学校联合运动会关于要求省立图书馆送来横额的函	1928	J053-1-00033-0009
250	江西省党务指导委员会宣传部关于请省立图书馆派代表出席各会议的函	1928	J053-1-00033-0010
251	杨树庄程时□关于拟请重新整理尽量扩充福州省立第一图书馆的函		J053-1-00033-0013
252	燕京大学图书馆关于订购寄赠及交换书籍的函		J053-1-00033-0014
253	湖南省立中山图书馆关于寄送章程规则及希惠赠新刊物的函		J053-1-00033-0015
254	中华图书馆协会年会筹备处关于举行第一次年会的函	1928	J053-1-00033-0016
255	中华图书馆协会年会筹备处关于东京举行年会等情的函	1928	J053-1-00033-0019
256	中华图书馆协会年会筹备处关于公推欧阳祖经为建筑组委员并征集各项论文的函	1929	J053-1-00033-0020
257	开封市民图书馆关于请赠图书报的函	1929	J053-1-00033-0035
258	私立秀州中学图书馆关于请赐赠有关图书馆之作品的函		J053-1-00033-0036
259	甘肃公立图书馆关于请惠赠概况标本及一切办理章程以便改进的函	1929	J053-1-00033-0039
260	中华图书馆协会版片调查委员会关于奉上板片调查表的函	1929	J053-1-00034-0004
261	广东澄海苏南区澄海县图书馆关于请赠各种书籍的函	1929	J053-1-00034-0037
262	准南昌市政府函校陈技正于市政会议报告省立图书馆阻止修筑苏堤又彭公祠拆卸材料尚未搬出有碍工程等情根据议决案函请查照案令仰查照办理	1929	J053-1-00034-0049
263	奉教育部令仰转饬所属图书馆及文化学术机关知照英国拟收伦敦大英陈列所中所存印刷书籍之总目录另刊新版由	1929	J053-1-00034-0060
264	江西省立图书馆一览表	1929	J053-1-00035-0009

续表

序号	题名	年份	档号
265	上海图书馆协会关于中国圕名人录一书为宋景祁先生所编著的函	1929	J053-1-00036-0039
266	宋景祁关于奉上中国图书馆名人录调查表的函	1929	J053-1-00036-0040
267	函达敝馆业经查照前会商结果苏堤旁小木屋由图书馆自行拆让一节在约定期内拆让并希转函市府孙科长暨陈钱两技正由	1929	J053-1-00037-0072
268	江西省党务指导委员会秘书处关于拟请江西省立图书馆全体参加南昌各界撤广领事裁判权运动大会的函	1929	J053-1-00038-0001
269	据呈送省立图书馆十七年度全年经济审查报告总表应准备案仰即知照	1929	J053-1-00038-0006
270	中华图书馆协会监察委员会关于检送候选监察委员姓名名单的函	1930	J053-1-00038-0077
271	据呈送江西省立图书馆一览及概况表各一件请核备仰仍将添购书目价格及捐赠图书分别造册具报	1930	J053-1-00038-0080
272	浙江省西湖博物馆关于请江西省图书馆赐送各种图书的函	1930	J053-1-00038-0087
273	呈送江西省立图书馆一览暨概况表各一件请核备由	1930	J053-1-00039-0067
274	厦门大学图书馆关于请江西省立图书馆赠送馆务汇刊的函	1930	J053-1-00040-0001
275	中国公学大学部图书馆关于感谢江西省立图书馆赠送馆务汇刊的函	1930	J053-1-00040-0003
276	松坡图书馆关于收到江西省立图书馆捐赠馆务汇刊的收据	1930	J053-1-00040-0004
277	江苏省立苏州图书馆关于告知已收到馆务汇刊的函	1930	J053-1-00040-0005
278	南京建设委员会图书馆关于感谢江西省立图书馆赠送馆务汇刊的函		J053-1-00040-0006
279	交通大学图书馆关于募捐图书馆经费的函	1930	J053-1-00040-0007
280	北京朝阳大学图书馆关于回送馆务汇刊收据的函		J053-1-00040-0008
281	北京朝阳大学图书馆关于收到江西省立图书馆赠送馆务汇刊的收据	1930	J053-1-00040-0009
282	江苏省立国学图书馆关于感谢江西省立图书馆赠送馆务汇刊的函	1930	J053-1-00040-0012

续表

序号	题名	年份	档号
283	国立清华大学图书馆关于感谢江西省立图书馆赠送馆务汇刊的函	1930	J053-1-00040-0014
284	中国大学图书馆关于感谢江西省立图书馆赠送馆务汇刊的函	1930	J053-1-00040-0016
285	国立中山大学图书馆关于感谢江西省立图书馆赠送馆务汇刊的函	1930	J053-1-00040-0017
286	江西省立民众教育馆关于请江西省立图书馆赐予馆务汇刊的函	1930	J053-1-00040-0018
287	国立浙江大学文理学院图书室关于感谢江西省立图书馆赠送馆务汇刊的函	1930	J053-1-00040-0020
288	山西公立图书博物馆关于收到江西省立图书馆捐助馆务汇刊的证明书	1930	J053-1-00040-0021
289	江苏省立上海中学高中部图书馆关于感谢江西省立图书馆赠送馆务汇刊的函	1930	J053-1-00040-0022
290	南京图书馆协会关于感谢江西省立图书馆赠送馆务汇刊的函		J053-1-00040-0023
291	中国国民党中央政治学校关于请江西省立图书馆寄送馆务汇刊的函		J053-1-00040-0025
292	东北矿学会图书馆关于请省立图书馆赠予馆务汇刊的函	1930	J053-1-00040-0026
293	福建省立图书馆关于感谢江西省立图书馆赠送馆务汇刊的函	1930	J053-1-00040-0027
294	新会冯氏景堂图书馆关于感谢江西省立图书馆赠送江西省立图书馆一览暨概况表的函	1930	J053-1-00040-0028
295	新会冯氏景堂图书馆关于请江西省立图书馆寄送馆务汇刊的函	1930	J053-1-00040-0029
296	广州市立第三小学儿童图书馆关于请江西省立图书馆赠送馆务汇刊的函	1930	J053-1-00040-0030
297	中国国民党中央政治学校图书馆关于告知收到馆务汇刊的函	1930	J053-1-00040-0031
298	燕京大学图书馆关于请江西省立图书馆检寄书籍目录及价值单以便订购的函	1930	J053-1-00040-0032
299	燕京大学图书馆关于赠送定期刊物的函		J053-1-00040-0034
300	东北矿学会图书馆关于感谢江西省立图书馆赠送馆务汇刊的函	1930	J053-1-00040-0035
301	安徽省立图书馆关于感谢江西省立图书馆赠送江西省立图书馆一览及概况表的函	1930	J053-1-00040-0036

序号	题名	年份	档号
302	新会冯氏景堂图书馆关于收到江西省立图书馆寄赠馆务汇刊的收据	1930	J053-1-00040-0037
303	东方图书馆关于感谢江西省立图书馆赠送馆务汇刊的函	1930	J053-1-00040-0038
304	函请复杨以明先生代表出席中华图书馆协会监委会由	1930	J053-1-00041-0095
305	中华图书馆协会关于戴志骞等八人均已任满应改选委员的函	1930	J053-1-00042-0061
306	中华图书馆协会关于经费提缴的函	1930	J053-1-00042-0063
307	彭经人关于省立图书馆各门加漆以淡绿色为美观的函	1930	J053-1-00042-0065
308	国立北平图书馆关于出版物多种托代销售的函	1930	J053-1-00042-0074
309	江西省立图书馆关于补寄扩充书库图全份的函	1930	J053-1-00043-0037
310	江西省立图书馆关于已补寄扩充书库设计图全部的函	1930	J053-1-00043-0038
311	准新疆教育厅函请饬将图书馆组织大纲办事细则及选择图书目录各寄一份训令江西省立图书馆	1930	J053-1-00044-0007
312	教育部社会教育司关于加送图书馆调查表二份的函	1930	J053-1-00045-0013
313	奉令转发教育部修正图书馆规程遵即查照规程第四条并参照浙省图书馆经临两费情形恳乞将职馆前呈十九年度经临两费预算草案准予照数编列由	1930	J053-1-00047-0058
314	呈请禁止在图书馆驻军由	1930	J053-1-00047-0068
315	呈请转请讨逆军第九路总指挥禁止军队驻扎图书馆由	1930	J053-1-00047-0071
316	函送江西省立图书馆第二期建筑工程内扩充书库计划说明书请转寄教育文化基金董事会由	1930	J053-1-00047-0098
317	奉教育部令为修正前大学院公布之图书馆条例并改称为图书馆规程通令知照仰即知照	1930	J053-1-00048-0037
318	中华图书馆协会执行委员会关于募捐图书的函	1930	J053-1-00048-0047
319	据呈请转呈第九路总指挥禁止军队驻扎图书馆一案仰候转呈	1930	J053-1-00048-0073

续表

序号	题名	年份	档号
320	江西省立图书馆关于已收到编印市立学校工人学校册、赠馆务汇刊的函		J053-1-00049-0001
321	江西省立图书馆关于图书价格调整的函	1930	J053-1-00049-0003
322	江西省立图书馆关于寄送样张及催付货款的函	1930	J053-1-00049-0005
323	江西省立图书馆关于汇寄货款、补发书籍的函	1930	J053-1-00049-0007
324	江西省立图书馆购书单		J053-1-00049-0009
325	江西省立图书馆关于预定杂志湖上之花、征集购买书报表、寄送升学指南的函		J053-1-00049-0011
326	江西省立图书馆关于购买图书、开列图书价目的函		J053-1-00049-0015
327	江西省立图书馆关于寄发图书的函	1930	J053-1-00049-0018
328	江西省立图书馆关于提前预约可使优待券的函	1930	J053-1-00049-0019
329	江西省立图书馆关于代购书目录的函	1930	J053-1-00049-0021
330	江西省立图书馆关于请代为搜罗藏书文献的函	1930	J053-1-00049-0023
331	江西省立图书馆关于告知书目、价值及购买手续，复印总理奉安实录的函		J053-1-00049-0025
332	江西省立图书馆关于购买特价图书、寄送图书及单据的函		J053-1-00049-0027
333	江西省立图书馆关于低价购买书籍、请征集图书文献委员会审查书籍的函		J053-1-00049-0029
334	江西省立图书馆关于各种法学书籍可以用优待券订购、惠赠各种图书、订购戏剧与文艺并惠寄订单和发票的函		J053-1-00049-0031
335	江西省立图书馆关于催寄书籍的函	1930	J053-1-00049-0036
336	江西省立图书馆关于预约曲海总目书和四库全书总目、感谢惠赐图书的函		J053-1-00049-0038
337	江西省立图书馆关于缺少印刷图书经费、购买月刊的函		J053-1-00049-0040
338	江西省立图书馆关于购书清单、补寄图书的函	1930	J053-1-00049-0042
339	江西省立图书馆关于催寄书籍、告知图书馆缺少经费、感谢刘永康赠送自治书籍的函		J053-1-00049-0044

续表

序号	题名	年份	档号
340	江西省立图书馆关于购买远东运动会特刊、赠送图书、催寄图书及发单的函		J053-1-00049-0048
341	江西省立图书馆关于寄存书籍的函	1930	J053-1-00049-0053
342	江西省立图书馆关于检送图书收据、检送书籍审查的函		J053-1-00049-0055
343	江西省立图书馆关于寄赠馆务汇刊、感谢徐邦铎赠送宗教书籍的函		J053-1-00049-0057
344	江西省立图书馆关于已收到训练纲要、已收到书籍的函		J053-1-00049-0059
345	江西省立图书馆关于催寄书籍及结清书款的函	1930	J053-1-00049-0061
346	江西省立图书馆关于检送各书籍名称、价格及发单的函	1930	J053-1-00049-0063
347	江西省立图书馆关于感谢严智怡赠送书籍、赠送馆务汇刊的函		J053-1-00049-0065
348	江西省立图书馆关于结清书籍以便再购书籍的函	1930	J053-1-00049-0067
349	江西省立图书馆关于编辑印刷书籍、请中华书局代为搜罗天工开物的函		J053-1-00049-0069
350	江西省立图书馆关于请南昌中华书局代购书籍、以低价购买书籍、寄送书籍目录以便选购的函		J053-1-00049-0071
351	江西省立图书馆关于购买医学类书籍、请儿童书局赠送图书的函		J053-1-00049-0075
352	江西省立图书馆关于赠送图书概况表及刊物、补寄书籍的函		J053-1-00049-0077
353	江西省立图书馆关于填写详细地址以便寄送书籍、由于经费不足不能重印的函		J053-1-00049-0079
354	江西省立图书馆关于惠赠吴越国王王世家等书以供众览、惠赐节孝集等书以供众览的函		J053-1-00049-0081
355	江西省立图书馆关于惠赠槐轩全书以供众览、查收预约证及收条、检送各种书籍的函		J053-1-00049-0083
356	江西省立图书馆关于邮寄书籍、惠赠文氏三遗集以供众览的函	1930	J053-1-00049-0087
357	江西省立图书馆关于邮寄新书及附上书款收据的函	1930	J053-1-00049-0089
358	江西省立图书馆关于检送汇款收据及预约通知书、邮寄中国名人录及发票的函		J053-1-00049-0091

续表

序号	题名	年份	档号
359	江西省立图书馆关于寄送日本帝国主义侵略中国史、惠赠欧美之光以供众览的函		J053-1-00049-0093
360	教育部社会教育司关于寄送图书馆调查表的函	1930	J053-1-00050-0021
361	据呈中山公园布置希积极进行临时租设茶社其布置范围应稍有限制勿侵入公园大门东面图书馆路线内呈请鉴核示遵仰候据情转饬市政府遵照	1930	J053-1-00050-0028
362	据呈送江西省立图书馆内容答问请核备一案准予备案仰知照由	1930	J053-1-00050-0031
363	中华图书馆协会监察委员会关于开列监委会18年度收支对照表的函	1930	J053-1-00050-0076
364	呈送江西省立图书馆内容答问请核备由	1930	J053-1-00051-0012
365	中山公园布置希积极进行临时租设茶社其布置范围应稍有限制勿侵入公园大门东面图书馆路线内呈请鉴核示遵由	1930	J053-1-00051-0017
366	中山公园布置希积极进行临时租设茶社其布置范围应稍有限制勿侵入公园大门东面图书馆路线内函请查照惠复由	1930	J053-1-00051-0041
367	遵式填寄图书馆调查表敬希察览由	1930	J053-1-00051-0045
368	据市政府呈送饬工务局修理国府主席行辕前道路等项请转饬省立图书馆遵照一案仰即会同修理	1930	J053-1-00052-0086
369	江西省教育厅关于何军政部长莅赣行辕暂设省立图书馆的函	1931	J053-1-00054-0080
370	辽宁省立图书馆关于请寄馆务汇刊第一期的函	1931	J053-1-00056-0001
371	景堂图书馆关于搜集图书馆界之出版物的函	1931	J053-1-00056-0007
372	北平特别市第二普通图书馆关于请惠赠图书馆汇刊的函	1931	J053-1-00056-0009
373	立法院统计处关于请寄图书馆汇志的函	1931	J053-1-00056-0011
374	景堂图书馆关于请赠江西省立图书馆内容答问的函	1931	J053-1-00056-0015
375	国立中央大学图书馆关于借各项章程册及馆舍全景照片的函	1931	J053-1-00056-0018
376	新会冯氏景堂图书馆关于感谢江西省立图书馆的函		J053-1-00056-0029
377	黄县圣泉图书馆关于请赠寄书籍的函	1931	J053-1-00056-0045

续表

序号	题名	年份	档号
378	江西省立图书馆来往信信封		J053-1-00056-0046
379	黄县公立图书馆关于请赠寄书刊的函		J053-1-00056-0047
380	教育图书馆关于请寄书馆概况的函		J053-1-00056-0052
381	云南图书馆关于文大章送文氏三遗集来馆的函		J053-1-00056-0070
382	江西省立图书馆来往信信封		J053-1-00056-0072
383	圣泉图书馆关于感谢赠书的函	1931	J053-1-00056-0073
384	江西省立图书馆来往信信封		J053-1-00056-0077
385	江苏省立国学图书馆关于购书价格的函	1931	J053-1-00056-0079
386	乌山图书馆关于奉赠米友堂诗册的函		J053-1-00056-0081
387	乌山图书馆公开阅览宣言		J053-1-00056-0082
388	江西省立图书馆来往信信封		J053-1-00056-0084
389	旧温属公立图书馆关于送永嘉诗人祠堂丛刻板片仅收成本的函	1931	J053-1-00056-0093
390	国立北平图书馆关于尚续订刊请连同价款惠寄来馆的函	1931	J053-1-00056-0100
391	浙江省立图书馆关于请赐最近目录及概况等刊物的函	1931	J053-1-00056-0103
392	张家口公立党义图书馆关于请赠书报杂志的函	1931	J053-1-00056-0111
393	江西省立图书馆来往信信封		J053-1-00056-0114
394	令发省立图书馆大藏经六册仰查收由	1931	J053-1-00057-0019
395	安徽省立图书馆关于全国圕的状况的函	1931	J053-1-00057-0052
396	中华图书馆协会关于协会委员已任满应改选的函	1931	J053-1-00057-0070
397	江西省立图书馆关于在武昌文华公书林司徒厅举行张女士逝世追悼大会的函	1931	J053-1-00059-0040
398	江西省立图书馆往来信信封		J053-1-00059-0081
399	江西省立图书馆往来信信封		J053-1-00059-0082
400	敬聘先生屈任本馆图书馆学研究会研究指导员再者邵莲士先生著述丰富请转致倾慕之意各赠一份又赣南各种石刻拓本拟请转商让全份	1931	J053-1-00060-0089
401	敬聘任本馆图书馆学研究会指导员再者刻经事宜因如何办理由	1931	J053-1-00060-0093

续表

序号	题名	年份	档号
402	江西省立图书馆关于知悉本馆概况的函	1931	J053-1-00060-0100
403	江西省立民众教育馆关于推派江西省图书馆馆长为江西省教育经费委员会的函	1931	J053-1-00061-0093
404	函江西省立图书馆借吉安等六县县志以资参议	1931	J053-1-00061-0100
405	江西省立图书馆关于检送图书馆概况的函	1932	J053-1-00063-0060
406	江西省教育厅关于将江西省立图书馆职员欠薪及办公费实支细数造册呈报的训令	1932	J053-1-00063-0074
407	江西省教育厅关于准立法院图书馆请惠赠刊物图书的训令	1932	J053-1-00064-0018
408	江西省教育厅关于南昌图书馆临时报阅览处内部装修的训令	1932	J053-1-00064-0033
409	江西省教育厅关于促进流动识字教学案提倡流通图书馆案的训令	1932	J053-1-00065-0009
410	浮梁县政府关于江西省立图书馆请县长代为征集浮梁县志的函	1932	J053-1-00065-0060
411	令发十九年度全国公私立图书馆一览表仰查收由	1932	J053-1-00065-0109
412	奉教育部令以据北平图书馆呈请转行各机关将所出版之公报刊物均予检发一部仰遵照由	1933	J053-1-00065-0161
413	江西省立图书馆关于增设航空救国专门讲座的函		J053-1-00066-0060
414	请拨给旅费俾出席中华图书馆协会由	1933	J053-1-00066-0136
415	呈请给假二十日俾便出席第二次中华图书馆协会馆务委托李绍干代理由	1933	J053-1-00066-0148
416	呈请通令各县教育局民众教育馆及小学校各购商务印书馆最近出版之小学生文库以扩大推行图书馆事业由	1933	J053-1-00066-0182
417	遵令填就国立北平师范大学研究所省立图书馆经费调查表乞汇转由	1933	J053-1-00066-0198
418	奉军事委员长行营令据呈转省立图书馆呈为交通兵团汽车队占住临时阅览处请转令迁出等请指令呈悉照准令仰知照由	1933	J053-1-00068-0015
419	中华图书馆协会执行委员会关于第二次执行委员会年会延期举行的函	1933	J053-1-00069-0016
420	江西省会图书馆关于拟组织图书馆辅导委员会的函	1933	J053-1-00069-0021

续表

序号	题名	年份	档号
421	国立北平图书馆关于古籍及借给参考书籍流通办法等事宜的函	1933	J053-1-00069-0033
422	中华图书馆协会执行委员会关于聘执事为筹备委员的函	1933	J053-1-00069-0045
423	内政部卫生署图书室关于拟普及分赠全国各地图书馆备存参考的函	1933	J053-1-00069-0073
424	南京市立图书馆关于南京市民众图书馆改称的函		J053-1-00069-0076
425	河南省图书馆关于询问豫章丛书售价可否酌量减价的函	1933	J053-1-00069-0085
426	仰将新出图书除呈缴教育部一份外分别改寄中央图书馆筹备处暨北平图书馆由	1933	J053-1-00070-0061
427	据呈请拨给旅费俾便出席中华图书馆协会一案准给旅费一百六十元由二十二年度教育杂费内支拨一百元余由该馆节余经费内开支由	1933	J053-1-00070-0114
428	令仰迅速拟具推行乡村图书馆计划呈核以便推行由	1933	J053-1-00070-0160
429	浙江省立民众教育实验学校图书馆关于请寄各种刊物的函	1933	J053-1-00071-0007
430	思明市立厦门图书馆关于恳请填写表格的函	1933	J053-1-00071-0026
431	江西省立图书馆杂志部关于借时事月报的函	1933	J053-1-00071-0029
432	安义县立图书馆关于组织演讲会请寄讲演会组织规程的函	1933	J053-1-00071-0031
433	浙江省立图书馆关于呈寄书名录以便交换流通的函		J053-1-00071-0038
434	安徽通志馆图书室关于请赠书目的函	1933	J053-1-00071-0040
435	安徽通志馆图书室关于询购江西通志一书价格的函	1933	J053-1-00071-0041
436	广州大学图书馆关于寄赠季刊的函		J053-1-00071-0052
437	南京市政府图书馆关于请赐寄最近目录的函	1933	J053-1-00071-0053
438	广西普及国民基础教育研究院图书馆关于请赐寄全份至纫公谊的函	1933	J053-1-00071-0054
439	国立同济大学图书馆关于请赠寄书本目录以及出版刊物的函		J053-1-00071-0059
440	上海自然科学研究所中央图书室关于请赠寄书本目录的函		J053-1-00071-0060
441	徐曙寄南昌省立图书馆的明信片	1934	J053-1-00071-0063

序号	题名	年份	档号
442	江西教育厅图书馆关于检送国府公报的函	1934	J053-1-00071-0064
443	广西统计局图书馆关于请惠赠图书馆概况及图书目录的函	1932	J053-1-00071-0067
444	广西县政建设实验区研究院图书馆关于请赠各种刊物图书目录的函	1933	J053-1-00071-0068
445	私立广州大学图书馆关于收到惠赠书刊感谢之至的函	1934	J053-1-00071-0072
446	国立北平图书馆关于将全国报纸复加调查填表的函	1934	J053-1-00071-0081
447	上海女子中学图书馆关于举行募书运动的函	1934	J053-1-00071-0092
448	许晚成关于编行全国图书馆调查录的函		J053-1-00071-0093
449	□□□关于湖南大学图书馆落成的函		J053-1-00071-0096
450	河北省立女子师范学院图书馆关于请赐寄江西省立图书馆相片目录概况的函	1934	J053-1-00071-0100
451	江西省教育厅关于拟发省图书馆经费调查表的训令	1933	J053-1-00072-0004
452	江西省教育厅关于抄发省会图书馆概况调查表的函	1933	J053-1-00072-0014
453	准函知代理省立图书馆长视事日期复函致贺由	1934	J053-1-00074-0066
454	国立中央研究院历史语言研究所图书室关于请惠寄出版品目录的函		J053-1-00076-0022
455	民众教育实验学校图书馆关于惠赠各种目录概况馆刊及民众教育季刊的函	1934	J053-1-00076-0024
456	河北省立女子师范学院图书馆关于恳惠示出版品完备目录列明书中著者卷册的函	1934	J053-1-00076-0041
457	中华图书馆协会执行委员会关于请赐复汇编总目的函	1934	J053-1-00076-0042
458	中华图书馆协会会报编辑部关于恳惠交邮掷下新闻材料的函	1934	J053-1-00076-0043
459	江西省立南昌师范学校图书馆关于借阅湖口县志九江县志南昌县志的函	1934	J053-1-00076-0045
460	中华职业教育社关于收到江西省立图书馆生岁费的收据	1934	J053-1-00076-0055
461	河南图书馆关于请以优待图书馆例仍按预约特价收费购买豫章丛书的函	1934	J053-1-00076-0081

续表

序号	题名	年份	档号
462	璧恒公司关于请查实由杨馆长用江西省立图书馆名义所订书籍的函	1934	J053-1-00076-0083
463	国立中央研究院出版品国际交换处关于首都国立中央图书馆移交南京中央图书馆的函	1934	J053-1-00076-0089
464	奉令转知所属各省市图书馆检取出版各种文献古籍直接寄部由	1934	J053-1-00077-0072
465	江西省教育厅关于函请图书馆杨长熙来处候讯的训令	1934	J053-1-00077-0149
466	省立图书馆代理馆长张一清辞职照准着范文彬暂行代理馆务仰会同清理交代呈报由	1934	J053-1-00078-0087
467	省立图书馆代理馆长张一清辞职照准着范文彬暂行代理馆务仰会同清理交代呈报由	1934	J053-1-00078-0090
468	江西省立图书馆建筑儿童阅览室基地图		J053-1-00079-0040
469	北平中法大学图书馆关于惠赠各类书籍的函	1934	J053-1-00080-0009
470	江西省立图书馆来往信信封		J053-1-00080-0025
471	安徽省立图书馆关于惠赠江西省立图书馆杂志的函	1934	J053-1-00080-0026
472	江苏青浦白鹤江镇县立第一图书馆关于推广文化起见将醇文钞松滨全集奉赠的函	1934	J053-1-00080-0031
473	江西省教育厅关于感谢江西省立图书馆惠赠奖品的函		J053-1-00080-0042
474	国立中央图书馆筹备处关于检送图书馆筹备经过及现在进行概况的函	1934	J053-1-00080-0045
475	由报流通图书馆关于赠送图书目录的函	1934	J053-1-00080-0049
476	上海汇丰银行因汇率变动请省立图书馆补充款项的英文函	1934	J053-1-00080-0050
477	□□□关于请各图书馆协助办理元旦刊的电	1934	J053-1-00080-0066
478	江西省立南昌第一中学校关于感谢江西省立图书馆赠送纪念品的函	1934	J053-1-00080-0073
479	广州大学图书馆关于请寄送书评索引初编的函	1934	J053-1-00080-0075
480	广州大学图书馆关于订购图书的函	1934	J053-1-00080-0076
481	江西省立图书馆来往信信封		J053-1-00080-0080
482	江西省特种教育师资训练处图书室关于将图书目录交由蔡季全保管的函	1934	J053-1-00080-0082

续表

序号	题名	年份	档号
483	铜山县公共图书馆关于和江西省立图书馆交换书籍的函	1934	J053-1-00080-0085
484	广西省立第二图书馆关于请江西省立图书馆赠送图书馆概况图书目录及刊物的函	1934	J053-1-00080-0088
485	武昌文华公书林关于检送各地图书馆最近状况特制表的函	1934	J053-1-00080-0097
486	浙江省立图书馆关于请江西省立图书馆寄送图书馆概况及各种刊物的函	1934	J053-1-00080-0107
487	军事委员会委员长南昌行营政治训练处关于请江西省立图书馆赠送馆刊及创刊号的函	1934	J053-1-00080-0108
488	江西省推行音乐教育委员会关于向江西省立图书馆借阅乐理类书籍的函	1934	J053-1-00080-0111
489	中国图书大辞典编辑馆关于请江西省立图书馆赠送图书馆概况及职员名录的函	1934	J053-1-00080-0113
490	中国国际图书馆关于和江西省立图书馆交换书籍的函	1934	J053-1-00080-0114
491	江西公路处南昌总车场运务股关于请江西省立图书馆赠送各种规章的函	1934	J053-1-00080-0115
492	江西省立图书馆往来信信封		J053-1-00080-0122
493	唐青海关于请江西省立图书馆寄送豫章丛书及预约章程的函	1933	J053-1-00083-0002
494	大真图书馆关于预约图书的函	1933	J053-1-00083-0004
495	教育部图书馆关于邮寄书款的函	1933	J053-1-00083-0005
496	国立中央大学图书馆关于感谢赠送重印豫章丛书预约的函	1933	J053-1-00083-0012
497	江苏省农民银行图书室关于请核寄江西省立图书馆图书目录的函	1933	J053-1-00083-0033
498	浙江省立图书馆关于告知已收到豫章丛书的函	1933	J053-1-00083-0040
499	私立岭南大学图书馆关于请将书挂号寄下及收据的函	1934	J053-1-00083-0054
500	江苏省立国学图书馆关于催促寄送豫章丛书的函		J053-1-00083-0055
501	江苏省立国学图书馆关于与江西省立图书馆互相交换图书并办理手续的函	1935	J053-1-00083-0056
502	江西省立图书馆概况		J053-1-00084-0045

续表

序号	题名	年份	档号
503	函请采案婺源县志、光泽县志及邑贤著作交敝图书馆收藏以供众览由	1934	J053-1-00084-0053
504	江西省立图书馆关于编列经费预算书的函	1934	J053-1-00084-0094
505	江西省立图书馆二十四年度支付预算书		J053-1-00084-0096
506	江西省立图书馆二十四年度支付预算书		J053-1-00084-0102
507	江西省立图书馆二十四年度经常费预算草案说明书		J053-1-00084-0105
508	准南昌市政委员会函复已派第三科工程股股长周家桢前往省立图书馆接洽等由令仰知照由	1934	J053-1-00085-0085
509	山西省汾阳县图书馆关于请将书目章则暨出版刊物签寄的函		J053-1-00086-0049
510	江苏私立东吴大学图书馆关于收到惠赠的图书的函	1934	J053-1-00087-0005
511	广西省立第二图书馆关于感谢赠书的明信片	1934	J053-1-00087-0006
512	中国科学社明复图书馆关于感谢赠书的函	1934	J053-1-00087-0010
513	私立震旦大学图书馆关于感谢赠书的函	1934	J053-1-00087-0011
514	山东省立图书馆关于感谢赠书的函	1934	J053-1-00087-0014
515	河南省立民众教育馆图书室关于感谢赠书的函	1934	J053-1-00087-0015
516	北平东北大学图书馆关于感谢赠书的函	1934	J053-1-00087-0016
517	中法大学图书馆关于收到惠赠图书并申请继续赠书的函	1934	J053-1-00087-0020
518	图立中央图书馆筹备处关于感谢赠书的函	1934	J053-1-00087-0021
519	北平民国学院图书馆关于感谢赠书的函	1934	J053-1-00087-0022
520	河北省立法商学院图书馆关于感谢赠书的函	1934	J053-1-00087-0023
521	河北省立工业学院图书馆关于感谢赠书的函	1934	J053-1-00087-0024
522	上海交通大学图书馆关于感谢赠书的函	1934	J053-1-00087-0025
523	国立北平师范大学文学院图书馆关于感谢赠书并望以后按期寄赠的函	1934	J053-1-00087-0026
524	河北省立女子师范学院图书馆关于感谢赠书的函	1934	J053-1-00087-0029
525	金陵女子大学图书馆关于感谢赠书的函	1934	J053-1-00087-0031
526	河北省立水产专科学校图书馆关于感谢赠书的函	1934	J053-1-00087-0035

续表

序号	题名	年份	档号
527	天津私立南开大学木齐图书馆关于感谢赠书并请以后源源惠寄的函	1934	J053-1-00087-0036
528	河南大学图书馆关于感谢赠书的函	1934	J053-1-00087-0037
529	江苏省立徐州民众教育馆图书室关于感谢赠书并请以后按期惠赠的函		J053-1-00087-0038
530	燕京大学图书馆关于感谢赠书的函	1934	J053-1-00087-0039
531	国立清华大学图书馆关于感谢赠书的函	1934	J053-1-00087-0040
532	上海中国国际图书馆关于感谢赠书并请以后如期续寄的函	1934	J053-1-00087-0041
533	私立岭南大学图书馆关于感谢赠书的函	1934	J053-1-00087-0045
534	江苏省立苏州图书馆关于感谢赠书的函	1934	J053-1-00087-0048
535	湖南省立湖南大学图书馆关于感谢赠书的函	1934	J053-1-00087-0055
536	福建省立图书馆关于感谢赠书的函	1935	J053-1-00087-0065
537	广西省立第二图书馆关于感谢赠书的函		J053-1-00087-0068
538	泰宁县立新泰小学校儿童图书馆附设民众书报所关于请求检赠书刊的函	1935	J053-1-00087-0072
539	江西省立图书馆关于二十三年工作报告表		J053-1-00087-0077
540	中华图书馆协会执行委员会关于变更办公地址以及会员缴费的函	1935	J053-1-00087-0083
541	中华图书馆协会委员会关于协会委员已任满应改选的函	1935	J053-1-00087-0084
542	浙江雁荡图书馆关于请赠各类书刊的函	1935	J053-1-00087-0092
543	国立四川大学图书馆关于感谢赠书的函	1935	J053-1-00087-0094
544	浙江省立图书馆关于变更办公地址以及改馆名的函	1932	J053-1-00088-0001
545	中华图书馆协会执行委员会关于二十一年会费尚未缴纳望早日汇下的函	1932	J053-1-00088-0005
546	王尚关于赠无锡教育学院旧书及无锡图书馆出版刊物的函	1932	J053-1-00088-0012
547	中华图书馆协会执行委员会关于请助调查全国各书店的函	1932	J053-1-00088-0013
548	河北省立第一图书馆关于祝贺新馆馆长的函	1932	J053-1-00088-0014
549	浙江省立图书馆关于祝贺新馆馆长的函	1932	J053-1-00088-0016
550	江苏省立镇江图书馆筹备处关于请赐图书表卡和现在刊物的函		J053-1-00088-0020

续表

序号	题名	年份	档号
551	国立北平图书馆关于询问书店名称地址的函	1932	J053－1－00088－0024
552	国立北平图书馆出版书籍目录		J053－1－00088－0025
553	江苏省立镇江图书馆关于感谢赠书恳请继续惠寄的函	1932	J053－1－00088－0032
554	国立暨南大学图书馆关于请赐寄刊物的函	1932	J053－1－00088－0060
555	开封河南大学教育图书馆征集图书杂志缘起的函		J053－1－00088－0061
556	沙县公立图书馆关于派教育局局长杨高堂兼任图书馆馆长职务的函	1932	J053－1－00088－0067
557	浙江省立图书馆关于请寄二十一年度经费详细预算书的函	1932	J053－1－00088－0079
558	国立北平图书馆关于西文书联合目录要按八折收价或者等价书交换的函	1933	J053－1－00088－0099
559	中央政治学校地政研究班图书室关于寄送地政月刊的函		J053－1－00088－0108
560	江西省立图书馆关于须搜集各种图书报志以便浏览的函	1932	J053－1－00089－0077
561	江西省立图书馆关于申请扣留股利红利的函	1935	J053－1－00090－0066
562	江西省立图书馆关于售豫章丛书收支清册单据并呈述去年陆续修理临时阅览室的函	1935	J053－1－00090－0088
563	江西省政府教育厅关于转知已注销省立图书馆缴还印刷费的训令	1935	J053－1－00091－0072
564	江苏省立教育学院图书馆关于填寄图书馆活动事业调查表的函	1935	J053－1－00092－0001
565	南京国立中央大学图书馆关于购买书籍的函		J053－1－00092－0004
566	中华图书馆协会惠赐江西省立图书馆馆刊的函	1935	J053－1－00092－0007
567	瑞安图书馆协会关于惠寄购书价款的函	1935	J053－1－00092－0013
568	中华图书馆协会执行委员会关于免费赠阅图书的函	1935	J053－1－00092－0014
569	中华图书馆协会关于声明已保存选举执行委员会选票的函		J053－1－00092－0015
570	浙江省立图书馆关于惠寄新出版书籍的函	1935	J053－1－00092－0020
571	国立上海商学院图书馆关于填送调查表的函		J053－1－00092－0033
572	内政部警官高等学校图书馆关于惠赠馆刊的函		J053－1－00092－0035

序号	题名	年份	档号
573	瑞安图书馆协会关于捐赠图书的函	1935	J053－1－00092－0038
574	山东省立图书馆关于赐赠馆刊的函	1935	J053－1－00092－0042
575	广西省立示范专科学校图书馆关于赠送馆刊的函	1935	J053－1－00092－0043
576	广西省立第一图书馆关于惠赠馆刊的函	1935	J053－1－00092－0044
577	广西省政府图书馆关于惠赠图书馆概况及章程的函	1935	J053－1－00092－0045
578	广东新会景唐图书馆关于惠赠馆刊的函	1935	J053－1－00092－0051
579	内政部警官高等学校图书馆关于惠赠的函		J053－1－00092－0054
580	江西文化合作中国协会及北平国立北平图书馆关于继续订阅图书季刊的函		J053－1－00092－0061
581	国立四川大学图书馆关于按期交换出版刊物的函	1935	J053－1－00092－0065
582	瑞安图书馆协会执行委员会关于赠送书籍的函		J053－1－00092－0070
583	中华图书馆协会执行委员会关于填送调查表并寄指定地址的函	1935	J053－1－00092－0072
584	国立北平图书馆关于惠赐光泽县志及各项刊物的函	1935	J053－1－00092－0082
585	广西省立师范专科学校图书馆关于惠赠馆刊的函	1935	J053－1－00092－0084
586	国立中央图书馆筹备处关于惠赠新旧刊物的函	1935	J053－1－00092－0090
587	国立北平图书馆关于惠赠婺源县志等书刊的函		J053－1－00092－0093
588	国立中央图书馆筹备处关于检赠第一期新书目录的函		J053－1－00092－0100
589	山东省立图书馆关于赐赠江西省立图书馆馆刊的函	1935	J053－1－00092－0101
590	河朔图书馆征书委员会关于惠赠江西图书馆馆刊的函	1935	J053－1－00092－0102
591	安徽省立图书馆关于补寄婺源县志的函	1935	J053－1－00092－0106
592	国立北平图书馆关于开单代购婺源县志拿书刊的函	1935	J053－1－00092－0110
593	广东国民大学图书馆关于检赠学术刊物的函	1935	J053－1－00092－0117
594	国立中央大学图书馆关于检赠学术刊物的函		J053－1－00092－0119

续表

序号	题名	年份	档号
595	福建省立图书馆关于未能赠送光泽县志的函	1935	J053-1-00092-0120
596	国立中央图书馆筹备处关于惠赠馆刊的函	1935	J053-1-00092-0121
597	思明市立厦门图书馆关于惠赠馆刊的函	1935	J053-1-00092-0127
598	云南通志馆及云南省立昆华图书馆关于指派方树梅搜访资料的函		J053-1-00092-0130
599	广西省政府图书馆关于惠赠各种刊物的函		J053-1-00092-0132
600	江西省教育厅关于学校与省图书馆经费报表及通知书正本的训令	1935	J053-1-00093-0020
601	江西省教育厅关于省立图书馆财经制度的训令	1935	J053-1-00093-0131
602	函送江西省立图书馆土地登记表一份即请代为办理登记手续由	1935	J053-1-00094-0028
603	江西省立图书馆关于订购民族英雄等图画的预约优待券	1935	J053-1-00095-0001
604	国立中央大学图书馆关于惠赠江西图书馆刊创刊号的函		J053-1-00095-0008
605	宁夏省立图书馆关于检赐组织大纲图片目录及各种表册的函	1935	J053-1-00095-0018
606	思明市立厦门图书馆关于感谢江西省立图书馆惠赐馆刊创刊的函	1935	J053-1-00095-0037
607	图书中央大学图书馆关于订购图书的函	1935	J053-1-00095-0040
608	山东省立图书馆关于请补赐江西图书馆馆刊的函	1935	J053-1-00095-0041
609	思明县立厦门图书馆关于感谢江西省立图书馆惠赐刊物的函	1935	J053-1-00095-0042
610	世界文化合作中国协会筹备委员会关于请赠送江西省立图书馆概况的函	1935	J053-1-00095-0051
611	南京市立图书馆关于请赠送江西省立图书馆概况的函	1935	J053-1-00095-0068
612	陆军大学校学友社团关于请江西省图书馆赠送刊物的函		J053-1-00095-0071
613	江西省特种教育处图书馆关于向江西省立图书馆借用书籍的函	1935	J053-1-00095-0073
614	胡延辉关于请江西省立图书馆继续开放以供阅览的函	1935	J053-1-00095-0074
615	南京陆军大学校学友社图书室关于感谢江西省书图书馆赠送书籍的函		J053-1-00095-0076

续表

序号	题名	年份	档号
616	黎川实验区第四区办事处关于请按期惠赐江西省立图书馆刊物的函	1935	J053-1-00095-0077
617	国民政府军事委员会委员长行营川康甘青边政研究委员会关于请江西省立图书馆将有关建设类书籍列目录表的函	1935	J053-1-00095-0078
618	无锡县图书馆关于感谢江西省立图书馆赠送书籍的函	1935	J053-1-00095-0079
619	私立武昌文华图书馆学专科学校关于感谢江西省立图书馆赠送书籍的函	1935	J053-1-00095-0080
620	新生活运动促进总会关于向江西省立图书馆检借书籍的函	1935	J053-1-00095-0081
621	浙江省立图书馆关于感谢江西省立图书馆赠送书籍的函	1935	J053-1-00095-0082
622	苏州美术专科学校校图书馆关于请江西省立图书馆惠赠图书以供众览的函		J053-1-00095-0083
623	山东公立图书馆关于请江西省立图书馆赠送图书馆目录的函	1935	J053-1-00095-0084
624	安徽省立图书馆关于感谢江西省立图书馆赠送书籍的函	1935	J053-1-00095-0085
625	山西公立图书馆关于查收江西省立图书馆目录的函	1935	J053-1-00095-0086
626	震旦大学图书馆关于请江西省立图书馆继寄书籍的函	1935	J053-1-00095-0087
627	北平民国学院图书馆关于感谢江西省立图书馆赠送图书的函	1935	J053-1-00095-0088
628	河北省立水产专科学校关于感谢江西省立图书馆赠送图书的函	1935	J053-1-00095-0089
629	辅仁大学图书馆关于感谢江西省立图书馆赠送图书的函	1935	J053-1-00095-0090
630	国立浙江大学图书馆关于感谢江西省立图书馆赠送图书的函	1935	J053-1-00095-0091
631	河北省立第一图书馆关于感谢江西省立图书馆赠送图书的函	1935	J053-1-00095-0092
632	上海市立图书馆关于感谢江西省立图书馆赠送图书的函	1935	J053-1-00095-0093
633	北平市立第一普通图书馆关于请江西省立图书馆赠送图书馆概况及章则的函	1935	J053-1-00095-0094

续表

序号	题名	年份	档号
634	中华图书馆协会关于请江西省立图书馆赠送目录以供众览的函		J053-1-00095-0096
635	北平市市第一普通图书馆关于请江西省立图书馆赠送馆刊及目录以供众览的函	1935	J053-1-00095-0097
636	江苏省立国学图书馆关于检送图书目录及馆刊的函	1935	J053-1-00095-0098
637	江西省立图书馆旧印书籍价目录及书画影片细目		J053-1-00095-0100
638	盐城县立硕陶图书馆关于请按期寄送图书馆刊的函	1935	J053-1-00095-0108
639	国立中央图书馆筹备处关于感谢江西省立图书馆赠送书籍的函	1935	J053-1-00095-0109
640	光华大学图书馆关于收到江西省立图书馆目录及馆刊的函	1935	J053-1-00095-0110
641	东亚体育专科学校关于感谢江西省立图书馆赠送书籍的函	1935	J053-1-00095-0111
642	中山文化教育馆图书馆关于寄送江西省图书馆馆刊的函	1935	J053-1-00095-0112
643	驻赣绥靖公署官处关于向江西省立图书馆借湘绮楼日记的函	1935	J053-1-00095-0118
644	杨维庆关于请惠赐江西省立图书馆刊以资参考的函	1935	J053-1-00098-0001
645	国立中山大学图书馆关于收到所赠图书表达感谢的函	1935	J053-1-00098-0002
646	中华图书馆协会执行委员会关于尚未缴纳会费的函	1935	J053-1-00098-0004
647	中华图书馆协会会报编辑部关于恳请邮寄新闻材料的函	1935	J053-1-00098-0005
648	天津市市立第一通俗图书馆关于鸣谢惠赠江西省立图书馆刊的函	1935	J053-1-00098-0006
649	勤勤大学工学院图书馆关于致谢惠赠江西省立图书馆目录的函		J053-1-00098-0009
650	金陵女子大学图书馆关于严谢惠赠江西省立图书馆图书目录的函		J053-1-00098-0010
651	厦门大学图书馆关于恳将各项规程计划概况书目以及与图书事业有关之小册单片等惠赠一份的函	1935	J053-1-00098-0011

续表

序号	题名	年份	档号
652	国立北平研究所关于鸣谢惠赠江西省立图书馆图书目录及馆刊的函	1935	J053-1-00098-0012
653	国立武汉大学图书馆关于鸣谢惠赠江西省立图书馆图书目录及馆刊的函	1935	J053-1-00098-0013
654	浙赣铁路局南昌办事处关于希惠赠江西省立图书馆图书目录的函	1935	J053-1-00098-0014
655	国立中央图书馆筹备处请拟检赠上海兵工厂积存之复本书籍的函		J053-1-00098-0015
656	之江文理学院图书馆关于请惠赠第二期书刊的函	1935	J053-1-00098-0017
657	中国科学社图书馆关于鸣谢惠赠目录馆刊的函	1935	J053-1-00098-0018
658	杭州之江文理学院图书馆关于鸣谢惠赠图书的函	1935	J053-1-00098-0019
659	大同大学图书馆关于鸣谢惠赠江西省图书馆图书目录的函	1935	J053-1-00098-0020
660	金陵大学图书馆关于鸣谢惠赠江西省立图书馆目录馆刊的函	1935	J053-1-00098-0021
661	福建省立民众教育馆图书部关于鸣谢惠赠江西省立图书馆图书目录的函	1935	J053-1-00098-0022
662	江苏私立东吴大学图书馆关于鸣谢惠送图书二种九册的函	1935	J053-1-00098-0023
663	无锡国学专修学校图书馆关于鸣谢惠赠江西省立图书馆目录馆刊的函	1935	J053-1-00098-0024
664	国民政府文官处图书馆关于请赐寄书籍以便酌量订购的函		J053-1-00098-0025
665	吴淞国立同济大学图书馆关于鸣谢惠赠江西图书馆馆刊江西省立图书馆目录的函		J053-1-00098-0026
666	济南私立齐鲁大学图书馆关于鸣谢惠赠江西省立图书馆图书目录的函	1935	J053-1-00098-0027
667	地质调查所图书馆关于复谢惠赠江西省立图书馆图书目录、江西省立图书馆馆刊的函	1935	J053-1-00098-0028
668	北平中国学院图书馆关于鸣谢惠赠江西省立图书馆图书目录、江西省立图书馆馆刊的函	1935	J053-1-00098-0029
669	北平市市立第一普通图书馆关于希检寄一部馆刊的函	1935	J053-1-00098-0030
670	河北省立女子师范学院图书馆关于鸣谢惠赠左列图书等图书的函	1935	J053-1-00098-0031

续表

序号	题名	年份	档号
671	国立北京大学图书馆关于鸣谢惠赠第二期江西图书馆馆刊江西省立图书馆目录的函	1935	J053-1-00098-0032
672	国立北平图书馆关于鸣谢惠赠图书目录馆刊的函	1935	J053-1-00098-0033
673	天津工商学院图书馆关于交换馆图书目录及馆刊的函	1935	J053-1-00098-0034
674	中法大学图书馆关于鸣谢惠赠江西省立图书馆刊江西省立图书馆图书目录的函	1935	J053-1-00098-0035
675	山西大学教育学院图书馆关于鸣谢惠赠江西省立图书馆刊江西省立图书馆图书目录并请检寄馆刊第一期的函	1935	J053-1-00098-0036
676	上海市立图书馆关于鸣谢惠赠图书的函	1935	J053-1-00098-0042
677	天津南开大学木齐图书馆关于鸣谢惠赠江西省立图书馆图书目录的函	1935	J053-1-00098-0043
678	平山小学校关于鸣谢惠赠江西省立图书馆图书目录馆刊第二期一册的函	1935	J053-1-00098-0044
679	平山小学校关于鸣谢惠赠江西省立图书馆图书目录八册的函	1935	J053-1-00098-0045
680	福建协会大学图书馆关于鸣谢惠赠江西省立图书馆图书目录及馆刊的函	1934	J053-1-00098-0047
681	广东省立勷勤大学师范学院图书馆关于鸣谢惠赠江西省立图书馆图书目录及馆刊的函	1935	J053-1-00098-0048
682	河北省立法商学院图书馆关于鸣谢惠赠江西省立图书馆图书目录江西图书馆馆刊的函	1935	J053-1-00098-0051
683	中国通艺社图书部关于准予通融按照预约价收费江西省立图书馆欲购英文世界名人传的函	1935	J053-1-00098-0052
684	国立中央图书馆筹备处关于检奉公报杂志及上海兵工厂积存之复本的函	1935	J053-1-00098-0053
685	浙江省立湘湖乡村师范学校图书馆关于互相交换所出刊物的函	1935	J053-1-00098-0055
686	河北省立第一图书馆关于查收杨先生遗诗一部的函		J053-1-00098-0056
687	厦门大学图书馆关于鸣谢惠赐左列书籍的函		J053-1-00098-0057
688	中央陆军军官学校特别训练班训育组关于致歉江西省立图书馆的函	1935	J053-1-00098-0059
689	陕西省立实验区办事处第一民众教育馆关于请惠赐江西省立图书馆馆刊的函	1935	J053-1-00098-0060

续表

序号	题名	年份	档号
690	□□□关于请惠寄一份江西省立图书馆图书目录的函	1935	J053-1-00098-0063
691	中华图书馆协会关于请补赐江西省立图书馆馆刊的函	1935	J053-1-00098-0064
692	私立广州大学图书馆关于鸣谢惠赐江西省立图书馆图书目录馆刊的函	1935	J053-1-00098-0065
693	厦门市立厦门图书馆关于鸣谢惠赠江西省立图书馆图书目录馆刊的函	1935	J053-1-00098-0066
694	广西省立第二图书馆关于鸣谢惠赐江西省立图书馆馆刊的函		J053-1-00098-0069
695	张镜夫关于交换江西省立图书馆图书目录的函		J053-1-00098-0074
696	中华图书馆协会关于请赐补新闻目录的函	1935	J053-1-00098-0078
697	顾斗南关于感谢惠赠江西省立图书馆书目样册的函	1935	J053-1-00098-0080
698	福州岛山图书馆关于鸣谢惠赠图书的函	1935	J053-1-00098-0085
699	湖北省立实验民众教育馆图书馆关于鸣谢惠赠并请再惠赐的函	1935	J053-1-00098-0109
700	中华图书馆协会关于所订购书籍已寄到请汇寄邮费的函	1935	J053-1-00098-0110
701	广东省立勷勤大学教育学院图书馆关于请惠赠刊物如若不能或购买交换的函	1935	J053-1-00098-0111
702	中外文化协会关于请酌赠一份江西省立图书馆馆刊的函	1935	J053-1-00098-0114
703	江西省立徐州民众教育馆图书室关于请惠寄江西省立图书馆馆刊一卷二期以后刊物的函	1935	J053-1-00098-0140
704	江苏省立国学图书馆关于豫章丛书交换请办理的函	1935	J053-1-00099-0039
705	呈送捐赠第三十六路军图书馆之图书共十五种附书目一份乞鉴核转赠由	1936	J053-1-00100-0118
706	谕颐军社关于介绍陈明元至江西省立图书馆工作的函		J053-1-00101-0004
707	国立四川大学图书馆关于惠赠图书并列入书目珍藏的函	1935	J053-1-00101-0005
708	国立中央图书馆筹备处关于惠赠图书的函	1935	J053-1-00101-0007
709	福建省立图书馆关于惠赐儿童读书会编定章程以备参考改善的函	1935	J053-1-00101-0012

续表

序号	题名	年份	档号
710	广东新会景堂图书馆关于寄送江西省立图书馆目录的函	1935	J053-1-00101-0016
711	集美学校图书馆关于交换书刊的函	1935	J053-1-00101-0020
712	无锡县图书馆关于惠赠各类图书的函		J053-1-00101-0023
713	国立暨南大学附属中学图书室关于为谋便利师生研究学术另辟图书室的函	1935	J053-1-00101-0032
714	江苏省立镇江图书馆关于文物展览期内应悉心珍护的函	1936	J053-1-00101-0037
715	浙江省立图书馆附设印行所发行部的发票收据	1935	J053-1-00101-0039
716	厦门集美学校图书馆关于奉赠念刊并交换刊物的函	1936	J053-1-00101-0050
717	福建省莆田县私立莆阳图书馆关于惠赠图书的函		J053-1-00101-0057
718	上海青年印刷所图书馆用品部所关于寄送书费及收据的函	1936	J053-1-00101-0062
719	景堂图书馆关于惠赠图书的函	1936	J053-1-00101-0070
720	中华图书馆协会事务所关于图书定价的函	1936	J053-1-00101-0072
721	国立中央图书馆筹备处关于更换办公地址的函		J053-1-00101-0073
722	国立暨南大学附属中学图书馆关于惠赠图书的函	1936	J053-1-00101-0079
723	国立中央大学图书馆关于惠赠书籍未收到特请再寄送的函	1936	J053-1-00101-0085
724	上海青年印刷所图书馆用品部关于将货款早日缴清的函	1935	J053-1-00101-0088
725	江西农村改进社实验及关于改进经济状况起见组织人员参观江西省立图书馆的函	1936	J053-1-00101-0092
726	南城中正图书馆关于请惠赠刊物的函		J053-1-00101-0095
727	国立北平图书馆出版品发行部关于催汇书款的函	1936	J053-1-00101-0098
728	国立北平图书馆出版品发行部关于将书籍排印大片目录及大片订购单的函		J053-1-00101-0100
729	永修县立涂埠小学关于请江西省立图书馆赠送图书的函	1936	J053-1-00101-0114
730	福建省莆田县私立莆阳图书馆关于检收壶社诗钞的函	1936	J053-1-00101-0120

续表

序号	题名	年份	档号
731	励志社南昌分社图书室关于收到各种书籍的函	1936	J053-1-00101-0130
732	铁道部图书室关于检送铁道年鉴平装的函	1936	J053-1-00101-0132
733	江西省各县县立小学教师训练班关于请江西省立图书馆借阅书籍的函	1936	J053-1-00101-0134
734	全国经济委员会水利处关于请江西省立图书馆代为抄录治水筌蹄的函	1936	J053-1-00101-0142
735	中央通讯社征集部关于感谢江西省立图书馆赠送图书的函		J053-1-00101-0148
736	中华图书馆协会关于订购伯严文集的函	1936	J053-1-00101-0151
737	据省会公安局呈复以奉饬酌派岗警及清道夫前往省立图书馆及科学馆驻守等因委难遵派等情令仰知照	1935	J053-1-00102-0024
738	江西省教育厅关于请江西省立图书馆惠赠图书的函	1936	J053-1-00102-0045
739	据呈送图书十五种除戊戍履霜录等四种图书发还外其余已转寄二十六路军图书馆查收仰知照由	1936	J053-1-00102-0103
740	呈述奉令派员前往平津等地运回杨昀谷先生遗书文彬拟亲自前往用昭慎重并拟便道考察各地图书馆借资借镜敬乞鉴核照准由	1936	J053-1-00103-0008
741	呈述奉命亲往运回杨昀谷先生遗书前往各地图书馆参观实习三个月除运书费及川资已奉命在本馆基金息金项下开支外谨备文呈请核准将三个月实习参观费同在基金项下据实开支由	1936	J053-1-00103-0036
742	天津市市立图书馆关于赠图书目录的函	1936	J053-1-00105-0011
743	筹备信阳私立国学图书馆关于检拙刻秦政坑焚遗经的函		J053-1-00105-0016
744	国立北平图书馆出版品发行处关于特价汇款办理购书事宜的函	1936	J053-1-00105-0019
745	上海青年印刷所图书馆用品部关于早日付寄运费及货品价的函	1936	J053-1-00105-0025
746	上海青年印刷所图书馆用品部关于目录卡纸质与原样不符的函	1936	J053-1-00105-0040
747	上海中华书局有限公司关于寄奉优待图书馆办法的函		J053-1-00105-0056
748	江西省立图书馆往来信信封		J053-1-00105-0061

续表

序号	题名	年份	档号
749	中华图书馆协会第三次年会提案式样	1936	J053-1-00105-0062
750	中华图书馆协会第三次年会注册片	1936	J053-1-00105-0063
751	中华图书馆协会执行委员会关于催要二十四年、二十五年度会费的函	1936	J053-1-00105-0064
752	中华图书馆协会关于举行第三次年会的函	1936	J053-1-00105-0065
753	江西省立图书馆往来信信封		J053-1-00105-0079
754	江西省庐山图书馆关于请寄各项实施章则以资借鉴参考的函	1936	J053-1-00105-0094
755	江苏省立国学图书馆庶务处关于汇款购书尚余一元的函	1936	J053-1-00105-0096
756	程□□关于图书馆内为曹君善谋一职的函	1936	J053-1-00105-0108
757	燕京大学图书馆关于请寄江西省立图书馆图书目录的函	1936	J053-1-00105-0117
758	燕京大学图书馆关于赠寄图书目录类书的函	1936	J053-1-00105-0120
759	呈报奉命整理江西省立图书馆业已接收钤记到馆视事由	1936	J053-1-00106-0001
760	江西省立图书馆关于派去欧阳祖经整理馆务的函	1936	J053-1-00106-0004
761	江西省立图书馆关于庐山海会寺举行四星期训练的函	1936	J053-1-00106-0092
762	呈述本馆应补缴中华图书馆协会本年度及上年度会费各五元合计十元敬请准予在杂费项下核销由	1936	J053-1-00106-0097
763	呈述中华图书馆协会第三次年会定于七月二十日至二十四日在青岛国立山东大学举行敬请核准拨给旅费二百元由	1936	J053-1-00106-0104
764	遵令派本馆总务主任李征干出席中华图书馆协会本届年会缮呈履历并呈恳拨给旅费二百元由	1936	J053-1-00106-0115
765	据呈述本馆应补缴中华图书馆协会本年度及上年度会费各五元合计十元请准予在杂费项下核销应照准	1936	J053-1-00108-0035
766	中国图书馆博物馆协会定于七月二十日起在青岛山东大学举行联合年会本省应由该馆派员出席仰知照由	1936	J053-1-00108-0040
767	奉省政府令委任该员为省立图书馆长长填发委任状饬分别祇领具报等因合行令仰遵照由	1936	J053-1-00109-0021

序号	题名	年份	档号
768	呈报奉省府委任省立图书馆馆长将于八月十三日就职视事乞鉴核备案由	1936	J053-1-00110-0005
769	江西省立图书馆关于拟请百花洲中山亭东首湖内堤岸的函	1936	J053-1-00110-0014
770	江西省立图书馆关于江西省立图书馆馆长欧阳祖经到馆就职的函	1936	J053-1-00110-0027
771	呈报派员出席中华图书馆协会本届年会业于八月七日回报销假所有该员出差旅费日记簿连同附属表及单据粘存簿另有工作日记簿备文呈请鉴核分别存转由	1936	J053-1-00111-0001
772	遵令呈送豫章丛书一部乞转发萍乡县孔子庙大成图书馆由	1936	J053-1-00111-0108
773	据报派员出席中华图书馆协会本届年会已回馆销假并附呈旅费各项簿表呈请应准分别存转	1936	J053-1-00112-0011
774	令呈送豫章丛书三部以资转发南城临川及本厅图书馆分别庋藏仰遵照由	1937	J053-1-00113-0078
775	准中央执委员组织部函请将仍属各业工厂铁道公路桥棵学校图书馆等项建设图画照片及其史略分别汇集送部以便刊载等由令仰遵照办理具复以应汇转由	1937	J053-1-00113-0182
776	据彭泽县府呈请赠给豫章丛书一部以充实县立图书馆等情仰呈送一部以便转给由	1937	J053-1-00113-0201
777	为各县县立图书馆近日纷纷请求拨赠豫章丛书恳请钧厅拟定办法得与各县交换地方志书及乡贤著述或规定最低优待价目以示辅助拟俟颁发上项办法以后再行遵照办理乞核示祗遵由	1937	J053-1-00114-0123
778	奉令规定此后省立图书馆应于每学期终了呈报工作情形一次等因令仰遵照办理由	1937	J053-1-00115-0001
779	江西省立图书馆关于检送工作员役保结及员役保结表的函	1937	J053-1-00116-0011
780	江西省立图书馆关于向科学馆领取预警服装费的函	1937	J053-1-00116-0019
781	为中华图书馆协会在首都与各学术团体联合建筑会所拟缴纳永久会员费一百元又缴纳会所建筑捐十元仰祈鉴核施行由	1937	J053-1-00116-0059
782	为中华图书馆协会在首都与各学术团体联合建筑会所需款孔急拟恳钧厅通令各县政府及省立各学校各教育机关概为捐助仰祈鉴核施行由	1937	J053-1-00116-0063

序号	题名	年份	档号
783	呈为缴纳中华图书馆协会永久会员费一百元取得协会收据敬祈鉴核备案由	1937	J053-1-00116-0127
784	江西省立图书馆关于检送儿童阅读比赛会办法及报名表的函	1937	J053-1-00117-0060
785	江西省立图书馆关于举行儿童阅读比赛六年级论文评论		J053-1-00117-0083
786	江西省立图书馆关于举行儿童阅读比赛五年级论文纪录		J053-1-00117-0085
787	江西省立图书馆关于举行儿童阅读比赛之四年级改错字		J053-1-00117-0086
788	江西省立图书馆关于举行儿童阅读比赛三年级默写儿童节		J053-1-00117-0088
789	江西省立图书馆关于按照号码告知学生座位的清单		J053-1-00117-0090
790	江西省立图书馆关于儿童阅读比赛给分标准		J053-1-00117-0093
791	江西省立图书馆儿童记录比赛成绩表		J053-1-00117-0095
792	江西省立图书馆儿童默写比赛成绩表		J053-1-00117-0101
793	江西省立图书馆儿童默写比赛成绩表		J053-1-00117-0107
794	江西省立图书馆儿童记录比赛成绩表		J053-1-00117-0113
795	江西省立图书馆儿童评论比赛成绩表		J053-1-00117-0119
796	江西省立图书馆儿童评论比赛成绩表		J053-1-00117-0125
797	江西省立图书馆儿童改错比赛成绩表		J053-1-00117-0131
798	江西省立图书馆儿童改错比赛成绩表		J053-1-00117-0137
799	江西省立图书馆儿童阅读成绩总平均一览表		J053-1-00117-0143
800	准中国国民党汉口特别市党部函设置图书室及民众书报阅览室征集出版刊物等由令仰遵照由	1937	J053-1-00118-0038
801	准卫生处函请借用省立图书馆为卫生展览场仰知照由	1937	J053-1-00118-0074
802	案准燕京大学图书馆函征借各县乡土志汇印乡土志丛编本馆仅征得建昌吴士仁所编书一种拟恳通令各县政府确查设法搜集一份寄馆保存俾汇集数县时加入燕大图书馆印刷以广流传而重文献乞鉴核施行由	1937	J053-1-00119-0015
803	江西省教育厅关于派欧阳祖经为图书馆队长的训令	1937	J053-1-00121-0093

续表

序号	题名	年份	档号
804	江西省立图书馆往来信信封		J053-1-00123-0048
805	江西省立图书馆往来信信封		J053-1-00123-0053
806	派该员为省立图书馆阅览管理员仰遵照由	1938	J053-1-00123-0099
807	江西省立图书馆关于请核准予拨给临时经费的函		J053-1-00124-0014
808	江西各界慰劳台儿庄抗敌负伤将士江西省立图书馆公务员捐薪报告表		J053-1-00124-0061
809	李希澄关于收到省立图书馆慰劳台花将士捐款的收据	1938	J053-1-00124-0062
810	江西省立图书馆关于扣缴本馆职员所得税至二十七年四月份止的函	1938	J053-1-00124-0104
811	江西省立图书馆关于查收三月份应补职员飞机捐款的函	1938	J053-1-00124-0108
812	省立图书馆现已恢复阅览所有保管期内事务员应予裁撤仰知由	1938	J053-1-00125-0001
813	令图书馆准借地下室为改训处纪念周礼堂仰即知照由	1938	J053-1-00125-0017
814	据呈报遵令赠送崇仁县图书馆豫章丛书一部准备案	1938	J053-1-00125-0100
815	据庐山管理局为庐山图书馆征集图书令仰知照由	1938	J053-1-00125-0136
816	钱大钧关于收到省立图书馆飞机捐款的收据	1938	J053-1-00126-0089
817	江西省立图书馆关于本馆刊物读者战线第十二十三会刊的函		J053-1-00126-0131
818	江西省立图书馆关于告知不再迁移缘由的函	1938	J053-1-00129-0046
819	江西省立图书馆关于检送八九十月份飞机捐款数目表的函	1938	J053-1-00129-0122
820	江西省立图书馆关于图书馆增添职员的函	1938	J053-1-00129-0140
821	江西省立图书馆发粮证		J053-1-00129-0164
822	江西省立图书馆关于因刊物印刷错误请予以变通办法的函		J053-1-00131-0196
823	令发修正图书馆规程仰转饬知照由	1939	J053-1-00132-0206
824	转发图书馆工作大纲仰即知照	1939	J053-1-00132-0219
825	江西省立图书馆二十九年度工作计划大纲		J053-1-00133-0251
826	江西省立图书馆二十九年度工作计划大纲		J053-1-00134-0001

续表

序号	题名	年份	档号
827	江西省立图书馆三十三年度工作概况		J053-1-00134-0022
828	转发图书馆辅导各地社会教育机关图书教育办法大纲令仰遵照由	1939	J053-1-00136-0124
829	江西省立图书馆关于规程草案的函	1940	J053-1-00137-0069
830	江西省立图书馆关于申请拨借文化服务部基金的呈	1940	J053-1-00137-0143
831	江西省立图书馆关于拨借基金并申请文化服务部津贴问题的呈	1940	J053-1-00137-0147
832	江西省政府关于填报图书馆调查表的代电	1940	J053-1-00138-0143
833	令检送豫章丛书一部寄交虔南县立图书馆收藏并将遵办情形具报备查由	1940	J053-1-00138-0266
834	兴国图书馆阅览所管理员违法舞弊饬即查明整顿具报由	1940	J053-1-00139-0041
835	令发充实本厅图书馆办法仰遵照办理由	1940	J053-1-00139-0050
836	准会计处函以省立图书馆会计派罗伯衡代理等由令仰知照由	1940	J053-1-00139-0054
837	江西省政府教育厅关于请江西省立图书馆解送捐款的代电	1940	J053-1-00139-0188
838	江西省立图书馆关于文化部联合华威大药房共同租赁房屋的呈	1940	J053-1-00140-0013
839	江西省立图书馆关于借到文化服务部资金的借据	1940	J053-1-00140-0017
840	呈送钧厅图书馆经常费支出预算书一份请予核示并请按日拨给购置报章杂志费一百元由	1940	J053-1-00140-0058
841	呈请拨给临时费三百九十七五角以便采购钧厅图书馆图书卡片由	1940	J053-1-00140-0066
842	江西省立图书馆各职员节约建国储金清单		J053-1-00140-0210
843	江西节约建国储蓄团省立图书馆支团团员认储清册；节约建国储蓄团劝储清册；节约建国储蓄团团员储券及储金清册		J053-1-00140-0300
844	江西省立图书馆实施工作报告		J053-1-00140-0312
845	据原充省小教员曹晓峨请调派文江图书馆服务一案令仰遵办由	1940	J053-1-00142-0001
846	呈送钧所图书馆移交本馆文江阅览所图书杂志清册由	1941	J053-1-00145-0017
847	为呈送江西通志馆供江西省立图书馆图书清册乞核备由	1941	J053-1-00145-0308

续表

序号	题名	年份	档号
848	江西省立图书馆民国三十年度换购书报杂志及充实设备临时费预算书		J053-1-00146-0121
849	江西省立图书馆三十年度拟购杂志一览		J053-1-00146-0137
850	江西省立图书馆三十年度拟购报纸一览		J053-1-00146-0150
851	江西省立图书馆三十年度拟购书报杂志及充实设备临时费预算说明书		J053-1-00146-0155
852	令检本省通志一部寄国立中央图书馆查收由	1941	J053-1-00147-0079
853	奉令抄发各级学校及各机关团体附设图书馆室供应民众阅览办法电饬遵照由	1941	J053-1-00147-0206
854	江西节约建国储蓄团胜利图书馆文团团员认储清册	1941	J053-1-00149-0072
855	江西省立图书馆三十七年七月份工作报告表		J053-1-00149-0076
856	江西节约建国储蓄团省立图书馆团员认储清册		J053-1-00149-0128
857	江西节约建国储蓄团省立图书馆文团团员认储清册		J053-1-00149-0144
858	江西节约建国储蓄团省立图书馆文团团员认储清册		J053-1-00149-0203
859	江西省立图书馆关于恳请体察团困难准予展缓选送累计表的呈	1941	J053-1-00149-0205
860	据教育经费管理处呈请分令图书馆科学馆派员接管基金等情令仰照办由	1941	J053-1-00151-0100
861	江西省政府教育厅关于调省立图书馆馆长工作的代电	1941	J053-1-00151-0129
862	江西省政府关于检发《劝君节约建国》小册陈列图书室俾众浏览以广宣传的函		J053-1-00153-0078
863	江西省政府教育厅关于泰和省立图书馆馆长请病假的代电	1942	J053-1-00153-0139
864	据签呈以该馆主任资格与图书馆组织规程相符指令遵照由	1941	J053-1-00153-0180
865	李健煜关于借到兴国县立图书馆物具的借条		J053-1-00153-0182
866	转发部颁设置巡回文库办法令仰遵照办理由	1942	J053-1-00153-0207
867	江西省立图书馆在抗战期中之动态——四年来工作述要		J053-1-00154-0001
868	省立图书馆关于天翼奖学金酌予支配的函	1942	J053-1-00155-0006

续表

序号	题名	年份	档号
869	江西省立图书馆关于请准予嘉奖顷承商会黄主席的函	1942	J053-1-00156-0026
870	江西省立图书馆阅览所关于黄主席捐赠之物造具清单及发票的函		J053-1-00156-0030
871	江西省立图书馆关于速核实造具员工名册的代电	1942	J053-1-00156-0287
872	江西省立图书馆现有员工人数名册		J053-1-00156-0291
873	国立中正大学江西图书馆关于不再出借书籍并收回已借书籍的函	1942	J053-1-00157-0192
874	国立中正大学江西图书馆关于送还该馆在前借之图书的函	1942	J053-1-00160-0011
875	令知图书馆阅览所并设民教馆内由	1942	J053-1-00160-0127
876	江西省政府教育厅秘书室关于教育书籍辞典万有文库等项图书应用图书馆运回的函	1942	J053-1-00161-0015
877	江西省第四行政区新赣南图书馆关于恳惠赐所有章程表式的函	1942	J053-1-00161-0067
878	准会计处通知请转饬省立图书馆补送三十一年一月至十二月份年功加俸费月份分配表等由转令遵照	1942	J053-1-00161-0136
879	江西省立图书馆三十一年度奉令核准职员年功加俸数额表		J053-1-00162-0001
880	江西省立图书馆三十一年九月份工作报告表		J053-1-00162-0011
881	江西省立图书馆三十一年十月份工作报告表		J053-1-00162-0014
882	江西省立图书馆移往万安员工及眷属姓名清册		J053-1-00162-0017
883	江西省立图书馆低级员工移往万安应领公米姓名清册		J053-1-00162-0019
884	江西省立图书馆疏散员工及眷属补助旅费清册		J053-1-00162-0021
885	江西节约建国储蓄团省立图书馆支团团员认储清册		J053-1-00162-0027
886	抗战以来我国图书馆动态调查表		J053-1-00162-0064
887	江西省立图书馆李蓉盛关于拟请拨发基金的呈	1942	J053-1-00162-0072
888	江西省立图书馆实有员役名册		J053-1-00163-0001

序号	题名	年份	档号
889	江西省立图书馆三十一年十一月份起至三十二年十月份止实领公粮数量表		J053-1-00163-0006
890	江西省立图书馆员役异动表		J053-1-00163-0008
891	江西省立图书馆泰和阅览所三十二年度四至十月份应请补领职员公粮名册		J053-1-00163-0019
892	江西省立图书馆三十一年十一月份起至三十二年十月份止实领公粮数量表		J053-1-00163-0022
893	江西省立图书馆员役异动表		J053-1-00163-0024
894	江西省立图书馆泰和万安永新兴国三十二年十月至三十三年二月公役补加公粮请领名册实领公粮清册		J053-1-00163-0031
895	江西省立图书馆三十二年十月份公役省级公粮领粮印收		J053-1-00163-0034
896	江西省立图书馆三十二年十月份公役补加公粮请领名册		J053-1-00163-0039
897	江西省立图书馆三十二年十月份公役实领补加公粮清册		J053-1-00163-0040
898	江西省立图书馆三十二年十一月份请领员工公粮名册		J053-1-00163-0041
899	江西省立图书馆泰和万安永新兴国三十二年十月至三十三年二月公役补加公粮请领名册实领公粮清册		J053-1-00163-0047
900	江西省立图书馆三十二年十一月份公役省级公粮领粮印收		J053-1-00163-0050
901	江西省立图书馆三十二年十一月份公役请领补加公粮名册		J053-1-00163-0055
902	江西省立图书馆三十二年十二月份请领员工公粮名册		J053-1-00163-0057
903	江西省立图书馆泰和万安永新兴国三十二年十月至三十三年二月公役补加公粮请领名册实领公粮清册		J053-1-00163-0063
904	江西省立图书馆三十二年十二月份公役省级公粮领粮印收		J053-1-00163-0066
905	江西省立图书馆三十二年十二月份公役请领补加公粮名册		J053-1-00163-0071
906	江西省立图书馆三十三年元月份请领员工公粮名册		J053-1-00163-0073

续表

序号	题名	年份	档号
907	江西省立图书馆泰和万安永新兴国三十二年十月至三十三年二月公役补加公粮请领名册实领公粮清册		J053-1-00163-0080
908	江西省立图书馆三十三年一月份员役省级公粮领粮印收		J053-1-00163-0083
909	江西省立图书馆员役实领食米或代金名册		J053-1-00163-0088
910	江西省立图书馆三十三年一月份公役省级公粮领粮印收		J053-1-00163-0092
911	江西省立图书馆三十三年一月份公役请领补加公粮名册		J053-1-00163-0097
912	江西省立图书馆三十三年一月份二月份请领员工公粮名册		J053-1-00163-0099
913	江西省立图书馆泰和万安永新兴国三十二年十月至三十三年二月公役补加公粮请领名册实领公粮清册		J053-1-00163-0106
914	江西省立图书馆三十三年二月份员工省级公粮领粮印收		J053-1-00163-0109
915	江西省立图书馆三十三年二月份公役省级公粮领粮印收		J053-1-00163-0118
916	江西省立图书馆三十三年二月份公役请领补加公粮名册		J053-1-00163-0123
917	江西省立图书馆三十三年三月份请领员役公粮名册		J053-1-00163-0125
918	江西省立图书馆三十三年三月份省级公粮领粮印收		J053-1-00163-0132
919	江西省立图书馆万安永新兴国阅览所三十三年四月份员役请领公粮名册		J053-1-00163-0141
920	江西省立图书馆三十三年四月份实领公粮名册		J053-1-00163-0144
921	江西省立图书馆领发公粮对照表中华民国三十三年四月份		J053-1-00163-0148
922	江西省立图书馆员役异动表		J053-1-00163-0149
923	江西省立图书馆泰和阅览室三十三年四月份请领员役公粮名册		J053-1-00163-0151
924	江西省立图书馆三十三年五月份泰和万安永新兴国阅览所员役实领公粮清册领发公粮对照表		J053-1-00163-0155
925	江西省立图书馆三十三年五月份员役异动表		J053-1-00163-0165

续表

序号	题名	年份	档号
926	江西省立图书馆泰和万安永新兴国阅览所三十三年六月实领公粮清册领发公粮对照表		J053-1-00163-0167
927	江西省立图书馆万安泰和永新兴国阅览所三十三年六月份员役异动表		J053-1-00163-0177
928	江西省立图书馆泰和万安永新兴国阅览所三十三年七月实领公粮清册领发公粮对照表		J053-1-00163-0182
929	江西省立图书馆万安泰和永新兴国阅览所三十三年七月份员役异动表		J053-1-00163-0190
930	江西省立图书馆泰和万安永新兴国阅览所三十三年八月份实领公粮名册领发公粮对照表		J053-1-00163-0195
931	江西省立图书馆万安泰和永新兴国阅览所三十三年八月员役异动表		J053-1-00163-0202
932	江西省立图书馆泰和万安永新兴国阅览所三十三年九月份实领公粮名册领发公粮对照表		J053-1-00163-0207
933	江西省立图书馆万安泰和永新兴国阅览所三十三年九月份员役异动表		J053-1-00163-0217
934	江西省立图书馆泰和万安永新兴国阅览所三十三年十月实领公粮名册领公粮对照表		J053-1-00163-0223
935	江西省立图书馆万安泰和永新兴国阅览所三十三年十月份员役异动表		J053-1-00163-0229
936	江西省立图书馆泰和永新万安兴国阅览所三十三年请领公粮名册		J053-1-00163-0234
937	江西省立图书馆万安泰和永新兴国阅览所三十三年十一月份实领公粮名册领公粮对照表		J053-1-00163-0239
938	江西省立图书馆领公粮对照表中华民国三十三年十一月份		J053-1-00163-0244
939	江西省立图书馆万安泰和永新兴国阅览所员役异动表		J053-1-00163-0245
940	江西省立图书馆万安泰和永新兴国阅览所三十三年十二月份请领公粮名册		J053-1-00163-0250
941	江西省立图书馆万安泰和永新兴国阅览所三十三年十二月份实领公粮名册领发公粮对照表		J053-1-00163-0256
942	江西省立图书馆万安泰和永新兴国阅览所三十三年十二月份员役异动表		J053-1-00163-0263
943	据天翼图书馆呈请检赠丛书通志令仰遵照由	1943	J053-1-00164-0201
944	江西省政府教育厅第四科关于请转知图书馆李馆长速将重要教育参考书运来本厅图书馆以作参考的函	1942	J053-1-00164-0259

续表

序号	题名	年份	档号
945	江西省立图书馆关于恳请准予职员住宿问题的呈	1943	J053-1-00165-0001
946	江西省立图书馆关于拟请拨发大量资金以恢复馆宇的呈	1943	J053-1-00165-0025
947	江西省立图书馆关于恳请防空司令部迁出以便修理的呈	1943	J053-1-00165-0041
948	江西省立图书馆关于准予拨图书购置费采购新书充实设备的呈	1943	J053-1-00165-0043
949	江西省立图书馆关于拟请增发公米的呈	1943	J053-1-00165-0063
950	江西省立图书馆关于应予文化服务部改组更换名称及集股金的呈	1943	J053-1-00165-0065
951	江西省立图书馆关于拟请该团队迅予迁让以便维修的呈	1943	J053-1-00165-0073
952	江西省立图书馆关于酌予补助图书馆各种费用的呈		J053-1-00165-0111
953	江西省立图书馆关于拟请拨发经费的呈		J053-1-00165-0113
954	抄发三十一年度应请补助之民教馆、图书馆一览表及其成绩对照表令仰遵限填报由	1943	J053-1-00165-0117
955	江西省立图书馆关于恳请迁让宿舍以资应用合并的报告	1943	J053-1-00165-0122
956	江西省立图书馆关于拟恳中央宣传部赐准翻印并暂借以帮助收回成本的呈	1943	J053-1-00165-0124
957	江西省立图书馆关于恳请赐予指示该馆修理及其费用的呈	1943	J053-1-00165-0142
958	江西省立图书馆关于恳请派员前往点验以明实况的呈	1943	J053-1-00165-0150
959	江西省立图书馆三十二年度一月份工作报告表		J053-1-00166-0001
960	江西省立图书馆三十二年度二月份工作报告表		J053-1-00166-0007
961	江西省立图书馆三十二年度三月份工作报告表		J053-1-00166-0012
962	江西省立图书馆三十二年度四月份工作报告表		J053-1-00166-0018
963	江西省立图书馆三十二年度五月份工作报告表		J053-1-00166-0023
964	江西省立图书馆三十二年度六月份工作报告表		J053-1-00166-0028

序号	题名	年份	档号
965	江西省立图书馆三十二年度七月份工作报告表		J053-1-00166-0033
966	江西省立图书馆三十二年度八月份工作报告表		J053-1-00166-0038
967	江西省立图书馆三十二年度九月份工作报告表		J053-1-00166-0043
968	江西省立图书馆三十二年度十月份工作报告表		J053-1-00166-0048
969	江西省立图书馆三十二年度十一月份工作报告表		J053-1-00166-0052
970	江西省立图书馆三十二年度十二月份工作报告表		J053-1-00166-0057
971	江西省立图书馆三十二年度工作总报告		J053-1-00166-0062
972	三十二年一月份公务员役实领食米或代金名册（江西省立图书馆留泰办事处及文江万安永新兴国阅览所）		J053-1-00167-0001
973	三十二年二月份公务员役实领食米或代金名册（江西省立图书馆留泰办事处及文江万安永新兴国阅览所）		J053-1-00167-0011
974	三十二年三月份公务员役实领食米或代金名册（江西省立图书馆留泰办事处及万安永新兴国阅览所）		J053-1-00167-0021
975	三十二年四月份公务员役实领食米或代金名册（江西省立图书馆留泰办事处；江西省立图书馆留泰办事处及万安阅览所）		J053-1-00167-0029
976	三十二年十二月份公务员役实领食米或代金名册（江西省立图书馆）		J053-1-00167-0033
977	三十二年四月份公务员役实领食米或代金名册（江西省立图书馆永新兴国阅览所）		J053-1-00167-0038
978	三十二年五月份公务员役实领食米或代金名册（江西省立图书馆留泰办事处及万安永新阅览所）		J053-1-00167-0042
979	三十二年五月份公务员役实领食米或代金名册（江西省立图书馆兴国阅览所）		J053-1-00167-0048
980	三十二年七月份公务员役实领食米或代金名册（江西省立图书馆留泰办事处及万安永新兴国阅览所）		J053-1-00167-0050
981	三十二年八月份公务员役实领食米或代金名册（江西省立图书馆留泰办事处及万安永新兴国阅览所）		J053-1-00167-0058

续表

序号	题名	年份	档号
982	三十二年九月份公务员役实领食米或代金名册（江西省立图书馆留泰办事处及万安永新兴国阅览所）		J053－1－00167－0066
983	三十二年九月份公务员役实领食米或代金名册（江西省立图书馆留泰办事处及万安永新兴国阅览所）		J053－1－00167－0068
984	三十二年十月份公务员役实领食米或代金名册（江西省立图书馆留泰办事处及万安永新兴国阅览所）		J053－1－00167－0074
985	三十二年十一月份公务员役实领食米或代金名册（江西省立图书馆留泰办事处及万安永新兴国阅览所）		J053－1－00167－0082
986	三十二年十二月份公务员役实领食米或代金名册（江西省立图书馆留泰办事处及万安永新兴国阅览所）		J053－1－00167－0106
987	江西省立图书馆职员名单		J053－1－00167－0123
988	三十五年五月份江西省立图书馆第一阅览所阅览统计		J053－1－00167－0128
989	三十五年六月份江西省立图书馆第一阅览所阅览统计		J053－1－00167－0129
990	三十五年十一月份江西省立图书馆第一阅览所阅览统计		J053－1－00167－0131
991	江西省立南昌图书馆思想调查表		J053－1－00167－0132
992	江西省立图书馆南昌图书馆拟制图书馆家具图样		J053－1－00167－0133
993	江西省立图书馆民国三十二年一月份收到捐赠图书清册		J053－1－00168－0001
994	江西省立图书馆民国三十二年一月份收到报纸清册		J053－1－00168－0003
995	江西省立图书馆民国三十二年二月份收到捐赠图书清册		J053－1－00168－0019
996	江西省立图书馆民国三十二年二月份收到报纸清册		J053－1－00168－0024
997	江西省立图书馆民国三十二年二月份收到捐赠购置杂志清册		J053－1－00168－0029
998	江西省立图书馆民国三十二年三月份收到捐赠图书清册		J053－1－00168－0045
999	江西省立图书馆民国三十二年三月份收到捐赠报纸清册		J053－1－00168－0048

序号	题名	年份	档号
1000	江西省立图书馆民国三十二年三月份收到捐赠购置杂志清册		J053-1-00168-0053
1001	江西省立图书馆民国三十二年五月份收到捐赠购置杂志清册		J053-1-00168-0068
1002	江西省立图书馆民国三十二年五月份收到捐赠报纸清册		J053-1-00168-0079
1003	江西省立图书馆民国三十二年六月份收到报纸图书杂志清册		J053-1-00168-0083
1004	江西省立图书馆民国三十二年七月份收到报纸图书杂志清册		J053-1-00168-0102
1005	江西省立图书馆民国三十二年八月份收到报纸图书杂志清册		J053-1-00168-0117
1006	江西省立图书馆民国三十二年九月份收到报纸图书杂志清册		J053-1-00168-0128
1007	江西省立图书馆民国三十二年十月份收到捐赠购置杂志清册		J053-1-00168-0145
1008	江西省立图书馆民国三十二年十月份收到报纸清册		J053-1-00168-0153
1009	江西省立图书馆民国三十二年十一月份收到报纸杂志清册		J053-1-00168-0157
1010	江西省立图书馆民国三十二年十二月份收到捐赠购置杂志清册		J053-1-00168-0170
1011	怎样帮助图书馆以谋自身之便利		J053-1-00169-0160
1012	江西省政府教育厅第一科关于请查收省立图书馆及文江阅览所三十二年二、三、四月份员役免费省级公粮审核通知单的函	1943	J053-1-00171-0157
1013	江西省政府教育厅第一科关于请查收省立图书馆及永新兴国阅览所三十二年度一月份员役免费省级公粮审核通知单的函	1943	J053-1-00171-0158
1014	转发《图书馆实施办法》并令知废止《修正图书馆工作大纲》暨图书馆辅导各地社会教育机关图书教育办法大纲由	1944	J053-1-00173-0072
1015	教育部分别嘉奖本省三十一年度办理成绩优良民教馆、图书馆令仰知照由		J053-1-00173-0118
1016	江西省政府总收发室关于国立西北图书馆筹备委员会地址的函	1944	J053-1-00173-0243
1017	中华图书馆协会关于托查该地各出版机关之名册地址的函	1944	J053-1-00174-0227

续表

序号	题名	年份	档号
1018	中华图书馆协会关于改期举行年会的函；中华图书馆协会关于尚未缴纳会费的函	1944	J053-1-00174-0228
1019	江西省立图书馆关于请补发员役公粮问题的函		J053-1-00175-0001
1020	江西省立图书馆关于补发员役公粮数量的函		J053-1-00175-0002
1021	江西省立图书馆泰和阅览所疏散兴国员役请拨公粮名册		J053-1-00175-0004
1022	江西省立图书馆关于呈送员役异动表的通告	1944	J053-1-00175-0006
1023	江西省立图书馆关于呈送十二月份员役异动表及请领公粮名册的函	1944	J053-1-00175-0030
1024	江西省立图书馆关于公役实领公粮清册及请补公粮名册合订本请迅核结的函	1944	J053-1-00175-0034
1025	据本厅科员周江澜签呈以奉派验收图书馆修建泰和阅览室工程相符应准予验收等情令仰知照由	1944	J053-1-00176-0005
1026	江西省政府统计处关于周昌濂对图书馆管理方法尚欠纯熟拟就图书馆实习的函	1944	J053-1-00176-0114
1027	江西省政府教育厅关于永新望安等图书馆迁移等三项事项的指令	1944	J053-1-00176-0233
1028	江西省立图书馆关于请拨发内部修理费的呈	1944	J053-1-00177-0017
1029	江西省立图书馆关于请领雇工修理费的呈	1944	J053-1-00177-0019
1030	江西省立图书馆关于农业专校借书办法		J053-1-00177-0021
1031	江西省立图书馆关于鉴请准予影院放影三星期的呈	1944	J053-1-00177-0029
1032	江西省立图书馆关于拟请发搬运费的呈	1944	J053-1-00177-0046
1033	江西省立图书馆江西省立图书馆关于恳请拨发搬运费的报告	1944	J053-1-00177-0058
1034	江西省立图书馆关于编造预算书表及职员名册请赐提前核发的函	1944	J053-1-00177-0080
1035	江西省立图书馆关于拟恳请拨发搬运费的呈	1944	J053-1-00177-0082
1036	江西省立图书馆关于拟请各大书局定速预谋供应办法以便采购的报告		J053-1-00177-0094
1037	江西省立图书馆关于请拨发迁移费以利进行迁移的呈	1944	J053-1-00177-0095
1038	江西省立图书馆关于请示如何运输迁移事宜的呈	1944	J053-1-00177-0115
1039	江西省立图书馆关于拟请拨发运费的呈	1944	J053-1-00177-0144

序号	题名	年份	档号
1040	江西省立图书馆馆长李蓉盛提案		J053-1-00177-0150
1041	江西省立图书馆关于汇报与泰和县府争执馆舍一事的报告	1944	J053-1-00177-0155
1042	江西省立图书馆关于请示搬运图书及搬运费的呈	1944	J053-1-00177-0161
1043	江西省立图书馆关于拟请先行拨发部分搬迁费的呈	1944	J053-1-00177-0165
1044	江西省立图书馆关于拟定两项搬移办法的呈	1944	J053-1-00177-0169
1045	江西省立图书馆关于询问图书做何处理的电		J053-1-00179-0008
1046	江西省立图书馆关于处理垫款的电		J053-1-00179-0009
1047	江西省政府教育厅秘书处关于宁都县立图书馆与省立图书馆协同办理充实内容的函	1945	J053-1-00179-0065
1048	罗士杰关于准予补发蔡占秋在图书馆担任管理员证件的函	1945	J053-1-00179-0073
1049	据省立南昌图书馆呈为据具兴国阅览所修建费估单请核示等情报令遵照由	1945	J053-1-00179-0201
1050	江西省立图书馆关于询问会计员晋升工级的呈；江西省立图书馆关于检送印鉴及催要支票的函；申复本馆三十三年度搬运费八百五十元领用情形请核示由等八项事项的呈、公函		J053-1-00181-0007
1051	江西省立图书馆关于百花洲修建一案问题、致陆军第三方面军司令部改造日报馆、拟请设法令栏全部连载的呈、函		J053-1-00181-0017
1052	江西省立图书馆关于垫付运输费用请予核销、检送表册的呈、公函	1945	J053-1-00181-0020
1053	呈送本馆三十四年复员迁移等费预算书请核示由；江西省立图书馆关于派员监视订约的函		J053-1-00181-0023
1054	江西省立图书馆关于修建百花洲原馆的呈		J053-1-00181-0027
1055	呈送本馆三十四年一至十二月份经常费累计表等情核示由；函送本馆修理出库儿童室民众学校房屋工程发包合约等件请察核发款由；江西省立图书馆关于请发给厂工出入证及职员出入证等三项事项的函		J053-1-00181-0028
1056	呈送本馆三十四年度追加经常费预算书请核转发款由；江西省立图书馆关于拟欲统筹价购麦粉的函		J053-1-00181-0033
1057	江西省主南昌图书馆概况表；江西省立南昌图书馆概况报告表		J053-1-00181-0037

序号	题名	年份	档号
1058	江西省立图书馆关于请拨建管费用、检送临时出入证的函；呈送本馆本年一、二月份员工生活补助费预算书名册请核转发款由等五项事项的函		J053-1-00181-0052
1059	江西省立图书馆关于请核拨书馆经费的呈；呈送本馆三十四年度迁修经费预算书请鉴核由；江西省立图书馆关于核发搬运费的呈		J053-1-00181-0055
1060	呈送本馆全体员工名册等件请核转由；江西省立图书馆关于检送各种借览规则请代为刊布以广宣传开放阅览事宜等四项事项的函		J053-1-00181-0061
1061	呈送本馆三十四年增加经常费内追减预算书请核示由；江西省立图书馆关于附送本馆各种阅览规则、派员携款洽购药品等三项事项的函		J053-1-00181-0090
1062	呈送本馆抗战损失表请核示由；江西省立图书馆关于员工及眷属患疾请发售奎宁丸的函；呈送本馆职员俟患调查表请核查由；江西省立图书馆关于员工及眷属患疾请发售奎宁丸等函、呈		J053-1-00181-0093
1063	遵令备据请领转发书籍请核发由；江西省立图书馆关于派宁庆元领购衣券、职员宿舍不得留宿外人等四项事项的通告、函		J053-1-00181-0098
1064	呈以正大及通请志馆结束未还请转函速送还由；呈送本馆员役薪饷及眷属查报表请核转由；江西省立图书馆关于催还书籍等三项事项的函		J053-1-00181-0101
1065	呈送本馆组织年报表等件请核转由；江西省立图书馆关于修理百花洲原馆舍竣工返还员工出入证、请优待注射针药等三项事项的函		J053-1-00181-0128
1066	江西省立图书馆关于书馆迁省开放阅览感谢帮助的函		J053-1-00181-0138
1067	江西省立图书馆关于询问豫章丛书价格额函	1946	J053-1-00181-0139
1068	江西省立图书馆关于恳请长期惠赠书籍的函；本省文征集保管办法；江西省立图书馆关于经费短缺异日采购所寄图书目录中的图书等四项事项的函		J053-1-00181-0140
1069	江西省立图书馆关于请派员来书馆为志愿注射防疫针的函	1946	J053-1-00181-0147

续表

序号	题名	年份	档号
1070	江西省立图书馆关于请寄各种新出图书杂志的函；呈送本年六月份工作报告收到报纸杂志清册请核示由；呈复永新藏书现当不易造册呈核请核示由等函		J053-1-00181-0157
1071	函送领款书第六联报告请查收由；呈请转函第十集团军总司令部派出百花洲馆舍仍须归藏图书由；江西省立图书馆关于检送赶办事项等四项事项的报告、呈		J053-1-00181-0183
1072	为呈报救济分署修建本馆原址情形并恳确定本馆为模范图书馆以资整合市政建设由；江西省立南昌图书馆关于修建设备及购置书报计划书；为呈复请查图书版片情形乞鉴核示遵由等函		J053-1-00181-0218
1073	江西省立图书馆关于请寄地方建设书籍的函；为遵令编呈本馆职员杨长熙等追补三十五年度一至十月份年功加俸生活补助费各册乞核转由；江西省立图书馆关于剪裁职员保内户口应减除的函		J053-1-00181-0245
1074	为本馆请藏报纸出为整理就绪无法奉案函复查照并希曲原由；江西省立图书馆关于拟定本省文物征集保管办法的呈；江西省立图书馆关于拟请增发经费的呈、函		J053-1-00181-0249
1075	为本馆器具指标经定本月九日下午二时开标比价乞派员莅场监由；江西省立图书馆关于开标比价乞派员莅临的函		J053-1-00181-0271
1076	准南昌市政府商函洽市立图书馆合办事宜令仰知照由	1945	J053-1-00182-0116
1077	转令搜集抗战史料就各省民教馆科学馆或图书馆整理陈列仰遵办具报由	1945	J053-1-00182-0184
1078	江西省政府教育厅关于检送全国图书馆调查表的函	1945	J053-1-00182-0193
1079	奉令为国立中央图书馆请通饬将出版刊物检送该馆庋藏一案令仰遵照由		J053-1-00182-0198
1080	江西省政府教育厅关于核示图书馆书版散失情形的令	1945	J053-1-00182-0202
1081	据呈请拨给永新图书馆搬运费及万安兴国搬运图书垫款等情指令知照由	1946	J053-1-00183-0272
1082	江西省立南昌图书馆三十五年二月二十六日修建百花洲原馆舍开标比价纪录	1946	J053-1-00184-0009

续表

序号	题名	年份	档号
1083	中华营造厂股份有限公司估价单；省立南昌图书馆书库儿童室民众学校房屋工程发包合约		J053－1－00184－0011
1084	中华营造厂股份有限公司估价单；省立图书馆修理书库房屋略图		J053－1－00184－0022
1085	江西省立南昌图书馆三十五年度一月份工作报告及新收杂志报纸清册		J053－1－00185－0001
1086	江西省立南昌图书馆三十五年度二月份工作报告及新收杂志报纸清册		J053－1－00185－0009
1087	江西省立南昌图书馆三十五年度三月份工作报告		J053－1－00185－0017
1088	江西省立南昌图书馆三十五年四月份收到杂志报纸清册		J053－1－00185－0020
1089	江西省立南昌图书馆三十五年六月份工作报告表暨收到报纸杂志清册		J053－1－00185－0028
1090	江西省立南昌图书馆三十五年度七月份工作报告表、收到报纸清册、收到杂志清册		J053－1－00185－0035
1091	江西省立南昌图书馆三十五年度八月份工作报告暨新收杂志报纸清册		J053－1－00185－0042
1092	江西省立南昌图书馆三十五年度九月份工作报告暨新收杂志报纸清册		J053－1－00185－0050
1093	江西省立南昌图书馆三十五年度十一月份工作报告表、收到报纸清册、收到杂志清册		J053－1－00185－0057
1094	江西省立南昌图书馆三十五年度十二月份工作报告表、收到报纸杂志清册		J053－1－00185－0063
1095	辽宁省立图书馆关于省级各机关各款应存入裕民银行的训令	1946	J053－1－00186－0280
1096	国立中央图书馆关于请赠官书公报法则的函	1946	J053－1－00186－0292
1097	省立南昌图书馆中华营厂关于修理房屋工程的合约	1946	J053－1－00186－0321
1098	奉教育部指复本厅转呈本省各县立民教馆、图书馆三十四年度工作总报告及三十五年度事业进行计划一案转仰遵办由	1946	J053－1－00187－0066
1099	为准善救分署函复修建省立图书馆馆舍不能修第三区情形转仰知照由	1946	J053－1－00187－0117
1100	江西省政府关于计发修改图书馆规程有关主计部分条文的训令	1946	J053－1－00187－0128

序号	题名	年份	档号
1101	江西省立南昌图书馆三十五年度图书财产目录		J053-1-00188-0001
1102	江西省立南昌图书馆向民国日报社借阅报纸办法		J053-1-00188-0003
1103	江西省立南昌图书馆各种家具说明书		J053-1-00188-0005
1104	江西省立南昌图书馆家具工料数量表		J053-1-00188-0009
1105	江西省立南昌图书馆藏书统计表		J053-1-00188-0011
1106	江西省立南昌图书馆西文书报纸杂志统计表	1946	J053-1-00188-0013
1107	江西省立南昌图书馆职员统计表		J053-1-00188-0016
1108	江西省立南昌图书馆三十五年度五月份工作报告表	1946	J053-1-00188-0017
1109	江西省立图书馆二十四年一月份添购器具清册		J053-1-00188-0020
1110	江西省立南昌图书馆各科目余额总表	1948	J053-1-00188-0022
1111	江西省立南昌图书馆暂付款余额明细表	1948	J053-1-00188-0023
1112	江西省立南昌图书馆借入款余额明细表	1948	J053-1-00188-0024
1113	江西省立南昌图书馆岁出应付款余额明细表	1948	J053-1-00188-0025
1114	江西省立南昌图书馆经费剩余余额明细表	1948	J053-1-00188-0026
1115	台湾省立台中图书馆关于请捐助经费惠赐图书的函	1946	J053-1-00189-0015
1116	国民政府文官处图书馆关于请赠阅书刊的函		J053-1-00189-0049
1117	江西省政府教育厅关于请各县立图书馆及公私中等以上学校采购书籍的函	1947	J053-1-00189-0060
1118	庐山图书馆管理委员会关于检送会议录的函	1947	J053-1-00189-0148
1119	江西省立南昌图书馆三十年度一月份工作报告表新收杂志报纸清册		J053-1-00190-0001
1120	江西省立南昌图书馆新购杂志报纸登记簿		J053-1-00190-0008
1121	江西省立中正图书馆三十七年九月份工作报告表	1947	J053-1-00190-0017
1122	江西省立中正图书馆三十七年十一月份工作报告表	1947	J053-1-00190-0030
1123	江西省立中正图书馆三十七年十二月份工作报告表	1948	J053-1-00190-0039
1124	江西省立南昌图书馆阅览月报表		J053-1-00190-0047

续表

序号	题名	年份	档号
1125	江西省立南昌图书馆三十五年杂志报纸登记簿		J053-1-00190-0053
1126	江西省立南昌图书馆三十六年度一月份工作报告表新收杂志报纸清册		J053-1-00191-0001
1127	江西省立南昌图书馆三十六年度二月份工作报告表新收杂志报纸清册		J053-1-00191-0008
1128	江西省立南昌图书馆三十六年度三月份工作报告表暨新收图书杂志报纸清册		J053-1-00191-0015
1129	江西省立南昌图书馆三十六年度四月份工作报告表新收报纸杂志清册	1947	J053-1-00191-0025
1130	江西省立南昌图书馆三十六年五月份工作报告表暨新收图书杂志报纸清册		J053-1-00191-0032
1131	江西省立南昌图书馆三十六年六月份工作报告图书清册杂志清册报纸清册		J053-1-00191-0041
1132	江西省立中正图书馆三十六年七月份工作报告表暨新收图书杂志报纸清册		J053-1-00191-0052
1133	江西省立中正图书馆三十六年八月份工作报告暨新收图书馆报纸杂志清册		J053-1-00191-0063
1134	江西省立中正图书馆三十六年九月份工作报告表及收图书杂志报纸清册		J053-1-00191-0074
1135	江西省立中正图书馆三十六年十月份工作报告暨新收图书报纸杂志清册		J053-1-00191-0085
1136	江西省立中正图书馆三十六年度十一月份工作报告表暨收到图书杂志报纸清册		J053-1-00191-0097
1137	江西省立中正图书馆三十六年十二月份工作报告表暨收到图书报纸杂志清册		J053-1-00191-0110
1138	江西省立图书馆中正阅览所阅览统计		J053-1-00191-0120
1139	江西省立南昌图书馆五年建设计划书		J053-1-00192-0001
1140	江西省立图书馆工作纪要		J053-1-00192-0026
1141	江西省立南昌图书馆三十四年度工作总报告及三十五年度工作计划		J053-1-00192-0056
1142	江西省立南昌图书馆三十五年度工作总报告及三十六年度工作计划		J053-1-00192-0073
1143	江西省立中正图书馆三十六年度工作总报告及三十七年度工作计划		J053-1-00193-0001
1144	江西省立中正图书馆三十六年国民义务劳动服役人员调查名册		J053-1-00193-0025

序号	题名	年份	档号
1145	江西省立南昌图书馆启事		J053-1-00194-0001
1146	宪兵第十五团关于赞助图书馆内宪兵加意爱护家具的公函	1947	J053-1-00194-0076
1147	饬发国立中央图书馆办理出版品国际交换事项办法令仰送照由	1947	J053-1-00194-0105
1148	国立中央图书馆出版品国际交换处关于恳请惠赐中西文出版品的函	1947	J053-1-00194-0107
1149	教育部国际文化教育事业处关于调查战后我国专科以上学校暨各大图书馆重要西文图书设备的函	1947	J053-1-00194-0124
1150	据呈请核示该馆经可否改称《江西省立中正图书馆》指令知照由	1947	J053-1-00194-0126
1151	江西省政府关于告知南昌图书馆成立事项的训令	1947	J053-1-00194-0192
1152	江西省立吉安示范学校关于查本届毕业生教育参观团前往图书馆参观的函	1947	J053-1-00194-0212
1153	江西省政府会计处关于更改图书馆馆名的函	1947	J053-1-00194-0240
1154	据函为该馆奉令改名请本馆铃记未奉颁以前仍照发省立图书馆编制预算签发经费转复知照由	1947	J053-1-00194-0242
1155	□□□关于省立图书馆长病尚未痊的电	1947	J053-1-00194-0255
1156	为调查全国各省立图书馆对于推广与辅导之实施请况检附调查表一份请填明寄还由	1947	J053-1-00194-0272
1157	江西省第四行政区及新章南图书馆关于寄赠馆章及刊物的公函	1947	J053-1-00194-0273
1158	天津民国日报社关于赠报及航空费须由江西南昌图书馆担负的函	1947	J053-1-00194-0318
1159	新赣南图书馆关于寄赠刊物的函	1947	J053-1-00195-0078
1160	江西省立图书馆三十六年上半年督导改进意见		J053-1-00195-0104
1161	浙江省立图书馆关于请即填寄图书馆概况调查表的函	1947	J053-1-00195-0258
1162	江西省立南昌图书馆各种阅览规则		J053-1-00196-0001
1163	江西省立南昌图书馆职员名册		J053-1-00197-0001
1164	江西省立南昌图书馆现有员工名册		J053-1-00197-0008
1165	江西省立南昌图书馆全体员工名册		J053-1-00197-0011

续表

序号	题名	年份	档号
1166	江西省立南昌图书馆员工名册		J053-1-00197-0015
1167	江西省立南昌图书馆职员参加函授班报名册		J053-1-00197-0020
1168	江西省立南昌图书馆购买平价米员工名册		J053-1-00197-0021
1169	江西省立南昌图书馆供馔员工购买食米名册		J053-1-00197-0023
1170	江西省立中正图书馆三十六年六月份请领救济衣料清册		J053-1-00197-0026
1171	江西省立南昌图书馆清苦职员请领旧衣淡奶罐头姓名册		J053-1-00197-0029
1172	江西省立南昌图书馆三十六年度总调查党员办理登记名册		J053-1-00197-0033
1173	江西省立南昌图书馆职员一览表		J053-1-00197-0034
1174	江西省立南昌图书馆职员考成晋级加俸表	1947	J053-1-00197-0042
1175	江西省立中正图书馆三十七年度职员晋级考核清册		J053-1-00198-0001
1176	奉教育部令将该馆前名南昌图书馆时组织规程抄呈等周转仰遵办由	1948	J053-1-00200-0086
1177	准主计发核定省立中正图书馆会计处设会计员一人等由令仰知照由	1948	J053-1-00200-0211
1178	据呈以该馆本年上半年度事业费太少拟请准将办理巡回文库经费移作顶报之用乞核示等情指复知照由	1948	J053-1-00200-0298
1179	江西省立中正图书馆三十年度一月份工作报告表		J053-1-00201-0001
1180	江西省立中正图书馆三十七年一月份工作报告表暨收到图书报纸杂志清册		J053-1-00201-0003
1181	江西省立中正图书馆现存板片清册	1948	J053-1-00201-0011
1182	江西省文中正图书馆现存板片清册		J053-1-00201-0018
1183	江西省立中正图书馆保管板片清册		J053-1-00201-0025
1184	江西省政府教育厅关于推定省立实验民教馆中正图书馆市商会员责等情的函	1948	J053-1-00202-0101
1185	江西省立中正图书馆关于将壁报陈列以资评定的函	1948	J053-1-00202-0247
1186	江西省立中正图书馆关于举行第十六次馆务会议的通知；择定民众自卫队受训地点的通告；举行第十七次馆务会议等六项的通知（通告）	1948	J053-1-00208-0001

续表

序号	题名	年份	档号
1187	江西省立中正图书馆关于举行第十八次馆务会议的通知；举行庆祝大会的通知	1948	J053-1-00208-0015
1188	江西省立中正图书馆关于举行纪念大会的通知；举行第十九次馆务会议的通知	1948	J053-1-00208-0018
1189	江西省立中正图书馆关于举行座谈会的通知；改订本馆办公及阅览时间的通知	1948	J053-1-00208-0021
1190	江西省立中正图书馆关于教师节放假一天的通知；举行第二十次馆务会议的通知	1948	J053-1-00208-0024
1191	江西省立中正图书馆关于改订阅览时间的通知；告知关闭电灯时间的通知	1948	J053-1-00208-0027
1192	江西省立中正图书馆关于改订办公及阅览时间的通知	1948	J053-1-00208-0030
1193	江西省立中正图书馆关于国庆纪念日照例休假第二项事项的通知；延长下锁时间等两项事项的通知	1948	J053-1-00208-0032
1194	江西省立中正图书馆关于开馆务检讨会的通知；查收出入证的通知；改订阅览时间等四项通知	1948	J053-1-00208-0036
1195	江西省立中正图书馆关于参加纪念会的通知	1948	J053-1-00208-0042
1196	江西省立中正图书馆关于召开馆务检讨会议的通知；妥善处理员工之间债务等两项事项的通告	1948	J053-1-00208-0043
1197	江西省立中正图书馆关于购买木炭的通知；改订办公及阅览时间的通知	1948	J053-1-00208-0047
1198	江西省立中正图书馆关于召开馆务检讨会议的通知	1948	J053-1-00208-0050
1199	江西省立中正图书馆关于告知签到时间及签到处的通知	1948	J053-1-00208-0051
1200	江西省立中正图书馆关于请各守岗位的通知		J053-1-00208-0052
1201	江西省立中正图书馆关于整理布置展览的通知	1948	J053-1-00208-0054
1202	江西省立图书馆关于讨论职员开始工作日期等各事项的第一次谈话会纪录		J053-1-00209-0001
1203	江西省立图书馆关于讨论本馆临时办事细则草案等各项事项的第一次馆务会议记录	1932	J053-1-00209-0004
1204	江西省立图书馆关于讨论临时阅览图书应如何先行清理搬运等四项事项的第二次馆务会议记录	1932	J053-1-00209-0008

续表

序号	题名	年份	档号
1205	江西省立图书馆关于讨论馆员工作应由馆长正式指定等各项事项的第三次馆务会议记录；典藏股刘郁文汇报查对图书工作等各项事项的第四次馆务会议记录；讨论临时阅览处延长阅览时间等各项的第五次馆务会议	1932	J053-1-00209-0012
1206	江西省立图书馆发行刊物筹备委员会关于讨论决定发行季刊等事项的会议记录	1932	J053-1-00209-0024
1207	江西省立图书馆关于汇报购买书籍及定购国外杂志经过情形等各项事项的第六次馆务会议记录	1932	J053-1-00209-0026
1208	江西省立图书馆关于讨论临时阅览室工作时间等各项事项的第一次馆务会议记录；讨论本馆组织案修正通过等各项事项的第二次馆务会议记录	1932	J053-1-00209-0031
1209	江西省立图书馆关于讨论本馆组织规程暨办事细则等各项事项的第三次馆务会议记录	1932	J053-1-00209-0038
1210	江西省立图书馆关于讨论如何分配中西文书等各项事项的第四项馆务会议记录	1932	J053-1-00209-0041
1211	江西省立图书馆关于讨论如何征求会员等各项事项的第五次馆务会议记录	1932	J053-1-00209-0045
1212	江西省立图书馆关于讨论原百花洲建筑材料如何处理等各项事项的第六次馆务会议记录	1932	J053-1-00209-0048
1213	江西省立图书馆关于讨论如何发行刊物等各项事项的第七次馆务会议记录	1932	J053-1-00209-0052
1214	江西省立图书馆关于讨论应否成立购书委员会等各项事项的第八次馆务会议记录	1932	J053-1-00209-0056
1215	江西省立图书馆关于汇报上次决议案并拟各种简章等各项事项的第九次馆务会议记录	1932	J053-1-00209-0061
1216	江西省立图书馆基金委员会关于汇报基金成立之原委等各项事项的会议记录	1932	J053-1-00209-0065
1217	江西省立图书馆关于讨论如何制备送展览会物品等各项事项的第十次馆务会议记录	1932	J053-1-00209-0070
1218	江西省立图书馆关于讨论服用国货委员会规程审查等各项事项的第十次馆务会议记录	1932	J053-1-00209-0074
1219	江西省立图书馆关于讨论如何规定出版私人著作办法等各项事项的第十一次馆务会议记录	1932	J053-1-00209-0078
1220	江西省立图书馆关于讨论拟开图书展览会等各项事项的第十二次馆务会议记录	1932	J053-1-00209-0082

续表

序号	题名	年份	档号
1221	江西省立图书馆关于讨论应如何设法按月购置图书等四项事项的第一次馆务会议记录	1934	J053-1-00210-0001
1222	江西省立图书馆关于汇报职员薪俸支配情形等三项事项及讨论购置图书规定等三项事项的第二次馆务会议记录	1934	J053-1-00210-0005
1223	江西省立图书馆关于汇报上月工作情形等四项事项及讨论编印图书目录等三项事项的第三次馆务会议记录	1934	J053-1-00210-0016
1224	江西省立图书馆关于汇报新生活运动意义及讨论如何筹备新生活运动意义宣传队事宜的第四次馆务会议记录	1934	J053-1-00210-0021
1225	江西省立图书馆关于汇报购置图书费处理情况等四项事项及讨论新到图书杂志该如何规定开放手续及日期等事宜的第五次馆务会议记录	1934	J053-1-00210-0026
1226	江西省立图书馆关于汇报本月份经费及购书情形两项事项及讨论印刷目录中之图书截止时间等事宜的第六次馆务会议记录	1934	J053-1-00210-0034
1227	江西省立图书馆关于汇报计划改造儿童阅览室情形等两项事项及讨论各项事宜的第七次馆务会议记录	1934	J053-1-00210-0043
1228	江西省立图书馆关于讨论本馆办事细则等三项事宜的第八次馆务会议记录	1934	J053-1-00210-0049
1229	江西省立图书馆关于汇报张馆长辞职情形等四项事项及讨论关于编印图书目录第六次事项的第九次馆务会议记录	1934	J053-1-00210-0053
1230	江西省立图书馆关于汇报建筑儿童阅览室之交涉情形及讨论职员请假规则三项事项的第十次馆务会议记录	1934	J053-1-00210-0059
1231	江西省立图书馆关于汇报本馆过去保管图书之不良情形及讨论负责保管书库藏书规定等两项事项的第十一次会议记录	1934	J053-1-00210-0063
1232	二十三年八月一日上午八时江西省立图书馆第一次馆务会议	1934	J053-1-00211-0001
1233	二十三年八月三十一日下午一时江西省立图书馆第二次馆务会议	1934	J053-1-00211-0004
1234	二十三年九月二十日下午一时江西省立图书馆第三次馆务会议	1934	J053-1-00211-0009
1235	二十三年十月二十八日午后一时江西省立图书馆第四次馆务会议	1934	J053-1-00211-0015

续表

序号	题名	年份	档号
1236	二十三年十一月三日午后一时江西省立图书馆第五次馆务会议	1934	J053-1-00211-0021
1237	二十三年十一月二十二日下午二时江西省立图书馆第六次馆务会议	1934	J053-1-00211-0026
1238	二十三年十二月二日十时江西省立图书馆第七次馆务会议	1934	J053-1-00211-0031
1239	二十三年十二月十四日江西省立图书馆第八次馆务会议	1934	J053-1-00211-0035
1240	二十四年一月十一日下午二时江西省立图书馆第九次馆务会议；二十四年二月一日江西省立图书馆第十次馆务会议		J053-1-00211-0038
1241	二十四年二月二十三日江西省立图书馆第十一次馆务会议	1935	J053-1-00211-0046
1242	二十四年三月十九日下午三时江西省立图书馆第十二次馆务会议	1935	J053-1-00211-0051
1243	二十四年四月二日上午八时江西省立图书馆第十三次馆务会议	1935	J053-1-00211-0055
1244	二十四年四月三十日下午三时江西省立图书馆第十四次馆务会议	1935	J053-1-00211-0061
1245	二十四年六月二日下午二时江西省立图书馆第十五次馆务会议	1935	J053-1-00211-0064
1246	二十四年六月十二日下午一时江西省立图书馆第十六次馆务会议	1935	J053-1-00211-0067
1247	二十四年七月三十日江西省立图书馆第十七次馆务会议	1935	J053-1-00211-0070
1248	二十四年九月十五日下午二时江西省立图书馆第一次馆务会议	1935	J053-1-00212-0001
1249	二十四年十月十七日下午二时江西省立图书馆第二次馆务会议；二十四年十一月二十日下午二时江西省立图书馆第三次馆务会议		J053-1-00212-0005
1250	二十四年十一月二十九日上午八时江西省立图书馆第四次馆务会议；二十四年十二月四日上午十时江西省立图书馆第五次馆务会议		J053-1-00212-0014
1251	二十四年十二月十七日上午九时江西省立图书馆第六次馆务会议	1935	J053-1-00212-0020
1252	二十四年十二月二十五日下午二时江西省立图书馆第七次馆务会议	1935	J053-1-00212-0025

序号	题名	年份	档号
1253	二十四年二月五日下午二时江西省立图书馆第八次馆务会议	1935	J053-1-00212-0029
1254	二十五年三月二十八日上午九时江西省立图书馆第九次馆务会议	1936	J053-1-00212-0034
1255	二十八年十一月五日下午六时江西省立图书馆第五次馆务会议录	1939	J053-1-00213-0001
1256	二十八年十一月十八日下午六时江西省立图书馆第六次馆务会议录	1939	J053-1-00213-0013
1257	二十八年十二月二十四日下午六时江西省立图书馆第八次馆务会议录	1939	J053-1-00213-0017
1258	二十九年一月十七日晚六时江西省立图书馆第九次馆务会议录	1940	J053-1-00213-0021
1259	二十九年三月六日下午六时江西省立图书馆第十次馆务会议录	1940	J053-1-00213-0032
1260	二十九年四月十三日下午六时江西省立图书馆第十一次馆务会议录	1940	J053-1-00213-0038
1261	二十九年四月三十日下午六时江西省立图书馆第十二次馆务会议录	1940	J053-1-00213-0044
1262	二十九年六月十二日下午七时江西省立图书馆第十四次馆务会议录	1940	J053-1-00213-0046
1263	二十九年七月一日上午八时江西省立图书馆第十五次馆务会议录	1940	J053-1-00213-0048
1264	二十九年七月十五日上午八时江西省立图书馆第十六次馆务会议录；二十九年八月一日上下午七时江西省立图书馆第十七次馆务会议录		J053-1-00213-0050
1265	二十九年八月二十二日下午七时江西省立图书馆第十八次馆务会议录	1940	J053-1-00213-0052
1266	二十九年十月五日下午二时江西省立图书馆第十九次馆务会议录	1940	J053-1-00213-0054
1267	二十九年十二月三日上午九时江西省立图书馆第二十次馆务会议录	1940	J053-1-00213-0058
1268	二十九年八月二十二日下午七时江西省立图书馆第十八次馆务会议录；二十九年九月十五日下午二时江西省立图书馆第十九次馆务会议录		J053-1-00214-0001
1269	二十九年十二月三日上午九时江西省立图书馆第二十次馆务会议录	1940	J053-1-00214-0012

续表

序号	题名	年份	档号
1270	三十年一月六日上午九时江西省立图书馆第二十一次馆务会议录	1941	J053-1-00214-0018
1271	三十年三月三日上午十时江西省立图书馆第二十二次馆务会议录；三十年四月二十八日上午九时江西省立图书馆第二十三次馆务会议录		J053-1-00214-0024
1272	三十年五月三十一日下午三时江西省立图书馆第二十四次馆务会议	1941	J053-1-00214-0032
1273	三十年七月二十九日上午九时江西省立图书馆第二十五次馆务会议	1941	J053-1-00214-0037
1274	三十年十月十七日下午七时江西省立图书馆第二十六次馆务会议	1941	J053-1-00214-0042
1275	三十一年一月二十四日下午六时江西省立图书馆第二十七次馆务会议	1942	J053-1-00214-0049
1276	三十一年二月二十五日下午二时江西省立图书馆第二十八次馆务会议	1942	J053-1-00214-0053
1277	三十一年三月九日下午二时江西省立图书馆第二十九次馆务会议	1942	J053-1-00214-0057
1278	三十一年四月二十九日上午九时江西省立图书馆第三十次馆务会议	1942	J053-1-00214-0060
1279	三十一年五月二十九日下午三时江西省立图书馆第三十一次馆务会议	1942	J053-1-00214-0064
1280	三十一年六月十三日下午三时江西省立图书馆第三十二次馆务会议	1942	J053-1-00214-0068
1281	三十一年七月十一日下午四时江西省立图书馆第三十三次馆务会议；三十一年十一月二日下午二时江西省立图书馆第三十四次馆务会议		J053-1-00214-0073
1282	三十二年一月四日下午一时江西省立图书馆第三十五次馆务会议	1943	J053-1-00214-0081
1283	三十二年二月十七日上午十时江西省立图书馆第三十六次馆务会议；三十二年四月三十日下午四时文化服务部工作讨论会；三十二年九月三日下午四时江西省立图书馆第三十七次馆务会议		J053-1-00214-0087
1284	三十七年一月二十八日上午九时江西省立图书馆第十六次馆务会议	1948	J053-1-00215-0001
1285	三十七年二月二十八日江西省立图书馆第十七次馆务会议	1948	J053-1-00215-0005

续表

序号	题名	年份	档号
1286	三十七年五月五日上午九时江西省立图书馆第十八次馆务会议	1948	J053-1-00215-0013
1287	三十七年六月十六日上午八时江西省立图书馆第十九次馆务会议；三十七年六月二十四日座谈会；三十七年九月二日上午八时江西省立图书馆第二十次馆务会议；三十七年十月十五日上午九时江西省立图书馆第二十一次馆务检讨会议		J053-1-00215-0018
1288	江西省人民图书馆三十八年八月份工薪（报核）表		J053-1-00215-0038
1289	三十七年十一月十四日上午八时江西省立图书馆第二十二次馆务检讨会议记录；三十七年十二月八日午前八时江西省立图书馆第二十三次馆务检讨会议记录		J053-1-00215-0045
1290	三十八年一月五日上午八时江西省立图书馆第一次馆务检讨会	1949	J053-1-00215-0053
1291	三十八年二月十五日下午二时江西省立图书馆第二次馆务检讨会议记录；三十八年四月二十五日午后二时座谈会；三十八年五月一日下午三时座谈会；三十八年五月八日上午八时江西省立图书馆第三次馆务检讨会议；三十八年五月十六日上午八时临时会议；三十八年五月十九日上午九时谈话会		J053-1-00215-0057
1292	三十七年二月二十八日上午十时江西省立图书馆第二十二次周会	1948	J053-1-00216-0001
1293	三十七年三月十八日江西省立图书馆第二十三次周会	1948	J053-1-00216-0004
1294	三十七年四月十二日下午四时江西省立图书馆第二十四次周会	1948	J053-1-00216-0007
1295	三十七年四月二十一日下午四时江西省立图书馆第二十五次周会	1948	J053-1-00216-0009
1296	三十七年四月二十九日上午十时江西省立图书馆第二十六次周会	1948	J053-1-00216-0013
1297	三十七年五月六日上午十一时江西省立图书馆第二十七次周会	1948	J053-1-00216-0016
1298	三十七年五月三十一日下午三时半江西省立图书馆第二十八次周会	1948	J053-1-00216-0019
1299	三十七年六月七日下午江西省立图书馆第二十九次周会	1948	J053-1-00216-0023

续表

序号	题名	年份	档号
1300	三十七年六月十四日下午六时江西省立图书馆第三十次周会	1948	J053-1-00216-0027
1301	三十七年六月三十日下午六时江西省立图书馆第三十一次周会	1948	J053-1-00216-0030
1302	三十七年七月六日下午六时江西省立图书馆第三十二次周会	1948	J053-1-00216-0033
1303	三十七年七月十二日江西省立图书馆第三十二次周会	1948	J053-1-00216-0035
1304	江西省立图书馆关于购置幻灯片及雇工承制幻灯木架的第34次周会会议记录	1948	J053-1-00217-0001
1305	江西省立图书馆第三年人事支配表	1948	J053-1-00217-0004
1306	江西省立图书馆关于讨论全省教育行政会议通过社教提案第八项的第三十五次周会会议记录	1948	J053-1-00217-0006
1307	江西省立图书馆关于汇报推定十八人赴省面洽国大代表联谊会等情况的第三十六次周会会议记录	1948	J053-1-00217-0010
1308	江西省立图书馆关于汇报清理公文等事项的第三十八次周会会议记录	1948	J053-1-00217-0015
1309	江西省立图书馆关于汇报西山工作团因请拨经费无法展开工作等事项的第三十九次周会会议记录	1948	J053-1-00217-0021
1310	江西省立图书馆关于汇报已收到国防学科运动周教育部办法等情的第四十次周会会议记录	1948	J053-1-00217-0024
1311	江西省立图书馆关于汇报馆务决议应办事项应即办理等事项的第四十一次周会会议记录	1948	J053-1-00217-0027
1312	江西省立图书馆关于汇报公文收发与传达联系工作应即办理等事项的第四十二次周会会议记录	1948	J053-1-00217-0030
1313	江西省立图书馆关于国防科学运动周逐日工作进行顺利可圆满闭幕等事项的第四十三次周会会议记录	1948	J053-1-00217-0033
1314	江西省立图书馆关于宣读上次周会决议等事项的第四十四次周会会议记录	1948	J053-1-00217-0037
1315	江西省立图书馆关于省会教联会赴省府请求救济社教工作人员亦应配合等事项的第四十五次周会会议记录	1948	J053-1-00217-0042

序号	题名	年份	档号
1316	江西省立图书馆关于举行社教扩大运动周纪念大会等事项的第四十六次周会会议记录	1948	J053－1－00217－0045
1317	江西省立图书馆关于陶宛青余塞程宗炫迁出文化招待所改往礼堂内侧房间及后进房间等决定事项的第四十七次周会会议记录	1948	J053－1－00217－0049
1318	江西省立图书馆关于因经费困难本年暂不举行民间艺人星期表演的第四十八次周会会议记录	1948	J053－1－00217－0052
1319	江西省立图书馆关于拟定来年事业进行计划等事项的第四十九次周会会议记录	1948	J053－1－00217－0057
1320	江西省立图书馆关于各机关部队人员寄件应注意保密等事项的第五十次周会会议记录	1948	J053－1－00217－0060
1321	江西省立南昌图书馆关于填写私人损失报告单的通知	1948	J053－1－00218－0001
1322	江西省立南昌图书馆关于行馆务会议请准时出席的通知	1948	J053－1－00218－0002
1323	江西省立南昌图书馆关于规定高玉山每日午后二时为送发公司文件外出时间的通知	1948	J053－1－00218－0003
1324	江西省立南昌图书馆关于更换购衣券应一律佩带证章购衣的通知；江西省立南昌图书馆关于预约期内预约者仅收印刷纸张费的通知；江西省立南昌图书馆关于召开第四次馆务会议等五项事项的通知		J053－1－00218－0004
1325	江西省立南昌图书馆关于举行元首六旬庆祝大会的通知	1948	J053－1－00218－0014
1326	江西省立南昌图书馆关于召开第五次馆务会议；召开成立大会的通知		J053－1－00218－0016
1327	江西省立南昌图书馆关于召开第六次馆务会议、召开大会举行庆祝大会、举行纪念大会休假一天的通知		J053－1－00218－0020
1328	江西省立南昌图书馆关于召开第八次馆务会议的通知	1948	J053－1－00218－0027
1329	江西省立南昌图书馆关于召开第九次馆务会议的通知	1946	J053－1－00218－0029
1330	江西省立南昌图书馆关于保护物产任何人不得留宿、发还缴验证件、举行谈话会等四项事项的通告、通知		J053－1－00218－0031

续表

序号	题名	年份	档号
1331	江西省立南昌图书馆关于举行第十二次馆务会议、行政人员酌予协助出纳及收发工作的通知		J053-1-00218-0039
1332	江西省立南昌图书馆关于按手续办理借书以及催还书、举行成立大会、更改实行时间等七项事项的通告		J053-1-00218-0044
1333	江西省立南昌图书馆关于配发救济衣料、制订限制信用借书的决议；举行纪念大会等十一项事项的通告		J053-1-00218-0056
1334	江西省立中正图书馆关于举行第十四次馆务会议、确定服役事宜、举行纪念大会等七项事项的通告		J053-1-00218-0077
1335	江西省立中正图书馆总务部关于更改馆务会议时间的通知	1948	J053-1-00218-0090
1336	江西省立图书馆二十五年五月份儿童阅览统计表		J053-1-00219-0001
1337	江西省立图书馆三月份工作报告表		J053-1-00220-0001
1338	江西省立图书馆二十一年四月份工作报告表		J053-1-00220-0003
1339	江西省立图书馆二十一年五月份工作报告表		J053-1-00220-0005
1340	江西省立图书馆三十三年一月份工作报告		J053-1-00221-0001
1341	江西省立图书馆三十三年二月份工作报告		J053-1-00221-0006
1342	江西省立图书馆三十三年三月份工作报告		J053-1-00221-0011
1343	江西省立图书馆三十三年四月份工作报告		J053-1-00221-0016
1344	江西省立图书馆三十三年五月份工作报告		J053-1-00221-0021
1345	江西省立图书馆三十三年六月份工作报告		J053-1-00221-0026
1346	江西省立图书馆三十三年七月份工作报告		J053-1-00221-0031
1347	江西省立图书馆三十三年八月份工作报告		J053-1-00221-0034
1348	江西省立图书馆三十三年九月份工作报告		J053-1-00221-0037
1349	江西省立图书馆三十三年十月份工作报告		J053-1-00221-0042
1350	江西省立图书馆三十三年十一月份工作报告		J053-1-00221-0047
1351	江西省立图书馆三十三年十二月份工作报告		J053-1-00221-0052
1352	江西省立图书馆收文簿		J053-1-00222-0001
1353	江西省图书馆收文登记簿		J053-1-00223-0001
1354	江西省立图书馆收文登记簿		J053-1-00224-0001
1355	江西省立图书馆发文簿		J053-1-00225-0001

续表

序号	题名	年份	档号
1356	江西省立图书馆发文簿		J053-1-00226-0001
1357	江西省立图书馆三十六年发文摘由簿		J053-1-00227-0001
1358	江西省立图书馆三十六年去文摘由簿		J053-1-00227-0024
1359	江西省立图书馆三十五年发文摘由簿		J053-1-00228-0001
1360	江西省立图书馆三十七年一月至三十八年一月年发文登记簿		J053-1-00229-0001
1361	江西省立图书馆关于寄赠书籍的函		J053-1-00230-0001
1362	江西省立图书馆关于请予查收寄出书籍的函		J053-1-00230-0003
1363	江西省立图书馆关于感谢惠赠书籍的函		J053-1-00230-0005
1364	江西省立图书馆关于感谢江西财政特派员公署惠赠书籍的函		J053-1-00230-0007
1365	江西省立图书馆关于感谢西湖博览会特种陈列所惠赠书籍的函		J053-1-00230-0008
1366	江西省立图书馆关于感谢江西省指委会宣传部惠赠书籍的函		J053-1-00230-0009
1367	江西省立图书馆关于感谢工商部总务司惠赠书籍的函		J053-1-00230-0010
1368	江西省立图书馆关于请即邮寄所购书籍的函		J053-1-00230-0011
1369	江西省立图书馆关于汇上购书款及邮费请邮寄所购书籍的函		J053-1-00230-0013
1370	江西省立图书馆关于感谢惠赠书籍并即行寄上交换出版物的函		J053-1-00230-0015
1371	江西省立图书馆关于拟请补赠书籍的函		J053-1-00230-0017
1372	江西省立图书馆关于开列书单请速代购书籍的函		J053-1-00230-0018
1373	江西省立图书馆关于归还清客居士三种曲并请掷还借书收条的函		J053-1-00231-0028
1374	江西省立图书馆关于全省教育行政会议会员手册		J053-1-00232-0001
1375	江西省立图书馆关于请各科专家莅临讲演国防问题的函		J053-1-00232-0032
1376	江西省立图书馆列传目录		J053-1-00233-0001
1377	江西省立图书馆各类列传名单		J053-1-00233-0015
1378	江西省立图书馆性理类学友类等各类列传名单		J053-1-00233-0030

续表

序号	题名	年份	档号
1379	江西省立图书馆图书目录总登记簿		J053-1-00235-0001
1380	江西省立图书馆关于采购《除虫菊栽培法》一书并附上邮票的函	1928	J053-1-00236-0004
1381	江西省立图书馆关于请补寄月刊第一期的函	1928	J053-1-00236-0005
1382	江西省立图书馆关于奉赠《约奉成案汇览》以资参考的函	1928	J053-1-00236-0013
1383	江西省立图书馆关于建筑兴工在即对于工程方面予于赐教的函；归还教育业刊一册等情的函；迁移阅览室的通告		J053-1-00236-0015
1384	江西省立图书馆关于拟请柳潜植等九人及中山日报等八家单位指导新馆建筑完工的函；准予领用谕示并护照的函	1928	J053-1-00236-0023
1385	江西省立图书馆关于请程小秋等十人对李小缘提出的意见进行审核的函；拟请图书馆学术人员援赐指南的函；拟请建筑委员会讨论李小缘所提出指导意见等四项事项的函		J053-1-00236-0025
1386	欧阳□□江西省立图书馆关于省立图书馆馆址发生问题的函；查照办理征收各机关所得捐的函		J053-1-00236-0030
1387	江西省立图书馆关于决定一切办法由教育厅主持的函；订购中国藏书家小史等四书并汇上预约定价及邮费的函；感谢喻戴二女士帮助代译英文请款书的函		J053-1-00236-0040
1388	江西省立图书馆关于感谢聂校长函并西文请款的函；感谢赞助此次年会的函		J053-1-00236-0044
1389	江西省立图书馆关于存报不便外借请赐临调阅等情的函	1929	J053-1-00236-0046
1390	江西省立图书馆关于请领发办夜校办法的函；请各同人遵守时间加紧工作的函		J053-1-00236-0050
1391	江西省立图书馆关于请检送每种卡片表格以便定购的函；请赐予揭载收经详情的函；为中山公园计划约定面谈时间的函		J053-1-00236-0052
1392	江西省立图书馆关于回复南昌市市长重询熹平石经残字事项的函；请费神惠教俾臻完善图书馆的函	1929	J053-1-00236-0056
1393	江西省立图书馆关于请妥速邮寄《雪白图书馆用品》的函；请指示将史地两门应有之图书另开目录一纸的函		J053-1-00236-0060

续表

序号	题名	年份	档号
1394	江西省立图书馆关于请速寄下需购书籍三种并附发单价目的函；约定高三高二同学来馆参观事宜的函		J053-1-00236-0064
1395	江西省立图书馆、江西省立图书馆党义研究会关于请同人招待高三高二来参观同学并预先布置一切的函；请交齐研究论文以便开会宣读的函	1929	J053-1-00236-0066
1396	江西省立图书馆关于请照数检寄开列各书的函		J053-1-00236-0068
1397	江西省立图书馆关于送上江西省舆图汉石经残字拓本的函；请代为篆刻书籍的函	1929	J053-1-00236-0070
1398	江西省立图书馆关于汇上大洋请寄下图书馆学季刊的函；请寄下应补齐开列清单的函	1929	J053-1-00236-0072
1399	江西省立图书馆人员姓名单		J053-1-00236-0075
1400	□□祖经关于准予江西省政府暨教育厅照数编列图书馆之经费的函		J053-1-00237-0001
1401	江西省立图书馆致符九铭王晓湘等五人的函；先行奉寄旧印规程俟新奉印就后再行寄下的函	1929	J053-1-00237-0004
1402	江西省立图书馆关于修补江西通志一书可供印刷的函；感谢惠赠民众补习学校读本的函		J053-1-00237-0006
1403	江西省立图书馆关于附送上征集图书参考文献条例的函；请惠赠图书特别廉价券的函		J053-1-00237-0008
1404	□□□关于介绍蔡君赴江浙各地参观图书馆藉请中央大学戴主任赐予指教的函；关于介绍蔡君赴江浙各地参观图书馆暨请李小缘、刘衡如等人赐予指教的函	1929	J053-1-00237-0010
1405	□□□关于嘱江浙各图书馆馆长介绍参观事宜的函；附发奉托各事条例的函		J053-1-00237-0015
1406	江西省立图书馆关于推定欧阳祖经届时前往出席会议的函；为感谢惠赠图书馆廉价券的函		J053-1-00237-0019
1407	江西省立图书馆关于请惠寄南洋各团体史的函；检送余仁记刘季康购书收据的函		J053-1-00237-0025
1408	江西省立图书馆关于代催问货款的函；催问材料运送事宜的函		J053-1-00237-0027
1409	江西省立图书馆关于送上书籍费购买书籍的函；速催运材料的函		J053-1-00237-0029

续表

序号	题名	年份	档号
1410	江西省立图书馆关于更正书目中著者姓名"祖"字的函；颁下厅务会议修正遵造的函		J053-1-00237-0031
1411	江西省立图书馆关于奉行绘制往返邮费等情的函；填上宣传报告表的函		J053-1-00237-0033
1412	江西省立图书馆关于填送江西省立图书馆一览表的函；请代为发电催寄像片三种的函		J053-1-00237-0037
1413	江西省立图书馆关于催寄像片三种以便装订的函		J053-1-00237-0039
1414	江西省立图书馆关于推欧阳祖经程懋圻参加济南惨案国耻纪念的函	1929	J053-1-00237-0040
1415	江西省立图书馆建馆委员会关于印送第三十五次会议纪录的函		J053-1-00237-0041
1416	江西省立图书馆关于检寄刊物一览表及内容以便编纂年刊时参考的函；希早示知新文艺书籍审查结果的函		J053-1-00237-0042
1417	江西省立图书馆关于请再赐二份调查表以便存查的函；附送游艺会入场券及券价的函		J053-1-00237-0044
1418	江西省立图书馆关于设立临时阅览室暂借房屋的函；回复南昌出版报纸名单的函		J053-1-00238-0001
1419	江西省立图书馆关于检送新换证章的函；请检寄各项报纸名称及残缺日期开单以便装订保存的函；请惠寄购书优券第四项事项的函		J053-1-00238-0003
1420	江西省立图书馆关于汇报改组后馆务进展情况的函；检送省立图书馆长期阅书券的函；感谢惠赠刊物等五项事项的函		J053-1-00238-0009
1421	江西省立图书馆关于照常开放阅览室的通告；请即赐寄东西文杂志目录的函；请检寄所订购书籍等二十七项事项的函		J053-1-00238-0014
1422	江西省立图书馆关于订购报刊的函		J053-1-00238-0036
1423	江西省立图书馆关于奉还已有书籍并请开价目单带下以便教厂备核的函；选送拟购图书目录的函；送上填就各种社会教育现况调查表等十项事项的函		J053-1-00238-0040
1424	杨立诚江西省立图书馆关于专人送上中国农村经济问题等书的函；确定郭清专家演讲时间的函；请续印讲演词等十九项事项的函		J053-1-00238-0050
1425	江西省立图书馆关于请检寄藏园群书题记二集的函；送上职员加入名单的函		J053-1-00238-0070

序号	题名	年份	档号
1426	江西省立图书馆关于拟请在教育会门口设一警岗日夜派警坚守的函		J053-1-00238-0072
1427	江西省立图书馆关于未收到《教育与职业》《职业教育之理论与实际》二书的函；请发还旧藏图书目录的函；回复无力购买望江县志等十一项事项的函		J053-1-00239-0001
1428	江西省立图书馆关于请发还旧藏图书目录的函；回复无力购买望江县志等十一项事项的函		J053-1-00239-0004
1429	江西省立图书馆关于回复各阅览处地址的函；感谢惠赠城市民教月刊的函；继续定购刊物请给予优待折扣等五项事项的函		J053-1-00239-0009
1430	江西省立图书馆关于请补寄昆虫与植病第三四两期的函；请按期照寄文华月刊等各书籍的函	1933	J053-1-00239-0013
1431	江西省立图书馆关于请按期照寄热河大战写实的函；请油印或购买已烧毁美文小梵书归还的函；请注意查究送报遗漏书商问题等十八项事项的函		J053-1-00239-0015
1432	江西省立图书馆关于感谢惠赠文山传信录一部的函；请查收皇朝经世文编等书籍的函；请速转运日本参考书等九项事项的函		J053-1-00239-0033
1433	江西省立图书馆关于请代订购林清话及林余话二书的函；惠赐中正革命语录的函；填就调查表送上等十项事项的函		J053-1-00239-0041
1434	江西省立图书馆关于为优待各界购书价格以预售价告知的函；惠赐航空救国书刊的函；请速派人修理电灯等四项事项的函		J053-1-00239-0049
1435	江西省立图书馆关于请依照外借图书简章借还书籍的函；请对登载地位及日期特予优待的函；请代推销豫章丛书等四项事项的函		J053-1-00239-0053
1436	江西省立图书馆关于请按照寄送月报的函；预约定购论语半月刊合订本的函；请惠赐西湖博览会总报告书等十四项事项的函		J053-1-00239-0057
1437	江西省立图书馆关于代销十部以上书籍予与特别优待价的函；感谢订购豫章丛书并代为推销的函；惠赠西麓诗抄乙集等二十六项事项的函		J053-1-00239-0070
1438	江西省立图书馆关于承借毛襄懋集的函	1933	J053-1-00239-0094

续表

序号	题名	年份	档号
1439	江西省立图书馆关于汇款购书、寄送预约券、寄送收据等四项事项的函		J053-1-00240-0001
1440	江西省立图书馆关于更换第二批图书公开阅览、寄送图书并请邮寄书款、送还书籍等七项事项的函		J053-1-00240-0004
1441	江西省立图书馆关于汇款预约订购书籍、归还书籍、送上第一批图书等事项的函		J053-1-00240-0010
1442	江西省立图书馆关于寄书以便照价汇款、照价寄上书费、借阅书籍等六项事项的函		J053-1-00240-0017
1443	江西省立图书馆关于回复安义县立图书馆寄讲演规程、希给予折扣购买书籍、拟暂缓重印书籍等11项事项的函		J053-1-00240-0022
1444	江西省立图书馆关于借房屋设立临时阅览室的函	1934	J053-1-00240-0042
1445	江西省立图书馆关于寄保证金借书的函	1934	J053-1-00240-0043
1446	江西省立图书馆关于寄送豫章丛书、寄送购书款、寄送购书款购精装上海市统计书籍等九项事项的函		J053-1-00240-0045
1447	江西省立图书馆关于寄送报纸名称列表、领取徽章、告知组织不健全未便登台表演等五项事项的函		J053-1-00240-0052
1448	江西省立图书馆关于准备彩灯参加新生活提灯游行、寄送刊物、恳发短期小学课本等六项事项的函		J053-1-00240-0056
1449	江西省立图书馆关于寄上国币订购书籍、寄送购书款、开会讨论筹备办法等六项事项的函		J053-1-00240-0061
1450	江西省立图书馆关于立据领取书籍、因无嘱借书籍故检寄其他书籍、报纸不便外借请派员前往查阅等八项事项的函		J053-1-00240-0066
1451	江西省立图书馆关于请寄民众教育季刊、请补寄书刊、请将已签名簿带下等五项事项的函		J053-1-00240-0075
1452	江西省立图书馆关于告之书价以便订购、检寄机关借书规则、抄录部门目录等四项事项的函		J053-1-00240-0083
1453	江西省立图书馆关于书目录及价格的清单		J053-1-00240-0089
1454	江西省立图书馆关于惠赐书籍、先发书开放阅览再补送预约券、催还书籍的函		J053-1-00241-0001

序号	题名	年份	档号
1455	江西省立图书馆关于询问书籍是何人订购、询问书籍为何人何时订购、请惠赐回复何人订购书籍的函		J053-1-00241-0004
1456	江西省立图书馆关于感谢寄书、不续订报刊、退还书籍等十四项事项的函		J053-1-00241-0007
1457	江西省立图书馆关于遵嘱填写女公务员调查表的函		J053-1-00241-0018
1458	江西省立图书馆关于来书馆取书并补付款项的函	1934	J053-1-00241-0019
1459	江西省立图书馆关于县志等书不能外借、请补寄书籍、请按期补寄书籍等五项事项的函		J053-1-00241-0020
1460	江西省立图书馆关于召开稽核八月份收支账目、寄送优惠券及购书款订购书籍、惠赠书籍的函		J053-1-00241-0024
1461	江西省立图书馆关于更改办公时间、寄送邮费并请寄下书籍、检查反动言论书籍等五项事项的函		J053-1-00241-0026
1462	江西省立图书馆关于请继续惠寄杂志、惠赠匾额、请寄回收据报销等十三项事项的函		J053-1-00241-0030
1463	江西省立图书馆关于询问订购书籍的详细情况		J053-1-00241-0038
1464	江西省立图书馆关于催寄书费及挂号费以便早日寄书、请查收书刊寄下书籍、检送书籍等九项事项的函		J053-1-00241-0039
1465	江西省立图书馆关于请补寄书籍的函	1934	J053-1-00241-0044
1466	江西省立图书馆关于补寄书刊的清单		J053-1-00241-0063
1467	江西省立图书馆关于购买书刊的清单		J053-1-00241-0065
1468	江西省立图书馆关于检送月刊、检送订阅"江西教育"月刊办法、检寄月刊等七项事项的函		J053-1-00242-0001
1469	江西省立图书馆关于预约券作废的函	1935	J053-1-00242-0009
1470	江西省立图书馆关于感谢赠书的函	1935	J053-1-00242-0010
1471	江西省立图书馆关于再次订购卡片的函	1935	J053-1-00242-0011
1472	江西省立图书馆关于把书籍带回南昌的函	1935	J053-1-00242-0012
1473	江西省立图书馆关于组织教师寒假修养会、收到书款寄送书籍、请先寄书籍并告知书款的函		J053-1-00242-0013

续表

序号	题名	年份	档号
1474	江西省立图书馆关于感谢安徽省政府教育厅惠赠书籍、寄送馆刊、请清缴印刷账款等八项事项的函		J053-1-00242-0016
1475	江西省立图书馆关于感谢江西省政府秘书处赠书、寄送馆刊、寄送定刊等十一项的事项的函		J053-1-00242-0020
1476	江西省立图书馆关于派人参加新生活运动周年纪念大会的函	1935	J053-1-00242-0024
1477	江西省立图书馆关于转饬电灯局及本馆电灯发光时间、寄送订书款、汇寄购图书款等五项事项的函		J053-1-00242-0025
1478	江西省立图书馆关于开具书目录及内容的函	1935	J053-1-00242-0027
1479	江西省立图书馆关于聘请民众读书会指导先生、拟购书籍、汇寄书款订购书籍等十六项事项的函		J053-1-00242-0028
1480	江西省立图书馆关于订购书籍及赠送保证金、寄还书款并请给收据、保证金无法归还等十一项事项的函		J053-1-00242-0035
1481	江西省立图书馆关于举行成立大会请莅会训话、奉赠书籍以答谢、检寄表格等七项事项的函		J053-1-00242-0042
1482	江西省立图书馆关于补寄书刊、汇寄书款续订杂志、惠赠音乐教育月刊等七项事项的函		J053-1-00242-0047
1483	江西省立图书馆关于职员报名参加男女混合网球比赛、与职员网球队作友谊比赛、检送表格等十二项事项的函		J053-1-00242-0051
1484	江西省立图书馆关于汇寄款项请代缴办理事宜、惠赠书刊、汇寄预定款等二十五项事项的函		J053-1-00242-0057
1485	江西省立图书馆关于订购航空画报并填具订阅单、代售书刊、请照价七折代售等六项事项的函		J053-1-00242-0073
1486	江西省立图书馆关于收到惠赠书籍、寄送本馆概况、感谢惠赠书籍的函		J053-1-00242-0077
1487	江西省立图书馆关于汇寄所需费用请代办事宜、感谢惠赠书籍、请继续惠赠书籍等二十五项事项的函		J053-1-00242-0082
1488	江西省立图书馆关于检送书馆借书规则的函		J053-1-00242-0102

序号	题名	年份	档号
1489	江西省立图书馆关于请速收回外借书籍寄下的函		J053-1-00242-0108
1490	江西省立图书馆关于派员拆卸电表缴还押金数据的函	1935	J053-1-00243-0001
1491	江西省立图书馆关于汇款托取包裹、清查请款清付事宜、请主席亲笔赐题等五项事项的函		J053-1-00243-0002
1492	江西省立图书馆关于收到书籍、调整书价、邮寄书籍等十七项事项的函		J053-1-00243-0011
1493	江西省立图书馆关于发还图书馆器物以及汇币购书的函	1935	J053-1-00243-0024
1494	江西省立图书馆关于自行车被偷请求追回的函	1935	J053-1-00243-0025
1495	江西省立图书馆关于阅览室照常开放更改通知、请传阅与窃车有关人员、请派机师更换电表的函		J053-1-00243-0026
1496	江西省立图书馆关于订购纸张质量差应酌减价目、将勤务兵送审并归还脚踏车、寄送各职员填就之切结表纸等五项事项的函		J053-1-00243-0031
1497	江西省立图书馆关于汇币购书检送奖品邮寄书籍、请寄下定单发票及收款字据、请续寄月刊等十四项事项的函		J053-1-00243-0038
1498	江西省立图书馆关于寄送书卡并请付清余款的函	1935	J053-1-00243-0043
1499	江西省立图书馆关于更换底度较低的电表、调换目籍、接洽图书的函		J053-1-00243-0051
1500	江西省立图书馆关于寄书款定购书籍、请派员参加联席会议、附送格式及封面纸请赐题的函		J053-1-00243-0056
1501	江西省立图书馆关于寄送报刊、再购书籍的函		J053-1-00243-0058
1502	江西省立图书馆关于请先行检寄书籍的函	1943	J053-1-00243-0059
1503	江西省立图书馆、江西省立图书科学馆关于奉上年会提案、检送分团职员名册、赔偿遗失书籍等六项事项的函		J053-1-00243-0060
1504	江西省立图书馆关于订购图书分类法、检送印模样式及分团货表、开放书籍类型等九项事项的函		J053-1-00243-0065

续表

序号	题名	年份	档号
1505	江西省立图书馆关于遵照手续办理借书事项的函	1943	J053-1-00243-0070
1506	江西省立图书馆关于印书所需材料清单		J053-1-00243-0071
1507	江西省立图书馆关于检送所借各书的函		J053-1-00243-0072
1508	江西省立图书馆关于交点图书并示知接收情形的函	1935	J053-1-00243-0074
1509	江西省立图书馆关于检送切结表的函		J053-1-00243-0076
1510	江西省立图书馆关于派员取书的函	1939	J053-1-00244-0001
1511	江西省立图书馆关于汇款代订各类书刊的函	1939	J053-1-00244-0002
1512	江西省立图书馆关于派员带书等物品来参加落成典礼的函	1939	J053-1-00244-0004
1513	江西省立图书馆关于书馆停止阅览所需报刊没有的函	1939	J053-1-00244-0005
1514	江西省立图书馆关于催寄订单及画报的函	1939	J053-1-00244-0006
1515	江西省立图书馆关于催寄订阅凭证的函	1939	J053-1-00244-0007
1516	江西省立图书馆关于索阅无线电新闻的函	1939	J053-1-00244-0008
1517	江西省立图书馆关于图书分散四处未能借阅的函	1939	J053-1-00244-0009
1518	江西省立图书馆关于感谢赠送书刊以及希源源惠寄的函	1939	J053-1-00244-0010
1519	江西省立图书馆关于感谢多方指导的函	1939	J053-1-00244-0012
1520	江西省立图书馆关于请寄送新书目录的函	1939	J053-1-00244-0014
1521	江西省立图书馆关于汇币购书并将收据订单挂号邮寄的函	1939	J053-1-00244-0015
1522	江西省立图书馆关于询问庐陵四种文集是否方便邮寄的函	1939	J053-1-00244-0016
1523	江西省立图书馆关于检送未收到杂志清单请为查询的函	1939	J053-1-00244-0017
1524	江西省立图书馆关于举行义卖公演购买戏票的函	1939	J053-1-00244-0020
1525	江西省立图书馆关于请寄书刊的函	1939	J053-1-00244-0021
1526	江西省立图书馆关于分送广播新闻请班车携带的函	1939	J053-1-00244-0022
1527	江西省立图书馆关于设立临时书报流通处请予便利的函	1939	J053-1-00244-0023

序号	题名	年份	档号
1528	江西省立图书馆关于便利会员阅览书报设立临时书报流通处的函		J053-1-00244-0024
1529	江西省立图书馆关于检送战时书报流通暨供应暂行办法的函	1939	J053-1-00244-0025
1530	江西省立图书馆关于设立阅览厅函	1939	J053-1-00244-0026
1531	江西省立图书馆关于检寄书籍三册请查收的函	1939	J053-1-00244-0027
1532	江西省立图书馆关于欲续定报刊请告知价目的函	1939	J053-1-00244-0028
1533	江西省立图书馆关于请派员莅临报名地点的函	1939	J053-1-00244-0029
1534	江西省立图书馆关于汇币购刊逾期未见的函	1939	J053-1-00244-0030
1535	江西省立图书馆关于感谢赠书的函	1939	J053-1-00244-0031
1536	江西省立图书馆关于检送各项问题解决方法的函	1939	J053-1-00244-0032
1537	江西省立图书馆关于胜利周刊不易购得的函	1939	J053-1-00244-0034
1538	江西省立图书馆关于汇币订购书刊及先寄收据订单的函	1939	J053-1-00244-0035
1539	江西省立图书馆关于派陈云龙担任职务并附袖章一枚的函	1939	J053-1-00244-0036
1540	江西省立图书馆关于告知借书规定的函	1939	J053-1-00244-0038
1541	江西省立图书馆关于检送入会表及入会费的函	1939	J053-1-00244-0039
1542	江西省立图书馆关于将书籍迁移安全地点的函	1939	J053-1-00244-0040
1543	江西省立图书馆关于请赠书籍的函		J053-1-00244-0041
1544	江西省立图书馆关于感谢赠书希源源赐寄的函		J053-1-00244-0042
1545	江西省立图书馆关于请寄各种出版物品		J053-1-00244-0043
1546	江西省立图书馆关于收到救济物品感谢在即的函	1939	J053-1-00244-0044
1547	江西省立图书馆关于原表已填写请查收的函	1939	J053-1-00244-0045
1548	江西省立图书馆关于检送八月份工作报告表的函	1939	J053-1-00244-0046
1549	江西省立图书馆关于汇币购书不见寄下请查核回复的函	1939	J053-1-00244-0047

续表

序号	题名	年份	档号
1550	江西省立图书馆关于书馆迁新址照常开放阅览的函	1939	J053－1－00244－0049
1551	江西省立图书馆关于检送省通志一部请查收的函	1939	J053－1－00244－0050
1552	江西省立图书馆关于阅览选借图书的函		J053－1－00244－0051
1553	江西省立图书馆关于检送会员名单请查收的函	1939	J053－1－00244－0052
1554	江西省立图书馆关于捐赠国币及剧票的函	1939	J053－1－00244－0053
1555	江西省立图书馆关于带拟购书单一份按单购书的函	1939	J053－1－00244－0054
1556	江西省立图书馆关于汇款订购四种书刊请遵寄发的函	1939	J053－1－00244－0055
1557	江西省立图书馆关于收到宣传资料及检寄领单的函	1939	J053－1－00244－0056
1558	江西省立图书馆关于检送总裁寿联贺电祝词的函	1939	J053－1－00244－0057
1559	江西省立图书馆关于请寄豫章丛书的函	1939	J053－1－00244－0058
1560	江西省立图书馆关于询问报刊逾期未收到请查或退还货款的函	1939	J053－1－00244－0059
1561	江西省立图书馆关于书籍册数太多按目录选订的函	1939	J053－1－00244－0060
1562	江西省立图书馆关于检送书刊及目录望阅后早日赐还的函	1939	J053－1－00244－0061
1563	江西省立图书馆关于检送十月份工作报告表的函	1939	J053－1－00244－0062
1564	江西省立图书馆关于寄送邮票预约书籍的函	1939	J053－1－00244－0063
1565	江西省立图书馆关于询问书籍价格的函	1939	J053－1－00244－0064
1566	江西省立图书馆关于询问书价以便汇款订购的函	1939	J053－1－00244－0065
1567	江西省立图书馆关于举行展览会请代搜集宣传物品的函	1939	J053－1－00245－0001
1568	江西省立图书馆关于借用展品的函	1939	J053－1－00245－0003
1569	江西省立图书馆关于检送书刊原稿及清单请发案查证的函	1939	J053－1－00245－0005
1570	江西省立图书馆关于检送成绩报告表的函	1939	J053－1－00245－0006
1571	江西省立图书馆关于催寄报发单的函	1939	J053－1－00245－0007

序号	题名	年份	档号
1572	江西省立图书馆关于询问报刊价格的函	1939	J053-1-00245-0008
1573	江西省立图书馆关于汇币购书发单收据一并快邮寄下的函	1939	J053-1-00245-0009
1574	江西省立图书馆关于所借书籍阅完后掷还的函	1939	J053-1-00245-0010
1575	江西省立图书馆关于检送书籍希阅后掷还的函	1939	J053-1-00245-0012
1576	江西省立图书馆关于检送书刊原稿的函	1939	J053-1-00245-0013
1577	江西省立图书馆关于搜集新闻纸等如有请代会抄下的函	1939	J053-1-00245-0014
1578	江西省立图书馆关于通令萧家祠内各机关早日迁徙以便修理的函	1939	J053-1-00245-0015
1579	江西省立图书馆关于请寄展览会所需书刊的函	1939	J053-1-00245-0016
1580	江西省立图书馆关于检送工作报告表及生活费收据的函	1939	J053-1-00245-0018
1581	江西省立图书馆关于更改通讯地点的函	1939	J053-1-00245-0019
1582	江西省立图书馆关于检送安福阅览所迁移搬运费预算表的函	1939	J053-1-00245-0020
1583	江西省立图书馆关于书馆工作人员未到之前公私函件请代收存的函	1939	J053-1-00245-0021
1584	江西省立图书馆关于更改书馆地址的函		J053-1-00245-0022
1585	江西省立图书馆关于检送书籍的函		J053-1-00245-0023
1586	江西省立图书馆关于选派馆长代表参加慰劳工作的函	1939	J053-1-00245-0024
1587	江西省立图书馆关于申退报款改定晨岛晨报的函	1939	J053-1-00245-0025
1588	江西省立图书馆关于乡贤著作在永新如急需可派员撰取的函	1939	J053-1-00245-0026
1589	江西省立图书馆关于检送读者战线十一期尔后按期续寄的函	1939	J053-1-00245-0027
1590	江西省立图书馆关于检送书刊请查收的函	1939	J053-1-00245-0028
1591	江西省立图书馆关于举行预展会请派员莅临指导的函	1939	J053-1-00245-0029
1592	江西省立图书馆关于感谢赠书以及汇款请收的函	1939	J053-1-00245-0030

续表

序号	题名	年份	档号
1593	江西省立图书馆关于请寄展览会所需图画照片以供欣赏的函	1940	J053－1－00245－0031
1594	江西省立图书馆关于读者战线一书未有任何变更的函	1940	J053－1－00245－0032
1595	江西省立图书馆关于检送职员调查表的函	1940	J053－1－00245－0033
1596	江西省立图书馆关于寄存国币改订画刊或原款退还的函	1940	J053－1－00245－0034
1597	江西省立图书馆关于汇币订购所列书刊请加快寄邮的函	1940	J053－1－00245－0035
1598	江西省立图书馆关于检送书馆职工人数及职工眷属统计表的函	1940	J053－1－00245－0036
1599	江西省立图书馆关于预约券遗失奉收条寄书的函	1940	J053－1－00245－0037
1600	江西省立图书馆关于代办发行帐簿的函	1940	J053－1－00245－0038
1601	江西省立图书馆关于展品尚未汇齐的函	1940	J053－1－00245－0039
1602	江西省立图书馆关于报款概不能退请写正式收据及速寄收据的函	1940	J053－1－00245－0040
1603	江西省立图书馆关于帐册全部寄发完竣的函		J053－1－00245－0041
1604	江西省立图书馆关于指派李蓉盛担任委员的函	1940	J053－1－00245－0042
1605	江西省立图书馆关于检送书刊请转发各将士阅读的函	1940	J053－1－00245－0043
1606	江西省立图书馆关于汇款刊登广告的函		J053－1－00245－0044
1607	江西省立图书馆关于汇款付代垫款多余款按列表代购书刊的函	1940	J053－1－00245－0045
1608	江西省立图书馆关于汇款订购书刊余款可暂存书馆的函		J053－1－00245－0049
1609	江西省立图书馆关于检送读者战线原稿的函	1940	J053－1－00245－0050
1610	江西省立图书馆关于检送陶渊明集的函	1940	J053－1－00245－0051
1611	江西省立图书馆关于检送成绩报告表的函	1940	J053－1－00245－0052
1612	江西省立图书馆关于检送社友捐款及清单的函	1940	J053－1－00245－0056
1613	江西省立图书馆关于代购书籍烦请寄下的函	1940	J053－1－00245－0060
1614	江西省立图书馆关于检送三月份工作报告表的函	1940	J053－1－00245－0062

序号	题名	年份	档号
1615	江西省立图书馆关于询问书刊逾时未还事宜的函	1940	J053-1-00245-0063
1616	江西省立图书馆关于股票遗失烦请查明补发的函	1940	J053-1-00245-0064
1617	江西省立图书馆关于股票遗失请补发的函	1940	J053-1-00245-0065
1618	江西省立图书馆关于救国公债收据遗失请补发的函	1940	J053-1-00245-0066
1619	江西省立图书馆关于发票户头不符规定请改正及请惠寄新刊的函	1940	J053-1-00245-0067
1620	江西省立图书馆关于询问代购书价以便汇款的函	1940	J053-1-00245-0069
1621	江西省立图书馆关于拨借图书购置临时费的函	1940	J053-1-00245-0070
1622	江西省立图书馆关于检送民国日报希阅后返还的函	1940	J053-1-00246-0001
1623	江西省立图书馆关于询寄书籍办法的函	1940	J053-1-00246-0002
1624	江西省立图书馆关于假期已满请速来工作的函	1940	J053-1-00246-0003
1625	江西省立图书馆关于派罗维伯代理会计一职的函	1940	J053-1-00246-0004
1626	江西省立图书馆关于请假手续应照章办理如违严惩的函	1940	J053-1-00246-0005
1627	江西省立图书馆关于询问杂志何时能收到的函	1940	J053-1-00246-0007
1628	江西省立图书馆关于救国公债收据遗失的函	1940	J053-1-00246-0009
1629	江西省立图书馆关于补发新股票的函	1940	J053-1-00246-0010
1630	江西省立图书馆关于换领救国公债及遗失收据补给办法的函	1940	J053-1-00246-0012
1631	江西省立图书馆关于长沙华夏日报社停刊请将汇款退回的函	1940	J053-1-00246-0013
1632	江西省立图书馆关于改建旧屋停止建筑功亏一篑请予通融办法的函	1940	J053-1-00246-0014
1633	江西省立图书馆关于感谢赞助以及协助制止不端之徒的函	1940	J053-1-00246-0016
1634	江西省立图书馆关于不端之徒无理取闹请予协助制止的函	1940	J053-1-00246-0017
1635	江西省立图书馆关于派员来书馆取书的函	1940	J053-1-00246-0018

续表

序号	题名	年份	档号
1636	江西省立图书馆关于图书整理就绪请派人来取的函	1940	J053－1－00246－0019
1637	江西省立图书馆关于会计员兼理文化服务部职务的函	1940	J053－1－00246－0020
1638	江西省立图书馆关于傅淑不听任调派工作予解聘的函	1940	J053－1－00246－0021
1639	江西省立图书馆关于吴君离职的函	1940	J053－1－00246－0022
1640	江西省立图书馆关于检送商务发票的函	1940	J053－1－00246－0023
1641	江西省立图书馆关于汇书款请查收的函	1940	J053－1－00246－0024
1642	江西省立图书馆关于检送领条请补发新股票的函	1940	J053－1－00246－0025
1643	江西省立图书馆关于询问缴纳房屋租金的函	1940	J053－1－00246－0026
1644	江西省立图书馆关于设立民众阅览室赠送图书的函	1940	J053－1－00246－0028
1645	江西省立图书馆关于罗伯衡辞职所用印鉴撤销的函	1940	J053－1－00246－0029
1646	江西省立图书馆关于书籍未收到请核查补发的函	1940	J053－1－00246－0030
1647	江西省立图书馆关于代向中央银行换取救国公债的函	1940	J053－1－00246－0031
1648	江西省立图书馆关于委托代购书刊以供阅览的函		J053－1－00246－0032
1649	江西省立图书馆关于无法借出书籍的函	1940	J053－1－00246－0033
1650	江西省立图书馆关于请代购白米的函	1940	J053－1－00246－0034
1651	江西省立图书馆关于检送书馆各种规则的函	1940	J053－1－00246－0035
1652	江西省立图书馆关于告之书刊价格如订请惠款的函	1940	J053－1－00246－0037
1653	江西省立图书馆关于雇船运书逾期未到请查复的函		J053－1－00246－0038
1654	江西省立图书馆关于运书船只中途换船误时的函		J053－1－00246－0039
1655	江西省立图书馆关于调查工作寄送调查表的函		J053－1－00246－0040
1656	江西省立图书馆关于寄送职工暨家属人数购用食盐调查表的函		J053－1－00246－0041

序号	题名	年份	档号
1657	江西省立图书馆关于寄书籍及催还所借之书的函		J053-1-00246-0042
1658	江西省立图书馆关于新任会计已到任存取款事项以新印鉴为准的函	1940	J053-1-00246-0043
1659	江西省立图书馆关于图书管理法分类不能捐赠仅寄杂志目录的函	1940	J053-1-00246-0044
1660	江西省立图书馆关于所借之书请速挂号邮寄缴还的函	1940	J053-1-00246-0045
1661	江西省立图书馆关于询问计算书如何办理的函	1940	J053-1-00246-0046
1662	江西省立图书馆关于所需书在永新保管如要请派员来取的函	1940	J053-1-00246-0047
1663	江西省立图书馆关于检送增加经费办法的函	1940	J053-1-00246-0049
1664	江西省立图书馆关于询问经费算法是否符合规定的函		J053-1-00246-0050
1665	江西省立图书馆关于检送十月工作报告表的函	1940	J053-1-00246-0052
1666	江西省立图书馆关于收到归还书籍的函	1940	J053-1-00246-0053
1667	江西省立图书馆关于迁移藏书关系整体计划询厅后再复的函	1940	J053-1-00246-0054
1668	江西省立图书馆关于经费缩减胡坤停职的函	1940	J053-1-00246-0055
1669	江西省立图书馆关于订购书籍交船寄下的函	1940	J053-1-00246-0056
1670	江西省立图书馆关于调整公务人员粮食问题的函		J053-1-00247-0001
1671	江西省立图书馆关于检送食盐调查表以及购买食盐凭单的函	1940	J053-1-00247-0002
1672	江西省立图书馆关于寄送图书清册阅后请归还的函	1940	J053-1-00247-0003
1673	江西省立图书馆关于抄送借用图书暂行办法的函	1940	J053-1-00247-0004
1674	江西省立图书馆关于请赠新志刊的函		J053-1-00247-0005
1675	江西省立图书馆关于请赠县志的函		J053-1-00247-0006
1676	江西省立图书馆关于检送捐助寒衣代金的函	1940	J053-1-00247-0007
1677	江西省立图书馆关于检送捐助寒衣代金清册的函	1940	J053-1-00247-0008
1678	江西省立图书馆关于检送购屯粮食表的函	1940	J053-1-00247-0009

续表

序号	题名	年份	档号
1679	江西省立图书馆关于遵嘱填写表册并检送请查收的函	1940	J053-1-00247-0010
1680	江西省立图书馆关于豫章丛书已派员去取到达后再通知的函	1940	J053-1-00247-0011
1681	江西省立图书馆关于请还散股收据的函	1940	J053-1-00247-0012
1682	江西省立图书馆关于催寄书籍的函	1940	J053-1-00247-0013
1683	江西省立图书馆关于检送社会问题体系书请查收的函	1940	J053-1-00247-0014
1684	江西省立图书馆关于冬防时期注意防火防盗的函		J053-1-00247-0015
1685	江西省立图书馆关于设法制止兴国电报局长行为的函	1940	J053-1-00247-0016
1686	江西省立图书馆关于奉还代金券的函	1940	J053-1-00247-0017
1687	江西省立图书馆关于检送收据样式请盖章以便报销的函		J053-1-00247-0018
1688	江西省立图书馆关于检送意见测验表请照章填写的函	1941	J053-1-00247-0019
1689	江西省立图书馆关于检送豫章丛书交由杨先生运来泰和的函	1941	J053-1-00247-0020
1690	江西省立图书馆关于检送十二月份工作报告表请查收的函	1941	J053-1-00247-0021
1691	江西省立图书馆关于将阅览室暂作高考办公处用的函	1941	J053-1-00247-0022
1692	江西省立图书馆关于迁移遂川阅览所的函	1941	J053-1-00247-0023
1693	江西省立图书馆关于感谢寄书希源源赐寄的函	1941	J053-1-00247-0025
1694	江西省立图书馆关于请派员充任会计佐理员的函	1941	J053-1-00247-0026
1695	江西省立图书馆关于催还王硕如所借之书的函	1941	J053-1-00247-0027
1696	江西省立图书馆关于催还地图的函	1941	J053-1-00247-0028
1697	江西省立图书馆关于撙节开支不得超出预算的函	1941	J053-1-00247-0029
1698	江西省立图书馆关于抄送褒奖各员名单的函		J053-1-00247-0031
1699	江西省立图书馆关于请寄通讯稿以及询问价格的函	1941	J053-1-00247-0032

序号	题名	年份	档号
1700	江西省立图书馆关于检奉周转金请颁领粮证以便领粮的函	1941	J053-1-00247-0033
1701	江西省立图书馆关于检送读者战线刊物请查收的函	1941	J053-1-00247-0034
1702	江西省立图书馆关于寄送信用借书规则及保证书请遵填寄还的函		J053-1-00247-0035
1703	江西省立图书馆关于感谢寄书的函	1941	J053-1-00247-0036
1704	江西省立图书馆关于假期已满速来工作的函	1941	J053-1-00247-0037
1705	江西省立图书馆关于书馆需人急请返馆工作的函	1941	J053-1-00247-0038
1706	江西省立图书馆关于检送预算书分配表的函	1941	J053-1-00247-0039
1707	江西省立图书馆关于迅予拨发一月份经费衣物及临时费的函	1941	J053-1-00247-0040
1708	江西省立图书馆关于检送书单催还所借之书的函	1941	J053-1-00247-0041
1709	江西省立图书馆关于订购江西通志豫章丛书的函	1941	J053-1-00247-0042
1710	江西省立图书馆关于感谢担保的函	1941	J053-1-00247-0043
1711	江西省立图书馆关于补寄广告费的函	1941	J053-1-00247-0044
1712	江西省立图书馆关于在墙壁间开启窗户以增强光线的函	1941	J053-1-00247-0045
1713	江西省立图书馆关于寄送原表请遵照填写的函		J053-1-00247-0046
1714	江西省立图书馆关于组织筹备会以便极力募款的函	1941	J053-1-00247-0047
1715	江西省立图书馆关于检送捐赠款的函	1941	J053-1-00247-0048
1716	江西省立图书馆关于感谢赠稿的函	1941	J053-1-00247-0049
1717	江西省立图书馆关于检寄出版物目录及底稿的函	1941	J053-1-00247-0051
1718	江西省立图书馆关于购买书籍请汇款的函	1941	J053-1-00247-0052
1719	江西省立图书馆关于存书数目不多拟订限制赠送办法的函	1941	J053-1-00247-0053
1720	江西省立图书馆关于派员领取豫章丛书的函	1941	J053-1-00247-0055
1721	江西省立图书馆关于请拨搬运临时费以及停止借书的函	1941	J053-1-00247-0056

续表

序号	题名	年份	档号
1722	江西省立图书馆关于检送员工应领津贴名册的函	1941	J053－1－00247－0057
1723	江西省立图书馆关于造送一月至二月份米津收据的函	1941	J053－1－00248－0001
1724	江西省立图书馆关于停止赠送江西通志等各项事项的函	1941	J053－1－00248－0002
1725	江西省立图书馆关于检送宋敬舆等六人米津名册并申请核发米津等各项事项的函		J053－1－00248－0005
1726	江西省立图书馆关于汇寄邮资汇寄江西通志等各项事项的函		J053－1－00248－0009
1727	江西省立图书馆关于派员商洽财产增加表问题的函	1941	J053－1－00248－0018
1728	江西省立图书馆关于补发各种章则聘书；检送一月至三月份经常费各表的函		J053－1－00248－0019
1729	江西省立图书馆关于检送三十年度六月份应领米贴人员名册等各项事项的函		J053－1－00248－0022
1730	江西省立图书馆关于检送三十年度四、五月份经常费支出表报等各项事项的函		J053－1－00248－0026
1731	江西省立图书馆关于检送三十年度六月份服务员应领津贴人员名册的函	1941	J053－1－00248－0037
1732	江西省立图书馆关于要求领取薪资人员应加盖私章的通告		J053－1－00248－0038
1733	江西省立图书馆关于汇寄订购江西通志书费等各项事项的函		J053－1－00248－0039
1734	江西省立图书馆关于报送售卖及赠送江西通志数量等各项事项的函		J053－1－00248－0042
1735	江西省立图书馆关于惠赠吉安县志考查资料的等各项事项的函		J053－1－00248－0045
1736	江西省立图书馆关于检送三十年度十一月份经费累计表等各项事项的函		J053－1－00249－0001
1737	江西省立图书馆关于请归还儿童读物等各项事项的函		J053－1－00249－0017
1738	江西省立图书馆关于派员售发药品等各项事项的函		J053－1－00249－0020
1739	江西省立图书馆关于印制各种卡片等各项事项的函		J053－1－00249－0025
1740	江西省立图书馆关于陈述改进文江阅览所各点情形等各事项的函		J053－1－00249－0041

续表

序号	题名	年份	档号
1741	江西省立图书馆关于检送青年日报刊及馆刊等各项事项的函		J053-1-00250-0016
1742	江西省立图书馆关于请予寄送农业刊物等各项事项的函		J053-1-00250-0021
1743	江西省立图书馆关于核发购粮证并检送销户调查表等各项事项的函		J053-1-00250-0035
1744	江西省立图书馆关于出售文献报刊等各项事项的函	1943	J053-1-00250-0050
1745	江西省立图书馆关于赠送赣北三年文献文稿等各事项的函	1944	J053-1-00250-0058
1746	江西省立图书馆关于更改文化服务部名称并销户及收取刊费的函	1944	J053-1-00250-0090
1747	江西省立图书馆关于更改书价的通告		J053-1-00250-0094
1748	江西省立图书馆关于拟请兴国光华商职学校归还图书等各项事项的函		J053-1-00251-0025
1749	江西天翼图书馆关于检送订报收据的函	1945	J053-1-00251-0046
1750	江西省立图书馆李蓉盛等关于惠还书籍陈述新建馆舍经费情况等事项的函；为编呈本馆三十四年度员工复员补助费预算书名册乞核转示遵册；为本馆职员主动参加进修检目名册一送请查照见示由；		J053-1-00252-0076
1751	江西省立图书馆关于参加江西省文化界招待会等各项事项的函		J053-1-00252-0142
1752	为本馆奉令更改名祈钧厅转函财政厅会计处审计处及省金库在本馆来奉发钤记以前仍按照前省立南昌图书馆编制预算签发经费由；为本馆奉令更改名称函请在本馆钤记未奉颁以前仍照前省立南昌图书馆签发预算经费祈查照见复由	1947	J053-1-00252-0186
1753	江西省立图书馆关于回复由于经费问题难以购买书籍的函	1947	J053-1-00252-0200
1754	江西省立图书馆关于向出纳处洽办借书手续的函	1947	J053-1-00252-0201
1755	江西省立图书馆关于派员继续缉查盗窃案的函		J053-1-00252-0203
1756	为函送本馆办理巡回文库计划书一种请惠准拨赠卡车一辆吉普车二辆以便巡回文库并乞查照见复由		J053-1-00252-0342

续表

序号	题名	年份	档号
1757	江西省立图书馆关于请填写保证书以换填借书证的函		J053-1-00253-0015
1758	呈送三十六年度经费领支金年度总表由；江西省立图书馆关于请长期捐赠报刊的函；为函送本馆三十六年度十二月份资力负担平衡表及修建搬运费累计表等件乞查照审核由；为呈送本馆三十六年度经常费流用表乞核转由；为遵令补呈本馆公役保证书及被保证人调查表乞鉴核由；奉教育部令发本（原目录缺文）		J053-1-00253-0031
1759	江西省立图书馆关于回复浩劫一书现价的函		J053-1-00254-0010
1760	为遵令填呈本馆三十七年度概况一览表乞鉴核由；江西省立图书馆关于开设露天茶社及露天阅览室拟定简略办法的函		J053-1-00254-0034
1761	江西省立图书馆关于寄送保证书以便借阅书籍的函	1948	J053-1-00254-0079
1762	江西省立图书馆关于编就本馆三十七年上半年度特别办公费预算表及名册合订本请予拨款的呈；汇报陶质文履历的呈	1948	J053-1-00254-0082
1763	江西省立图书馆关于编缮八月份经费类现金出纳表资力负担平衡表等各项表的呈（函）		J053-1-00254-0085
1764	江西省立图书馆关于准予试办露天茶社弥补电费的呈；函以报费稍后即行奉付请赐继续发报并祈人所见复由		J053-1-00254-0086
1765	江西省立图书馆关于编送全年度会计报告及财产目录的呈；兹因电费过巨请水电厂给予优待或剪去电线的呈；请示订阅各种报纸等八项事项的呈		J053-1-00255-0001
1766	江西省立图书馆关于发给严裕才曾友华国民身份证的函	1949	J053-1-00255-0011
1767	江西省立图书馆关于拟请将所领息金作为事业费以备支应的呈；请给予龚智全免费医治的函；检送图书报纸杂志清册合订本等十六项事项的函		J053-1-00255-0013
1768	江西省立图书馆关于报送员工免费食米清册及免费食米总分类帐汇报表的呈（函）；填送本年三月请领免费食米名册的呈（函）；检送黄旦福捐赠本馆图书清册的呈		J053-1-00255-0032
1769	江西省立图书馆关于附送黄旦福捐赠本馆图书清册的函		J053-1-00255-0036

序号	题名	年份	档号
1770	江西省立图书馆关于检送本馆三十八年度事业费预算分配表的呈	1949	J053-1-00255-0037
1771	江西省立图书馆关于恳请发给修理费的呈；恳请移付修理费的呈	1949	J053-1-00255-0038
1772	江西省立图书馆关于借书归还请销原证书的函；赐予杨文华公教人员子弟减收学米事项的函；检送各项费预算分配表及名册合订本等五项事项的函		J053-1-00255-0042
1773	江西省立图书馆关于请准予施行减用职员停薪留职以利工作的呈；检送三十七年度下半年度现金出纳表等各项表的呈（函）；检送三十八年度一、二两月份经费类现金出纳表等各项表的呈（函）		J053-1-00255-0048
1774	江西省立中正图书馆致各大报社的谢函；东南晚报社感谢惠赠报刊的函；感谢新闻报社惠赠等四项事项的函		J053-1-00256-0004
1775	江西省立中正图书馆关于请仍予赠送书刊的函；请即予惠赠书刊的函；请即予清还前借书等六项事项的函		J053-1-00256-0007
1776	江西省立图书馆关于赠送新出书刊等各项事项的函		J053-1-00256-0014
1777	江西省立图书馆关于将原名江西省立中正图书馆改名为江西省人民图书馆的函；为充实图书馆请广大民众赠送书籍的函；请各报社书店联系订购快报杂志等七项事项的函		J053-1-00256-0016
1778	江西省立图书馆关于调派涂先生谭香英贺璋琳等人工作事宜的报告；告知开学日期展延的通告；请调查用电情况等五项事项的函		J053-1-00256-0023
1779	江西省立图书馆关于拟请惠借房屋设立阅览站的函		J053-1-00256-0029
1780	江西省立图书馆关于请如数清还图书的函	1949	J053-1-00256-0030
1781	江西省立图书馆关于酌量派员参加修养会的函		J053-1-00257-0001
1782	江西省立图书馆关于派员参加携带修养参考书参加会议并安排布置现场的函		J053-1-00257-0004
1783	江西省立图书馆关于惠赠书籍并查收捐赠书籍的函		J053-1-00257-0005
1784	江西省立图书馆关于转来报刊的函		J053-1-00257-0006
1785	江西省立图书馆关于检送历代古物照片及镜架的函		J053-1-00257-0007

续表

序号	题名	年份	档号
1786	江西省立图书馆等三个单位关于列举联席会议当经决议事宜的函		J053-1-00257-0009
1787	江西省立图书馆关于回复管理图书事宜的函		J053-1-00257-0011
1788	江西省立图书馆关于恳请解决职员办公地点的函		J053-1-00257-0013
1789	江西省立图书馆关于拟请先付定图书后补手续的函		J053-1-00257-0015
1790	江西省立图书馆关于汇报本馆阅览情形的函		J053-1-00257-0017
1791	江西省立图书馆关于汇报购砖雇工修理阅览室围墙一事的函		J053-1-00257-0019
1792	江西省立图书馆关于告知书籍不便借出馆外请派员来馆查阅的函		J053-1-00257-0020
1793	江西省立图书馆关于填就江西省政府暨所属各机关主管姓名及所在地一览表的函		J053-1-00257-0021
1794	江西省立图书馆关于裁制收据饬人来借书籍的函		J053-1-00257-0022
1795	江西省立图书馆关于请示检寄安日运动纪念之纪录的函		J053-1-00257-0023
1796	江西省立图书馆关于恳请继续惠赐刊物的函		J053-1-00257-0025
1797	江西省立图书馆关于检送机关借书暂行规约的函		J053-1-00257-0027
1798	江西省立图书馆关于催还过期借书的函		J053-1-00257-0028
1799	江西省立图书馆关于陈述图书不便迁移请代为说明的函		J053-1-00257-0029
1800	江西省立图书馆关于请寄下书籍并复示书价折扣的函		J053-1-00257-0033
1801	江西省立图书馆关于恳请蔡子民等两人始终援助设法不使图书馆迁让的函；恳请张一清等二十三人始终援助设法不使图书馆迁让的函		J053-1-00258-0001
1802	江西省立图书馆关于感谢惠赐书籍的函；不同意迁让图书馆馆址的函；告知苏园工会房屋实难外借的函		J053-1-00258-0007
1803	江西省立图书馆关于恳请江西省党务指导委员会主持公论准予图书馆不迁让的函；恳请全国圕协会支持图书馆不迁让的函；递送省市学联会寄存物件等四项事项的函		J053-1-00258-0013
1804	江西省立图书馆关于图书馆馆址问题的函		J053-1-00258-0021

续表

序号	题名	年份	档号
1805	江西省立图书馆关于建立百花洲新馆事宜并报送印刷所组织大纲的函		J053-1-00258-0022
1806	江西省立图书馆关于回复已登载征集图书文献条例并购买图书馆计划书与新书目录的函		J053-1-00258-0024
1807	江西省立图书馆关于拟请速寄专号书籍的函		J053-1-00258-0026
1808	江西省立图书馆关于催寄新公园建筑法等书籍刊物的函		J053-1-00258-0028
1809	江西省立图书馆关于商请建立百花洲图书馆馆址问题的函		J053-1-00258-0029
1810	江西省立图书馆关于购买图书馆学季刊的函		J053-1-00258-0034
1811	江西省立图书馆关于回复召开中华图书馆协会年会事项的函		J053-1-00258-0035
1812	江西省立图书馆关于召集会员参加上海中华图协会年会的函		J053-1-00258-0037
1813	江西省立图书馆关于收集并寄送中华图协会会报的函		J053-1-00258-0039
1814	江西省立图书馆关于询问建筑新馆布置意见及汇寄新旧出版书籍书目的函		J053-1-00258-0040
1815	江西省立图书馆关于回复新馆建筑馆址问题的函		J053-1-00258-0042
1816	江西省立图书馆关于交涉新馆建筑馆址问题的函		J053-1-00258-0044
1817	江西省立图书馆关于检阅分馆报告书的函		J053-1-00258-0046
1818	江西省立图书馆关于补寄季刊及图书馆协会出版会刊的函		J053-1-00258-0047
1819	江西省立图书馆关于拟向南昌市政府协商百花洲新馆建设问题的函		J053-1-00258-0049
1820	江西省立图书馆关于恳请汇寄诗集并详列书名目录的函		J053-1-00258-0052
1821	江西省立图书馆关于回复收藏捐赠东西文书籍情况的函		J053-1-00258-0054
1822	江西省立图书馆关于拟请分寄中华图书馆协会会刊的函		J053-1-00258-0055
1823	江西省立图书馆关于感谢上海民立中学校汇寄图书的函		J053-1-00258-0057
1824	江西省立图书馆关于惠寄白话金刚经的函		J053-1-00258-0058

续表

序号	题名	年份	档号
1825	江西省立图书馆关于汇寄余存之国难歌书册的函		J053-1-00258-0059
1826	江西省立图书馆关于寄送华海建筑公司建筑图说的函		J053-1-00258-0060
1827	江西省立图书馆关于恳请详细指导建筑图说的函		J053-1-00258-0061
1828	江西省立图书馆关于请予填送社会教育机关调查表的函		J053-1-00258-0062
1829	江西省立图书馆关于设立百花洲图书馆馆址建筑说明表		J053-1-00258-0063
1830	江西省立图书馆关于检送图书馆建筑图说及规程投标办法至教育厅核办的函		J053-1-00258-0071
1831	江西省立图书馆关于召办展览会及布置活动现场事宜的函		J053-1-00258-0072
1832	江西省立图书馆关于派员指导图书馆建筑布置问题的函		J053-1-00258-0073
1833	江西省立图书馆关于惠赠建设和财政公报的函		J053-1-00258-0074
1834	江西省立图书馆关于按期惠寄会议记录的函		J053-1-00258-0075
1835	江西省立图书馆关于惠寄中华权度标准方案及中国度量衡标准研究书册的函		J053-1-00258-0076
1836	江西省立图书馆关于惠寄建筑图说的函		J053-1-00258-0077
1837	江西省立图书馆关于已收存报告书册的函		J053-1-00258-0078
1838	江西省立图书馆1932年送稿列表		J053-1-00259-0001
1839	江西省立图书馆送审稿列单（第363号至第400号）		J053-1-00260-0001
1840	江西省立图书馆送审稿列单（第401号至第440号）		J053-1-00260-0021
1841	江西省立图书馆送审稿列单（第441号至第489号）		J053-1-00260-0041
1842	江西省立图书馆送审稿列单（第490号至第528号）		J053-1-00260-0061
1843	江西省立图书馆送审稿列单（第529号至第551号）		J053-1-00260-0081
1844	江西省立南昌图书馆签到簿（二月份）		J053-2-00001-0001
1845	江西省立南昌图书馆签到簿（三月份）		J053-2-00001-0029

序号	题名	年份	档号
1846	江西省立南昌图书馆签到簿（五月份）		J053-2-00001-0059
1847	江西省立南昌图书馆签到簿（六月份）		J053-2-00001-0088
1848	江西省立南昌图书馆签到簿（七月份）		J053-2-00001-0118
1849	江西省立中正图书馆签到簿（八月份）		J053-2-00001-0148
1850	江西省立中正图书馆签到簿（九月份）		J053-2-00001-0178
1851	江西省立中正图书馆签到簿（十月份）		J053-2-00001-0208
1852	江西省立中正图书馆签到簿（十一月份）		J053-2-00001-0239
1853	江西省立南昌图书馆签到簿（三十五年七月份）		J053-2-00002-0001
1854	江西省立南昌图书馆签到簿（三十五年八月份）		J053-2-00002-0002
1855	江西省立南昌图书馆签到簿（三十五年九月份）		J053-2-00002-0005
1856	江西省立南昌图书馆签到簿（三十五年十月份）		J053-2-00002-0008
1857	江西省立南昌图书馆签到簿（三十五年十月份）		J053-2-00002-0017
1858	江西省立南昌图书馆签到簿（三十五年十一月份）		J053-2-00002-0022
1859	江西省立南昌图书馆签到簿（三十五年十二月份）		J053-2-00002-0052
1860	江西省立南昌图书馆签到簿（三十七年十二月份）		J053-2-00002-0084
1861	江西省立南昌图书馆签到簿（三十八年四月份）		J053-2-00002-0112
1862	江西省立图书馆剪贴报刊有关经济问题的社论目录		J053-2-00004-0001
1863	江西省立图书馆剪贴的有关政治类的论著报刊资料目录		J053-2-00006-0001
1864	江西省立图书馆剪贴的有关政治类的社会类报刊资料目录		J053-2-00007-0001
1865	江西省立图书馆剪贴报刊有关经济问题的论著报刊资料		J053-2-00008-0001
1866	江西省立图书馆剪贴报刊有关政治类的专论目录		J053-2-00009-0001

续表

序号	题名	年份	档号
1867	江西省立图书馆剪贴报刊有关军事类的社论及著述目录		J053-2-00010-0001
1868	江西省立图书馆剪贴的有关军事类论著的报刊资料目录		J053-2-00011-0074
1869	江西省立图书馆剪贴的有关国际局势的社评报刊资料目录		J053-2-00012-0061
1870	江西省立图书馆剪贴的有关国内外局势的设立的报刊资料目录		J053-2-00017-0001
1871	江西省立图书馆有关经济类剪贴报刊专论目录		J053-2-00018-0001
1872	江西省立图书馆有关经济类剪贴报刊专论目录（地理）		J053-2-00018-0066
1873	江西省立图书馆有关经济类剪贴报刊专论目录（经济）		J053-2-00019-0001
1874	江西省立图书馆剪贴报刊有关经济建设类的论著目录（经济）		J053-2-00020-0001
1875	江西省立图书馆剪贴报刊有关政治类的著述目录		J053-2-00021-0001
1876	江西省立图书馆剪贴报刊有关史地方面的目录		J053-2-00025-0001
1877	江西省立图书馆剪贴报刊有关经济建设的目录		J053-2-00026-0001
1878	江西省立图书馆剪贴报刊有关军事问题的论著目录		J053-2-00027-0001
1879	江西省立图书馆剪贴报刊有关军事类的社评和著述目录		J053-2-00028-0001
1880	江西省立图书馆剪贴关于文史地的报刊资料（文史地目录）		J053-2-00030-0001
1881	江西省立图书馆剪贴报刊有关史地方面的著述（史地目录）		J053-2-00031-0001
1882	江西省立图书馆关于国际问题的剪报		J053-2-00032-0001
1883	江西省立图书馆剪贴的有关军事类的报刊资料		J053-2-00034-0001
1884	江西省立图书馆剪贴的有关经济建设问题的报刊资料目录		J053-2-00036-0001
1885	江西省立图书馆关于社会问题论著的剪报		J053-2-00037-0001

续表

序号	题名	年份	档号
1886	江西省立图书馆关于社会问题论述的剪报目录		J053-2-00038-0001
1887	江西省立图书馆关于社会问题论着的剪报目录		J053-2-00039-0001
1888	江西省立图书馆关于教育问题著述的剪报目录		J053-2-00040-0001
1889	江西省立图书馆剪贴报刊有关经济建设类的论著目录		J053-2-00042-0001
1890	江西省立图书馆剪贴刊有关教育类的著述目录；培育优良学风刍议		J053-2-00043-0001
1891	江西省立图书馆剪贴报刊有关史地方面的资料目录		J053-2-00044-0001
1892	江西省立图书馆剪贴报刊有关史地方面的著述目录		J053-2-00045-0001
1893	江西省立图书馆剪贴报刊有关社会问题的著述题目		J053-2-00046-0001
1894	江西省立图书馆剪贴报刊有关社会问题的著述目录		J053-2-00046-0020

8　湖北省档案馆

序号	题名	年份	档号
1	湖北省建设厅关于湖北省立武昌图书馆、湖北通志馆请求借阅《湖北建设概况》一书的公函	1948	LS031-001-0275-004
2	湖北省建设厅关于湖北省立武昌图书馆请借《湖北建设最近概况》一书的函	1948	LS031-001-0275-006
3	湖北省建设厅关于卸任厅长朱一成报送省立图书馆函件及清册的公函	1943	LS031-001-0681-008
4	湖北省建设厅关于检送恩施图书馆图书清册的公函及湖北省政府秘书处的公函	1945	LS031-001-0690-001
5	湖北省建设厅关于请接管恩施图书馆各类书刊的代电	1945	LS031-001-0690-002
6	湖北省建设厅关于美国胡佛图书馆征集中国革命及抗战史料的签呈及湖北省政府的训令	1946	LS031-001-0844-013

续表

序号	题名	年份	档号
7	国立中央图书馆筹备处关于请检送最近职员录的函	1939	LS031-001-0857-015
8	国立北平图书馆关于检送工作报告并请检寄刊物的函	1939	LS031-001-0857-016
9	浙江省立图书馆关于请检寄刊物的函	1939	LS031-001-0857-019
10	湖北省建设厅关于检送职员录的便函及国立中央图书馆筹备处的函	1940	LS031-001-0857-035

9　云南省档案馆

序号	题名	年份	档号
1	复旦大学同学会等关于建立右任图书馆缘起		1047-001-00103-036
2	大中国图书局关于欢迎订购各种地图事给云南纺织厂的函		1047-001-00140-077
3	云南省纺织厂厂长金龙章关于报监盘昆华图书馆交代情形事给云南省政府主席的签呈		1047-001-00175-055
4	云南省立昆明图书馆关于请莅临监盘交代事给金龙章的咨		1047-001-00175-056
5	云南省经济委员会关于各机关暨私人出版书刊应缴送中央图书馆给云南纺织厂的训令		1047-001-00199-036
6	昆明市民银行关于送日报表多支市图书馆生补费给昆明市政府会计室的函		1069-001-00018-0026
7	云南省警备司令部关于筹募图书基金公演给昆明市银行的函		1069-002-00001-0028
8	云南省选送留美学生委员会关于请派员接管新建昆明图书馆事给云南省选送留美学生预备班的公函		1114-001-00008-0003
9	云南省选送留美学生预备班关于聘唐贯方担任云南省选送留美学生预备班图书管理员的聘书		1114-001-00010-0006
10	云南省选送留美学生预备班关于云南省选送留美学生预备班图书阅览规则的布告		1114-001-00011-0008
11	云南省选送留美学生预备班关于规定图书阅览规则的布告		1114-001-00015-0027

续表

序号	题名	年份	档号
12	云南省选送留美学生预备班关于请查收云南省选送留美学生预备班图书阅览规则给朱佩弦等先生的函		1114-001-00016-0050
13	云南省立昆华图书馆民国三十七年度工作计划		1128-001-00079-0005
14	云南省立志舟图书馆民国三十七年度事业推进实施工作计划		1128-001-00079-0006
15	云南省立志舟图书馆关于更换存款印鉴一事给云南省金库的公函		1143-001-00025-0047
16	云南省立志舟图书馆关于更换领款印鉴一事给云南省金库的公函		1143-001-00025-0091
17	云南省立志舟图书馆关于报送新印鉴式样一事给云南省金库的笺函		1143-001-00030-0084
18	李禄嵩等关于美国领事馆函请汇集美国图书馆所需图书一事的呈		1143-001-00035-0020

10　贵州省档案馆

序号	题名	年份	档号
1	关于向国立中央图书馆检送公路总局职员录的函	1947	M012-01-00510-0017
2	关于总局展览已定中央图书馆大礼堂西南公路工务局呈请解决费用等总局长回来再行解决的电	1944	M012-04-00145-0010
3	关于筇筑渝段工程处实地勘查绘制总局公路展览用中央图书馆大礼堂平方面积图的电	1944	M012-04-00145-0011
4	关于检寄民国33-35年度公路统计年报送国立罗斯福图书馆的函	1948	M012-04-02398-0004
5	关于请贵州省立图书馆派员选择展览照片、模型的函	1948	M012-04-02770-0013
6	关于对国立北平图书馆请转饬驻昆明代表处接收转运图书仪器30箱的复电	1943	M012-04-07832-0001
7	关于请国立北平图书馆将待运图书仪器数量电示的复电	1943	M012-04-07832-0002

续表

序号	题名	年份	档号
8	关于对国立北平图书馆再催请接运图书仪器30箱的复电	1943	M012-04-07832-0003
9	关于饬曲靖区办事处洽运国立北平图书馆图书仪器的电	1944	M012-04-07832-0004
10	关于报告国立北平图书馆至今尚未有人到处接洽托运图书仪器的电	1944	M012-04-07832-0005

11 福建省档案馆

序号	题名	年份	档号
1	关于请代为保管福建省图书馆珍本并查收图书清单给乌山图书馆的笺函	1938	0001-001-000086-0001
2	寄藏私立福建学院乌山图书馆书籍清册	1938	0001-001-000086-0002
3	关于送运费清单给福建省政府图书馆的函	1938	0001-001-000086-0023
4	关于缴交1937年度7月至12月公报费给福建省政府秘书处公报室的笺	1938	0001-001-000087.03-0038
5	关于请补寄福建省人口农业调查丛书给福建省政府秘书处统计室的函	1938	0001-001-000091.02-0013
6	关于补寄农情日报第1、2、3期给国立西南联合大学图书馆的函	1938	0001-001-000091.02-0081
7	关于请补寄农情日报第1至3期给福建省政府秘书处统计室的函	1938	0001-001-000091.02-0082
8	关于按期查收闽政月刊给国立北平图书馆昆明办事处的笺函	1939	0001-001-000091.03-0038
9	关于请准按期寄送刊物给福建省政府秘书处的函	1939	0001-001-000091.03-0040
10	关于缴交邮费以便寄送福建省统计年鉴给福建省立图书馆及财政部所得税事务处福建办事处的函	1939	0001-001-000091.04-0001
11	关于请惠赠福建省统计年鉴给福建省政府秘书处公报室的函	1939	0001-001-000091.04-0002
12	关于查收福建省统计年鉴给经济部图书馆的函	1939	0001-001-000091.04-0012
13	关于请准惠赐福建省统计年鉴给福建省政府的函	1939	0001-001-000091.04-0013

续表

序号	题名	年份	档号
14	关于收到福建省现势概述等书的函	1939	0001-001-000091.04-0034
15	抄列收到各书清单	1939	0001-001-000091.04-0035
16	关于请查收福建省统计年鉴给广州大学图书馆的笺函	1939	0001-001-000091.05-0030
17	关于请准惠赠福建省统计年鉴给福建省政府的函	1939	0001-001-000091.05-0031
18	关于查收统计年鉴给乡政学院图书馆的笺函	1939	0001-001-000091.06-0016
19	关于请准惠赠历年各项刊物给福建省政府秘书处的函	1939	0001-001-000091.06-0018
20	关于察核闽政月刊、统计副刊等给浙江省立图书馆的函	1939	0001-001-000091.07-0020
21	关于请准惠寄闽政月刊及统计副刊给福建省政府秘书处统计室的函	1939	0001-001-000091.07-0021
22	关于检送会计规程及其他各种统计表册给大夏大学图书馆的函	1939	0001-001-000091.08-0071
23	关于请检送会计规程及其他各种统计表册给福建省政府统计处的函	1939	0001-001-000091.08-0073
24	关于补寄农情日报给国立中央图书馆筹备处的函	1939	0001-001-000091.08-0074
25	关于感谢惠赠福建省农情日报并补送尚缺期数给福建省政府统计室的函	1939	0001-001-000091.08-0075
26	关于送闽政丛刊给乡政学院图书馆的笺函	1939	0001-001-000091.10-0019
27	关于请寄赠闽政丛刊给福建省政府秘书处的函	1939	0001-001-000091.10-0021
28	关于检送福建省统计事业、统计副刊给江西省立图书馆的函	1939	0001-001-000091.10-0024
29	关于请惠赐福建物价金融月报及其他出版刊物给福建省政府秘书处统计室的函	1939	0001-001-000091.10-0025
30	关于请惠赐福建省贸易月报及其他出版刊物给福建省政府秘书处统计室的函	1939	0001-001-000091.10-0026
31	关于请惠赐福建省农情月报及其他出版刊物给福建省政府秘书处统计室的函	1939	0001-001-000091.10-0027
32	关于请惠赐闽政月刊统计副刊及其他出版刊物给福建省政府秘书处统计室的函	1939	0001-001-000091.10-0028
33	关于请惠赐闽政月刊统计副刊给福建省政府秘书处统计室的函	1939	0001-001-000091.10-0029

续表

序号	题名	年份	档号
34	关于请惠赠全年报刊给福建省农情月报社的函	1939	0001-001-000091.10-0037
35	关于非常时期无法赠送丛刊给金陵大学图书馆的函	1939	0001-001-000091.10-0049
36	关于请赠送各种刊物给福建省政府秘书处的函	1939	0001-001-000091.10-0050
37	关于送行政机关职员录给国立中央图书馆筹备处的笺函	1939	0001-001-000155.02-0012
38	关于请寄行政机关职员录给福建省政府秘书处的函	1939	0001-001-000155.02-0013
39	关于报送1937年8、9月份图书目录给省政府秘书处的呈	1938	0001-001-000637-0012
40	报送1937年8、9月份图书目录	1938	0001-001-000637-0015
41	福建省政府秘书处关于台湾省台中图书馆举办名人相片及墨迹展览电请主席赠照片墨宝的复函	1947	0001-006-003177
42	福建省秘书处法制室、统计室、编辑室、图书馆员工、眷属按月需米量申请书	1945	0001-008-000771
43	图书馆章程	1928	0002-001-000011.02-0060
44	关于回复收到福建省1934年度教育统计的笺	1936	0002-002-000688-0013
45	呈送县立图书馆章则五种	1936	0002-002-000705-0008
46	关于应准福建省立图书馆1936年度拟聘教职员的指令	1936	0002-002-001307-0001
47	福建省立图书馆暂行章程		0002-004-002175-0131
48	福建省各县县立图书馆暂行章程		0002-004-002175-0134
49	1937年度续刻通志临时费支付预算书	1940	0002-004-002249.02-0015
50	关于请示省立图书馆修志费从教育研究出版费中下拨是否合适的签呈	1938	0002-004-002249-0014
51	关于准予拨给省立图书馆修志费并编四份预算的训令	1939	0002-004-002249-0018
52	关于请核示印刷通志部数和请准拨款的呈	1939	0002-004-002249-0026
53	修志费收支数列单	1939	0002-004-002249-0028
54	修志费（未领到）	1939	0002-004-002249-0029
55	关于省立图书馆将通志寄送内政部和教育部的训令	1939	0002-004-002249-0036

续表

序号	题名	年份	档号
56	关于请示福建省通志是否可用连史纸续印的函	1939	0002-004-002249-0040
57	关于请赠新版福建通志的函	1939	0002-004-002249-0045
58	关于报送通志发售与赠送表的呈	1940	0002-004-002249-0052
59	福建通志印刷部数及赠送售出详表	1940	0002-004-002249-0055
60	关于核示1939年度中心工作大纲给省立图书馆的指令	1939	0002-005-002645-0001
61	关于报送1939年度中心工作大纲给省教育厅的呈	1939	0002-005-002645-0005
62	1939年度中心工作大纲	1938	0002-005-002645-0008
63	关于报送1938年度工作大纲给教育厅的呈	1938	0002-005-002645-0010
64	关于催报应报事项给省立图书馆的电	1939	0002-005-002645-0033
65	关于请予察核图书馆资历的呈	1940	0002-006-003198-0002
66	关于拟具教育系县图书馆长组学员训练办法的函	1940	0002-006-003239-0005
67	教育系县图书馆长组学员训练办法	1940	0002-006-003239-0007
68	关于拟就福建省县立图书馆馆长训练班章程及学员招考办法的笺函	1940	0002-006-003239-0017
69	福建省县立图书馆馆长训练班章程	1940	0002-006-003239-0019
70	关于开列应调各县县立图书馆馆长名单和不得申请免训的训令、公函	1940	0002-006-003239-0027
71	关于送修正教育系县图书馆长组学员训练办法的公函	1940	0002-006-003239-0030
72	关于录取九名图书馆长和将新委各县图书馆长加以调训的公函	1940	0002-006-003239-0053
73	关于各县图书馆长应迅选合格人员专任并送训的电	1940	0002-006-003239-0067
74	关于检送小学管理规则、战时国民教育重要法令及省立图书馆暂行章程的笺函	1940	0002-006-003249-0176
75	关于抄发图书馆暂行章程给省立图书馆的训令	1940	0002-006-003288-0001
76	关于送省立图书馆暂行章程请核备的呈	1940	0002-006-003288-0002
77	福建省图书馆暂行章程	1940	0002-006-003288-0005
78	关于修正福建省立图书馆暂行章程的指令	1940	0002-006-003288-0014
79	福建省立图书馆暂行章程修正请单	1940	0002-006-003288-0016

续表

序号	题名	年份	档号
80	关于转发图书馆辅导各地社会教育机关图书教育办法大纲的训令	1940	0002-006-003289-0001
81	关于检发图书馆辅导各地社会教育机关图书教育办法大纲给福建省教育厅的训令	1939	0002-006-003289-0003
82	图书馆辅导各地社会机关图书教育办法大纲	1940	0002-006-003289-0004
83	关于检发福建省各县立图书馆暂行章程的训令	1940	0002-006-003291-0001
84	关于请查核备案福建省各县县立图书馆暂行章程给教育部的咨	1940	0002-006-003291-0002
85	福建省各县县立图书馆暂行章程	1940	0002-006-003291-0006
86	关于不予修正图书馆暂行章程第三条第一项规定给福安县政府的指令	1940	0002-006-003291-0012
87	关于请予修改各县县立图书馆暂行章程第三条第一项规定的呈	1940	0002-006-003291-0013
88	关于福建县立图书馆、公共体育场根据兵役宣传原则及办法办理的呈复表	1940	0002-006-003301-0014
89	1939年度福建省社会教育统计报告表（乙四图书馆）	1941	0002-006-003310-0026
90	关于填报各省市图书馆调查表给福建省教育厅的代电	1940	0002-006-003311-0001
91	关于填报福建省图书馆调查表给公私立中等学校等的代电	1940	0002-006-003311-0002
92	各省市图书馆调查表样式	1940	0002-006-003311-0003
93	关于汇报图书馆调查表的代电	1940	0002-006-003311-0004
94	关于催报图书馆调查表的代电	1940	0002-006-003311-0005
95	关于催报图书馆调查表的代电	1940	0002-006-003311-0006
96	各省市图书馆调查表样式	1940	0002-006-003311-0007
97	福建省图书馆调查表	1940	0002-006-003311-0009
98	关于填送图书馆调查表的呈	1940	0002-006-003311-0018
99	关于补送图书馆调查表附件给闽侯县政府的笺函	1940	0002-006-003311-0021
100	关于填送图书馆调查表给福建省政府的呈	1940	0002-006-003311-0022
101	福建省教育厅转省政府关于南安县政府呈送林秋涛捡缴宋代古钱一匣请交保管的训令及省图书馆呈报宋代古钱如数收藏的呈	1939	0002-006-003314

续表

序号	题名	年份	档号
102	关于查核并保存宋代古钱给福建省立图书馆的训令	1940	0002-006-003314-0001
103	呈报宋代古钱如数收藏	1940	0002-006-003314-0013
104	关于拨用省立图书馆福州旧址为闽侯县立图书馆址的代电	1940	0002-006-003661-0001
105	关于所请拨用省立图书馆福州旧址拟予照准是否有当请核示的签	1940	0002-006-003661-0002
106	关于请准拨用东街省立图书馆址以资发展的来电	1940	0002-006-003661-0003
107	关于回复省立图书馆速迁福州旧址的代电	1940	0002-006-003661-0004
108	关于福安县立图书馆请拨图书的训令、笺函	1940	0002-006-003662-0001
109	福建省教育厅关于各县体育场长、省立图书馆长移交问题的训令、代电	1942	0002-007-004077
110	关于请省府图书馆前来按收图书清单的函	1945	0002-008-004788-0013
111	关于请查收教育厅职员录给国立中央图书馆的笺函	1942	0002-008-004865-0001
112	关于请寄送职员录及章则概况借资参考的信函	1942	0002-008-004865-0004
113	呈送县立图书馆现在职服务年限较久著有成绩工作人员报告表	1944	0002-008-004880-0041
114	呈送服务年限较久著有成绩工作人员填报表	1945	0002-008-004880-0050
115	关于请查核会计人员简历表的呈	1946	0002-008-004885-0091
116	附送1943及1944年度各县市图书馆、民众教育馆、体育场职员人教一览表	1944	0002-008-004888-0085
117	关于填列省级文化教育机关或团体名称及通讯地址给省政府秘书处的函	1946	0002-008-004891-0102
118	关于制发现有人员调查表给省立图书馆等的代电	1945	0002-008-004899-0001
119	关于请察核现有人员调查表的呈	1945	0002-008-004899-0003
120	关于转送诗山图书馆10和11月份人事月报表的呈	1944	0002-008-004909-0009
121	关于请察核1945年度2月份人事月报表的呈	1945	0002-008-004909-0013
122	电送办理人事人员调查表	1946	0002-008-004953-0007
123	福建省教育厅关于省立图书馆、省立儿童教育馆借用馆址的训令、指令	1942	0002-008-008778

续表

序号	题名	年份	档号
124	福建省教育厅、体育场、电化教育处、民教巡回团、图书馆职员公立各中学校长1942年年终考绩及年功加薪表册	1942	0004－002－001211
125	福建省民政厅与省建设厅关于建设林森图书馆、林森纪念堂及林森公园的计划图、经费概算书的来往的函	1944	0011－001－000712
126	福建省运输公司动力燃料厂沙县分厂有关借书、影片的函件及省图书馆暂行借书规则、沙县1942年度全县运动大会文件	1942	0051－002－000047
127	福建省立农学院迁榕后修建火帝庙、尤家祠教职员宿舍及图书馆的工程的合同和建第一座宿舍工程验收纪录	1947	0070－001－000575
128	福建省立医学院图书馆员陈慧员辞职向金宝珍移交图书清册一份	1948	0071－001－000228
129	卫生部东南鼠疫防治处与医防总队、中华医学会及各省图书馆、学校关于编送防疫简报、鼠疫要义、收集资料、照片、订购图书和巡回演出的函	1947	0072－001－000128
130	私立福建学院附属乌山医院住院诊疗规定、信函和乌山图书馆概况调查表、工作总结、计划等	1949	0074－001－000059
131	私立福建学院致福建省银行公益基金保管委员会请求拨助一亿元充实购置图书馆设备的公函	1948	0074－001－000065

12　广东省档案馆

序号	题名	年份	档号
1	国库与省库与广东省立图书馆普通经费存款核对表	1948	004－002－0022－177
2	广东省立图书馆一九四七年库款收支核对明细表	1947	004－002－0022－178～181
3	广东省财政厅关于四川中山图书馆收到惠书并赐题词一事的函	1947	004－005－0022－135
4	四川中山图书馆关于收到惠书并赐题词一事的文	1947	004－005－0022－136

续表

序号	题名	年份	档号
5	广东省建设厅关于国立图书馆出版图书一事的训令	1937	004-005-0059-001~004
6	国立西康学生营图书馆关于捐助图书及杂志一事的函		004-005-0059-008~009
7	广东省建设厅合作事业管理处图书室图书借阅简则	1942	004-005-0059-035~037
8	国立中央图书馆关于赠送合作社登记须知一事的文	1940	004-005-0059-103
9	广东省建设厅合作事业管理处关于广东省立图书馆损失一批书刊一事的公函	1940	004-005-0059-113~114
10	广东省立图书馆关于该馆损失一批书刊一事及附该馆征求旧书刊办法的文	1938	004-005-0059-115~117
11	仙舟合作图书馆关于广东省建设厅合作事业管理处赠送广东合作通讯书刊一事的文	1938	004-005-0059-130
12	广州大学图书馆关于捐赠广东合作通讯书刊一事的文	1940	004-005-0059-173
13	关于公布广东省合作事业管理处图书室管理规则一事的文		004-005-0059-180
14	广东省合作事业管理处图书室管理规则	1940	004-005-0059-181~184
15	广东省立图书馆关于赠送刊物一事的公函	1943	004-005-0059-201
16	广州大学图书馆关于赠送广东合作通讯及建设法规辑要合作类两刊物一事的文	1940	004-005-0059-202
17	国立北平图书馆关于出版广东合作通讯月刊一事的文	1940	004-005-0059-219
18	广东国民大学图书馆关于赠送刊物一事的文		004-005-0059-223
19	国立中央图书馆关于赠送广东合作通讯书刊一事的文	1940	004-005-0059-231
20	粤筹划图书馆	1912	G2013-申报-0495
21	粤中各学术团体声明主张设研究所及图书馆于广州	1924	G2013-申报-0634
22	粤省立图书馆正式成立	1941	G2013-申报-0859
23	四库全书珍本分赠英图书馆	1942	G2013-申报-0863
24	准划广府学宫后边地段筹建总理纪念图书馆案	1929	G2017-广东省政府公报-1594
25	函聘本府金邓两委员为仲元图书馆筹备委员案	1929	G2017-广东省政府公报-2014

续表

序号	题名	年份	档号
26	加派许委员崇清为仲元图书馆筹备处委员俟工程完竣后该给即交由教厅管理案	1929	G2017－广东省政府公报－2046
27	令知书店不应称图书馆案	1929	G2017－广东省政府公报－2062
28	广州市市立图书馆割用教忠学校旷地案	1930	G2017－广东省政府公报－2285
29	饬属酌办中华图书馆协会议决第一、二两案	1930	G2017－广东省政府公报－3273
30	饬属征集图书送赠广州市立中山图书馆案	1930	G2017－广东省政府公报－3665
31	令财厅拨发仲元图书馆董事会经费案	1930	G2017－广东省政府公报－3686
32	仲元图书馆筹备处结束	1930	G2017－广东省政府公报－3758
33	恢复仲元图书馆经费	1931	G2017－广东省政府公报－6370
34	仲元图书馆呈请拨助经费筹备开馆	1931	G2017－广东省政府公报－6545
35	惠州西湖仲元别墅拨归仲元图书馆管理（附来函）	1931	G2017－广东省政府公报－7063
36	仲元图书馆呈报接管惠州西湖邓庄（附原呈）	1932	G2017－广东省政府公报－7644
37	转令发提倡流通图书馆案及促进流动识字教学案（附决议案两件）	1932	G2017－广东省政府公报－9846
38	转令饬检寄出版之公报刊物送国立北平图书馆	1933	G2017－广东省政府公报－10242
39	饬检府州县志径寄立法院图书馆	1933	G2017－广东省政府公报－10884
40	令各机关将刊物寄国立北平图书馆	1933	G2017－广东省政府公报－11777
41	转令知厅设儿童图书馆并规定各图书馆附设儿童阅览室（附原案）	1933	G2017－广东省政府公报－12426
42	各机关设有图书室者应广搜党义书籍（附抄原函）	1933	G2017－广东省政府公报－12525
43	核准设立编印局及改组省立图书馆办法（附原提议书及办法）	1934	G2017－广东省政府公报－12694
44	转饬检送书志（附行政院训令及图书室藏方志目）	1934	G2017－广东省政府公报－12982
45	转知中央图书馆筹备处接办国际出版品交换事务（附抄中央图书馆筹备处来文）	1934	G2017－广东省政府公报－14781
46	令发图书馆概况报告表仰遵照填报（附表式）	1935	G2017－广东省政府公报－15130
47	令发全国图书馆调查表（附调查表式）	1935	G2017－广东省政府公报－15337
48	令知关于民教馆图书阅览部分应延长开放时间普通图书馆得斟酌办理	1935	G2017－广东省政府公报－15875

续表

序号	题名	年份	档号
49	令发全国图书馆调查表（附全国图书馆调查表）	1935	G2017－广东省政府公报－16706
50	抄发图书馆立案或备案表格二种（附图书馆立案、备案表式二种）	1936	G2017－广东省政府公报－18093
51	令发县市图书馆概况报告表（附报告表）	1937	G2017－广东省政府公报－20046
52	修正图书馆规程	1939	G2017－广东省政府公报－22435
53	图书馆工作大纲	1939	G2017－广东省政府公报－22436
54	国立中央图书馆组织条例	1940	G2017－广东省政府公报－24706
55	令发国立中央图书馆组织条例	1940	G2017－广东省政府公报－24712
56	县（市）立图书馆设置巡回文库办法	1942	G2017－广东省政府公报－27598
57	令发县（市）立图书馆设置巡回文库办法	1942	G2017－广东省政府公报－27604
58	电发本省各公私立中等以上学校图书馆及民众教育馆暨公立图书馆设立省政图书阅览部（室）暂行办法	1942	G2017－广东省政府公报－27747
59	教育厅提议将北平广东旅京学校发书全部拨归本省图书馆并请补助二千元俾该校办理结束案	1929	G2017－广东省政府周报－0125
60	教育厅呈请拟指定法领署附近马路自南段一带为建筑省立图书馆新馆址案	1929	G2017－广东省政府周报－0159
61	议决照准省立图书馆经费预算案	1929	G2017－广东省政府周报－0275
62	政治分会函知议决准在售法领署内后座房屋建筑省立图书馆余地仍由市政府管理案	1928	G2017－广东省政府周报－3624

13　北京市档案馆

序号	题名	年份	档号
1	北平市立图书馆业务概况	1946	J001－002－00360
2	北平特别市政府关于"革命"图书馆改名中山图书馆的指令等	1929	J001－003－00003
3	北平市政府关于中山图书馆呈请将颐和园及北平图书馆重本书籍拨赠的训令	1933	J001－003－00014
4	北平市教育局呈拟改进市立图书馆办法	1946	J001－003－00157

序号	题名	年份	档号
5	北平图书馆协会拟定图书收回办法及市政府训令	1946	J001-003-00240
6	台中图书馆请惠赠名人照片及墨迹的代电	1948	J001-003-00361
7	中央图书馆迁徙南京后出版公报寄新址的函	1946	J001-004-00177
8	中建图书馆订阅市政公报便函	1946	J001-004-00186
9	北平市教育局关于请拨市立图书馆晒书费的签呈及市府会计处的指令	1948	J001-005-01165
10	北平市教育局关于市立图书馆购置图书用请拨款的签呈及市政府的指令（附：北平市立图书馆购书费分配表）	1948	J001-005-01185
11	北平市政府关于拨发已故编纂何国贵恤金给国立北平图书馆公函	1948	J001-005-01388
12	西安图书馆、燕京大学等请寄市政报致北平市政府的公函	1947	J001-007-01240
13	市府及社会局对度量衡检定所所长、第一普通图书馆馆长等的任免令（附部分人员履历表）	1933	J002-001-00111
14	铨叙部汇送全国统计总报告初级调查表（市立第一普通图书馆、市立民众图书馆、教育馆各阅书报处及市立第一讲习所职员调查）	1933	J002-001-00119
15	北平市立第一普通图书馆及城郊各阅书报处人员薪金一览表	1937	J002-001-00209
16	社会局、中华图书馆协会关于填报图书馆调查表的训令、公函	1933	J002-003-00086
17	北平市中等学校、初级小学、幼稚园、特殊学校、民众学校、图书馆概况调查表及经费比较表	1934	J002-003-00231
18	市立第一普通图书馆关于呈送民国二十四年度一月至七月份选购图书目录分类统计表的呈文及社会局的指令	1935	J002-003-00319
19	安徽、浙江省立图书馆关于抄送"学风月刊"优待办法与赐填图书馆统计调查表的公函及社会局的函复、训令（内有北平市图书馆统计）	1935	J002-003-00320
20	市立第一普通图书馆关于呈报办事细则、图书馆规则的呈文及社会局的指令	1935	J002-003-00321
21	私立北平佛教图书馆关于成立董事会及呈报该会章程、图书馆组织大纲、职员名册的呈文以及社会局的批复、指令	1935	J002-003-00322

续表

序号	题名	年份	档号
22	市立第一普通图书馆关于呈报本年三、四月份巡回图书阅览统计表的呈文及社会局的指令	1936	J002-003-00619
23	北京市社会局关于举行自然科成绩展览，函送本市图书馆名称、地址表的公函及该局第三科初等、中等、高等和社会教育稽查簿	1932	J002-003-00850
24	社会局、教育局关于北平图书馆协会建议普遍设立公共图书馆考核情形给市政府的合签呈	1945	J002-003-00925
25	行政院关于各地出版品发行时依法呈缴立法院图书馆一份的训令及社会局呈报的报刊杂志名称清册以及北平时报社等呈送出版品的呈文	1946	J002-003-00948
26	社会局关于检送统计组织概况调查表给社会部统计处的公函（附：国立中央图书馆办理出版品国际交换事项办法）	1947	J002-006-00592
27	中国学典馆、河北省政府、北平图书馆等向社会局索赠刊物的函	1948	J002-006-00603
28	美国新闻处北平分处关于补送图书馆图书给北平社会局的函	1948	J002-006-00606
29	卫生局关于开设图书室并发起捐书运动的函及公用局关于刷除所贴广告的训令	1946	J002-007-00962
30	京师图书审查会关于择定图书分别甲乙详细列表送审的呈及京师学务局的布告以及教育部审定教科用图书规程的令（附：教育部保存文件规则、图书室规则）	1913	J004-001-00068
31	京师学务局所办通俗教育各项章程表册、宣讲书、通俗教育调查会章程、公立图书馆管理规则、图书目录及公众补习小学校简单等	1913	J004-001-00076
32	京师学务局关于北京社会实进分会借京师通俗图书馆教授儿童体操已经认可与警察总监的来往函	1916	J004-001-00139
33	北平市立中等学校及教育馆、图书馆等解送民国十九年各月份所得税捐册的呈及教育局的指令	1930	J004-001-00358
34	北京市立门头村等小学校和新民教育馆、第一普通图书馆等教职员、工役人员临时津贴预算表	1939	J004-001-00480
35	北平市立、私立图书馆、民教馆、阅书报处、聋哑学校、民众学校员役调查表	1945	J004-001-00610

续表

序号	题名	年份	档号
36	北平市市立图书馆报请收回西院房屋以便扩充馆务的呈及教育局的指令	1945	J004-001-00629
37	北平市教育局转报市立中山图书馆请拨经费的呈文（附：民国卅四年十二月份经费数目清册）及市政府的指令	1945	J004-001-00688
38	北平市立图书馆和第一普通图书馆关于馆员辞职接充的呈及教育局的指令和关于派姜文锦等二人为馆长给市政府的签呈	1946	J004-001-00884
39	北平市立图书馆关于人员辞聘等任免事项的呈和报送的资历证件及教育局的指令	1947	J004-001-01059
40	北平市市立第一阅书报处、市立图书馆申请增拨事业费的呈及市政府教育局的训令、指令	1947	J004-001-01127
41	北平市立图书馆和阅书报处等呈请提高社教同人待遇的呈及教育局的指令	1947	J004-001-01231
42	北平市立第一、二阅书报处和市立图书馆等六处社教机关报送事业费分配预算表的呈文及教育局关于该六处调整事业费分配予算给市政府会计处的公函	1947	J004-001-01256
43	北平市政府会计处关于转发修正民教馆、图书馆、体育场等规程中有关主计部分条文给教育局会计室的训令	1947	J004-001-01317
44	北平市立图书馆关于人员调动、任免的呈及教育局的指令	1947	J004-001-01360
45	北平市立图书馆民国卅七年现金出纳、经费累计和资力负担资产负债综合平衡表	1948	J004-001-01443
46	京师劝学办公处所拟的停办成绩品展览室、改组儿童图书馆办法	1912	J004-001-01585
47	国立北平图书馆大楼月台、锅炉房修缮工程招标须知及与元大营造厂订定合同书	1947	J004-001-01797
48	国立北平图书馆关于修缮大楼月台及锅炉等工程给元大营造厂函及元大营造厂复函	1947	J004-001-01798
49	直隶第一师范学校报告及图书馆规则	1918	J004-002-00193
50	北京师范专科学校图书馆概况及图书馆记事簿以及北京市立师范学校图书馆章程	1919	J004-002-00222
51	北京图书馆关于请惠赠学务公报的函及京师学务局的复函	1926	J004-002-00386
52	北平市市立师范学校图书馆章程	1935	J004-002-00545

续表

序号	题名	年份	档号
53	北平图书馆协会关于本市各公私立中小学校应扩充图书馆的笺函及市教育局给市公私立各中小学校的指令	1945	J004-002-01407
54	北平市市立通俗教育馆呈该馆各处标语一览表及市立第一普通图书馆概况	1931	J004-004-00041
55	北京市第一社会教育区新民教育馆民国二十九年七月份工作报告表和市立第一图书馆流动阅览统计表和购置图书杂志数量伸目表	1940	J004-004-00083
56	北京市各社会教育区新民教育馆、阅书报处图书馆民国二十九年十月份工作报告统计表及购置书报杂志数量价目表	1940	J004-004-00090
57	华北教育总署关于填报第一届教育行政会议社会教育状况表的训令和教育局呈报的社教机关主任人员学历经历表、图书馆阅报处公共体育场进行状况表	1940	J004-004-00091
58	北京市各社会教育区新民教育馆阅书报处、图书馆民国二十九年五月份工作报告统计表和购置书报杂志数量价目表	1940	J004-004-00095
59	北京市各社会教育区新民教育馆、阅收报处图书馆民国十二九年三月份工作报告统计表购置书报杂志价目表	1940	J004-004-00096
60	北平市立第一普通图书馆呈报购置新闻报纸统计表、阅览人数及民众问事问字统记表	1945	J004-004-00120
61	北平市教育局关于接管中山图书馆情形的呈及市政府的指令	1946	J004-004-00175
62	北平市私立民众教育馆、图书馆、阅书报处、聋哑学校概况调查表	1946	J004-004-00208
63	北平市教育局关于市立图书馆为充实分馆内容请拨款添购图书检同原呈计划书、预算表的呈及教育部的指令（附北平市立图书馆分馆三十六年一至十月份阅书人数报告表	1947	J004-004-00234
64	教育部关于省市立民教馆拟具上年度工作报告及本年度事业计划和修整图书馆、民众教育馆、体育场规程有关主计部分条文的训令和教育局向下属有关单位抄发的训令	1946	J004-004-00252
65	北平市私立铁路图书馆报送的寄存图书简章契约格式董事姓名、经费员工现状等的呈和教育局的批（附该馆试办简章）	1947	J004-004-00277
66	北平市政府抄发行政院令发的国立中央图书馆办理出版品国际交换事项办法的训令	1947	J004-004-00281

续表

序号	题名	年份	档号
67	北平市立第一阅书报处及市图书馆民国三十七年一月至十二月阅览人数报告表	1948	J004-004-00299
68	北平市立图书馆和第一、二民众教育馆组织大纲	1912	J004-004-00355
69	北平市冬令关于为学生放映电影费用的签呈和市立图书馆关于干事乌芸辉申请辞职遗缺派刘汉章继任的呈	1949	J004-004-00357
70	中国国际图书馆概要	1912	J004-004-00381
71	北京国立图书馆等机关、学校请领疫苗及请进行防疫注射与卫生局的来往公函和人名单	1944	J005-001-00852
72	华北水利委员会关于代售及交换图书与天津法文图书馆等的来往函	1928	J007-001-00015
73	清华大学图书馆等函索顺直水利委员会报告和华北地形图等的函及华北水利委员会的复函（附辽宁等地水利管理各种章程）	1929	J007-001-00112
74	华北水利委员会关于购买图书及发售图书事项与国立北平图书馆等的来往函	1930	J007-001-00212
75	法文图书馆与华北水利委员会关于代售该会地形图的来往函件	1930	J007-001-00217
76	法文图书馆等关于代售地形图事项与华北水利委员会的来往函	1932	J007-001-00309
77	内政部抄发废田还湖案议定办法的训令及华北水利委员会赠订及交换图书与国立北平图书馆等的来往函	1932	J007-001-00333
78	华北水利委员会关于接收伪工务总署有关水利图书给北平行营的呈和与北平图书馆的来往公函	1945	J007-001-01382
79	华北水利委员会寄送和交换《华北水利月刊》刊物与全国经济委员会公路处图书馆等的来往函	1934	J007-003-00139
80	北平民社、国立北平图书馆关于出版刊物检赐一部请参考给北平电车股份有限公司的函	1929	J011-001-01438
81	北京市公用总局转市公署关于汪兆铭就行国民政府主席的训令及北京图书馆周作人兼该馆馆长的公函	1938	J013-001-01129
82	司法图书馆等启用公章的公函	1941	J013-001-01132
83	国立北平图书馆关于起运石狮、石柱等物品请予协助给北平特别市工务局的函及市政府给工务局的训令	1930	J017-001-00461

序号	题名	年份	档号
84	国立北平图书馆、育婴堂关于移修养蜂夹道地沟事宜与工务局的来往函（附沟图）	1935	J017-001-01186
85	关于北京图书馆不遵建筑统制添建锅炉房的呈以及市公署的指令等	1942	J017-001-02579
86	国立北京图书馆建筑锅炉暖气工程呈报单及工程设计书、图纸、说明书	1942	J017-001-02627
87	国立北平图书馆大楼月台和锅炉房修缮工程做法说明书和图纸等	1947	J017-001-03294
88	国立北平图书馆新建阅览室和外二区虎坊桥大街七、八号新建影院工程呈报单、说明书和图纸	1948	J017-001-03469
89	国立北平图书馆组织大纲及颐和园事务所严禁职员舞弊以及职员奉公的训令	1929	J021-001-00227
90	北平市管理颐和园事务所呈报图书馆筹备经过及维修园内房屋给北平特别市政府呈及市政府指令	1930	J021-001-00268
91	北平市管理颐和园事务所关于筹办陈列所图书馆给北平特别市政府呈及市政府指令	1929	J021-001-00277
92	北平市管理颐和园事务所关于查核国立平图书馆扣用圆明园各项石料价格给北平市政府呈及市政府指令	1930	J021-001-00282
93	北平图书馆关于请拨用圆明园石料的函及颐和园事务所的复函	1930	J021-001-00309
94	颐和园事务所陈列图书馆游览券减收半价的呈及市政府的指令	1930	J021-001-00350
95	北平图书馆关于建筑新馆请将圆明园一对石狮捐助等事项的函及颐和园事务所的复函	1930	J021-001-00394
96	北平市政府秘书处、北平图书馆等单位关于美国旅行团和本馆职员前往游览请减免门价的函及颐和园事务所的复函	1931	J021-001-00470
97	北平市政府关于中山图书馆请移送该园殿版书籍的训令及颐和园事务所的呈	1933	J021-001-00702
98	北平市管理颐和园事务所关于正式开放图书馆给北平市政府呈及市政府批示	1934	J021-001-00770
99	北平分会等单位为呈送分会各项业务照片及筹办流动图书馆请求补助致总会的函	1948	J023-002-00145
100	私立中法大学关于图书馆移交问题的会议纪要及移交目录	1950	J026-001-00432

续表

序号	题名	年份	档号
101	私立中法大学图书馆工作报告、情况调查及上级通知	1950	J026-001-00433
102	图书馆等单位关于领导人视事日期的来函	1930	J029-003-00143
103	临时政府教育部、教育局、内务部、国立北平图书馆等单位领导人就职启用印信的训令	1938	J029-003-00152
104	北大医学院函送新民会中央指导部调查科、教育部、第一普通图书馆等单位索要的学校组织概况、平面图及现状调查表	1938	J029-003-00153
105	近代科学图书馆等函送教授、讲师、职员名单	1939	J029-003-00209
106	北大医学院介绍本院讲师汤坚等人赴协和医院图书馆阅书事的函	1938	J029-003-00395
107	北大医学院关于本院图书馆职员派赴各校见习与有关单位来往函	1934	J029-003-00457
108	北大医学院关于电话司机刘国珍、图书馆员戴显曾、专任讲师俞永珍死亡，家属请求抚恤问题与北大秘书处的来往函	1947	J029-003-00763
109	北平大学转镇江图书馆定期落成征供文物陈列品办法等文件	1936	J029-003-00903
110	北京大学图书馆关于教职员学生借阅图书规定办法等给医学院的函及图书证发放登记	1937	J029-003-01009
111	北京大学关于放假的规定通知及图书馆关于假期阅览办法和节日停阅的通知等	1940	J029-003-01015
112	北京大学图书馆关于各种纪念日放假问题转知国立北京大学医学院的函	1943	J029-003-01022
113	北京大学医学院关于节日放假及北大图书馆闭馆通知	1942	J029-003-01023
114	北平坛庙管理所关于北平图书馆拓印进士题名碑石经的呈文及内政部的指令	1931	J057-001-00191
115	门头沟煤矿公司关于送燕京大学图书馆等单位的公函	1948	J059-001-00228
116	关于司法图书馆送新书目录的函	1943	J065-003-01162
117	北大农学院、北平图书馆协会关于图书馆工作的通知、制发图书规则及公函	1947	J066-001-00068
118	北大农学院及所属农物关于房屋、土地、家俱、物品、文书卷宗以及图书馆财产移交清册	1949	J066-001-00097

续表

序号	题名	年份	档号
119	松坡图书馆筹备处关于在北海快雪堂设馆事项的呈以及公府庶务司、职方司的复函	1922	J077-001-00001
120	北海公园委员会关于就庆霄楼愧心殿创设北海图书馆事宜的呈及北平市政府的训令、指令	1932	J077-001-00056
121	北平市北海公园事务委员会关于议定筹设之北海公园图书馆暂改称北海公园图书室并聘请本园董事长赵元方为常任委员请备案的呈及市政府的指令等	1935	J077-001-00074
122	北海公园委员会关于准在西岸建筑铁栅门和借用园内房屋事宜与北平图书馆等单位的来往函	1946	J077-001-00186
123	经济部接收华北电业公司办事处关于调查北平图书馆发电厂、微水发电厂复工计划等的呈以及经济部冀热察绥区特派员办公处的训令等	1945	J084-003-00034
124	考试院河北山东考铨处对北平市立民众教育馆、市立图书馆和北平市参议会秘书处会计人员的审查、通知书等	1948	J142-001-00168
125	北平市警察局令发中央图书馆办理出版品国际交换办法和国史馆接收党政军各机关旧档案办法	1946	J181-010-00031
126	北平市警察局郊六区分局关于设立文化中心儿童健康图书馆及演电影的呈	1948	J181-016-01291
127	北平市警察局关于私立铁路图书馆改由铁路专科学校图书接管的函	1948	J181-016-01303
128	京师警察厅关于日本警察署关于派员来厅请求会同赴灯市口汉英图书馆内传李宇荣的函		J181-018-04002
129	京师警察厅关于有人报告松坡图书馆有埋藏炸弹情事请京师警察厅内右一区侦缉队严密庙法起获的密领		J181-018-15684
130	京师警察厅内左三区区署关于京师图书馆被李俊窃去书籍已通缉的呈报		J181-018-17492
131	京师警察厅总务处关于北京图书馆征集字谱的函		J181-018-19619
132	北平特别市公安局第一科关于上海法文图书馆征集有关资料的函	1929	J181-020-02129
133	北平特别市公安局关于图书室七月中旬新到图书的报告	1930	J181-020-03803

续表

序号	题名	年份	档号
134	北平特别市公安局关于图书室六月上旬新到图书的报告	1930	J181-020-03804
135	北平特别市公安局第一科关于本局图书馆新到书籍的报告	1930	J181-020-04258
136	北平市公安局关于图书室规则及借阅规则的函	1933	J181-020-10527
137	北平市公安局训致科关于本局图书室已开始借阅的函	1934	J181-020-17931
138	北平市公安局政训科关于本局图书室已开发的函	1934	J181-020-17958
139	北平市公安局政训科关于送本局图书室目录的函	1934	J181-020-18018
140	北平市公安局一科关于准北平图书馆检送新旧刊物的通知	1935	J181-020-23380
141	北平市公安局西郊区区署查缉禹竹图书馆被窃的呈	1936	J181-020-26899
142	北平市公安局政训科关于送图书室书目的函	1933	J181-020-33619
143	北平营业税经征委员会关于请北平市公安局押追观业场文武图书馆税款的函	1932	J181-021-14085
144	北平市警察局内六区区署关于黄幼侯割窃国立北平图书馆报纸的呈	1933	J181-021-16547
145	北平市警察局内六区区署关于北平图书馆控馆役郭升污辱职员抢去公物一案的呈	1934	J181-021-21751
146	北平市警察局内六区区署关于北平图书馆控告贾淑琴妨害该馆秩序的呈	1935	J181-021-37269
147	北平市警察局内六区区署关于杨俊明在图书馆内对众宣讲污辱耍人的呈	1935	J181-021-38776
148	北平市警察局内六区区署关于北平图书馆函控张寿臣偷窃衣服的呈	1936	J181-021-41057
149	北平市警察局内六区区署关于北平图书馆函控马尹真偷窃书籍的呈	1936	J181-021-41059
150	北京特别市公署关于查缉市立第一普通图书馆失窃的训令	1943	J181-022-17708
151	北平市警察局关于协助北平图书馆协会收回沦陷期本市被敌伪掠夺的各图书馆藏书的令	1946	J181-024-01134
152	北平市金银饰物工会关于为修缮拘留所的函及北平市警察局感化所呈报创建图书馆等请示	1946	J181-024-02515

序号	题名	年份	档号
153	北平市警察局关于国立北平图书馆宿舍被窃的训令	1947	J181-024-05207
154	国立北京大学图书馆关于本馆袁仲灿借书不还给北京特别市公署警察局的公函（一）	1943	J181-026-21064
155	北京特别市公署警察局关于袁仲灿偷书不还一案给天津警察局、北京图书馆等处的函（二）	1943	J181-026-21065
156	北京特别市警察局侦缉队关于交缉人犯程明盗窃第一图书馆书箱的呈及市长手谕、委员函、政府指令等（一）	1944	J181-026-23108
157	北京特别政府警察局关于北京市立第一图书馆撤职馆长程明等盗卖刊物一案给北京地方检察署的公函及北京特别市政府给警察局的指令（二）	1944	J181-026-23109
158	北京市立第一图书馆丢失书刊目录、报表（三）	1944	J181-026-23110
159	北京市立第一图书馆丢失书刊目录、清单（四）	1944	J181-026-23111
160	北京市立第一图书馆丢失书刊目录及未经登记之图书集成（五）	1944	J181-026-23112
161	北京市立第一图书馆馆长程明等人的供词（六）	1944	J181-026-23113
162	北京市立第一图书馆馆长程明等交出卖书赃款的收条清单（七）	1944	J181-026-23114
163	北京地方检察署关于北京市立第一图书馆馆长程明盗卖书刊一案给北京特别市政府警察局的公函（八）	1945	J181-026-23115
164	北京特别市警察局内六区分局关于北大图书馆控陆振平等4人偷铜模铅字及书籍等物的呈	1944	J181-026-23871
165	北平市警察局内六区分局关于查办国立北平图书馆函控林氏生窃书案请讯办的呈文	1948	J181-027-04634
166	北平市警察局关于图书馆散失图书予以收回，电影院、剧场星期日义演一场招待官兵等行政事务的训令	1947	J181-028-00119
167	北平市警察局内一区警察公署关于法文图书馆函控已散工人王顺清投函恫吓并有窃车嫌疑请讯办的呈	1938	J181-031-02204

续表

序号	题名	年份	档号
168	各区署关于请协查京师图书馆被骗书籍、徐绍祯等被窃衣服及怀仁堂伙友闫达珊携款潜逃等案的函	1925	J183-002-00701
169	北平市警察局内左四区署关于李俊盗窃京师图书馆书籍的函	1925	J183-002-00726
170	北平市警察局内左四区关于北京朝阳大学学生、刘恩泽入室行窃案及中华图书馆协会盗用印信案的函	1928	J183-002-02684
171	北平市警察局关于统税局、蒙古驻军办、教育局、北京图书馆陆军医院、汽车管理所、故宫博物院、社会局、国贸陈列馆主管人员任职的训令	1942	J183-002-18687
172	北平市警察局关于制定办理刊物停止登记暨取缔调整暂行办法及新出版品应以一份送图书馆仰遵照办理的训令	1945	J183-002-26421
173	北平市警察局关于公私产业委员会主席、国立北京图书馆长周作人、教育局学务专员、故宫院长就职的训令	1942	J183-002-27643
174	北平市警察局关于所辖区内新出版品出一份送缴北京图书馆、发行新农业月刊请登记等问题的训令及内五分局的呈报	1945	J183-002-29641
175	北平市警察局关于对集会等事项改用电话通知查缉放火要犯李兴昌等检查近代科学图书馆引火物品地点及照片等训令	1938	J183-002-36022
176	北平市警察局关于查缉北平图书馆宿舍被窃案、党部张委员等住宅电话线被窃、盗窃城防洞木材等训令	1947	J183-002-41142
177	北平市警察局内六分局关于购买面粉人数及家族人口数目、发放麦粉数目、应领麦粉数目，图书馆请愿警士、领士领面人口数目等问题清册	1941	J183-002-41873
178	北平市警察局关于举行大东亚战争三周年纪念大会伪华乐戏院演戏并查照新出版品应送国立北京图书馆等训令	1945	J184-002-00218
179	北平市警察局关于附发改定警察人员津贴数目、华北邮政总局改装自动机电话号码及司法图书馆官用关防日期仰知照的训令	1944	J184-002-01704
180	北平市警察局关于评查废铜具报、取缔北支工厂工人携女客乘车不购票、辖区所出版品应充实图书馆藏书等训令	1945	J184-002-04113

续表

序号	题名	年份	档号
181	北平市警察局关于官署普通新出版品应送交北京国立图书馆、中央储蓄会福利奖券暂行条例修正条文说明等训令	1945	J184-002-04177
182	北平市警察局外一分局第八区代表会等关于本区保长杨金麟控警长魏云程扰害居民、各组局员职名电话表、成立图书馆、警段协助代劳捐款等函	1948	J184-002-09920
183	北平市警察局关于图书馆载书分配冬服、办理夏服及库存废品、夏服保管、服装册、月消耗弹药数、夏服制余布料记录在卷等训令	1946	J184-002-32629
184	北平市警察局关于查缉北平图书馆宿舍被窃、李振银被抢、抄发杀人犯马魁年貌表及将捡拾因案没收物制定表式的训令	1941	J184-002-33282
185	北平市警察局关于为图书馆捐赠公私著述等事项的通知	1946	J185-002-00649
186	北平市警察局关于被窃电线统计表、查缉图书馆宿舍被窃等情严禁查办的训令及请贵局协助缉捕枪匪的函	1947	J185-002-01220
187	北平市警察局关于北平各图书馆散失图书收回办法	1945	J185-002-03518
188	北平市警察局、郊二分局关于捐赠书籍充实图书馆等通知、训令等	1948	J185-002-04852
189	查缉北平图书馆宿舍被盗的呈报	1947	J185-002-06184
190	北平图书馆被窃文件	1947	J185-002-07143
191	中央警官学校第五分校拟成立图书馆收集资料	1946	J185-002-07324
192	北平市警察局秘书室关于中央警官学校分校成立图书馆有关警察方面的书籍予以赠授等事项的指令	1946	J185-002-07991
193	北平市警察局关于据报崔文元家发生匪警、国立北平图书馆宿舍被窃、严缉抢劫双塔山铁矿马匹机件匪犯具报的训令、指令及郊三分局的呈	1947	J185-002-10338
194	河北高等法院关于遗失考试复核及格证书补发证明书办法并附保证书及准中华图书馆在监狱附设小图书馆的训令	1933	J191-002-12934
195	厦门大学图书馆关于请寄经费管理戒护作业等方面材料、军事新闻社总部关于征订蒋委员长西安蒙难挂图的函	1937	J191-002-13759

续表

序号	题名	年份	档号
196	河北第一监狱关于送总理奉安赙敬二十圆缮单摊捐助中山图书馆职员名单的呈及高法院的函	1929	J191-002-15822
197	司法图书馆关于开馆日期并将委任以上职员姓名列表呈送的函	1941	J191-002-18668
198	河北高等法院关于司法图书馆改定时间及借书规则等事项的训令、函	1942	J191-002-18689
199	河北一监关于借阅美国图书馆监狱问题杂志复乔小姐推荐三篇文章的启、公函	1947	J191-002-19869
200	英文北平时事日报社与天津天主教堂、国立北平图书馆等单位关于邮寄报纸和办理订阅手续等有关事项的来往函	1946	J207-001-00011
201	英文北平时事日报社与百利洋行、济南邮务工会图书馆等关于邮寄报刊、刊登广告的来往函	1947	J207-001-00027
202	北平大学区教育行政院转发各部院及所属部会划一名称、各校图书馆封存抗日书籍的训令	1929	J218-001-00012
203	辅仁大学为送还筹赈水灾展览会入场券和价款与北平图书馆的来往函	1933	J218-001-00067

14　天津市档案馆

序号	题名	年份	档号
1	教育局呈为送图书馆薪数清册请饬局核发第一图书馆花名册	1937	401206800-J0001-2-000134
2	市立图书馆请领职员优待证	1938	401206800-J0001-2-000224
3	教育局呈为报刊发天津市立图书馆钤记请鉴核	1937	401206800-J0001-3-000084
4	天津市图书馆函为函复图书于津变时对存一时无法检查	1937	401206800-J0001-3-000419
5	市立图书馆呈为报本馆房契遗失请补给新营业证	1938	401206800-J0001-3-001616
6	训令教育专款保管委员会为令解决映画会旅费及修理第一图书馆工程费等	1938	401206800-J0001-3-001811

续表

序号	题名	年份	档号
7	南京市立民众图书馆函为征求各项报告章程等请惠赐	1939	401206800-J0001-3-002249
8	东方图书馆信片为本署订阅日本时事新闻等报六月三十日期满请查照	1939	401206800-J0001-3-003181
9	北京市立第一普通图书馆函为请检出版刊物	1939	401206800-J0001-3-003465
10	新民学院图书馆函为请赠公报	1939	401206800-J0001-3-003467
11	金陵大学校图书馆函为请将天津市公报自创刊起按期赐寄	1939	401206800-J0001-3-003468
12	训令财政局为令发本署设立图书室临时费支付预算书仰照解	1940	401206800-J0001-3-003875
13	警察教练所呈为拟修改讲室及图书室并添置家俱等请核示［附按装电灯］	1940	401206800-J0001-3-003951
14	第一图书馆呈为交民国二十八、九年所得税	1940	401206800-J0001-3-004039
15	本署设立图书室临时费支付予算书	1940	401206800-J0001-3-004146
16	国立中央图书馆函为请按期赠送公报及其他刊物	1940	401206800-J0001-3-004536
17	呈华北政务委员会公布为公布第一图书馆征集图书文献办法请备案	1941	401206800-J0001-3-004615
18	训令财政局为令发第一图书馆房舍电线家具等项概算书仰照解	1941	401206800-J0001-3-004806
19	天津特别市市立第二图书馆地方岁出概算书	1941	401206800-J0001-3-005189
20	河南省立图书馆函为请将公报长期惠赐	1941	401206800-J0001-3-005442
21	全国经济委员会图书室函为搜集各项纪念册刊物请惠赐	1941	401206800-J0001-3-005446
22	行政院文物保管委员会函为定于七月一日将图书专门委员会图书馆博物专门委员会博物馆同时开放	1942	401206800-J0001-3-005530
23	教育总署咨为国立北京图书馆征求刊物请转饬所属知照	1942	401206800-J0001-3-005587
24	为函送国立北京图书馆第五次治运图画及刊物	1942	401206800-J0001-3-005588
25	警察教练所呈为拟添设图书室请拨款购备参考书	1942	401206800-J0001-3-005851
26	修理第一图书馆第三书库地板临时费支付概算书	1942	401206800-J0001-3-005936
27	天津特别市市立第一图书馆水浸平装英文书籍清册	1945	401206800-J0001-3-009196

续表

序号	题名	年份	档号
28	市公署本署教育专员川井清久赴京兴亚院交涉图书馆事宜所需旅费支出概算书	1941	401206800－J0001－3－009715
29	市立美术馆第一、二图书馆公共体育场公务员考绩表	1940	401206800－J0001－3－010330
30	市立美术馆第一、二图书馆公共体育场公务员考绩表	1940	401206800－J0001－3－010331
31	关于各校校长教职员图书馆馆员任免与教育局等来往文书	1944	401206800－J0001－3－010987
32	有关中小学民教馆图书馆等请领身份证明书的文件	1940	401206800－J0001－3－011309
33	关于各学校和图书馆的教职员请领身份证明书的文件	1941	401206800－J0001－3－011316
34	关于各学校和图书馆请领身份证明书的呈文和指令	1941	401206800－J0001－3－011317
35	伪教官各小学图书馆等单位请领43年度职员身份证明书来往文书	1943	401206800－J0001－3－011345
36	市立一、二图书馆第一教区至第九教新民教育馆博物馆师范学院等呈报职员工役薪津名册	1944	401206800－J0001－3－011858
37	市立各中小学校及图书馆等教职员工改订薪津清册	1944	401206800－J0001－3－011868
38	市立各中小学校及图书馆等教职员工改订薪津清册	1944	401206800－J0001－3－011869
39	市立第二图书馆识字运动宣传委员会等单位请领经费的请款书及该府的支付命令	1944	401206800－J0001－3－011932
40	市立第二图书馆识字运动宣传委员会等单位请领经费的请款书及该府的支付命令	1944	401206800－J0001－3－011933
41	市立第一图书馆请领1944年1945年度经费的请款书及该府支付命令	1944	401206800－J0001－3－011944
42	识字运动宣传委员会请领经费的请款书的该府支付命令（附教育局所属各中小学图书馆体育场民教馆博物院改订员役薪金清册）	1944	401206800－J0001－3－011957
43	第二图书馆呈缴职员薪金所得税的呈文	1939	401206800－J0001－3－012130
44	社会局市立美术图书馆请领职员燃电优待证与该处的来往公函	1939	401206800－J0001－3－012301
45	教育部朱部长电为海源阁藏书收归国有部拨价款汇北平图书馆请达各股东勿索高价请电复	1946	401206800－J0002－3－000131
46	海源阁藏书由北平图书馆收买	1946	401206800－J0002－3－000142

序号	题名	年份	档号
47	昆明云南大学图书馆函索周刊	1947	401206800－J0002－3－000242
48	云南志舟图书馆函谢惠赠周刊	1947	401206800－J0002－3－000250
49	国立中央图书馆函为请检寄省级文化教育机关等名称及通讯地址	1946	401206800－J0002－3－000436
50	中国建设服务社中建图书馆函为订阅本府公报	1946	401206800－J0002－3－000460
51	广西桂林图书馆函片为请惠赐书刊	1946	401206800－J0002－3－000469
52	民生实业公司图书馆函为请检赠本市志书	1946	401206800－J0002－3－000546
53	国立中央图书馆出版品国际交换处函为请检寄各种出版品	1946	401206800－J0002－3－000599
54	台湾省图书馆公函为请按期惠赠书刊	1947	401206800－J0002－3－000669
55	薛照剑先生函为成立钟瑞图书馆请惠寄各项计划规章	1947	401206800－J0002－3－000696
56	四川省立图书馆函为请检送新闻纸及其他刊物名称地址表请协助	1946	401206800－J0002－3－001456
57	国立北平图书馆函索周刊并按期寄赠	1947	401206800－J0002－3－003396
58	国立罗斯福图书馆筹备委员会函索书报刊物	1947	401206800－J0002－3－003397
59	国立兰州大学图书室函索本市周刊	1947	401206800－J0002－3－003398
60	国立西北图书馆函索本市周刊	1947	401206800－J0002－3－003399
61	南开大学图书馆函索本市政公报	1947	401206800－J0002－3－003400
62	广东省立图书馆函谢惠赠周刊	1947	401206800－J0002－3－003401
63	湖南省立中山图书馆函谢惠赠周刊	1947	401206800－J0002－3－003402
64	浙江省立图书馆函谢寄赠书刊	1947	401206800－J0002－3－003403
65	江西省立南昌图书馆函谢惠赠周刊	1947	401206800－J0002－3－003404
66	湖北省立图书馆函谢寄赠周刊	1947	401206800－J0002－3－003405
67	安东省立安东图书馆筹备处函请惠寄有关文献志书法规及图书资料	1947	401206800－J0002－3－003406
68	工业学院函为本院图书经第一图书馆保存未致散失请予褒扬	1946	401206800－J0002－3－003588
69	台南市立图书馆函为请寄赠各种书刊	1946	401206800－J0002－3－003691
70	邵阳松坡图书馆函为请惠赠杂志报章	1946	401206800－J0002－3－003697
71	国立中央图书馆函为请将惠寄书报径寄南京	1946	401206800－J0002－3－003698
72	河北省政府公函为请接收敌产内划拨一处作为图书馆馆址请查照	1946	401206800－J0002－3－004250

续表

序号	题名	年份	档号
73	天津图书馆概况	1947	401206800-J0002-3-005420
74	图书室书目索引	1947	401206800-J0002-3-006930
75	关于教育局工作报告所属市立中小学校概况调查表及接办私立学校取缔不良读物等办法图书馆等组织规程	1946	401206800-J0002-3-007516
76	关于拟订修改国民学校卫生室民众教育馆图书馆艺术馆等组织规程与该府的来往文书	1946	401206800-J0002-3-007580
77	关于拟订修改国民学校卫生室民众教育馆图书馆艺术馆等组织规程与该府的来往文书	1946	401206800-J0002-3-007581
78	国立中央图书馆等单位函请寄赠经济统计月报与该处的来往文书	1947	401206800-J0002-3-008089
79	国立中央图书馆等单位函请寄赠经济统计月报与该处的来往文书	1947	401206800-J0002-3-008090
80	市政会议议案第八十六次临时会议[关于第一图书馆征集图书文献案]	1941	401206800-J0003-1-000419
81	市政会议议案[关于市立第一图书馆征集图书文献、对于现有行政设法调整案]	1941	401206800-J0003-1-000420
82	市政会议议案第八十七次临时会议[关于市立第一图书馆修正征集图书修正征集图书文献办法]	1941	401206800-J0003-1-000421
83	市政会议第三十九次例会议案[筹设天津市图书馆等]	1946	401206800-J0003-1-000467
84	天津市图书馆博物馆美术馆民教馆体育场领配售面粉名册	1946	401206800-J0020-2-000042
85	华北学院松坡图书馆请领补助费案卷	1946	401206800-J0020-3-005422
86	市立图书馆函请担负前借用电灯等消耗费	1937	401206800-J0025-3-003002
87	函河北省立图书馆请借天津县志	1946	401206800-J0025-3-003687
88	儿童福利社呈为设立新二代图书馆请捐书	1946	401206800-J0025-3-003899
89	市令准河北省立天津图书馆函拟暂租用救济院新置徐姓房屋	1947	401206800-J0025-3-004369
90	关于推行民众认字教育美国胡佛图书馆征集史料调查实业团体等训令呈文	1946	401206800-J0025-3-004990
91	关于行政史实征集办法和汇编分目表及为美国胡佛图书馆征集抗战革命文物资料等该局与各有关单位来往文书	1946	401206800-J0025-3-006060

续表

序号	题名	年份	档号
92	各机关组织规程〔修整图书馆救济院及人事学会征求会员登记表，联合国各组织及人员在华应享受的特权办法〕	1947	401206800-J0026-2-000002
93	各机关组织规程〔有关市立图书馆体育场艺术馆及市政府统计处农林部海南岛农林试验场社会服务处等单位组织规程〕	1947	401206800-J0026-2-000003
94	收集各种文物事项〔美国胡佛图书馆征集我国文物〕	1946	401206800-J0036-1-000418
95	市教育局函借省立第一通俗图书馆所遗房舍	1935	401206800-J0051-1-000382
96	美国工会图书馆函请见赐新旧县志	1937	401206800-J0053-1-001393
97	市府令核议教育局请收经费结余拨作图书馆费用	1929	401206800-J0054-1-002591
98	市府令据教育局呈报市立图书馆由临时报销费项下购书情形	1932	401206800-J0054-1-002818
99	关于各图书馆函请检送刊物	1929	401206800-J0054-1-003545
100	镇江五三图书馆筹备处函请惠赐各项刊物	1932	401206800-J0054-1-003546
101	市府训令为奉令各机关设有图书室者须广汇党义书籍以借阅读仰遵办	1933	401206800-J0054-1-003576
102	呈市府为筹设本局图书室请签核	1935	401206800-J0054-1-003583
103	天津特别市市立第一图书馆职员及工役薪额工资表	1942	401206800-J0055-1-002365
104	天津特别市市立第二图书馆职员及工役薪额工资表	1942	401206800-J0055-1-002366
105	呈请市府饬科发还卫生局传染病院图书馆营业证卷宗	1945	401206800-J0055-1-004553
106	天津特别市市立第一图书馆职员及工役薪额工资表	1941	401206800-J0055-1-005616
107	天津特别市市立第二图书馆职员及工役薪额工资表	1940	401206800-J0055-1-005617
108	图书馆〔关于图书购置及图书馆维修的文件〕	1948	401206800-J0066-3-000752
109	有关图书馆〔关于修缮图书馆的计划〕	1946	401206800-J0066-3-001694
110	捐湛思图书馆基金	1948	401206800-J0067-1-000109
111	民教馆体育馆图书馆请领面粉人员清册	1948	401206800-J0073-1-000492
112	清理市立图书馆欠费	1937	401206800-J0083-1-000065
113	市立第一图书馆换新证书	1938	401206800-J0083-1-000250
114	市立美术馆及市工图书馆等优待证	1939	401206800-J0083-1-000525

续表

序号	题名	年份	档号
115	市政府训令发市立通俗图书馆讲演所及阅书报所规程简章	1929	401206800-J0106-1-000533
116	为准该会借本市立第一图书馆为会址予以备案事致市立女子中学迁校筹备委员会的指令（附呈）	1946	401206800-J0110-1-000663-010
117	为动用学校基金建筑图书馆事致天津市教育局郝局长的呈	1948	401206800-J0110-1-000711-029
118	为准动用学校基金建图书馆事给私立旅津广东中学董事会的指令	1948	401206800-J0110-1-000711-033
119	为搜集抗战史料送局汇转事致本市各民教馆及图书馆训令	1947	401206800-J0110-1-000769-003
120	公平图书馆呈请准予备案	1945	401206800-J0110-1-000791
121	为设民众识字班事致公平图书馆筹委会代表丁保垣的批（附呈及补习班注册用表等）	1945	401206800-J0110-1-000791-001
122	为设立私立公平图书馆事致丁保垣的批（附呈及职员调查报告）	1946	401206800-J0110-1-000791-002
123	为所报举办青年纪念展览会事给天津市市立第一图书馆的指令	1947	401206800-J0110-1-001010-010
124	为送小学教职员训练参考书事致市立图书馆训令（附参考书清单）	1947	401206800-J0110-1-001039-012
125	为建设新天津内容之一设立图书馆事致教育局指令（附呈）	1946	401206800-J0110-1-001070-025
126	为各校馆办公及同仁生活费正在统筹核发中致第一图书馆等指令	1946	401206800-J0110-1-001085-031
127	为抄发征集国史资料计划大纲事致市立图书馆的训令	1948	401206800-J0110-1-001148-013
128	为抄发国史馆征集国史资料计划大纲事致市立民教馆图书馆的训令	1948	401206800-J0110-1-001148-015
129	为禁止新加坡永定会馆出版永定日刊进口出售事致市立民众教育馆图书馆训令	1947	401206800-J0110-1-001158-012
130	为查禁流着血战斗等书事致各民教馆图书馆训令	1947	401206800-J0110-1-001158-040
131	为送大同保卫战专辑事致各中学民教馆图书馆训令	1946	401206800-J0110-1-001243-008
132	为本团借调市立各图书馆资料事致天津市政府教育局公函（附借调办法）	1947	401206800-J0110-1-001245-006
133	为借用图书资料事致图书馆民教馆训令及天津市训练团公函	1947	401206800-J0110-1-001245-007

续表

序号	题名	年份	档号
134	为各图书馆有政治经济社会财政书开列书单借用事致教育局公函	1947	401206800－J0110－1－001245－031
135	为除第一图书馆职员名册发还更正外其余所报名册准予备案等事致天津市政府教育局的指令（附呈）	1946	401206800－J0110－1－001274－011
136	为送本局所属第一图书馆更正后职员名册事致天津市政府张市长的呈（附清册）	1946	401206800－J0110－1－001274－012
137	为暂准所属第一图书馆更正后名册备案等事致天津市政府教育局的指令	1946	401206800－J0110－1－001274－014
138	为准予报送该馆现有人员名册备查等事致市立第一图书馆的指令（附呈名册）	1946	401206800－J0110－1－001274－018
139	天津市党部函第五通俗图书馆馆员潘宝林呈请复员转业教育局查核酌办	1945	401206800－J0110－1－001298
140	为颁发有关图书馆事业法令事致天津市教育局函	1947	401206800－J0110－1－001397－046
141	为寄中心学校及图书馆一览表事致天津市教育局函	1947	401206800－J0110－1－001397－053
142	为派员办理接收事致市立第二图书馆训令	1945	401206800－J0110－1－001424－005
143	为前市立第二图书馆存书发还事与天津市教育局往来函	1945	401206800－J0110－1－001424－015
144	为会同图书馆与十一区商订借馆舍租契情况致天津市教育局郝局长呈	1947	401206800－J0110－1－001449－008
145	为十一区公所限期与图书馆商订借用房舍契约事致天津市政府民政处函	1947	401206800－J0110－1－001449－009
146	为十一区公所觅房困难仍予借用事致天津市市立第一图书馆训令	1948	401206800－J0110－1－001449－028
147	本局市立美术馆图书馆民国三十六年六月经费清单	1947	401206800－J0110－1－001452－004
148	图书馆美术馆民教馆体育场人事费清册	1946	401206800－J0110－1－001526
149	天津特别市市立第一图书馆造送水浸图书清册平装次要之部	1943	401206800－J0110－2－000042
150	天津市市立第一图书馆造送水浸图书清册平装最好之部	1943	401206800－J0110－2－000043
151	天津市市立第一图书馆造送水浸图书清册线装最要之部	1943	401206800－J0110－2－000044
152	南开中学呈饬图书馆第六民教馆发还图书等件	1946	401206800－J0110－2－000597

续表

序号	题名	年份	档号
153	北洋大学筹备委员会天津办事处函请为市立第一图书馆所收集北洋工学院之书籍先派员调查后再函收	1946	401206800-J0110-2-000638
154	市五民教馆呈饬第一图书馆拨给木椅应用（改第二）	1946	401206800-J0110-2-000686
155	市立第一民众教育馆呈报前失图书之一部业经发现于市立图书馆中	1946	401206800-J0110-2-000706
156	市立图书馆等呈请免交电话等保证金	1946	401206800-J0110-2-000748
157	市立第一图书馆呈以国军进驻请核示即日迁移据情转函国军	1946	401206800-J0110-2-000749
158	第一图书馆美术馆呈报应办事业经费表请鉴核	1946	401206800-J0110-2-000750
159	第一图书馆呈报捐款及罚金办法请示遵	1948	401206800-J0110-2-000751
160	市立图书馆呈报遗失公告牌	1947	401206800-J0110-2-000753
161	教育部令通饬修改图书馆规程	1946	401206800-J0110-2-001141
162	教育部令发国立中央图书馆办理出版品国际交换事项办法	1947	401206800-J0110-2-001173
163	图书馆呈请修缮费	1946	401206800-J0110-2-001515
164	市立第一图书馆呈送修补房舍估单	1945	401206800-J0110-2-001556
165	教育部特派员办公处函为拟将东方图书馆托由贵局就近清理并代为保管运用	1946	401206800-J0110-2-001741
166	教育部代电为饬国立北平图书馆派专家会同该局点验天津日本图书馆图书	1946	401206800-J0110-2-001788
167	市政府令为美国胡佛图书馆征集中国革命及抗战史料仰遵照搜集具报	1946	401206800-J0110-2-001969
168	天则昆虫研究所函请通令所属各中等以上学校及图书馆订阅昆虫月刊	1946	401206800-J0110-2-002115
169	吉林省立长春图书馆函请转饬各书店将其经售及出版目录寄赠以便采购	1946	401206800-J0110-2-002123
170	市立第一图书馆任用职员	1945	401206800-J0110-2-002422
171	教育部令饬将市立图书馆实施概况及经费等项查明具报	1947	401206800-J0110-2-002601
172	国立中央图书馆函请将市内公私立图书馆开示名称地址以便通讯	1947	401206800-J0110-2-002607
173	第七、九民众教育馆交代（关于图书馆表册钤记戳记等移交清册等）	1946	401206800-J0110-2-002698

续表

序号	题名	年份	档号
174	七区国民学校交代［关于经费收支四柱清册及图书馆清册等］（原第一小学）	1946	401206800-J0110-2-002701
175	第三民教馆交代［关于图书馆交接清册等］	1947	401206800-J0110-2-002710
176	市立第一图书馆呈请宽限时日以便详造清册	1946	401206800-J0110-2-002726
177	经费清单［关于市立第一图书馆等请领三十五年（1946）一月份生活补助费清单］	1946	401206800-J0110-2-002745
178	经费清单［关于市立第一图书馆等补领三十五年度（1946年）二月份员役生活补助费清单］	1946	401206800-J0110-2-002760
179	图书馆体育场社教馆美术馆员工奉（俸）薪清册	1946	401206800-J0110-2-002944
180	中学教职员俸薪清册［关于市立第一图书馆等呈送］	1946	401206800-J0110-2-002960
181	呈报补助费清单［关于第一图书馆等呈报］	1946	401206800-J0110-2-003021
182	天津市立第一图书馆经常费支付概算书三十四年度（1945年）十一月份	1945	401206800-J0110-2-003148
183	图书馆美术馆博物馆职业校等教职员一览表	1946	401206800-J0110-2-003287
184	体育场民教馆美术馆图书馆禁烟保结	1946	401206800-J0110-2-003370
185	为通俗图书馆占用学校校舍产权事致天津市政府教育局郝局长的呈	1946	401206800-J0110-3-000273-001
186	为报图书馆被窃事致教育局长呈（附被窃清单）	1945	401206800-J0110-3-000548-002
187	为高中毕业生拟演电影筹款扩充图书馆事给广东中学指令	1947	401206800-J0110-3-000596-010
188	为本校毕业生拟演电影等款扩充图书馆事致市教育局呈	1947	401206800-J0110-3-000596-014
189	为募捐盖图书馆事给广东中学指令（附呈）	1948	401206800-J0110-3-000596-036
190	为发还图书仪器事给市立图书馆及民教馆训令并给南开中学指令（附南开中学呈）	1946	401206800-J0110-3-000597-001
191	为报送图书仪器清册给南开中学及市立图书馆指令（附呈及指令）	1946	401206800-J0110-3-000597-002
192	为准北洋大学收回书籍事给市立第一图书馆的训令及致该大学的函	1946	401206800-J0110-3-000638-002
193	为查报河北工业学院师范学院散失书籍事给市立第一图书馆的训令	1946	401206800-J0110-3-000638-004
194	为准许领回沦陷时期现存图书事给市立第一图书馆的指令及致河北省工业学院女子师范学院的函	1946	401206800-J0110-3-000638-007

续表

序号	题名	年份	档号
195	为准延期起运书籍仪器事给市立第一图书馆的令及致北洋大学的函	1946	401206800-J0110-3-000638-009
196	为嘉奖保管图书有功人员事致河北省工业学院的函及给市立第一图书馆长的训令	1946	401206800-J0110-3-000638-013
197	为注销北洋大学等处图书目录事给市立第一图书馆的指令（附图书馆呈）	1947	401206800-J0110-3-000638-014
198	为第五民众教育馆直接与市立第一图书馆洽商办理拨给该馆木椅事给第五民众教育馆的指令（附该馆的呈）	1946	401206800-J0110-3-000686-001
199	为第一民众教育馆向市立图书馆接洽办理暂借残破桌椅修理事给第一民众教育馆的指令（附该馆的呈）	1946	401206800-J0110-3-000686-002
200	为报由第一图书馆拨给第五民教馆木椅已办理完毕事致天津市政府教育局黄局长的呈	1946	401206800-J0110-3-000686-003
201	为请河北省立第一图书馆查明本市东马路第一民众教育馆旁楼房三间产权究属何方等事与该馆的往来函（附照抄）	1946	401206800-J0110-3-000689-002
202	为向图书馆接洽办理接收保管图书事给市立第一民教馆指令（附该馆呈）	1946	401206800-J0110-3-000706-001
203	为发新印章等事给市立第一图书馆美术馆第一、二、三体育场职业学校等的训令	1946	401206800-J0110-3-000711-003
204	为天津市立图书馆免缴电话费保证金自来水费等事与交通部天津电信局资委会冀北电力天津分公司公用局自来水公司的往来函	1946	401206800-J0110-3-000748-002
205	为国军进驻本部第一图书馆有碍馆内公务正常进行事给陆军第四十三师一百二十八团一营三连连长函	1946	401206800-J0110-3-000749-001
206	为市立第一图书馆美术馆申报事业经费预算事的指令（附第一图书馆美术馆原呈）	1946	401206800-J0110-3-000750-001
207	为市立第一图书馆拨发经费事致市政府呈（附该馆原呈）	1947	401206800-J0110-3-000750-006
208	为拨发第一图书馆每月增加事业费给市教育局指令	1947	401206800-J0110-3-000750-010
209	为拨发第一图书馆每月增加事业费给该馆指令	1947	401206800-J0110-3-000750-011
210	为拨发第一图书馆每月订拨费给市教育局指令（附该馆原呈教育局致市政府呈及订报一览表）	1947	401206800-J0110-3-000750-017
211	为拨发第一图书馆每月订报费给该馆指令	1947	401206800-J0110-3-000750-018

续表

序号	题名	年份	档号
212	为拨发市立图书馆等十一处订报费给市教育局指令（附该馆原呈市教育局致市政府呈）	1947	401206800-J0110-3-000750-019
213	为市立图书馆报纸费事给该馆指令	1947	401206800-J0110-3-000750-020
214	为市立图书馆订报费预算书核准事给该馆指令（附该馆原呈及各民教馆见报预算书）	1947	401206800-J0110-3-000750-021
215	为市立图书馆等十一处订报费预算标准事给市教育局指令（附市教育局原呈）	1947	401206800-J0110-3-000750-022
216	为拨借订报费事给市第一图书馆指令（附该馆原呈）	1947	401206800-J0110-3-000750-031
217	为审核市第一图书馆一九四八年一至六月订报费用事致市政府呈	1947	401206800-J0110-3-000750-032
218	为市各民教馆国立图书馆申请拨发一九四八年度事业费事致市政府呈（附各民教馆国立图书馆原呈）	1948	401206800-J0110-3-000750-034
219	为拨发第一图书馆等十一单位一九四八年度一至六月份订报费给市教育局指令	1948	401206800-J0110-3-000750-035
220	为拨发市立图书馆等十二处一九四八年一月份事业费给以上单位指令	1948	401206800-J0110-3-000750-038
221	为准办理捐款及罚金事致第一图书馆指令（附该馆呈）	1946	401206800-J0110-3-000751-001
222	为调查遗失公告牌事给第一图书馆指令（附该馆呈）	1947	401206800-J0110-3-000753-001
223	为地政局进行户地测量届时派员到场事给第一图书馆训令	1947	401206800-J0110-3-000753-003
224	为暂借第一图书馆部分房屋做十一区公所办公处事致市政府签呈	1947	401206800-J0110-3-000753-005
225	为所存法商学院书籍已兑交清楚准予注销事给第一图书馆指令（附该馆呈）	1947	401206800-J0110-3-000753-006
226	为本馆无重复书籍暂不与恩施图书馆交换事致教育局呈	1947	401206800-J0110-3-000753-009
227	为调查全国市立图书馆现况等事致天津教育局函（附表）	1947	401206800-J0110-3-000753-011
228	为填送图书馆调查表事给第一图书馆训令	1947	401206800-J0110-3-000753-012
229	为送本市第一图书馆概况调查表事致浙江省立图书馆函	1947	401206800-J0110-3-000753-014
230	为送本市第一图书馆概况调查表事致浙江省立图书馆函	1947	401206800-J0110-3-000753-015

续表

序号	题名	年份	档号
231	为准一九四八年度工作计划备案事给第一图书馆指令（附该馆呈及工作计划）	1948	401206800-J0110-3-000753-016
232	为核发市立第一图书馆复员费事致杜市长呈	1946	401206800-J0110-3-001110-052
233	为洽领第一图书馆复员费事给教育局指令	1946	401206800-J0110-3-001110-077
234	为准明春修理房顶事给市立第一图书馆指令（附该馆呈）	1946	401206800-J0110-3-001110-089
235	为核发第一图书馆复员费事致杜市长呈	1947	401206800-J0110-3-001111-025
236	为拨发第一图书馆复员费事给教育局指令	1947	401206800-J0110-3-001111-046
237	为派验收第一图书馆修缮等工程情形事致教育局郝局长呈	1947	401206800-J0110-3-001112-043
238	为修改图书馆规程有关主计部分名义事给天津市教育局的训令	1946	401206800-J0110-3-001141-001
239	为修改图书馆规程有关主计部分条文事给市立第一图书馆的训令	1946	401206800-J0110-3-001141-002
240	为修正民教馆规程等有关主计部分条文事给市立各民众教育馆各体育场图书馆的训令	1947	401206800-J0110-3-001141-004
241	为送修正民众教育馆等规程有关主计部分条文事给市立各民教馆各体育场图书馆的训令	1947	401206800-J0110-3-001141-006
242	为由教育局购买收音机发给单位应用事给市立第一图书馆指令（附图书馆呈）	1947	401206800-J0110-3-001149-047
243	为发图书馆办理出版品国际交换事项办法事给天津市教育局训令	1947	401206800-J0110-3-001173-001
244	为图书馆办理出版品国际交换事项办法事给市教育局训令（附办法）	1947	401206800-J0110-3-001173-002
245	为图书馆办理出版品国际交换事项办法事给市图书馆训令	1947	401206800-J0110-3-001173-003
246	为所报增建市立图书馆事给教育局指令	1947	401206800-J0110-3-001278-046
247	天津市立第一图书馆艺术馆民国三十六年冬季煤炉查报表	1947	401206800-J0110-3-001416-004
248	天津市市立第一图书馆等五单位冬季需用煤炉及烟筒数目调查表	1946	401206800-J0110-3-001418-032
249	为拨发修缮费派员来局领取事给第一图书馆等七十八校馆指令（附准发余额清册）	1947	401206800-J0110-3-001500-030
250	为新定电话保证金事给第一图书馆美术馆等指令（附呈）	1945	401206800-J0110-3-001502-005
251	为拨发电话押机费等事给市立第一图书馆指令（附呈）	1946	401206800-J0110-3-001502-029

续表

序号	题名	年份	档号
252	为拨发电话费事给市立图书馆及市立美术馆指令	1947	401206800－J0110－3－001502－037
253	为免摘机停话事致市政府呈及给图书馆指令（附呈）	1947	401206800－J0110－3－001502－038
254	为本局社教机关免摘机事致交通部天津电信局函及给图书馆指令	1947	401206800－J0110－3－001502－040
255	为追加办公费事给市立第一图书馆指令	1947	401206800－J0110－3－001504－010
256	为汇报勘察天津市立第一图书馆围墙情况事致郝局长的呈	1946	401206800－J0110－3－001515－002
257	为呈请加高围墙事给市立第一图书馆的指令	1946	401206800－J0110－3－001515－003
258	为送市立第一图书馆修建围墙估单事致张市长的呈及该馆的指令	1946	401206800－J0110－3－001515－005
259	为准拨发市立第一图书馆修建围墙款事给市教育局的指令	1946	401206800－J0110－3－001515－006
260	为准拨发修建围墙款事给市立第一图书馆的指令	1946	401206800－J0110－3－001515－007
261	为汇报验收市立第一图书馆修建围墙情况事致郝局长的呈	1946	401206800－J0110－3－001515－009
262	为报送修建围墙支付计算书及单据备案事给市立第一图书馆的指令	1946	401206800－J0110－3－001515－010
263	为修理阅览室图书室事致天津市教育局的呈（附估计单概算书）	1948	401206800－J0110－3－001553－021
264	为修补房舍事给市立第一图书馆的指令（附该管呈及估价单）	1945	401206800－J0110－3－001556－001
265	为修缮花园东墙事给市立第一图书馆的指令（附该管呈及估价单）	1945	401206800－J0110－3－001556－002
266	为派员查验馆内地板坍塌事给市立第一图书馆的指令（附该管呈）	1947	401206800－J0110－3－001556－003
267	为给第一图书馆拨发修缮费事致天津市政府的呈及给该管的指令（附该管呈及概算书）	1947	401206800－J0110－3－001556－004
268	为修补工程事给市立第一图书馆的指令（附该管呈）	1948	401206800－J0110－3－001556－006
269	为报勘查第一图书馆书库损坏情况事致市教育局郝局长的呈	1948	401206800－J0110－3－001556－008
270	为拨发修缮馆舍费用事给第一图书馆的指令	1948	401206800－J0110－3－001556－009
271	为准拨发修缮书库费款事给市立第一图书馆的指令（附该馆呈概算书及职员调查报告等）	1948	401206800－J0110－3－001556－010

续表

序号	题名	年份	档号
272	为修复书库地板事给市立第一图书馆的指令（附该馆呈及赵昌荫签呈）	1948	401206800-J0110-3-001556-011
273	为发已故市立第一图书馆馆员王雪民恤金事实表事给该馆指令附该馆呈	1946	401206800-J0110-3-001679-001
274	为订阅礼乐半月刊事给专科以上学校民教馆图书馆等布告	1947	401206800-J0110-3-001708-003
275	为拟将东方图书馆托由教育局就近清理并代为保管运用事致天津市教育局函	1946	401206800-J0110-3-001741-001
276	为天津同东方图书馆整理事宜致教育局函	1946	401206800-J0110-3-001741-002
277	为拟定图书流通工作办法事给市立图书馆训令	1947	401206800-J0110-3-001744-003
278	为搜集陈列展览进出口货物及贸易统计事给市立各社教机关及第一图书馆训令	1947	401206800-J0110-3-001744-005
279	为审核图书流通工作计划事给图书馆指令（附该馆计划）	1947	401206800-J0110-3-001744-007
280	为收到图书馆流通工作计划事给教育局指令	1947	401206800-J0110-3-001744-011
281	为抄发修正图书流通工作计划遵照计划事给市立第一图书馆训令	1947	401206800-J0110-3-001744-012
282	为准第一图书馆按流通计划办理各项工作事给该馆指令（附图书馆呈）	1947	401206800-J0110-3-001744-013
283	为购买世界学典中文版事给各市立私立中等学校及各民教馆图书馆训令	1946	401206800-J0110-3-001746-002
284	为发职业指导丛刊事给各中等学校及图书馆等训令（附发职业指导丛刊颁发明细）	1947	401206800-J0110-3-001765-002
285	为各图书馆等购阅中西药医月刊事致天津市教育局函	1947	401206800-J0110-3-001766-001
286	为收购王船山遗著事给各图书馆等训令	1947	401206800-J0110-3-001766-008
287	为北平图书馆派专家来津点验日本居留民团图书馆图书事给天津市教育局的代电	1947	401206800-J0110-3-001788-001
288	为设立天津第二图书馆相关事宜致局长的签呈	1947	401206800-J0110-3-001788-002
289	为接收各书成立图书馆事给市教育局的交办等件通知单	1947	401206800-J0110-3-001788-003
290	为报送接收图书筹办天津市立第二图书馆办法事致市长的呈（附办法）	1947	401206800-J0110-3-001788-004
291	为应迅速筹办第二图书馆并具报事给教育局的指令	1947	401206800-J0110-3-001788-007

序号	题名	年份	档号
292	为报送筹建第二图书馆经费概算书请鉴核事致市长的呈（附概算书）	1947	401206800-J0110-3-001788-009
293	为希将接收图书移交图书馆筹委会事给教育局的训令	1947	401206800-J0110-3-001788-019
294	为移交日本居留民团图书馆书目及钥匙请查收后事致图书馆筹委会的函	1947	401206800-J0110-3-001788-020
295	为接收图书已为图书馆筹委会接收的呈件准予存查事给教育局的指令	1947	401206800-J0110-3-001788-023
296	为报告出席图书馆组织草案讨论会经过事致郝局长的签呈	1947	401206800-J0110-3-001788-028
297	为限期赴海关办理书籍提取手续事致痛击图书馆筹备委员会的函	1948	401206800-J0110-3-001788-032
298	为奉令搜印先贤遗著请遵照办事致市立第一图书馆训令	1948	401206800-J0110-3-001792-002
299	为送报名册办理平粜粮食事致省立各校及图书馆博物院函	1946	401206800-J0110-3-001881-003
300	为国立中央图书馆请将官书公报寄南京该馆事给教育局训令	1946	401206800-J0110-3-001888-026
301	为清点敌日图书馆封存张关务署长自有图书事给教育局公函	1946	401206800-J0110-3-001895-005
302	为收集日文战史参考资料并附发计划办法事给市立第一图书馆训令	1946	401206800-J0110-3-001957-002
303	为呈送收集日文战史资料书目书籍等事给市立图书馆指令	1946	401206800-J0110-3-001957-004
304	为送编纂地方抗战史应行注意事项事给市私立中学及各民教馆图书馆训令	1947	401206800-J0110-3-001983-003
305	为扩大月会出席人员事给艺术馆图书馆市立各体育场训令（附人数表）	1947	401206800-J0110-3-002011-034
306	为各书店之经售出版目录寄赠长春图书馆事致各大书店的函	1946	401206800-J0110-3-002123-002
307	为订阅教育局文化一书事给本市各中等学校及民教馆图书馆训令	1947	401206800-J0110-3-002188-002
308	为核发购书款事致教育局通知（附样书册该局与图书馆呈及概算书）	1948	401206800-J0110-3-002227-004
309	为预约采购中华文库小学教师用书事给各小学及民教馆图书馆训令	1948	401206800-J0110-3-002227-011
310	为借市立第一图书馆南院房屋办公用给郝任夫函	1947	401206800-J0110-3-002241-004

续表

序号	题名	年份	档号
311	为借用南院房屋办公事给市立第一图书馆训令	1947	401206800-J0110-3-002241-005
312	为成人课本运到事给所属各国民学校补习学校及民教馆图书馆的训令	1948	401206800-J0110-3-002262-018
313	为检送民国三十六年度第一学期公私立中小学及图书馆一览表事与铁凤出版社的往来函件	1947	401206800-J0110-3-002268-032
314	为申请免费乘车证可直接去电车公司办理事给市立第一图书馆等单位指令	1946	401206800-J0110-3-002303-034
315	为核准图书馆员工孔祥真遗失证章事给该馆指令（附该馆呈）	1946	401206800-J0110-3-002313-005
316	为本市第一图书馆馆长证章遗失事给该馆指令（附该馆原呈及报纸启示）	1946	401206800-J0110-3-002313-007
317	为裁减员役数目表事给各民众教育馆市立图书馆等训令	1946	401206800-J0110-3-002394-012
318	为不准任用新人事给各民教馆图书馆等训令	1946	401206800-J0110-3-002394-017
319	为市立图书馆体育场等组织规程给市教育局指令（附呈及社教机关组织规程）	1947	401206800-J0110-3-002398-004
320	为抄发市立图书馆美术馆等组织规程事给市立第一图书馆市立职业补习学校训令（附规程）	1947	401206800-J0110-3-002398-005
321	为教育部核发市立图书馆等组织规程事给市教育局训令	1947	401206800-J0110-3-002398-007
322	为教育部核发市立图书馆等组织规程事给美术馆体育场等训令	1947	401206800-J0110-3-002398-008
323	为发修正本市市立图书馆等组织规程事给市教育局指令（附呈）	1947	401206800-J0110-3-002398-009
324	为颁发市立图书馆等组织规程给市立图书馆美术馆等训令	1947	401206800-J0110-3-002398-010
325	为应修正市立图书馆等组织规程事给市教育局训令	1947	401206800-J0110-3-002398-011
326	为令发市立图书馆体育场及艺术馆组织规程事给市教育局指令（附规程）	1947	401206800-J0110-3-002398-017
327	为抄发组织规程给市各体育场图书馆等训令（附规程）	1947	401206800-J0110-3-002398-018
328	为修正市立图书馆及艺术馆组织规程致市政府呈（附修正规程）	1947	401206800-J0110-3-002398-024

续表

序号	题名	年份	档号
329	为市立图书馆及艺术馆组织规程应修改事给市教育局训令	1947	401206800－J0110－3－002398－025
330	为修正该馆组织规程意见事给市立图书馆艺术馆训令	1947	401206800－J0110－3－002398－026
331	为修正图书馆艺术馆组织规程应准备案给市教育局指令	1947	401206800－J0110－3－002398－027
332	为修正图书馆规程第九条条文事给天津市教育局训令	1947	401206800－J0110－3－002398－030
333	为教育部令修改规程第九条事给第一图书馆训令	1947	401206800－J0110－3－002398－031
334	为补充馆员刘孔昭事给市立第一图书馆指令（附呈）	1945	401206800－J0110－3－002422－001
335	为宋继笙辞职由孔祥真张绍垣接替事给市立第一图书馆指令（附呈）	1946	401206800－J0110－3－002422－002
336	为张椿年病故由刘书田替补事给市立第一图书馆指令（附呈）	1946	401206800－J0110－3－002422－003
337	为刘书田到差日期事给市立第一图书馆指令（附呈）	1946	401206800－J0110－3－002422－004
338	为王雪民病故由杜金茹替补事给市立第一图书馆指令（附呈）	1946	401206800－J0110－3－002422－005
339	为杜金茹到差日期事给市立第一图书馆指令（附呈）	1946	401206800－J0110－3－002422－006
340	为所报职员名册事给市立第一图书馆指令（附呈及名册）	1946	401206800－J0110－3－002422－007
341	为任市立第一图书馆馆长主任馆员事给王君石朱瑛陈瑛刘书田杜金茹派令	1946	401206800－J0110－3－002422－008
342	为馆长王君石病故调杨恒接替事给市立第一图书馆训令	1948	401206800－J0110－3－002422－010
343	为寄送调查表事给河北省立图书馆博物馆函附表	1947	401206800－J0110－3－002588－004
344	为报送馆址证件事给第一图书馆指令（附呈）	1947	401206800－J0110－3－002595－010
345	为调查图书馆实施概括事致天津市教育局代电	1947	401206800－J0110－3－002601－001
346	为查报各图书馆杂志报纸数目事给天津市教育局训令（附调查表格式）	1947	401206800－J0110－3－002601－003
347	为填报图书馆杂志报纸数目事给市立第一图书馆训令	1947	401206800－J0110－3－002601－004

续表

序号	题名	年份	档号
348	为请送图书馆名称地址事与天津市教育局往来函（附天津市图书馆名称地址一览表）	1947	401206800-J0110-3-002607-001
349	为速报接收宜兴埠图书馆清册事与天津市教育局来往函	1946	401206800-J0110-3-002645-012
350	为准接收宜兴埠图书馆家具等物清册备查事给本市三区三十二保国民学校指令（附该校呈）	1946	401206800-J0110-3-002645-013
351	为准接收宜兴埠图书馆家具等物清册备查事给本市三区三十二保国民学校指令（附该校呈）	1946	401206800-J0110-3-002645-014
352	为派接收日本博物院及图书馆事给市立第一图书馆馆长王君石的训令	1946	401206800-J0110-3-002659-001
353	为发还该校原有生物科仪器标本等事给市立第一图书馆的训令及给私立南开中学的指令（附呈）	1946	401206800-J0110-3-002659-002
354	为前天津日本图书馆有李华甫先生寄存大公馆合册请发还事给郝任夫局长的函	1946	401206800-J0110-3-002659-003
355	为派员接收天津日本图书馆事给教育局的训令	1946	401206800-J0110-3-002659-005
356	为拟具接收日本图书馆图书意见一事致天津市政府的呈	1946	401206800-J0110-3-002659-006
357	为送接收日本图书馆装卸包装临时费概算书事给天津市政府会计处的函（附概算书）	1946	401206800-J0110-3-002659-008
358	为接收日本图书馆图书事致天津市政府的签呈	1946	401206800-J0110-3-002659-010
359	为接收日本图书馆实行点收事给教育局的指令	1946	401206800-J0110-3-002659-012
360	为接收日本图书馆需款准予暂拨事给教育局的训令	1946	401206800-J0110-3-002659-013
361	为所送图书登记表及注销清册准予分别登记及注销事给市立第一图书馆的指令（附原呈及清册签呈等件）	1948	401206800-J0110-3-002659-017
362	为所送图书登记表及注销清册准予验印分别存还事给市立第一图书馆的指令（附呈及表清册等件）	1948	401206800-J0110-3-002659-018
363	为缓议图书馆注销家具事致本局第三科函	1947	401206800-J0110-3-002698-019
364	为准宽限报家具图书清册事给市立第一图书馆指令附该图书馆呈	1946	401206800-J0110-3-002726-001

续表

序号	题名	年份	档号
365	为报图书清册准备案事给市立第一图书馆指令附该图书馆呈及清册等	1946	401206800－J0110－3－002726－002
366	为送图书登记表事给市立第一图书馆指令附该图书馆呈及登记表	1947	401206800－J0110－3－002726－003
367	第九区第二十八保国民学校市立第一图书馆市立美术馆本年度九月份经费清单本年九月份经费清单	1947	401206800－J0110－3－002729－002
368	本市美术馆第一图书馆十区中心九区二十八保二十六保十五保十四保十保第一、二国民学校本年度二月份经费清单	1947	401206800－J0110－3－002733－003
369	本市九区十四保十五保二十六保十区中心国民学校市立艺术馆第一图书馆第一、三体育场本年度十一月份经费清单	1947	401206800－J0110－3－002733－009
370	本市十一区二十九保三十二保三十七保图书馆艺术馆第一至第三体育场本年度二月份经费清单	1948	401206800－J0110－3－002734－004
371	本市二区九保十保十三保十三保十七保二十一保二十三保二十五保一区中心三保第一图书馆艺术馆本年度十月份经费清单	1947	401206800－J0110－3－002735－002
372	本市九区十五保十四保十保国民学校艺术馆第一图书馆第一至第三体育场本年度十一月份经费清单	1947	401206800－J0110－3－002736－005
373	本市第一至第三民教馆第一至第三体育场美术馆图书馆本年度八月份经费清单	1946	401206800－J0110－3－002740－005
374	市立第一图书馆美术馆请领生活补助费清单	1946	401206800－J0110－3－002743－035
375	市立第一零一小学第一百小学第一图书馆请领追加生活补助费清单	1946	401206800－J0110－3－002745－001
376	市立一零三小学一零四小学第一图书馆请领追加生活补助费清单	1946	401206800－J0110－3－002745－017
377	市立第一零四小学第一图书馆美术馆请领追加生活补助费清单	1946	401206800－J0110－3－002745－025
378	市立第十区中心国民学校市立美术馆第一体育场第一图书馆及第二及第三体育场第一第二第三社教区民教馆本年度三月份经费清单	1947	401206800－J0110－3－002746－002
379	市立美术馆第十区国民学校第九区二十八保国民学校市立第一体育场第一图书馆第三体育场第二体育场（原目录缺文）	1947	401206800－J0110－3－002747－003
380	市立第三第二第一体育场第一图书馆请领本年度一月份经费清单	1947	401206800－J0110－3－002749－004

续表

序号	题名	年份	档号
381	市立第一图书馆美术馆第一体育场第二体育场女子中学师范学校请领本年度十月份经费清单	1947	401206800－J0110－3－002750－008
382	第十一区第三十二保国民学校第三十七保国民学校市立第一图书馆请领民国三十七年五月份经费清单	1948	401206800－J0110－3－002753－008
383	市立第一第二体育场市立第一图书馆请领民国三十七年六月份经费清单	1948	401206800－J0110－3－002754－002
384	河北省立天津图书馆天津市立第一图书馆市立第三体育场民国三十四年下半年领支经费清单	1945	401206800－J0110－3－002756－005
385	市立第一图书馆第十区中心国民学校第九区第二十六把国民学校请领民国三十六年度五月份经费清单	1947	401206800－J0110－3－002758－009
386	市立第一职业补习学校市立第一图书馆市立美术馆请领民国三十五年二月份经费清单	1946	401206800－J0110－3－002760－001
387	市立第一百零四市立第一图书馆美术馆本年度六月份经费清单	1946	401206800－J0110－3－002762－025
388	市立美术馆第一图书馆本年度五月份经费清单	1946	401206800－J0110－3－002763－004
389	市立美术馆第一图书馆十区中心国民学校六月份经费清单	1947	401206800－J0110－3－002770－006
390	本局所属市立艺术馆及市立图书馆请领本年四月份经费清单	1948	401206800－J0110－3－002776－010
391	本局所属第一零四学校市立第一图书馆及市立美术馆请领本年七月份经费清单	1946	401206800－J0110－3－002777－004
392	本局所属市立第一图书馆市立美术馆及第一社教区民众教育馆请领本年六月份经费清单	1946	401206800－J0110－3－002780－006
393	所属市立第一图书馆经费清单八月至十月	1948	401206800－J0110－3－002783－004
394	市立第一图书馆经费清单	1948	401206800－J0110－3－002788－005
395	市立第一百小学校第一百零二小学校市立第一图书馆请领民国三十五年六月份经费清单	1946	401206800－J0110－3－002823－017
396	第五社教区民众教育馆市立第一图书馆市立美术馆请领民国三十五年度十月份经费清单	1946	401206800－J0110－3－002825－034
397	市立第一百零四小学校市立第一图书馆市立第八十八小学校请领民国三十五年度三月份经费清单	1946	401206800－J0110－3－002826－008

续表

序号	题名	年份	档号
398	市立第一图书馆第一职业补习学校美术馆民国三十五年上半年度下半年度领交临时费及事业费清单	1946	401206800－J0110－3－002830－010
399	天津市立第一图书馆四区二十二保国民学校请领民国三十七年度十一月份经费清单	1948	401206800－J0110－3－002835－003
400	天津市市立第一图书馆市立艺术馆市立第一体育场请领民国三十七年度七月份经费清单	1948	401206800－J0110－3－002838－008
401	天津市市立第一图书馆市立美术馆请领民国三十六年度八月份经费清单	1947	401206800－J0110－3－002840－028
402	市立第一社教区民众教育馆第一图书馆艺术馆请领民国三十六年度十二月份经费清单	1947	401206800－J0110－3－002841－003
403	市立第一体育场第一图书馆美术馆请领民国三十五年度三月份经费清单	1946	401206800－J0110－3－002842－024
404	市立第一图书馆一百零四小学第六社教区民众教育馆请领民国三十五年度四月份经费清单	1946	401206800－J0110－3－002844－025
405	市立第一图书馆十一区三十七保三十二保各国民学校请领民国三十七年度二月份经费清单	1948	401206800－J0110－3－002847－006
406	市立艺术馆第一图书馆十区三十七保国民学校请领民国三十七年度三月份经费清单	1948	401206800－J0110－3－002847－057
407	市立第一体育场艺术馆第一图书馆请领民国三十七年度四月份经费清单	1948	401206800－J0110－3－002848－016
408	市立艺术馆第一图书馆第一职业补习学校请领民国三十七年度五月份经费清单	1948	401206800－J0110－3－002849－044
409	市立美术馆第一图书馆七月份追加办公费清单	1946	401206800－J0110－3－002852－012
410	第一图书馆第十区中心国民学校市立艺术馆一月份经费清单	1948	401206800－J0110－3－002856－008
411	市立美术馆第一图书馆第一百零四小学四月份经费清单	1946	401206800－J0110－3－002857－029
412	第九区二十八保国民学校第十区中心国民学校第一图书馆六月份经费清单	1946	401206800－J0110－3－002860－036
413	本局所属市立第十区中心国民学校市立第一图书馆第七区四十六保国民学校请领本年八月份生活补助费经费清单	1946	401206800－J0110－3－002861－009
414	本局市立第一图书馆及第十一区三十七保三十二保各国民学校请领民国三十七年三月经费清单	1948	401206800－J0110－3－002868－002

续表

序号	题名	年份	档号
415	本局市立第一图书馆第一美术馆及市立第一体育场请领民国三十六年度七月份经费清单	1948	401206800-J0110-3-002868-013
416	市立高级助产职业学校市立第一图书馆等十五校缴纳共济金名册	1947	401206800-J0110-3-003023-009
417	天津市立第一图书馆请领小麦员役清册	1946	401206800-J0110-3-003055-007
418	为验收市立第一图书馆工程致市教育局呈（附证明书原呈文）	1948	401206800-J0110-3-003113-006
419	天津市立第二图书馆第三体育场第二体育场领取福利基金收条及名册	1945	401206800-J0110-3-003157-002
420	市立中小学社教机关图书馆等处雇员以上职员名簿填写注意事项	1942	401206800-J0110-3-003495-045
421	为发各图书馆添设研究室办法表给市立北阁西小学校训令（附办法表）	1937	401206800-J0110-3-003498-032
422	为市立第一图书馆订期举行开馆式致市立中小学校长函	1941	401206800-J0110-3-003500-018
423	为抄发市立图书馆征集图书文献办法事给市立第十八小学的训令（附办法）	1934	401206800-J0110-3-003543-005
424	为市立第一图书馆维修工竣开馆事致市立第十五小学函	1941	401206800-J0110-3-003547-030
425	天津市立图书馆征集图书文献办法	1934	401206800-J0110-3-003611-008
426	为美国胡佛图书馆征集抗战史料事给市教育局的训令（附抄备忘录等）	1947	401206800-J0110-3-003742-013
427	关于美国胡佛图书馆征集有关中国革命及抗战史料事给教育局的训令	1946	401206800-J0110-3-003755-047
428	为天津市立第一图书馆开馆事致市立四十五小学公函	1941	401206800-J0110-3-003759-068
429	为各图书馆辅助小学教职员进修设研究室事给沈家台小学训令（附市立美术馆小学教职员进修研究办法等）	1937	401206800-J0110-3-003841-021
430	为请查不良各校图书馆不良读物事给市立四十五小学校训令	1938	401206800-J0110-3-003850-007
431	为继续请查各校图书馆不良读物事给市立四十五小学校训令	1938	401206800-J0110-3-003850-013
432	为发教科图书馆审查规程等事给市立四十五小学校训令（附审查规程）	1938	401206800-J0110-3-003850-014
433	为本市各图书馆或藏书室内旧存抗日书籍彻查封存事给市立四十五小学校训令	1938	401206800-J0110-3-003850-016

续表

序号	题名	年份	档号
434	抄胡佛图书馆备忘录关于中国资料之征集	1948	401206800-J0110-3-003871-038
435	为寄送天津丛刊天津市政府致养正初中图书室函	1948	401206800-J0110-3-003951-033
436	民教馆关于教育局治安维持会卷［关于市立第六通俗图书馆管理员呈送本馆二十六年度（1937年）冬季煤炭临时费预算书及请款凭单等问题］	1937	401206800-J0113-2-000010
437	民教馆训令、指令、呈文、公函（关于天津市市立第五通俗图书馆天津市社会局委任王锡龄为市立第五通俗图书馆管理员）	1936	401206800-J0113-2-000042
438	民教馆训令（关于会衔呈报由市立第一图书馆拨给第五民教馆木椅二十张正业已办理竣事等）	1936	401206800-J0113-2-000063
439	杂项（一）（关于为密函传知事项奉天津特别市公署训令整理第一图书馆存馆之北洋大学书籍办法草案，中华民国国旗条例等问题）	1939	401206800-J0113-2-000081
440	民教馆教育局指令［关于第六图书馆据呈送十九年（1930年）十一月份阅览统计工作报告，第一室第六代箱处阅览统计准予存查等］	1931	401206800-J0113-3-000025
441	民教馆教育局指令［关于第六图书馆令知十九年（1930年）一月份经费候函请拨发，市立第六通俗图书馆据呈送十八年十二月份阅览等］	1930	401206800-J0113-3-000026
442	民教馆指令、训令、公函（关于天津市市立第六通俗图书馆填造服务保证书，天津市社会教育机关联合宣传委员会各组办事简则等）	1935	401206800-J0113-3-000034
443	民教馆阅览统计（关于市立第六通俗图书馆管理员为本馆前次呈准预选图书足敷本年一月份应用暂不预选之事呈教育局文等）	1936	401206800-J0113-3-000039
444	民教馆关于教育训令［关于市立第六通俗图书馆管理员为呈送本馆民国二十六（1937年）年六月份收听教育播音月报表呈教育局文等］	1937	401206800-J0113-3-000178
445	民教馆关于图书馆人员历史卷	1938	401206800-J0113-3-000186
446	关于杂项事件（关于天津日本图书馆函为展览山东省地方志书请指导及教育局函送中央铁路学院招生简章希宣传等）	1940	401206800-J0113-3-000359

续表

序号	题名	年份	档号
447	市立第五通俗图书馆呈报移交	1946	401206800－J0113－3－000439
448	天津特别市市立第二通俗图书馆民国二十六年十月份至二十七年六月份图书登记表	1937	401206800－J0113－3－000555
449	文卷（天津特别市公署给第四卫生区事务所关于国立北京图书馆征求刊物的指令训令）	1942	401206800－J0117－1－000210
450	为胡佛图书馆征集史料事致本市商会函	1947	401206800－J0128－2－000551－010
451	为胡佛图书馆征集史料事致本市商会函	1947	401206800－J0128－2－000551－011
452	为胡佛图书馆征集史料事致本市商会函	1947	401206800－J0128－2－000551－012
453	为设立工程图书室捐款与河北平津区工业协会的来往函（附本委员会简章）	1948	401206800－J0128－2－003216－052
454	为联合工程图书室捐款事致河北平津区工业协会的函	1948	401206800－J0128－2－003216－053
455	为请各大工矿捐助图书室致河北平津区工业协会的函	1948	401206800－J0128－2－003216－054
456	为核定担任工程图书室捐款数额致中国纺织建设公司天津分公司等的函	1948	401206800－J0128－2－003216－055
457	为送联合工程图书室捐款与天津市工程学术团体联合工程图书室筹备委员会的来往函（附捐款工厂清单）	1948	401206800－J0128－2－003216－057
458	为捐书款致工程图书室筹委会的函	1948	401206800－J0128－2－003292－001
459	美国胡佛图书馆征集中国革命及抗战史料	1947	401206800－J0128－3－009161
460	准市商会函以本社会局令知胡佛筹设图书馆征集革命史料	1947	401206800－J0129－3－000402
461	致图书馆查借书籍以补版片残缺	1923	401206800－J0130－1－000292
462	关于教育所呈报各事项附统计股经理图书室各事	1933	401206800－J0131－1－000607
463	为盐政杂志社盐务图书馆募售基金事致文荪兄函	1947	401206800－J0138－1－002390－025
464	为盐业图书馆捐书事与长芦盐务管理局费局长的往来函	1948	401206800－J0138－1－002634－041
465	为盐工福利计划中不列体育场及图书室原因事致盐务管理局代电	1946	401206800－J0138－1－003285－018
466	为报增加图书室经费办法事致芦台场签呈	1947	401206800－J0138－1－003351－034
467	本场运盐工图书室添置设备购物付款证明单	1946	401206800－J0138－1－003553－021
468	关于具收丰财盐场图书室购买文具费的收据	1946	401206800－J0138－1－003554－010

续表

序号	题名	年份	档号
469	为支付盐工股图书室安装玻璃工费的付款证明单	1946	401206800－J0138-1-003554-015
470	为拟盐工图书室简则事致本场王场长呈附该简则	1947	401206800－J0138-1-003573-002
471	盐业经理襄理来往杂件（中华农学会筹设许叔玉畿一先生纪念图书馆奖学金等募捐款）	1933	401206800－J0217-1-000001
472	盐业银行对存海汇社及海源阁藏书押借款项及将该项出版文物擅自交与政权、北平图书馆的各项有关问题的往来文件	1931	401206800－J0217-1-004051
473	为抄发医警名单长警毕业考试成绩册市立第一图书馆征集图书文献办法市公署留日学生暂行规程交通部组织法及市公园财政局征收筵席捐章程等其他事项之训令	1941	401206800－J0218-3-007200
474	警局关于美国胡佛图书馆征集中国革命及抗战史料等项训令	1947	401206800－J0219-1-008833
475	训令全属为奉令解释伪组织民教馆图书馆职员应比伪学校教职员办理仰知照	1947	401206800－J0219-3-000130
476	市府令发图书馆组织规程	1946	401206800－J0219-3-035728
477	市府令发市立图书馆体育场及游艺馆组织规程	1947	401206800－J0219-3-035862
478	天津图书馆函为特设文化服务部欢迎利用	1948	401206800－J0219-3-036075
479	关于中统局天津站处嘱本处索取地图和通知接收平津图书馆并成立北平图书正理处	1946	401206800－J0222-1-001434
480	该组有关设立中山图书室事项	1947	401206800－J0229-1-000368
481	视察员李文褀前往视察图书馆	1932	401206800－J0252-1-000211
482	图书馆暂行规程等	1930	401206800－J0252-1-000222
483	图书馆登记簿及交接事项	1936	401206800－J0252-1-000420
484	介绍浙江省立图书馆月刊	1932	401206800－J0252-1-000717
485	令各机关设有图书室者须广汇党义书籍	1933	401206800－J0252-1-000863
486	促进中等学校积极举办推广教育案及扩充图书馆案	1933	401206800－J0252-1-000948
487	图书馆活动办法建议	1929	401206800－J0252-1-001430
488	教厅奉令抄录中华图书馆协会条陈及原批	1930	401206800－J0252-1-001540
489	河北省各图书馆调查表	1933	401206800－J0252-1-001944
490	天津市立图书馆买王竹林房地坐落二区一所	1931	401206800－J056f-1-002020
491	业户市立图书馆请管业证	1939	401206800－J056f-1-074655

续表

序号	题名	年份	档号
492	图书馆组织便览	1935	401206800-W0001-1-011643
493	为本校图书馆事务繁忙拟增聘赵师勋为助理员恳请签核示遵由	1949	401206800-X0198-C-000031-034
494	市立中教务处图书馆购置图书清册	1948	401206800-X0198-Y-000121-001
495	为呈报更换图书馆等新馆铃记祈鉴核备案由	1949	401206800-X0198-Y-000269-004
496	天津图书馆沿革	1948	401206800-X0198-Y-000270-010
497	天津图书馆合并的前后与目前的问题	1948	401206800-X0198-Y-000270-011
498	天津图书馆财产清册	1949	401206800-X0198-Y-000270-013
499	天津市立第一图书馆交接图书清册	1948	401206800-X0198-Y-000271-002

15 上海市档案馆

序号	题名	年份	档号
1	上海市教育局关于接收商务印书馆伪教育部所存图书及代管鸿英图书馆问题与有关单位来往文书	1949	B105-1-122
2	上海市教育局私立自忠海光新时代图书馆申请补行登记报告	1949	B105-5-144
3	上海市教育局关于市立图书馆移交清册	1949	B105-5-246
4	上海通信图书馆《上海通信图书馆月报》（第1期）	1925	D2-0-2933
5	上海通信图书馆《上海通信图书馆月报》（第2期）	1925	D2-0-2934
6	上海通信图书馆《上海通信图书馆月报》（第4期）	1925	D2-0-2935
7	上海通信图书馆《上海通信图书馆月报》（第5期）	1925	D2-0-2936
8	《上海通信图书馆章程及宣言》	1925	D4-0-760
9	抗日战争中未毁前的东方图书馆及被毁后的商务印书馆		H1-1-151-15
10	抗日战争期间被焚毁的东方图书馆情形		H1-1-151-66
11	抗日战争中被焚毁的东方图书馆		H1-1-151-101
12	抗日战争期间东方图书馆被焚毁情形		H1-1-151-248

续表

序号	题名	年份	档号
13	上海市教育局市立图书馆公务员平时成绩考核记录表	1947	Q1-3-496
14	上海市教育局图书馆考成表	1947	Q1-3-511
15	上海市教育局图书馆公务员平时成绩考核记录表	1948	Q1-3-528
16	中国童子军上海特别市和复员委员会成立、人员就职及教育局拟制市立民众教育馆和图书馆组织规则等报府备案的函件	1945	Q1-6-241
17	关于市立图书馆等书籍的清理搜集问题与有关单位的来往文书	1945	Q1-6-703
18	上海市博物、科学、图书馆36-38年配售员工日用必需品名册		Q1-12-719
19	国立中央图书馆、博物院36-38年配售员工日用必需品名册		Q1-12-720
20	国立北平罗斯福图书馆36、37年配售员工日用必需品名册		Q1-12-721
21	上海市政府关于商业图书馆文件		Q1-13-143
22	上海市政府关于江湾图书馆体育场备案文件		Q1-13-145
23	上海市政府关于罗斯福纪念图书馆文件		Q1-13-146
24	上海市政府关于市立图书馆文件		Q1-13-147
25	上海市政府关于中央图书馆出版品交换办法		Q1-17-743
26	一·二八事变上海东方图书馆被毁涵芬楼善本书清册等文件	1931	Q1-17-1214
27	图书馆管理法		Q102-1-48
28	图书馆管理法		Q102-1-49
29	中华业余图书馆馆务工作	1940	Q103-1-1
30	中华业余图书馆工作方法、规章制度、读者和图书情况	1938	Q103-1-2
31	上海总会接管后中华业余图书馆情况	1949	Q103-1-3
32	中华业余图书馆工作人员登记名册		Q103-1-5
33	中华业余图书馆工作人员给图书馆的信件	1947	Q103-1-6
34	中华业余图书馆《中国通讯》油印出版物征书运动快报	1939	Q103-1-8
35	中华业余图书馆读书会名册、工作学习班名册	1949	Q103-1-11

续表

序号	题名	年份	档号
36	中华业余图书馆董事会	1947	Q103-1-12
37	中华业余图书馆帐册	1943	Q103-1-13
38	上海市图书馆联合会文件	1949	Q103-1-16
39	上海市参议会关于增设公园、图书馆奖励设立私立图书馆文件	1946	Q109-1-60
40	上海市参议会请市府就现有公园内广设简型流动图书馆开展社教文件	1947	Q109-1-61
41	上海市参议会关于总务组领秋季脚踏车照会、租用交通车费、拨款充虹口公园图书馆设备经费等事的文件	1946	Q109-1-1318
42	番禺旅沪同乡会筹备会、禺山图书馆董事会会议记录	1948	Q117-17-8
43	世界红十字会上海分会图书馆有关组织成立、会议记录、简章、细则、董事职员名册、人事聘请及征集图书的函和收支清册	1949	Q120-3-34
44	审计部上海市审计处关于招商承办图书馆、博物馆职员宿舍房屋工程案	1936	Q123-1-581
45	审计部上海市审计处审核上海市图书馆24年度5、6月份经常支出预算	1937	Q123-1-1531
46	审计部上海市审计处审核上海市图书馆25年度7至10月份经常支付预算	1937	Q123-1-1532
47	审计部上海市审计处审核上海市图书馆25年度7、8月份经常费支付预算	1937	Q123-1-1533
48	审计部上海市审计处审核上海市图书馆25年度9月份经常费支付预算	1937	Q123-1-1534
49	审计部上海市审计处审核上海市图书馆25年度10月份支付预算	1937	Q123-1-1535
50	审计部上海市审计处审核上海市图书馆25年度11月份经常费支付预算	1937	Q123-1-1536
51	审计部上海市审计处审核上海市图书馆25年度12月份经常费支付预算	1937	Q123-1-1537
52	审计部上海市审计处审核上海市图书馆25年度6月份开办费临时支付预算	1937	Q123-1-1538
53	审计部上海市审计处审核上海市图书馆25年度临时费及2月份经常支付预算	1937	Q123-1-1541
54	审计部上海市审计处审核上海市图书馆25年度设备购置临时支付预算	1937	Q123-1-1621

续表

序号	题名	年份	档号
55	审计部上海市审计处审核上海市图书馆廿四年临时支出计算	1937	Q123-1-2527
56	审计部上海市审计处审核上海市图书馆廿四年度五、六月份经常支出计算	1937	Q123-1-2528
57	审计部上海市审计处审核图书馆经常支出计算	1937	Q123-1-2533
58	审计部上海市审计处监察案件通知单务必审核图书馆、通志馆、兴业信托社、上海市金库等计算书类的公函、报表、部令	1937	Q123-1-3304
59	上海市政府会计处关于图书馆增设流动车经费	1947	Q124-1-469
60	上海市政府会计处关于市立图书馆展览费	1948	Q124-1-1606
61	上海市政府会计处关于市立图书馆图书购置费	1948	Q124-1-2776
62	上海市政府会计处关于市立图书馆收支对照表	1946	Q124-1-4940
63	三青团上海支团部关于组织写作协会流通图书馆剧社联合会、宣传队等计划大纲		Q129-1-43
64	上海市政府有关中央图书馆办理出版品、国际交换事项办法	1947	Q131-1-215
65	上海市警察局各处各分局、各总队及合作社、图书馆等在职员警名册、职务分配表	1949	Q131-2-220
66	上海市警察局刑事处关于查获王云祥、姚文仙等盗窃北四川路横浜桥南首广肇公学内日敌设近代科学图书馆之书籍78包案	1946	Q131-5-2296
67	上海市警察局关于调查上海图书馆馆长周连宽住所失窃案	1948	Q131-5-3541
68	上海市警察局关于市立图书馆函请调查张同福失窃雨衣及设置岗警案	1948	Q131-5-3642
69	上海市警察局政治处令各分局将没收之藏书交市图书馆保存	1945	Q131-6-432
70	上海市警察局总务处接收鸿英图书馆所藏之前公安局卷宗	1945	Q131-7-2088
71	到职美国胡佛图书馆征集中国革命及抗战史料	1946	Q132-5-52
72	上海市警察局新成分局关于调查中华业余图书馆内部组织情况记录表,附该馆开会议程函	1946	Q142-3-32

续表

序号	题名	年份	档号
73	胡佛图书馆关于中国资料之征集备忘录	1949	Q145-5-4
74	上海警察局新市街分局关于没收汪伪组织及附近人员房屋归公训令，没收汪逆藏书拨交图书馆保存训令	1945	Q153-2-2
75	中央博物院、北京图书馆上海办事处领取配售煤球差额金名册	1947	Q173-26-84
76	私立武昌文华图书馆学专科学校教员名单及武昌文华学校为寄送名单事宜致正中书局的信函等文书	1941	Q173-27-67
77	上海地方法院关于大中国图书馆违反印花税法案	1949	Q185-2-52850
78	中国纺织建设公司上海第一印染厂关于不明性质原料及图书馆移交清册	1946	Q192-17-10
79	中国纺织建设公司关于设置图书馆、赠捐吉普卡车、聘用顾问律师及职员分配居住办法的函	1947	Q192-18-160
80	恒丰纱厂筹办职工义校和图书馆草案工会记事	1948	Q199-12-89
81	前工部局退职员警登记表（图书馆）		Q2-2-3
82	上海市商会函请市立图书馆交还前商业图书馆移存的来往文书	1945	Q201-1-6
83	上海市商会童子军团、商业图书馆、商业职业学校及商业月报社等附属单位抗战期间被灾损失报告表	1948	Q201-1-378
84	上海市商会与铭昌营造厂签订添建图书馆房屋的合同蓝图	1949	Q201-1-524
85	正明会计师事务所关于审查上海市商会及上海市商会所属商品陈列所、图书馆、商业月报社及商业职业学校等的帐目报告书	1947	Q201-1-526
86	上海银行公会等关于商品陈列所基金改换户名及图书馆基金利息问题的来文	1934	Q201-1-580
87	上海市商会图书馆添建阅览室、举行工商文化展览会及函请出版业会员赠送新书等文书	1948	Q201-2-719
88	上海特别市市中心区域建设委员会关于市立图书馆、博物馆卷	1934	Q213-1-8
89	上海市工务局修理市立图书馆卫生设备文件	1946	Q215-1-3732
90	上海市工务局有关东方图书馆定期开放赠送长期阅览券文书	1927	Q215-1-6056

续表

序号	题名	年份	档号
91	上海市政府公务员向上海市图书馆借书简易办法	1937	Q215-1-6958
92	上海市工务局关于文庙图书馆文书	1930	Q215-1-8178
93	上海市工务局有关市立图书馆、博物馆文书		Q215-1-8313
94	上海市工务局有关市立图书馆、博物馆文书		Q215-1-8314
95	上海市工务局有关市立图书馆、博物馆文书		Q215-1-8315
96	上海市教育局关于审查学校刊物办法、中学及附小校长服务细则修正上小学办理毕业规则设立儿童图书馆办法		Q235-1-219
97	上海市教育局关于拟订市立体育场、图书馆、博物馆组织通则	1935	Q235-1-350
98	上海市教育局关于民教馆、图书馆、动物园任免服务规则、组织规则、开放规则等	1933	Q235-1-354
99	上海市教育局关于市立图书馆职员任免交替及移交清册	1933	Q235-1-488
100	上海市教育局关于市立图书馆职员人事任免事项	1931	Q235-1-489
101	上海市教育局关于市立流通图书馆工作人员交替及移交事项	1934	Q235-1-491
102	上海市教育局关于上海市总商会商业图书馆及中华书局图书馆等立案问题	1928	Q235-1-1737
103	上海市教育局关于申报量才流通等图书馆立案文件	1934	Q235-1-1739
104	上海市教育局关于量才流通等图书馆立案文件	1935	Q235-1-1741
105	上海市教育局关于图书馆函授学校立案文件	1932	Q235-1-1829
106	上海市教育局关于图书馆函授学校、电影迷成传习所立案文件	1932	Q235-1-1830
107	上海市教育局关于私立模范补习学校、图书馆学函授学校、新闻商业英文补习学校立案文件	1932	Q235-1-1853
108	上海市教育局关于市立图书馆接收格致书院书籍清册	1933	Q235-1-2133
109	上海市教育局呈报市政府及行文其他单位为开办音乐所及图书馆进行筹备工作	1929	Q235-1-2304
110	上海市教育局关于市立图书馆与音乐所新建房屋事项	1931	Q235-1-2306

续表

序号	题名	年份	档号
111	上海市教育局关于市立图书馆申请开办经费及购买图书清册	1931	Q235-1-2307
112	上海市教育局关于市立流通图书馆迁移问题	1930	Q235-1-2308
113	上海市教育局关于市立流通图书馆要求拨款修理借邑庙余屋拨给万有文库等事由	1931	Q235-1-2309
114	上海市教育局关于市立新陆师范敬业中学流通图书馆请拨万有文库及办洋泾体育场问题	1930	Q235-1-2310
115	上海市政府抄发征集国史资料计划大纲及国立中央图书馆办理出版品国际交换事项办法	1947	Q235-2-57
116	上海市教育局关于公私立图书馆、体育场、各私立职业学校视察报告表及学校视察记分表	1947	Q235-2-197
117	上海市教育局关于市立图书馆人事任免及薪级核定（1）	1945	Q235-2-1478
118	上海市教育局关于市立图书馆人事任免及薪级核定（2）	1945	Q235-2-1479
119	上海市教育局关于市立图书馆职员登记表		Q235-2-1534
120	上海市教育局关于市立图书馆工作人员考绩表		Q235-2-1549
121	上海市教育局关于各类图书馆规程及设立儿童图书馆办法	1927	Q235-2-1755
122	上海市教育局关于国立中央图书馆及私立改进小学等六个学校呈送之音乐教材	1947	Q235-2-2746
123	上海市教育局关于市立民教馆、图书馆组织规程草案	1945	Q235-2-3432
124	上海市教育局关于市立图书馆工作计划工作报告以及呈报该馆物资被交通警察11总队运走事由	1945	Q235-2-3457
125	上海市教育局关于市立图书馆与外省交换图书及函索图书出版目录	1946	Q235-2-3458
126	上海市教育局呈报德育部教育委员组织失学民众识字教育职业学校推行增校计划、图书馆实施等工作	1946	Q235-2-3480
127	上海市教育局关于国立中央图书馆、西康省教育会成立通知、调查市立图书馆现状等问题文件	1947	Q235-2-3518
128	上海市教育局关于私立合众、中华图书馆呈请立案	1946	Q235-2-3649

续表

序号	题名	年份	档号
129	上海市教育局关于私立鸿英图书室互助室呈请立案、呈请成立上海通俗流通图书馆、吴淞路阅览所及各公园流动图书馆的文件	1946	Q235-2-3650
130	上海市教育局关于私立流动儿童图书馆、兰书屋图书馆、清华儿童图书馆呈请立案、市立虹口图书馆呈报开办情况的文件	1946	Q235-2-3651
131	上海市教育局关于市立图书馆购买刘翰怡图书纠纷经过情况及发还商会图书来往文书	1946	Q235-2-3801
132	上海市教育局关于美术馆、图书馆及市立中心学校呈报展览会报销表册	1948	Q235-2-4368
133	上海市教育局关于查图书馆搬运费	1946	Q235-2-4474
134	上海市教育局关于市立图书馆移交清册	1945	Q235-2-4751
135	上海市教育局关于市社教机关、科学馆、博物馆、体育场、图书馆、民众体育馆呈报财产目录	1946	Q235-2-4765
136	上海市教育局为基督教女青年会，市立实验戏剧学校、博物馆、图书馆等单位呈请商借拨发校具仪器汽车的指示等	1946	Q235-2-4780
137	上海市教育局关于图书馆修理建设开办筹估价单报告及请拨经费	1946	Q235-2-4791
138	上海市教育局关于市立图书馆图书目录记录簿	1945	Q235-2-4850
139	上海市教育局关于上海市图书馆向本局呈报1946年度经常费报表		Q235-2-4975
140	暨南大学关于教务处图书馆移交清册	1946	Q240-1-144
141	教育部令发全国图书馆调查并通知酌量捐赠图书给国外学校及有关图书选购办法等来文	1934	Q241-1-205
142	大同大学图书馆中文图书清册（第一册）		Q241-1-207
143	大同大学图书馆中文图书清册（第二册）		Q241-1-208
144	大同大学图书馆西文图书清册（第一册）		Q241-1-209
145	大同大学图书馆西文图书清册（第二册）		Q241-1-210
146	大同大学图书馆中西杂志清册		Q241-1-211
147	樊正康与海关图书馆和沪江教员等来往信件	1939	Q242-1-127
148	圣约翰大学关于运动会、体育比赛及筹建上海市图书馆文件	1921	Q243-1-234
149	圣约翰大学罗氏图书馆概况	1934	Q243-1-265

续表

序号	题名	年份	档号
150	圣约翰大学罗氏图书馆馆务年度报告	1915	Q243-1-268
151	圣约翰大学罗氏图书馆馆务年度报告	1925	Q243-1-269
152	圣约翰大学罗氏图书馆馆务年度报告	1930	Q243-1-270
153	圣约翰大学罗氏图书馆馆务年度报告	1933	Q243-1-271
154	圣约翰大学罗氏图书馆馆务年度报告	1935	Q243-1-272
155	圣约翰大学罗氏图书馆馆务年度报告	1938	Q243-1-361
156	圣约翰大学罗氏图书馆馆务年度报告	1942	Q243-1-362
157	圣约翰大学罗氏图书馆委员会会议记录、报告及有关文件	1946	Q243-1-423
158	圣约翰大学罗氏图书馆委员会会议记录、报告及有关文件	1947	Q243-1-424
159	圣约翰大学罗氏图书馆委员会会议记录、报告，中西图书及有关文件	1948	Q243-1-425
160	圣约翰大学罗氏图书馆工作报告	1946	Q243-1-426
161	圣约翰大学罗氏图书馆工作报告汇集	1921	Q243-1-427
162	圣约翰大学图书馆1950年度工作报告		Q243-1-559
163	抗战期间之震旦大学、震旦大学概况及震旦大学震旦新图书馆等		Q244-1-16
164	震旦大学关于抗战时期教育部、局有关学生学籍、学校财务、毕业生及市立图书馆来往文件	1937	Q244-1-129
165	震旦大学抗战时期、胜利、解放后关于相伯图书馆组织大纲、理事会、招考技术及专站人员及介绍书等	1943	Q244-1-271
166	震旦大学关于图书馆概况、订购书籍、讲义及赠书等卷	1949	Q244-1-283
167	震旦大学关于各方面赠书、寄存图书、出售图书、赔书及与鸿英图书馆合作文件等（附剪报一份）	1936	Q244-1-331
168	震旦大学图书馆丁氏文库登记簿		Q244-1-349
169	瑞士国家图书馆图片1份		Q244-1-444
170	震旦大学博物院关于郑璧尔（B. Beeguart）同燕京大学、北京图书馆袁同礼（T. L. yuan）、浙江金华昆虫局、山东及中央大学等涉及鉴定标本、交换资料订购刊物等	1931	Q244-1-499

序号	题名	年份	档号
171	震旦大学博物院关于郑璧尔（B. Beeguart）与中国科学社明复图书馆、清华大学、南开大学等来往信件有关交换标本、刊物、介绍参观及其他	1935	Q244－1－508
172	震旦大学博物院关于 B. Beeguart 及 A. de. cooman 同美国农业部、加拿大博物馆等的图书馆交换订购刊物的来往函件	1946	Q244－1－522
173	震旦大学博物院关于 F. A. Bourgrois 及 A. de cooman 同哈佛大学图书馆及南加利福尼亚大学等来往信件有关交换标本刊物及订购书刊等	1946	Q244－1－524
174	震旦大学关于震旦图书馆向北京人大研究部、中央卫生部等机关订购图书资料等来往文件	1949	Q244－1－695
175	震旦大学关于震旦图书馆与国内外出版局及中华医学会来往文件	1949	Q244－1－696
176	震旦大学关于图书馆新书报告、统计报刊等		Q244－1－799
177	震旦大学关于图书馆与各方面来往信件及其他印刷宣传品		Q244－1－802
178	震旦大学关于图书馆杂件和空信封		Q244－1－803
179	东吴法学院图书馆点交华东政法学院图书清册		Q245－1－147
180	教育部制发1930年度全国公私立学校图书馆一览表及通知各校填报图书馆调查表等函件	1931	Q248－1－328
181	上海法政学院图书馆关于图书阅览室暂行规则；学生教职员借书暂行规则；购置新书暂行办法告示布告通知	1940	Q248－1－329
182	上海法政学院与张祜、东吴法学院等个人、学校机关为捐赠图书、参观图书馆等往来函件	1939	Q248－1－330
183	上海法政学院租用黄浦区14图为学圩6号26丘公地3亩4分5毫作为建筑礼堂图书馆与上海市政府等单位往来文书、继续缴地租函件	1947	Q248－1－480
184	教育部关于调查各大专校图书馆概况和分配赠送图书等通知及同德医学院图书馆简则图书目录等		Q249－1－146
185	上海市立工业专科学校图书室移交交通大学图书馆移交清册		Q257－1－155

续表

序号	题名	年份	档号
186	上海市立工业专科学校图书室移交交通大学图书馆移交清册		Q257-1-156
187	上海市立工业专科学校图书馆反动书籍杂志清册		Q257-1-157
188	上海市立工业专科学校图书馆各科图书预算、固定资产登记表等文件	1949	Q257-1-158
189	中央、华东教育部通知各校填报图书馆概况和关于向国外订购图书期刊规定等来文及上海商业专科学校购买书籍的函件	1949	Q258-1-53
190	私立南京工业专科学校（沪校）教职员停止评薪的规定、教授参加会议、增加助教之规定、不录用拒绝赴西北西南技术人员转延安图书馆募捐书籍文件		Q259-1-16
191	金城银行有关"东方经济图书馆"董事会成立大会会议记录及开幕纪念等件	1947	Q264-1-1375
192	海光西方思想图书馆缘起及其有关经济政治方面的刊物（英文）	1946	Q275-1-1587
193	上海商业储蓄银行有关海光图书馆全体员工被国民党特务逮捕迫害的周年纪念文	1948	Q275-1-2591
194	上海商业储蓄银行关于在欧美的活动对时局的看法；海光图书馆的筹设组织及活动以及经济接济等事宜陈光甫与林同济往来函件	1941	Q275-1-2751
195	行政院分配上海各机关房屋委员会关于博物馆图书馆申请分配房屋		Q30-1-141
196	振业集谊社社员大会会议录及图书馆会议录	1947	Q312-1-9
197	振业集谊社1945—1947年收支报告表及图书馆1950—1952年收支报告表	1945	Q312-1-10
198	华丰橡胶厂江西省广播无线电台全体职员摄影及桃坞中学图书馆顾问理事周人影		Q38-30-87
199	新亚药厂关于教育馆、动物园、流通图书馆及讲习所名单		Q38-40-153
200	上海市公共交通筹委会关于中国广告社、市立图书馆等函索路线图表与价目表		Q417-1-746
201	申报与上海教育局、国立礼乐馆、国史馆、商业图书馆、国立中央图书馆、中国图书馆、中国新闻专科学校往来文书		Q430-1-110
202	上海市财政局关于建筑市立运动场图书馆博物馆	1934	Q432-1-332

续表

序号	题名	年份	档号
203	上海市财政局关于建筑市立运动场图书馆博物馆	1934	Q432－1－333
204	市民众教育馆胡佛、罗斯福图书馆来函及备忘录；上海市财政局转发市府关于抄送有关革命及抗战之文物史料的训令	1948	Q432－3－195
205	经济部上海区燃料管理委员会有关报馆、图书馆、印书馆申请煤斤文件	1945	Q473－1－660
206	上海市公用局关于市立图书馆博物院水电设备案	1934	Q5－3－2320
207	上海市公用局关于市立图书馆博物院水电设备案	1934	Q5－3－2321
208	上海市公用局关于全国运动会场及市中心图书馆等处装电话等设备	1935	Q5－3－2823
209	上海市公用局关于全国运动会场及市中心图书馆等处装电话等设备	1935	Q5－3－2824
210	上海市公用局关于全国运动会场及市中心图书馆等处装电话等设备	1935	Q5－3－2825
211	上海市公用局关于全国运动会场及市中心图书馆等处装电话等设备	1935	Q5－3－2826
212	上海市公用局关于全国运动会场及市中心图书馆等处装电话等设备	1935	Q5－3－2827
213	上海市公用局关于全国运动会场及市中心图书馆等处装电话等设备	1935	Q5－3－2828
214	上海市公用局关于全国运动会场及市中心图书馆等处装电话等设备	1935	Q5－3－2829
215	上海市公用局关于胡佛图书馆等征集中国革命及抗战史料案		Q5－3－3708
216	上海市公用局关于胡佛图书馆等征集中国革命及抗战史料		Q5－3－5715
217	沪南区标准母钟移装文庙路图书馆内案	1935	Q5－7－909
218	关于市图书馆电气警号机案	1937	Q5－7－1034
219	东方经济研究所筹备会情况、组织规程及东方经济图书馆材料（系从中国银行待销毁档案抽出另行立卷、原卷号为1983♯）	1946	Q54－3－13
220	中国科学社图书馆委员会议录（第一册）	1946	Q546－1－82
221	中国科学社图书馆收支总账	1949	Q546－1－172

393

续表

序号	题名	年份	档号
222	中国科学社重修明复图书馆募捐委员会信件及上海社所照料委员会信件等	1943	Q546-1-191
223	中华国际工程学会关于图书馆方面的一般信件	1929	Q547-1-87
224	中国科学社图书馆书籍、刊物目录之来往文书	1949	Q547-1-103
225	中华业余图书馆1946年概况组织沿革、董事名单等内容	1935	Q548-1-17
226	通志馆、平治县图书馆、国际劳动局中国分局、上海青年馆等简历	1946	Q548-1-292
227	中华职业教育社鸿英图书馆自渝迁沪物资付运输费的通知	1947	Q548-1-321
228	交通银行钱新之与中国民主建设实验院鸿英图书馆等文化团体来往函件（附会议记录、聘书簿章等）	1946	Q55-2-70
229	中华医学会图书馆来往函件	1947	Q579-4-181
230	中华医学会图书馆关于杂志交换的函	1947	Q579-4-182
231	中华医学会图书馆关于杂志交换的函及与总干事的来往函件	1947	Q579-4-183
232	上海市社会局关于诚信会计图书馆股份有限公司变更登记问题与工商部的来往文书	1948	Q6-1-1016
233	上海市社会局关于义利出版社、畹兰书屋图书馆、资本市场、解放周报、诗创造等申请登记文件	1945	Q6-12-137
234	上海市政府有关国立中央图书馆办理出版品国际交换事项办法	1947	Q6-15-294
235	上海市社会局关于上海市图书馆协会呈报申请经费	1937	Q6-18-169
236	上海市社会局关于市立图书馆的文件	1936	Q6-18-580
237	新闻周报等有关报刊移交给上海市图书馆革委会清档组的清册	1945	Q7-1-276
238	日伪上海督办市政公署关于为请设立浦东民众图书馆的文件		R1-2-1781
239	日伪上海特别市政府关于市中心分局雇工打扫图书馆工资的文件		R1-4-640
240	日伪上海特别市政府关于接收图书馆房屋的文件		R1-7-88

序号	题名	年份	档号
241	日伪上海特别市政府关于市图书馆的文件		R1-8-584
242	日伪上海特别市政府关于修理图书馆的文件		R1-10-276
243	日伪上海特别市政府关于修理图书馆厕所沟道的文件		R1-10-280
244	日伪上海特别市政府关于设立市中心区实业图书馆的文件		R1-16-232
245	日伪上海特别市政府关于咨请苏前代市长清理图书馆积欠电费的文件		R1-16-408
246	日伪上海特别市政府关于日方交还市中心博物馆图书馆房产的文件		R1-18-1229
247	日伪上海特别市政府关于市立图书馆的文件		R1-18-1839
248	日伪上海特别市政府关于市立图书馆图书目录的文件		R1-18-1840
249	日伪上海特别市第一区公署预算：图书馆预算及支出	1943	R22-2-59
250	日伪上海特别市第一区公署什项：什卷（图书馆组织条例及开放时间）	1943	R22-2-112
251	日伪上海市立图书馆扩充设备的文件	1942	R22-5-102
252	日伪上海特别市大民会组织章程及大民会上海市联合支部开设民众图书馆及阅报室文件	1939	R48-1-54
253	日伪上海市教育局关于中国艺术戏剧学院、中华国剧学校、市立图书馆、人和高级助产士职校、伯元高级护士学校立案文件	1942	R48-1-290
254	上海日本近代科学图书馆关于放映日本电影音乐会并发送招待券及广告纸的函	1940	R48-1-945
255	日伪上海市教育局关于市立图书馆发薪名册、人事任免请假等来往文书	1945	R48-1-1017
256	日伪上海市教育局关于日方交还图书馆并将划归本局管理等来往文书	1940	R48-1-1034
257	日伪上海市教育局关于日人铃木侵夺世界学校原国际图书馆珍本图书请求保护案	1942	R48-1-1036
258	日伪教育部令县（区）设立之图书馆等社教机构分别归并民教馆办理及民教馆附设图书馆组织规程民馆中心工作实施要点	1941	R48-1-1040
259	日伪上海市教育局关于民众阅报牌管理办法；图书馆、博物馆公共体育场概况报告大纲；小学拟定图书馆简则及暂行办法	1943	R48-1-1047
260	日伪上海市教育局关于图书馆的工作报告及呈报经费收支情况等来往文书	1945	R48-1-1110

续表

序号	题名	年份	档号
261	日伪上海特别市市立图书馆移交清册		R48-1-1117
262	日伪上海特别市工务局关于会呈为图书馆厕所沟道堵塞是否仍看林缓奉修复	1939	R51-1-42
263	上海市贸商业同业公会认购上海某商会建筑公债及上海市商会为修理房屋、恢复图书馆等捐募的往来文书以及本会向会员募捐增辟公会办公室经费捐款的清册	1924	S251-1-22
264	教育事业机构向上海市粮食加工工业同业公会劝募奖学金修建校舍扩建图书馆等捐款的有关文书	1947	S399-1-141
265	上海市商务印书馆总厂及东方图书馆被毁摄影	1932	S447-2-62
266	上海公共租界工部局图书馆发文存本	1864	U1-1-558
267	上海公共租界工部局图书馆发文存本	1883	U1-1-559
268	上海公共租界工部局图书馆发文存本	1900	U1-1-560
269	上海公共租界工部局图书馆发文存本	1920	U1-1-561
270	上海公共租界工部局总办关于戏院执照、危险品储存、学校环境、图书馆的购书等问题与总巡、工务处、捐务处长等的来往信	1917	U1-2-515
271	上海公共租界工部局总办关于重建麦根路桥、外籍少年犯监管问题以及扩大工部局图书馆中文部等市政问题与工务处长、总巡等人的来往书信	1915	U1-2-531
272	上海公共租界工部局总办、工务处长及图书馆委员会关于在靶场电车终点站建造公共厕所及成立Wilson纪念参考图书室的往来书信	1918	U1-2-544
273	上海公共租界工部局电气处关于杨树浦发电厂一台两千千瓦机组顺利发电、成立小图书馆、铺砖等工程招标和盈利分配等事给总办的报告（原档号U1-2-834-6）	1912	U1-2-953
274	上海公共租界工部局总办处关于领袖领事会审公堂薪水、宝隆医院补助费、疯妇Miss Scheppleman医药开支、工部局图书馆等的文件	1920	U1-3-151
275	上海公共租界工部局总办处关于图书馆例行工作及个人申请工作的文件	1920	U1-3-308
276	上海公共租界工部局总办处关于图书馆委员会委员、电力委员会委员事	1920	U1-3-463
277	上海公共租界工部局总办处关于上海道德福利委员会决议、平桥石矿的石子供应、育才中学图书馆等的文件	1920	U1-3-514

续表

序号	题名	年份	档号
278	上海公共租界工部局总办处关于图书馆事	1921	U1-3-1149
279	上海公共租界工部局总办处关于图书馆事	1921	U1-3-1198
280	上海公共租界工部局总办处关于工部局图书馆事	1921	U1-3-1279
281	上海公共租界工部局总办处关于图书馆新书等事	1921	U1-3-1335
282	上海公共租界工部局总办处关于法律处R. C. Faithfull、图书馆D. S. MacGrillivray先生的人事材料	1922	U1-3-1574
283	上海公共租界工部局总办处关于莫干山疗养院图书馆建议在1923年度添置大众文字事	1922	U1-3-2089
284	上海公共租界工部局总办处关于图书馆未还书籍、欠付阅览费事	1922	U1-3-2172
285	上海公共租界工部局总办处关于图书馆盗窃事	1922	U1-3-2238
286	上海公共租界工部局总办处关于图书馆阅览者预付遗失书籍的押金事	1923	U1-3-2380
287	上海公共租界工部局总办处关于图书馆阅览室事	1924	U1-3-2578
288	上海公共租界工部局总办处关于图书馆补助金等事	1928	U1-3-3525
289	上海公共租界工部局总办处关于波楼（汉口俱乐部）图书馆中文书籍的处置事	1929	U1-3-3687
290	上海公共租界工部局总办处关于图书馆馆舍迁移事	1929	U1-3-3827
291	上海公共租界工部局总办处关于图书馆事	1931	U1-3-4118
292	上海公共租界工部局总办处关于图书馆改善管理事	1931	U1-3-4150
293	上海公共租界工部局总办处关于工部局图书馆儿童故事会事	1932	U1-3-4292
294	上海公共租界工部局总办处捐赠（公共图书馆）	1932	U1-4-133
295	上海公共租界工部局关于量才流通图书馆的补助费	1935	U1-4-243
296	上海公共租界工部局总办处图书馆预算和支出	1933	U1-4-485
297	上海公共租界工部局总办处图书馆罚款之进项	1933	U1-4-856

续表

序号	题名	年份	档号
298	上海公共租界工部局总办处关于图书馆火险事	1933	U1-4-857
299	上海公共租界工部局总办处关于图书馆申诉事	1934	U1-4-858
300	上海公共租界工部局总办处关于上海市教育局要求全国图书馆调查表格等事来往函	1935	U1-4-863
301	公共图书馆有关上海图书订阅者统计及1943年图书馆预算、permanent committee of the caisse des oeuvres（机构名）对公共图书馆的捐助等与上海公共租界工部局总办等的来往文件	1940	U1-4-869
302	上海公共租界工部局总办处关于图书馆设备事	1933	U1-4-886
303	上海公共租界工部局的一般规则及附则（图书馆）	1934	U1-4-890
304	上海公共租界工部局图书馆借书证	1935	U1-4-891
305	上海公共租界工部局图书馆借阅费	1940	U1-4-892
306	上海公共租界工部局总办处关于图书馆华籍职员任免和薪金事	1935	U1-4-1914
307	上海公共租界工部局图书馆招聘中国助理图书馆管理员之广告	1940	U1-4-1960
308	上海公共租界工部局总办处关于图书馆打字机事	1933	U1-4-3790
309	上海公共租界工部局总办处关于图书馆电话事	1933	U1-4-3800
310	上海公共租界工部局总办处关于工部局图书馆购买伦敦泰晤士报合订本的函件	1920	U1-6-294
311	上海公共租界工部局总办处关于上海广播电台和图书馆的情况调查报告	1937	U1-6-334
312	上海公共租界工部局总办处关于法律处、图书馆、华文处人员编制的文件	1939	U1-6-395
313	上海公共租界工部局总办处有关行政经济特别委员会关于图书馆组织规章和人事等问题的文书材料	1940	U1-6-416
314	上海公共租界工部局总办处关于工部局图书馆华籍助理员职位申请书	1940	U1-6-437
315	上海公共租界工部局工务处有关房屋租借（图书馆）的文件	1938	U1-14-1361
316	上海公共租界工部局工务处有关公共图书馆的倡议及图书馆委员会会议情况的文件	1938	U1-14-1504

续表

序号	题名	年份	档号
317	上海公共租界工部局工务处关于公立图书馆建分馆的文件	1927	U1-14-5678
318	上海公共租界工部局工务处关于公共图书馆迁移、财产估计等事的文件	1904	U1-14-5679
319	上海公共租界工部局工务处关于图书馆租借房屋的文件	1929	U1-14-5680
320	上海公共租界工部局工务处关于图书馆觅寻新址、装修电灯等事的文件	1932	U1-14-5692
321	上海公共租界工部局卫生处关于上海儿童图书馆补助费事宜文件	1941	U1-16-1414
322	沪江大学图书馆落成纪念	1928	U106-0-145
323	医科大学图书馆所需医书（英文）		U143-1-80-106
324	医科大学图书馆所需医书（英文）		U143-1-80-111
325	谭宁邦为索要有关上海戏剧领域图书馆信息问题致洪深函（英文）	1947	U143-1-128-6
326	查尔斯·法斯为索要有关上海戏剧领域图书馆信息致谭宁邦函（英文）	1947	U143-1-128-12
327	中国福利会关于1952年育幼所、托儿所、妇幼保健院、文化宫、图书馆、儿童时代社等的工作报告（英文）		U143-1-154-1
328	上海法租界公董局关于鸿英图书馆补助金事宜的文件	1934	U38-1-381
329	上海法租界公董局卫生处关于调查上海自然科学研究所人员的免疫接种情况报告及该院图书馆的概况资料	1934	U38-1-2897
330	上海法租界公董局公共工程处关于代办工程法国公学图书馆的文件	1928	U38-4-946
331	上海法租界公董局卫生处关于卫生检查员向科学图书馆借书事	1935	U38-5-243

16 青岛市档案馆

序号	题名	年份	档号
1	青岛市图书馆教育用品同业公会会员刘锡九柳秀明等名册	1947	B0038-001-00232-0032
2	关于市教育工商团体及图书馆调查清册	1923	B0038-001-00334-0028

续表

序号	题名	年份	档号
3	转发督办公署关于委崔肇祺任公立通俗图书馆馆长的公函	1924	B0038-001-00341-0013
4	关于全国书店不应称图书馆的训令	1929	B0038-001-00472-0128
5	关于自一九三〇年十月一日起图书馆更改阅览时间的便函	1930	B0038-001-00509-0039
6	关于广州市政府设立图书馆的便函	1932	B0038-001-00609-0116
7	关于送青岛市市内各教育工商团体及图书馆等调查清册的函	1932	B0038-001-00620-0098
8	关于租赁杭海关嘉兴分关组设嘉兴县商会图书馆的函	1935	B0038-001-00764-0006
9	关于给青岛市商会寄送国有铁路一九三四年八月份统计月刊的函	1935	B0038-001-00766-0035
10	关于给青岛市商会寄送《青岛市图书馆概况》的函（附概况、简则）	1935	B0038-001-00766-0047
11	关于索取青岛市商会编印之刊物的函	1935	B0038-001-00766-0062
12	关于铁道部图书室送年鉴乙部希查收的便函	1936	B0038-001-00789-0018
13	关于中华图书馆协会博物馆协会举行展览的便函	1936	B0038-001-00807-0064
14	关于为添购二十四史请青岛市商会捐助的函	1937	B0038-001-00836-0021
15	关于请青岛市商会将购书捐款提前寄送的函	1937	B0038-001-00836-0025
16	华北救灾委员会青岛特别市分会小组委员会在社会局图书室开会的函	1940	B0038-001-00991-0026
17	关于向图书馆借阅山东省国货陈列馆事变前发行之国货月刊的公函	1943	B0038-001-01160-0102
18	关于图书馆正式开馆的函	1945	B0038-001-01199-0059

17　济南市档案馆

序号	题名	年份	档号
1	为扩大图书室之范围的函	1940	J076-001-0302-001
2	为大阪每日半月刊统归图书室保存备阅的通知	1941	J076-001-0302-002

18　武汉市档案馆

序号	题名	年份	档号
1	汉口市立图书馆关于呈报中央训练团毕业学生调查表请鉴核的呈	1946	LS000009－WS001－00037－0005
2	汉口市立图书馆关于呈报民国三十七年度元月份职员请假报告表祈鉴核备查的呈	1948	LS000009－WS001－00066－0008
3	汉口市立图书馆关于呈报本馆阅览部主任程时杰销假日期祈鉴核的呈	1948	LS000009－WS001－00140－0002
4	汉口市立图书馆关于转报本馆干事汪雨时销假日期祈鉴核的呈	1948	LS000009－WS001－00140－0005
5	汉口市立图书馆关于据本馆干事汪雨时签请事假十日呈请核备的呈	1949	LS000009－WS001－00140－0008
6	汉口市立图书馆长龚孟贤关于因家事请假两日的报告	1947	LS000009－WS001－00141－0002
7	汉口市政府关于据呈报汉口市立图书馆干事余龙授请准事假一周准予备查的指令	1947	LS000009－WS001－00141－0004
8	汉口市立图书馆关于呈报本馆采编部主任何建初销假日期祈鉴核的呈	1948	LS000009－WS001－00141－0006
9	汉口市立图书馆关于呈报本馆雇员周维明销假日期祈鉴核的呈	1948	LS000009－WS001－00141－0011
10	汉口市立图书馆关于遵令呈送本馆暨第一、第二两分馆传达夫役花名册祈鉴核备查的呈	1948	LS000009－WS001－00215－0004
11	国立西安图书馆筹备委员会关于杨钟健兼任该会主任委员的公函	1948	LS000009－WS001－00229－0029
12	汉口市立图书馆关于呈报本馆公务员思想连环保结四份请鉴核备查的呈	1946	LS000009－WS001－00333－0035
13	中央图书馆湖北省分馆汉口市国医支馆关于请求发给张丹樵等十三人行医执业证明的代电	1947	LS000009－WS001－00350－0014
14	汉口市政府关于令派汉口市立图书馆采编主任程时杰随同本府参事程发轫赴京沪一带考察市政县政的令及训令	1948	LS000009－WS001－00371－0006
15	汉口市政府关于据呈赉员工名册请配售食米等情核示遵照的指令及据市立图书馆呈赉员工名册请配售食米等情电请查照的代电	1948	LS000009－WS001－00410－0001

续表

序号	题名	年份	档号
16	汉口市政府关于举行抗战胜利周年庆祝纪念会给汉口市医院、中山公园、民教馆、图书馆的通知	1946	LS000009－WS002－00021－0001
17	汉口市政府总务科、汉口市立图书馆关于接收汉口市德日侨民管理处日侨呈缴古物情形的会呈	1947	LS000009－WS016－00118－0008
18	汉口市立图书馆关于遵令呈送本馆职员简历表祈鉴核备查的呈	1948	LS000009－WS022－00045－0023
19	汉口市政府关于本府招考户籍事务员假图书馆举行口试仰遵照的训令	1948	LS000009－WS022－00102－0006
20	汉口市立图书馆关于龚孟贤已到职的公函	1946	LS000009－WS022－00319－0011
21	汉口市政府关于据呈为市立图书馆采编部主任何述初辞职照准检送新聘主任汤成武简历表暨资历证件祈鉴核等情令仰知照的指令	1948	LS000009－WS024－00068－0001
22	汉口市政府关于据转呈市立图书馆干事汪雨时资历证件祈鉴核提叙薪级等情指令知照的指令	1948	LS000009－WS024－00068－0002
23	汉口市政府关于据呈为市立图书馆雇员刘锦铃辞职遗缺拟派林光秀补充检具该员简历表祈核备等情令仰知照的指令	1948	LS000009－WS024－00068－0004
24	汉口市政府关于据呈为市立图书馆雇员周维明另有他就遗缺已派胡华斌接充附赍履历表祈鉴核等情指令知照的指令	1948	LS000009－WS024－00068－0005
25	汉口市政府关于据呈为市立图书馆干事罗淑勋处事失当经警告并已饬知随时改正祈鉴核等情指令知照的指令	1948	LS000009－WS024－00068－0006
26	汉口市政府关于据呈赍市立图书馆工作人员民国三十七年暑期分组修假起讫日期表祈核备等情指令知照的指令	1948	LS000009－WS024－00068－0009
27	汉口市政府关于据呈市立图书馆雇员龚又新分娩证明书恳准给假呈请核发代理人薪金等情指令知照的指令	1949	LS000009－WS024－00068－0010
28	汉口市政府关于据呈报市立图书馆寒假第二组休假人员起讫日期祈鉴核等情指令知照的指令	1949	LS000009－WS024－00068－0012
29	汉口市政府教育科关于移请派定汉口市立图书馆馆长的签呈至人事室的科函		LS000009－WS024－00069－0001
30	汉口市政府关于派本府参事程发轫兼代汉口市市立图书馆馆长的派令	1946	LS000009－WS024－00069－0002

续表

序号	题名	年份	档号
31	汉口市政府关于该代馆长程发轫业免兼职遗缺派龚孟贤代理令仰遵照的训令及令派龚孟贤代理市立图书馆馆长仰遵照接收具报的训令	1946	LS000009-WS024-00069-0003
32	汉口市政府关于派龚孟贤雷其霖为汉口市市立图书馆民众教育馆馆长的派令	1947	LS000009-WS024-00069-0005
33	汉口市政府关于派汉口市政府秘书钱镛声兼任本市雨农图书馆委员的训令	1948	LS000009-WS024-00069-0012
34	汉口市立民众教育馆暨附设中山公园图书室临时人员编制表		LS000009-WS024-00089-0002
35	汉口市政府教育视导报告表〔汉口市立图书馆〕	1947	LS000009-WS024-00101-0001
36	湖北省社会教育机关报告表〔汉口市立图书馆〕		LS000009-WS024-00101-0002
37	汉口市立图书馆组织与职掌		LS000009-WS024-00101-0003
38	汉口市立图书馆关于移交本任任内结存经常及临时费尾数请查照见复的咨	1948	LS000009-WS024-00101-0004
39	汉口市立图书馆龚孟贤关于请示第二分馆处置办法的签呈		LS000009-WS024-00101-0005
40	汉口市立图书馆关于遵限填报职员名册祈核转的呈	1947	LS000009-WS024-00101-0007
41	汉口市立图书馆工作人员思想行动保证书〔李万卿、罗淑勋〕	1948	LS000009-WS024-00101-0013
42	汉口市立图书馆工作人员思想行动保证书〔叶显镒、刘照〕	1948	LS000009-WS024-00101-0014
43	社会部汉口社会服务处关于据中山公园图书室服务员贺益镠呈请分娩假四十日业经照准着调张斌代理仰即前往接收具报的训令	1947	LS000009-WS027-00010-0009
44	社会部汉口社会服务处关于据本处中山公园图书室服务员贺益镠呈请给予分娩假四十日已先予核准报请鉴核备查的呈	1947	LS000009-WS027-00010-0010
45	汉口市政府关于成立汉口市立图书馆员工消费合作社拟准登记的笺函	1948	LS000009-WS029-00026-0005
46	汉口市政府关于赠国立罗斯福图书馆"汉口市政报告"一份的笺函	1947	LS000009-WS030-00041-0018
47	中原民众教育馆关于恳请赞助"筹设儿童图书馆"的公函及签呈		LS000009-WS030-00041-0074

续表

序号	题名	年份	档号
48	汉口市立图书馆关于遵送本馆概况及照片祈核转的呈	1947	LS000009－WS030－00041－0078
49	汉口市政府关于据呈大礼堂及中山公园图书室朽毁破漏请拨款修理等情指令遵照的指令	1947	LS000009－WS030－00062－0018
50	汉口市政府教育科喻希骞关于汉口市民众教育馆大礼堂和中山公园图书馆房屋朽坏漏雨呈请酌办的签呈	1947	LS000009－WS030－00062－0019
51	汉口市政府关于据呈赍市立图书馆第二分馆接收汉口雨农图书馆图书目录暨家具清册祈核备等情指令知照的指令	1948	LS000009－WS030－00116－0001
52	汉口市警察局长任建鹏等三人关于呈请为雨农图书馆按月拨款以彰忠烈的签呈		LS000009－WS030－00116－0004
53	汉口市政府关于据转呈市立图书馆第二分馆干事黄道谦资历证件祈鉴核等情指令知照的指令	1948	LS000009－WS030－00116－0006
54	汉口市政府关于据呈赍市立图书馆民国三十七年度七至十二月份工作计划进度表祈鉴核等情指令遵照的指令	1948	LS000009－WS030－00117－0003
55	汉口市政府秘书室关于据呈送市立图书馆民国三十七年度工作统计年报表祈鉴核等情指令知照的指令	1949	LS000009－WS030－00117－0009
56	汉口市立图书馆龚孟贤关于恳请汉口市政府派员勘查馆舍拨款修理补充设备的签呈	1948	LS000009－WS030－00117－0012
57	汉口市立图书馆关于呈送本馆中山公园分馆开办费预算书祈核示的呈	1948	LS000009－WS030－00117－0013
58	预算书［汉口市立图书馆］	1948	LS000009－WS030－00117－0018
59	汉口市政府关于函请将前第四民众图书馆应补领之万有文库连同汉口市第一女子中学等单位应补领各期及预约凭单一并交本府以便转发的公函	1934	LS000009－WS031－00181－0011
60	汉口市政府关于据呈报汉口市图书馆筹备委员会成立经过请核备等情准备查的指令	1936	LS000009－WS031－00202－0001
61	汉口市图书馆筹备委员会关于检呈第十二次会议记录请鉴核备查的呈	1937	LS000009－WS031－00202－0002
62	汉口市政府关于据报汉口市图书馆筹备委员会演剧筹资经过情形准予备查的指令	1937	LS000009－WS031－00202－0003
63	汉口市政府张翎关于奉派监督汉口市图书馆演剧募捐基金制发戏票及参议会相关谈话会情形的报告		LS000009－WS031－00202－0004

续表

序号	题名	年份	档号
64	汉口市图书馆筹备委员会关于赍呈本会第十三次会议记录请备查的呈	1937	LS000009－WS031－00202－0005
65	汉口市图书馆筹备委员会关于召开演剧督票人、收票人、验票人谈话会及相关手续的函		LS000009－WS031－00202－0006
66	汉口市图书馆筹备委员会关于该会演剧筹款并请汉口市政府张翎督票的公函		LS000009－WS031－00202－0007
67	汉口市图书馆筹备委员会关于召开第十一次筹备会议及督票人联席会议商讨票款的函		LS000009－WS031－00202－0008
68	汉口市图书馆筹备委员会第十三次委员会议记录	1937	LS000009－WS031－00202－0009
69	汉口市图书馆筹备委员会关于呈赍本会第十四次及第十五次会议记录暨捐款一览表捐书一览表请鉴核备查的呈	1937	LS000009－WS031－00202－0010
70	汉口市政府关于函复暂缓指定汉口市图书馆馆址及拨款建筑暂缓办理的公函	1936	LS000009－WS031－00202－0011
71	汉口市政府关于据呈请指拨图书馆馆址并拨款建筑等情暂从缓议的指令	1936	LS000009－WS031－00202－0012
72	汉口市政府关于据呈请转呈湖北省政府准在汉口市黄孝河一带划拨工地一千方为图书馆馆址等情指令知照的指令	1947	LS000009－WS031－00202－0013
73	汉口市图书馆筹备委员会关于奉何主任转来黄主席函为允拨黄孝河公地建筑图书馆抄同原函请察阅的函		LS000009－WS031－00202－0016
74	汉口市政府关于呈请核饬拨交黄孝河空地为八九十方为汉口市图书馆基地的呈文	1937	LS000009－WS031－00202－0017
75	汉口市政府关于据呈为汉口市图书馆筹备委员会迁入武汉行营旧址办公检同接收移交清册请核备等情准予备查的指令	1937	LS000009－WS031－00202－0022
76	汉口市政府关于据汉口市图书馆筹备委员会呈请转请向中英庚款董事会请求补助图书馆建筑费等情转呈鉴核的呈文及据呈请转请向中英庚款董事会请求补助图书馆建筑费等情指令知照的指令	1937	LS000009－WS031－00202－0024
77	汉口市政府关于据汉口市图书馆筹备委员会呈请准在本市黄孝河一带划拨公地一千方为图书馆馆址转呈核示的呈文	1937	LS000009－WS031－00202－0025
78	汉口市图书馆筹备委员会关于呈请指拨图书馆馆址并拨款建筑的呈	1936	LS000009－WS031－00202－0026

续表

序号	题名	年份	档号
79	调查统计部图书室关于拟请将所有出版刊物源源赐下的函	1942	LS000009－WS031－00647－0004
80	中国国民党中央执行委员会秘书厅关于恢复图书馆请随时寄赠书籍刊物的函	1943	LS000009－WS031－00665－0012
81	武汉特别市市政府关于据呈为据武昌警察局呈报迁移局址及新署设置地点局属损坏待修等情转请鉴核等情仰饬将图书馆原有书籍查点册报的指令	1939	LS000009－WS031－00814－0023
82	国立兰州图书馆关于呈请汉口市政府长期赠送市府公报的公函	1948	LS000009－WS031－02036－0006
83	国立罗斯福图书馆关于征集资料印就出版机关调查表的公函	1948	LS000009－WS031－02400－0002
84	汉口市政府关于令将占住黄兴路二十七号之住户勒令迁出俾雨农图书馆布置开幕的训令	1947	LS000009－WS031－03439－0001
85	汕头市立中正图书馆关于恳请惠予按期寄赠报刊、图书的公函	1948	LS000009－WS031－04018－0032
86	汉口市政府卫生科关于汉口图书馆来科领取牛奶奶粉的科函	1947	LS000009－WS031－04207－0009
87	汉口市立图书馆职员领用牛奶奶粉证名册	1947	LS000009－WS031－04207－0056
88	国立中央图书馆出版品国际交换处关于亟需编制我国各机关出版品联合目录一种分送国外各文学机关随函附调查表恳逐项填明的公函	1948	LS000009－WS031－04361－0012
89	汉口市政府关于准湖北省教育厅函送防空读本六十册请查收转发等由检发该项读本一册令仰市立民众图书馆陈列供民众阅览的训令	1935	LS000009－WS031－04442－0014
90	汉口市立图书馆关于呈复民国三十六年度春季造林本馆迄未具领树苗移植祈核转的呈	1947	LS000009－WS031－04727－0036
91	经扶图书馆筹备处关于函请赐寄捐款及捐册收据的笺函	1946	LS000009－WS031－04735－0014
92	大阪每日新闻社关于请将各学校及图书馆之名称地址开列赐下以便分送本刊并希予以赞助推荐的函	1939	LS000009－WS031－04853－0023
93	汉口市政府关于准电检送汉口市图面一份遥寄图书馆复请查照的公函	1948	LS000009－WS031－04903－0004
94	汉口市第二民众图书馆关于函复收到地图的函	1933	LS000009－WS031－04953－0017
95	汉口市立图书馆关于申请发给证章以便接洽公务的签呈	1948	LS000009－WS031－04957－0032

续表

序号	题名	年份	档号
96	武汉特别市政府教育局关于拟具武汉特别市市政府教育局武昌图书馆暨崇文书局保管员暂行服务规则的呈	1939	LS000009-WS031-04983-0004
97	汉口市立图书馆关于据本馆干事赵作孚签呈遗失证章业已登报声明作废等情的呈及汉口市政府普通公文批示通知单存根	1948	LS000009-WS031-04985-0005
98	国立罗斯福图书馆筹备委员会关于敬希汉口市政府将所有先后出版之战时书报期刊惠赠全份俾备收藏而供众览至为盛企的公函	1948	LS000009-WS031-05101-0011
99	台湾省新竹市立图书馆关于电为充实图书请捐赠的代电	1948	LS000009-WS031-05105-0002
100	国立中央图书馆图书处关于函谢惠赠汉口特别市政府公报十八册的笺函	1941	LS000009-WS031-05107-0009
101	山东省公署关于函请惠赠出版刊物以备充实图书室的笺函	1941	LS000009-WS031-05107-0012
102	北京市立第一普通图书馆关于函谢惠赠汉声月刊一册的函	1941	LS000009-WS031-05107-0014
103	民生实业公司图书馆关于征求各省市县地方志书等情给汉口市政府的公函	1946	LS000009-WS031-05186-0029
104	汉口市政府关于民生实业公司图书馆征集地方文献嘱将本市地方志书赠一部等由的笺函	1946	LS000009-WS031-05186-0030
105	私立岭南大学图书馆关于征集全国各学术机关社团及学校所出版之图书刊物等情的公函	1946	LS000009-WS031-05186-0064
106	汉口市政府关于私立岭南大学图书馆函嘱将本市出版刊物源源寄赠等由的笺函	1946	LS000009-WS031-05186-0065
107	国立北平图书馆南京办事处关于汉口市政府惠赠市政报告一册表示感谢的公函	1946	LS000009-WS031-05186-0087
108	汉口市立图书馆关于填报公务员履历表的呈文	1948	LS000009-WS031-05205-0014
109	北京市立第一普通图书馆关于函请惠赠出版刊物书籍的函	1939	LS000009-WS031-05228-0015
110	武汉特别市市政府秘书处关于北京市立第一普通图书馆函嘱寄出版书籍刊物以广众览等因本市府成立伊始尚无刊物可寄等情的复函	1939	LS000009-WS031-05228-0016
111	汉口市政府关于据呈为图书室拆除后已呈危象请速同职员宿舍一并修建等情仰候预算批准即行动工的指令	1935	LS000009-WS031-05613-0004
112	汉口市政府关于已饬汉口市立图书馆赶制新书柜后再归还书柜的指令	1946	LS000009-WS031-05998-0051

续表

序号	题名	年份	档号
113	汉口市立图书馆关于汉口市政府派龚孟贤代理汉口市市立图书馆馆长等因的公函	1946	LS000009－WS031－06024－0026
114	汉口市立图书馆关于本馆为纪念国父诞辰特主办论文比赛本市各公私立学校均可参加等情的公函	1948	LS000009－WS031－06024－0072
115	汉口市政府关于汉口市立图书馆已派员筹备令仰点交汉口市代保管之图书仪器标本的训令	1946	LS000009－WS031－06037－0004
116	汉口市立女子中学关于前伪图书馆恳请迅予派员接管拨付历月垫款以资归垫的呈	1946	LS000009－WS031－06037－0005
117	雷其霈龚孟贤关于要求增加民教馆图书馆办公费的签呈	1947	LS000009－WS031－06047－0022
118	汉口市立图书馆关于检送本馆民国三十七年元至六月份经常费及改善员役生活补助费会计报告电请查核的代电	1948	LS000009－WS031－06061－0001
119	汉口市立图书馆关于电送本馆民国三十七年度三至六月份特别办公费会计报告请查核的代电	1948	LS000009－WS031－06061－0002
120	汉口市立图书馆关于电送本馆民国三十六年元至七月份追加经费会计报告请察收核办的代电	1948	LS000009－WS031－06061－0003
121	汉口市立图书馆关于电送本馆修建厕所及购置竹帘临时费会计报告请查核的代电	1948	LS000009－WS031－06061－0004
122	汉口市立图书馆关于编送本馆民国三十七年八月份防水房屋修缮临时费会计报告电请查核的代电	1948	LS000009－WS031－06061－0005
123	汉口市立图书馆关于编送印制民国三十七年度会计账表临时费会计报告电请察收核办的代电	1948	LS000009－WS031－06061－0006
124	汉口市立图书馆关于编送本馆民国三十七年九月份印制活页图书登记簿及借阅证临时费会计报告电请查核的代电	1948	LS000009－WS031－06061－0007
125	汉口市政府关于接收汉口市立图书馆保管之古物字书咨复查照的咨	1949	LS000009－WS031－06083－0001
126	汉口市立图书馆关于填报财产清理调查表请鉴核备查的呈	1947	LS000009－WS031－06087－0001
127	汉口市政府关于据汉口市立图书馆呈送民国三十七年十二月底止财产目录数字错误查明更正等情准予备查仰即知照的指令	1949	LS000009－WS031－06087－0003

续表

序号	题名	年份	档号
128	汉口市政府关于核准汉口市立图书馆民国三十八年元至三月份财产增减表仰即知照的指令	1949	LS000009－WS031－06087－0004
129	雨农图书馆筹备处第二次筹备会议记录	1946	LS000009－WS031－06093－0003
130	汉口市政府关于据呈报民教馆中山公园图书室与图书馆仪器标本定期相互交接指令遵照的指令	1947	LS000009－WS031－06108－0001
131	核定汉口市立图书馆民国三十六年度经常费及员役数额表	1947	LS000009－WS031－06133－0051
132	汉口市立第一女子中学关于呈报本校图书室倾斜及操场外民房住户复杂亟应建砌围墙情形祈鉴核备查的呈	1949	LS000009－WS031－06155－0003
133	汉口市政府关于据呈为汉口市立民众图书馆竹帘及自来水管系前端宝茶楼私人装置等情仰遵核示各点分别办理的指令	1933	LS000009－WS031－06182－0001
134	汉口市政府关于据呈报汉口市立民众图书馆新添各项工作并请购发民众识字班桌凳与书籍的指令及汉口市立民众图书馆请发桌凳十五套的训令	1935	LS000009－WS031－06182－0007
135	汉口市政府关于汉口市立民众图书馆请发桌凳十五套仰如数发给的训令	1935	LS000009－WS031－06182－0008
136	汉口市政府关于据呈请修建馆舍的指令及本府开辟沿河马路汉口市立民众图书馆房屋在迁让之列的训令	1937	LS000009－WS031－06182－0013
137	汉口市政府关于据呈请增建汉口市立实验民众教育馆图书室陈列室职员宿舍以利工作而谋发展乞予鉴核等情仰俟暑期统筹的指令	1935	LS000009－WS031－06184－0008
138	汉口市政府关于成立汉口市立图书馆令仰遵照拨款的代电及令仰知照的代电及令汉口市图书馆筹备应行注意事项仰遵照办理的训令及汉口市立图书馆已派员筹备令仰点交前代保管之图书仪器标本的训令	1946	LS000009－WS031－06231－0001
139	汉口市立第一女子中学关于前伪图书馆恳请迅予派员接管拨发历月垫款以资归垫的呈	1946	LS000009－WS031－06231－0002
140	汉口市立女子中学关于前奉令代为接收汉口市图书馆仪器馆图书仪器标本等件临时另雇员役保管呈请发给每月薪给工资的呈	1945	LS000009－WS031－06231－0004
141	汉口市政府关于成立汉口市立图书馆令仰知照的代电	1946	LS000009－WS031－06231－0005

续表

序号	题名	年份	档号
142	汉口市政府关于汉口市立图书馆成立需款请求协助先电查照的代电	1946	LS000009－WS031－06231－0006
143	汉口市政府关于刊发汉口市立图书馆钤记令仰祗领启用具报的训令	1946	LS000009－WS031－06231－0009
144	汉口市政府关于配发汉口市立图书馆收音机仰派员具领的训令	1946	LS000009－WS031－06231－0010
145	汉口市政府教育科关于查本市市立图书馆业经成立谨遵照规定缮制该管钤记式样及说明一份等情的签呈	1946	LS000009－WS031－06231－0015
146	汉口市政府关于府务会议通过图书馆图书仪器搬运费令仰知照的训令	1946	LS000009－WS031－06231－0018
147	汉口市政府关于汉口市立图书馆自民国三十五年九月份起增加员役电仰知照的代电及令仰遵照的训令	1946	LS000009－WS031－06231－0019
148	汉口市立图书馆关于呈为本馆装设电灯业已完竣请派员验收的呈	1946	LS000009－WS031－06231－0020
149	汉口市政府关于据汉口市立图书馆呈赍装设电灯估单请拨款等情电仰知照的代电	1946	LS000009－WS031－06231－0021
150	汉口市政府关于据呈报汉口市立图书馆民国三十五年度工作计划指令知照的指令	1946	LS000009－WS031－06231－0023
151	汉口市立图书馆报告递送单	1947	LS000009－WS031－06299－0001
152	湖北省政府教育厅关于函送汉口懿训女子中学民国二十四年度充实图书馆仪器一次补助费预算书单嘱存转拨放等因的训令	1936	LS000009－WS031－06318－0010
153	汉口市立第一女子中学关于呈复移交图书馆书籍短少伏祈准予以多出者核销的通知及汉口市政府普通公文批示通知单	1947	LS000009－WS031－06336－0003
154	汉口市立图书馆关于奉令遵编本馆民国三十六年元月至十二月份经常费及改善员役生活待遇费预算分配表及俸给工饷标准及人数表祈鉴核转的呈	1947	LS000009－WS031－06357－0001
155	汉口市政府关于核准汉口市立图书馆民国三十八年度馆址搬运费预算书电请查核赐复的代电及电仰遵照的代电	1949	LS000009－WS031－06357－0002
156	国立中央图书馆出版品国际交换处关于依据出版品国际交换公约办理出版品国际交换事宜的公函	1948	LS000009－WS031－06399－0020

续表

序号	题名	年份	档号
157	汉口市政府关于汉口市立图书馆民国三十七年度印制图书登记簿临时费预算书祈核示等情的代电	1948	LS000009－WS031－06413－0001
158	汉口市政府关于汉口市立图书馆修建男女厕所便池及购置竹帘临时费支出预算书祈核示等情的代电	1948	LS000009－WS031－06413－0002
159	汉口市政府关于汉口市立图书馆民国三十七年度会计账表印制费追加预算书祈核示等情的代电	1948	LS000009－WS031－06413－0003
160	汉口市政府关于据汉口市财政局呈为图书馆冬炭费不能拨付开例等情令仰遵照的指令	1948	LS000009－WS031－06413－0006
161	汉口市政府关于核准图书馆民国三十七年下半年度经常费分配预算书电仰遵照的代电	1948	LS000009－WS031－06413－0007
162	汉口市政府关于核准汉口市图书馆民国三十七年度元至六月份经常生补各费追加分配预算书电仰遵照的代电	1948	LS000009－WS031－06413－0008
163	汉口市立图书馆关于检送本馆更调会计员后新印鉴单二份函请查照核对的公函	1948	LS000009－WS031－06413－0009
164	汉口市政府关于汉口市立图书馆呈赍修建费预算书祈核示等情的代电	1948	LS000009－WS031－06413－0011
165	汉口市政府关于汉口市雨农图书馆阅览藏书房屋不敷需用经接收武汉军官转业办事处楼房家具合并使用等情的代电	1948	LS000009－WS031－06413－0013
166	□□□关于奉令与汉口市图书馆相应交接定期办理呈恳备查的呈	1947	LS000009－WS031－06425－0003
167	汉口市立图书馆关于定期办理相应交接手续函请查照的函	1947	LS000009－WS031－06425－0004
168	汉口市立图书馆关于派员前来办理交接事宜函请查照的函	1947	LS000009－WS031－06425－0005
169	汉口市立图书馆关于派员接洽交接中山公园图书馆事宜的公函	1947	LS000009－WS031－06425－0006
170	汉口市立图书馆关于函复互办交接手续情形请查照的函	1947	LS000009－WS031－06425－0008
171	汉口市政府关于汉口市立民众教育馆和中山公园内本馆图书室与图书馆之仪器标本定期相互交接的指令	1947	LS000009－WS031－06425－0009
172	审计部湖北省审计处核准通知［汉口市立图书馆民国三十六年购置电扇费］	1948	LS000009－WS031－06436－0001

续表

序号	题名	年份	档号
173	汉口市立图书馆关于补送图书用品卡片式样电请备查的代电	1947	LS000009－WS031－06436－0003
174	汉口市立图书馆关于拟恳汉口市政府拨款购置自行车一辆以便交通而利工作等情的签呈	1947	LS000009－WS031－06436－0005
175	汉口市政府关于核准汉口市立图书馆呈赍民国三十六年度购置自行车临时费预算书祈核示的代电	1947	LS000009－WS031－06436－0006
176	汉口市立图书馆关于呈报本馆购置自行车一辆祈鉴核派员验收的呈	1947	LS000009－WS031－06436－0007
177	汉口市立图书馆关于编送本馆民国三十六年十二月份购置自行车会计报表书类电请核销的代电	1948	LS000009－WS031－06436－0008
178	审计部湖北省审计处核准通知［汉口市立图书馆民国三十六年购置自行车费］	1948	LS000009－WS031－06436－0009
179	汉口市立图书馆关于编送本馆购置自行车临时费会计报表电请备查的代电	1948	LS000009－WS031－06436－0012
180	汉口市立图书馆关于民国三十七年九月为本馆成立二周年纪念拟编印图书馆概况一种分赠有关各机关呈请核示的呈	1948	LS000009－WS031－06436－0015
181	汉口市立图书馆编印二周年纪念特刊计划概算书初稿	1948	LS000009－WS031－06436－0016
182	汉口市政府关于汉口市立图书馆为本馆成立二周年纪念拟编印图书馆概况附载书目分赠有关各机关祈核示等情的指令	1948	LS000009－WS031－06436－0017
183	汉口市立图书馆关于编具本馆民国三十七年度会计簿籍表报印制费预算书祈鉴核拨款制办的呈	1948	LS000009－WS031－06447－0001
184	汉口市立图书馆关于编具民国三十七年度印制会计账表临时费追加预算书祈鉴核的呈	1948	LS000009－WS031－06447－0002
185	汉口市政府关于核准汉口市立图书馆民国三十七年度会计簿籍表报临时费预算书电仰遵照的代电	1948	LS000009－WS031－06447－0003
186	汉口市政府关于汉口市立图书馆民国三十七年度印制图书登记簿临时费预算书祈核示的代电	1948	LS000009－WS031－06447－0007
187	汉口市立图书馆关于编送印制本馆民国三十七年度会计账表临时费会计报告电请察收核办的代电	1948	LS000009－WS031－06447－0011

续表

序号	题名	年份	档号
188	汉口市立图书馆关于编送本馆民国三十七年九月份印制活叶图书登记簿及借阅证临时费会计报告电请察收核办的代电	1948	LS000009－WS031－06447－0012
189	汉口市立图书馆关于派员前赴电信局商洽安设电话机的笺函	1948	LS000009－WS031－06447－0013
190	汉口市立图书馆关于本馆书籍供应馆外借阅急需电话机以便通讯而利工作函请查照惠予派人装设应用的公函	1948	LS000009－WS031－06447－0015
191	汉口市政府关于核准汉口市立图书馆民国三十七年度收购图书□□□仰遵照的代电	1948	LS000009－WS031－06455－0001
192	汉口市立图书馆关于由徐行可先生处征购二十四史三表一部的签呈	1948	LS000009－WS031－06455－0002
193	汉口市立图书馆关于呈送民国三十七年二至六月份采购图书临时费预算书祈鉴核的呈	1948	LS000009－WS031－06455－0005
194	汉口市政府关于核准汉口市图书馆民国三十七年度二至六月份采购图书预算书仰遵照的代电	1948	LS000009－WS031－06455－0007
195	汉口市立图书馆关于呈请指拨专款购买万有文库请核示的呈	1948	LS000009－WS031－06455－0010
196	汉口市政府关于核准汉口市市立图书馆民国三十七年度购置万有文库预算书电仰知照的代电	1948	LS000009－WS031－06455－0011
197	汉口市政府关于汉口市立图书馆购置万有文库一书无法比价拟请免办比价手续的指令	1948	LS000009－WS031－06455－0012
198	汉口市立图书馆关于本馆现向汉口市藏书家收购万有文库一部请暂借核对而行校的公函	1948	LS000009－WS031－06455－0013
199	汉口市政府关于汉口市立图书馆购买万有文库验收单的指令	1948	LS000009－WS031－06455－0017
200	汉口市立图书馆关于造送本馆民国三十七年度采购图书费计算书赍请审核的代电	1949	LS000009－WS031－06455－0019
201	汉口市政府关于汉口市立图书馆购置图书单据应送审计部湖北省审计处的训令	1949	LS000009－WS031－06455－0020
202	审计部湖北省审计处核准通知［汉口市立图书馆民国三十七年购置万有文库临时费］	1949	LS000009－WS031－06455－0021
203	汉口市立图书馆移交剥制生物标本清册	1948	LS000009－WS031－06456－0001
204	关于余龙授所欠之书如何处理致汉口市立图书馆馆长的信函		LS000009－WS031－06456－0002

续表

序号	题名	年份	档号
205	汉口市立图书馆关于造具本馆搬迁遗失书籍清册呈请核备的呈	1949	LS000009－WS031－06456－0014
206	汉口市立图书馆关于本馆干事郝慧英遗失原有书籍三册另补书籍七十五册作抵偿祈鉴核的呈		LS000009－WS031－06456－0016
207	汉口市立图书馆阅览部保证单登记簿	1948	LS000009－WS031－06457－0001
208	汉口市立图书馆保证单〔周止戈等一百零七人〕	1948	LS000009－WS031－06457－0002
209	汉口市立图书馆关于函复点交生物标本日期及应交付垫支保管费数量的公函	1947	LS000009－WS031－06458－0003
210	汉口市立图书馆关于函复点交生物标本日期及应偿付垫支保管费数量请查照的公函	1947	LS000009－WS031－06458－0007
211	汉口市立图书馆关于函复点交生物标本日期请查照的公函	1947	LS000009－WS031－06458－0009
212	汉口市立图书馆关于呈报办理准备点交私立武昌华中大学生物标本经过情形祈鉴核的呈	1947	LS000009－WS031－06458－0012
213	汉口市立图书馆关于呈报奉交私立武昌华大生物标本无从接交情形祈示遵的呈	1947	LS000009－WS031－06458－0016
214	汉口市立图书馆关于生物标本初定民国三十六年七月二十四日上午点交函请派员接收的公函	1947	LS000009－WS031－06458－0018
215	汉口市立图书馆点交私立武昌华中大学生物标本清册	1947	LS000009－WS031－06458－0020
216	汉口市立图书馆分类目录稿本		LS000009－WS031－06459－0001
217	汉口市立图书馆分类目录稿本		LS000009－WS031－06460－0001
218	汉口市立图书馆关于会呈图书馆交接图书清册祈鉴核备查的会呈	1946	LS000009－WS031－06461－0006
219	汉口市立图书馆关于编送本馆民国三十五年十至十二月事业费收支对照表及单据粘存簿电请鉴核的代电	1947	LS000009－WS031－06462－0001
220	汉口市政府关于汉口市立图书馆为原领事业费不敷拟恳自民国三十七年元月份起准予增加两倍以利工作当否签请核示的指令	1948	LS000009－WS031－06462－0002
221	汉口市政府关于汉口市立图书馆事业费不敷甚巨检附明细表恳自民国三十七年四月份起按月增拨以利馆务等情的指令	1948	LS000009－WS031－06462－0004

序号	题名	年份	档号
222	汉口市立图书馆汉口市立民众教育馆汉口市立国民体育场关于每月办公费不够拟恳汉口市长准予各拨发周转金五万元以维持员工伙食再请按实际情形调整事业费等情的签呈	1949	LS000009-WS031-06462-0005
223	汉口市立图书馆关于本馆事业费不敷应用呈请准予追加检同预算书请鉴核的呈稿	1948	LS000009-WS031-06462-0007
224	汉口市立图书馆汉口市立民众教育馆汉口市立国民体育场关于原定每月事业费各五百元实际上殊属不敷甚巨恳请自民国三十八年度三月份起予以调整而免工作停顿等情的签呈	1949	LS000009-WS031-06462-0010
225	汉口市立图书馆关于呈报本馆已购就第一、二、三期新中学文库祈鉴核派员验收的呈	1947	LS000009-WS031-06463-0001
226	汉口市立图书馆关于呈送购置第一、二、三期新中学文库验收表祈鉴核备查的呈	1947	LS000009-WS031-06463-0003
227	汉口市立图书馆关于编送本馆购置新中学文库临时费会计报表电请核销的代电	1947	LS000009-WS031-06463-0004
228	汉口市立图书馆关于函请仍予特价发售新中学文库的公函	1947	LS000009-WS031-06463-0007
229	汉口市立图书馆关于呈送新中学文库第三期书预算书祈核发价款购买的呈	1947	LS000009-WS031-06463-0008
230	汉口市立图书馆关于遵令拟搜购松滋谢元淮遗著五种检附原碎玉词谱一部呈请核示的呈	1948	LS000009-WS031-06463-0009
231	汉口市立图书馆关于呈送采购古旧书籍预算书祈鉴核的呈	1947	LS000009-WS031-06463-0012
232	社会部汉口社会服务处关于函请检寄图书杂志俾成立图书馆乞查照的通知	1947	LS000009-WS031-06477-0031
233	汉口市政府关于据报图书馆采编部主任已另聘彭映秋接充指令知照的指令	1947	LS000009-WS031-06485-0006
234	汉口市政府关于据报图书馆采编部主任经聘余义明接充指令知照的指令	1947	LS000009-WS031-06485-0007
235	汉口市政府关于据呈报汉口市立图书馆干事褚吟飞辞职照准暨人事调整情形等情指令知照的指令	1947	LS000009-WS031-06485-0011
236	汉口市政府关于据会衔呈报交接中山公园图书室情形连同图书及公物清册请鉴核备查等情指令知照的指令	1948	LS000009-WS031-06492-0001
237	汉口市政府关于据汉口市立民众教育馆呈报接收汉口市立图书馆科学仪器及生物标本多数毁损检同原表转请核办见复的代电	1948	LS000009-WS031-06492-0003

续表

序号	题名	年份	档号
238	汉口市政府关于据呈为汉口市立图书馆已遵令将前接收洞庭街七号之日文书籍点交国立武汉大学祈鉴核等情指令知照的指令	1947	LS000009-WS031-06498-0004
239	汉口市立图书馆递送回单［民国三十七年四月临时费现金出纳表、累计表、平衡表、职员生活补助费清册；公役生活补助费清册］	1947	LS000009-WS031-06927-0002
240	汉口市政府关于福建省涵江图书馆函嘱寄汉口市最近全图的便函	1935	LS000009-WS031-07034-0002
241	福建省涵江图书馆关于惠寄最近汉口市全图的公函	1935	LS000009-WS031-07034-0003
242	汉口市政府关于令仰发给汉口市立图书馆职员换票证的训令	1947	LS000009-WS031-07092-0031
243	汉口市立图书馆关于呈送开办修缮购置物品清册祈鉴核验收的呈	1947	LS000009-WS031-07333-0008
244	汉口市政府关于核准汉口市图书馆呈赍民国三十六年度八至十二月份经费分配预算电仰知照的代电	1948	LS000009-WS031-07481-0017
245	汉口市立图书馆关于呈送第二分馆民国三十七年度九至十二月份房租临时费追加预算书祈核示的呈	1948	LS000009-WS031-07524-0012
246	汉口市政府关于核准汉口市图书馆民国三十七年度元至六月份、七至十二月份预算书电请查核赐复的代电及电仰遵照的代电	1948	LS000009-WS031-07524-0013
247	汉口市政府关于核准汉口市市图书馆民国三十七年度元至六月份七至十二月份预算书电仰遵照的代电	1948	LS000009-WS031-07524-0017
248	汉口市政府关于核准汉口市立图书馆第二分馆民国三十七年度九至十二月份房租金追加预算书电请查核赐复的代电及电仰遵照的代电	1949	LS000009-WS031-07524-0018
249	汉口市政府教育科关于汉口市立图书馆民国三十五年度预算的签呈	1946	LS000009-WS031-07647-0003
250	汉口市立图书馆民国三十五年度经费支出概算书	1946	LS000009-WS031-07680-0003
251	汉口市政府关于核准汉口市政府秘书处呈赍民国三十六年度市立图书馆基地建碑费预算电仰知照的代电	1947	LS000009-WS031-07735-0002
252	汉口市政府关于核准汉口市政府秘书处呈赍民国三十六年度市立图书馆基地建碑费预算电祈查核赐复的代电及电仰知照的代电	1947	LS000009-WS031-07735-0003

续表

序号	题名	年份	档号
253	汉口市政府关于核准汉口市立图书馆民国三十八年度馆址搬运费预算书电仰遵照的代电	1949	LS000009－WS031－07764－0003
254	汉口市立图书馆民国三十七年元至六月份经常费追加预算书	1948	LS000009－WS031－07808－0006
255	汉口市立图书馆民国三十七年元至六月份改善员役生活待遇费追加预算书	1948	LS000009－WS031－07808－0007
256	汉口市立图书馆民国三十七年下年度岁出经常门经常费预算分配表	1948	LS000009－WS031－07808－0008
257	汉口市立图书馆关于造具民国三十八年二月馆址搬迁费预算电请核销的代电	1949	LS000009－WS031－07817－0006
258	汉口市立图书馆关于造送民国三十八年元至三月份经常费计算书类报请核销的代电	1949	LS000009－WS031－07817－0007
259	汉口市立图书馆递送单［汉口市立图书馆民国三十六年度修建临时费验收表；收支对照表；修理馆舍临时费支出计算书］	1947	LS000009－WS031－07829－0003
260	汉口市政府关于核准汉口市立图书馆民国三十七年度搬迁费预算书电仰遵照的代电	1948	LS000009－WS031－07955－0001
261	汉口市政府关于核准汉口市立图书馆呈赍民国三十六年度元至七月份经临费追加经临费预算电仰知照的代电	1947	LS000009－WS031－07955－0002
262	汉口市政府关于核准汉口市立图书馆呈赍民国三十六年度购置自行车临时费预算电仰知照的代电	1947	LS000009－WS031－07955－0003
263	汉口市政府关于核准汉口市立图书馆呈赍民国三十六年度冬季柴炭临时费预算电仰知照的代电	1947	LS000009－WS031－07955－0004
264	汉口市政府关于核准汉口市立图书馆呈赍民国三十六年度装设电表临时费追加预算电仰知照的代电	1947	LS000009－WS031－07955－0006
265	汉口市政府关于核准汉口市市立图书馆呈赍民国三十六年度设备费预算电仰知照的代电	1947	LS000009－WS031－07955－0007
266	汉口市立图书馆关于职员龚孟贤因结婚急用款恳请借支民国三十六年十二月份薪俸的签呈	1947	LS000009－WS031－07955－0008
267	汉口市立图书馆递送单［汉口市立图书馆经常费、临时费类现金出纳表、累计表、平衡表及汉口市立图书馆民国三十六年八月至十一月份职员生活补助费报核清册］	1947	LS000009－WS031－07955－0009

续表

序号	题名	年份	档号
268	汉口市立图书馆递送单［汉口市立图书馆经常费、临时费类现金出纳表、累计表、平衡表及汉口市立图书馆民国三十六年十二月份职员生活补助费报核清册］	1947	LS000009－WS031－07955－0010
269	汉口市政府关于核准汉口市立图书馆民国三十七年度收购图书费预算书电仰遵照的代电	1948	LS000009－WS031－07955－0011
270	汉口市政府关于核准汉口市立图书馆民国三十七年度二至六月份采购图书预算书电仰遵照的代电	1948	LS000009－WS031－07955－0015
271	汉口市立图书馆关于检送本馆更调会计员后新印鉴单二份请查照核对的公函	1948	LS000009－WS031－07955－0016
272	汉口市政府关于核准汉口市立图书馆呈赍民国三十六年度冬季柴炭临时费预算电仰知照的代电	1947	LS000009－WS031－07985－0013
273	汉口市立图书馆关于造报本馆民国三十五年及三十六年度经临各费收支清册报请鉴核备查的呈	1947	LS000009－WS031－08784－0007
274	汉口市政府关于核准汉口市图书馆民教馆体育场员工代表等垫借民国三十八年四月份伙食费电仰查核拨付的代电	1949	LS000009－WS031－09126－0004
275	汉口市政府关于核准汉口市立图书馆民国三十八年度馆址搬迁费预算书电仰遵照的代电	1949	LS000009－WS031－09126－0033
276	汉口市立图书馆民国三十七年度万有文库购置费类平衡表现金出纳表累计表及验收单	1948	LS000009－WS031－09817－0023
277	汉口市政府关于核准汉口市图书馆呈赍民国三十六年度装设电表临时费追加预算电仰知照的代电	1947	LS000009－WS031－09821－0001
278	汉口市政府关于核准汉口市图书馆呈赍民国三十六年度购置自行车临时费预算书电仰遵照的代电	1947	LS000009－WS031－09821－0002
279	汉口市政府关于核准汉口市市立图书馆呈赍民国三十六年度设备费预算电知照的代电	1947	LS000009－WS031－09821－0003
280	汉口市政府关于核准汉口市立图书馆民国三十七年度印制图书登记簿临时费预算书电请查核赐复的代电及仰遵照的代电	1948	LS000009－WS031－09833－0007
281	汉口市立图书馆收支对照表	1946	LS000009－WS031－09910－0001
282	汉口市立图书馆递送单［汉口市政府］	1947	LS000009－WS031－09910－0002
283	汉口市立图书馆财产增减表	1947	LS000009－WS031－09910－0003
284	汉口市立图书馆购置书架费验收表	1947	LS000009－WS031－09910－0004

续表

序号	题名	年份	档号
285	汉口市立图书馆购置及印刷验收表	1947	LS000009－WS031－09910－0005
286	汉口市立图书馆民国三十五年度图书用具临时费支出计算书	1946	LS000009－WS031－09910－0006
287	汉口市立图书馆民国三十六年度购置及印刷临时费支出计算书	1947	LS000009－WS031－09910－0007
288	汉口市政府关于汉口市立图书馆民国三十六年十至十一月职员请假报告表的指令	1947	LS000009－WS031－09911－0004
289	汉口市政府关于汉口市立图书馆民国三十六年十二月职员请假报告表的指令	1948	LS000009－WS031－09911－0005
290	汉口市政府关于汉口市立图书馆民国三十七年元月份职员请假报告表的指令	1948	LS000009－WS031－09911－0006
291	汉口市政府关于汉口市立图书馆民国三十七年三月份职员请假报告表的指令	1948	LS000009－WS031－09911－0008
292	汉口市政府关于汉口市立图书馆民国三十七年四月份职员请假报告表的指令	1948	LS000009－WS031－09911－0009
293	汉口市政府关于汉口市立图书馆民国三十七年五月份职员请假报告表的指令	1948	LS000009－WS031－09911－0010
294	汉口市政府关于汉口市立图书馆民国三十七年六月份职员请假报告表的指令	1948	LS000009－WS031－09911－0011
295	汉口市政府关于汉口市立图书馆民国三十七年七至十月份职员请假报告表的指令	1948	LS000009－WS031－09911－0012
296	汉口市政府关于汉口市立图书馆民国三十七年十一至十二月份职员请假报告表的指令	1949	LS000009－WS031－09911－0013
297	汉口市立图书馆关于呈送本馆民国三十八年元至三月份职员请假报告表请核备的呈	1949	LS000009－WS031－09911－0014
298	汉口市立图书馆关于纪念国父诞辰主办论文比赛的函	1948	LS000009－WS031－09912－0001
299	汉口市立图书馆关于国父诞辰主办论文比赛论文题高中组为"知难学说之论证"初中组为"说平等"的笺函	1948	LS000009－WS031－09912－0002
300	汉口市立图书馆关于纪念国父诞辰主办论文比赛的签呈	1948	LS000009－WS031－09912－0003
301	汉口市立图书馆关于奉令以纪念国父诞辰举办论文比赛函请惠赐奖品以资转给的笺函	1948	LS000009－WS031－09912－0004
302	汉口市立图书馆关于呈报民国三十七年国父诞辰社会教育扩大运动周本馆遵办各活动项目实在情形祈核备的呈文	1948	LS000009－WS031－09912－0005

续表

序号	题名	年份	档号
303	汉口市立图书馆关于举行论文比赛评判会议的笺函	1948	LS000009－WS031－09912－0009
304	汉口市立图书馆关于论文比赛评比结果的函	1949	LS000009－WS031－09912－0015
305	汉口市政府关于派龚孟贤为汉口市立图书馆馆长报请鉴核备查的呈及令发履历表仰检送资历证件以凭转请核委的训令	1946	LS000009－WS031－09913－0007
306	汉口市政府关于据呈以汉口市立图书馆业务开展恳准予增加员役等情指令照准的指令	1946	LS000009－WS031－09913－0009
307	汉口市政府关于据呈报汉口市立图书馆新派人员情形指令遵照的指令	1946	LS000009－WS031－09913－0011
308	汉口市政府关于据报汉口市立图书馆民国三十五年十一月份阅览人数指令知照的指令	1946	LS000009－WS031－09913－0014
309	汉口市立图书馆关于会报交接科学仪器生物标本情形祈鉴核的会呈	1947	LS000009－WS031－09916－0001
310	清册		LS000009－WS031－09916－0002
311	汉口市立图书馆民国三十六年第二十四次至第三十七次馆务会议记录	1947	LS000009－WS031－09917－0001
312	汉口市立图书馆民国三十七年第一次至第九次馆务会议记录	1948	LS000009－WS031－09917－0002
313	汉口市立图书馆第一次至第六次临时讨论会议记录	1946	LS000009－WS031－09918－0001
314	汉口市立图书馆第五次至第十五次小组会议记录	1946	LS000009－WS031－09918－0002
315	汉口市立图书馆第十一次至第二十二次馆务会议记录		LS000009－WS031－09918－0003
316	汉口市立图书馆民国三十八年度第八次馆务会议记录	1949	LS000009－WS031－09919－0001
317	汉口市立图书馆关于召开馆务会议的通知	1949	LS000009－WS031－09919－0002
318	汉口市立图书馆民国三十八年度第九次馆务会议记录	1949	LS000009－WS031－09919－0003
319	汉口市立图书馆民国三十八年度第十次馆务会议记录	1949	LS000009－WS031－09919－0004
320	汉口市立图书馆民国三十八年度第十一次馆务会议记录	1949	LS000009－WS031－09919－0005
321	汉口市立图书馆民国三十八年度总务部第一次事务会议记录	1949	LS000009－WS031－09919－0007

续表

序号	题名	年份	档号
322	汉口市立图书馆民国三十八年度第一次馆务会议记录	1949	LS000009-WS031-09919-0008
323	汉口市立图书馆民国三十八年度第二次馆务会议录	1949	LS000009-WS031-09919-0009
324	汉口市立图书馆民国三十八年度第三次馆务会议记录	1949	LS000009-WS031-09919-0010
325	汉口市立图书馆民国三十八年度第四次馆务会议记录	1949	LS000009-WS031-09919-0011
326	汉口市立图书馆民国三十八年度第五次馆务会议记录	1949	LS000009-WS031-09919-0012
327	汉口市立图书馆民国三十八年度第六次馆务会议录	1949	LS000009-WS031-09919-0013
328	汉口市立图书馆民国三十八年度第七次馆务会议录	1949	LS000009-WS031-09919-0014
329	汉口市立图书馆总务部会议记录	1948	LS000009-WS031-09919-0015
330	汉口市立图书馆民国三十七年的第十九次馆务会议记录	1948	LS000009-WS031-09919-0016
331	汉口市立图书馆民国三十七年度第二十次馆务会议记录	1948	LS000009-WS031-09919-0017
332	汉口市立图书馆民国三十七年度第二次总务会议记录	1948	LS000009-WS031-09919-0018
333	汉口市立图书馆民国三十七年度第二十一次馆务会议记录	1948	LS000009-WS031-09919-0019
334	汉口市立图书馆临时会议记录	1948	LS000009-WS031-09919-0020
335	汉口市立图书馆总务部事务会议记录	1948	LS000009-WS031-09919-0021
336	汉口市立图书馆民国三十七年度第二十一次馆务会议记录	1948	LS000009-WS031-09919-0022
337	汉口市立图书馆图书目录		LS000009-WS031-09921-0001
338	汉口市立图书馆关于召开民国三十七年第十次馆务会议的通知	1948	LS000009-WS031-09923-0001
339	汉口市立图书馆民国三十七年度第十次馆务会议记录	1948	LS000009-WS031-09923-0002
340	汉口市立图书馆民国三十七年度第十一次馆务会议记录	1948	LS000009-WS031-09923-0003
341	汉口市立图书馆民国三十七年第十二次馆务会议记录	1948	LS000009-WS031-09923-0004

序号	题名	年份	档号
342	汉口市立图书馆民国三十七年度第十三次馆务会议记录	1948	LS000009－WS031－09923－0005
343	汉口市立图书馆民国三十七年第十四次馆务会议记录	1948	LS000009－WS031－09923－0006
344	汉口市立图书馆民国三十七年第十五次馆务会议记录	1948	LS000009－WS031－09923－0007
345	汉口市立图书馆民国三十七年第十六次馆务会议记录	1948	LS000009－WS031－09923－0008
346	汉口市立图书馆民国三十七年第十七次馆务会议记录	1948	LS000009－WS031－09923－0009
347	汉口市立图书馆关于民国三十七年第十七次馆务会议内容的公函	1948	LS000009－WS031－09923－0010
348	汉口市立图书馆民国三十七年第十七次馆务会议记录	1948	LS000009－WS031－09923－0011
349	汉口市立图书馆民国三十七年度第十八次馆务会议记录	1948	LS000009－WS031－09923－0012
350	汉口市立图书馆民国三十七年度为纪念总理诞辰筹备事宜会议记录	1948	LS000009－WS031－09923－0013
351	汉口市立图书馆工作报告		LS000009－WS031－09924－0001
352	汉口市立图书馆概况		LS000009－WS031－09924－0002
353	汉口雨农图书馆筹备成立之经过及其现状概述		LS000009－WS031－09924－0003
354	汉口市立图书馆关于该馆的简历介绍		LS000009－WS031－09924－0004
355	汉口市立图书馆关于呈报先后接收程前馆长移交经临各费结存数共四十五万一千二百八十四元祈鉴核备查的呈	1948	LS000009－WS031－09924－0005
356	汉口市政府关于命汉口市立图书馆呈报先后接收程前馆长移交经临各费数目的指令	1948	LS000009－WS031－09924－0006
357	汉口市立图书馆龚□□关于奉查汉口市立图书馆第二分馆工作情形的签呈	1949	LS000009－WS031－09924－0007
358	汉口市立图书馆汪雨时关于奉赴汉口市立图书馆第二分馆点收情形的签呈		LS000009－WS031－09924－0008
359	汉口市立图书馆关于请介绍本馆采编部主任人选的笺函		LS000009－WS031－09924－0009
360	私立武昌文华图书馆学专科学校关于请汉口市立图书馆介绍一下该馆情况以便介绍能贤的信函		LS000009－WS031－09924－0010

序号	题名	年份	档号
361	汉口市立图书馆关于函复本馆采编部主任工作及待遇情形的便函		LS000009－WS031－09924－0011
362	汉口市立图书馆关于本馆采编部主任函请迅予介绍的便函		LS000009－WS031－09924－0012
363	汉口市立图书馆关于保送本馆干事周裕请予免试入学的公函		LS000009－WS031－09924－0014
364	汉口市立图书馆关于移交经管文卷一十四宗咨请查照见复的咨	1946	LS000009－WS031－09924－0015
365	汉口市立图书馆关于移交证章四枚咨请查收见复的咨	1946	LS000009－WS031－09924－0016
366	汉口市立图书馆关于咨交收音机一架希查收见复的咨	1946	LS000009－WS031－09924－0017
367	汉口市立图书馆关于咨交玻璃三箱请查收见复的咨	1946	LS000009－WS031－09924－0018
368	汉口市立图书馆关于咨交武汉行营颁发禁止驻军令条请查收见复的咨	1946	LS000009－WS031－09924－0019
369	汉口市立图书馆关于呈报交接印信文卷物品清册请鉴核备查的呈	1946	LS000009－WS031－09924－0020
370	汉口市政府关于准予汉口市立图书馆呈报交接文卷物品清册备查的指令	1946	LS000009－WS031－09924－0021
371	汉口市立图书馆龚孟贤关于申请汉口市政府拨发旧家具的签呈		LS000009－WS031－09924－0022
372	汉口市立图书馆龚孟贤关于申请领用油漆的签呈		LS000009－WS031－09924－0023
373	汉口市立图书馆接收图书目录移交清册	1946	LS000009－WS031－09925－0001
374	汉口市立图书馆余龙授关于处理民教馆移交图书及器具的签呈	1947	LS000009－WS031－09928－0003
375	汉口市立图书馆关于咨送本馆移交科学仪器及生物标本清册各一份请查收见复的咨	1947	LS000009－WS031－09928－0004
376	汉口市立图书馆余龙授关于奉赴民教馆附设图书馆洽谈交接事宜情形的报告	1947	LS000009－WS031－09928－0006
377	汉口市立图书馆点交私立武昌华中大学标本证明册	1947	LS000009－WS031－09928－0010
378	汉口市立图书馆点交私立武昌华中大学生物标本证明清册	1947	LS000009－WS031－09928－0011
379	汉口市立图书馆接收科学仪器清册	1947	LS000009－WS031－09928－0012
380	汉口市立图书馆无号未列仪器项目清册	1947	LS000009－WS031－09928－0013

续表

序号	题名	年份	档号
381	汉口市立图书馆接收生物标本清册	1947	LS000009－WS031－09928－0014
382	汉口市立图书馆接收缺少生物标本清册	1947	LS000009－WS031－09928－0015
383	汉口市立图书馆关于填送本馆会计员刘兴汉民国三十六年下半年平时成绩考核及年终考绩各项表册电请察转的代电	1948	LS000009－WS031－09929－0003
384	汉口市立图书馆关于函送本馆民国三十七年上半年度会计员平时成绩考核结果汇报册请查照的公函	1948	LS000009－WS031－09929－0005
385	汉口市立图书馆关于本馆遵派干事余龙授前往湖北省训团受训之旅费及膳费造具预算书祈核发的呈		LS000009－WS031－09929－0009
386	汉口市政府关于汉口市立图书馆来该府领具余龙授赴湖北省训团旅费的指令	1947	LS000009－WS031－09929－0010
387	汉口市立图书馆公役花名册		LS000009－WS031－09929－0011
388	汉口市立图书馆关于本馆干事罗淑勋服务阅览部处事失当给予警告并已饬随时改正呈请鉴核备查的呈及应予警告仰即随时改正的通知	1948	LS000009－WS031－09929－0012
389	汉口市政府关于汉口市立图书馆给予处事失当之干事罗淑勋警告处分并饬随时改正的指令	1948	LS000009－WS031－09929－0013
390	汉口市立图书馆工作人员思想行动保证书［钮震寰、汪雨时］	1948	LS000009－WS031－09929－0015
391	汉口市立图书馆工作人员思想行动保证书［王训格、王淑娴］	1948	LS000009－WS031－09929－0016
392	汉口市立图书馆工作人员思想行动保证书［林渊泉、赵作孚］	1948	LS000009－WS031－09929－0017
393	汉口市立图书馆工作人员思想行动保证书［陈昌荣、余龙授］	1948	LS000009－WS031－09929－0018
394	汉口市立图书馆工作人员思想行动保证书［刘长龄、周维明］	1948	LS000009－WS031－09929－0019
395	汉口市立图书馆工作人员思想行动保证书［高国瑞、程时杰］	1948	LS000009－WS031－09929－0020
396	汉口市立图书馆工作人员思想行动保证书［何明溥、何建初］	1948	LS000009－WS031－09929－0021
397	汉口市立图书馆工作人员思想行动保证书［柴海楼、周贯仁］	1948	LS000009－WS031－09929－0022

续表

序号	题名	年份	档号
398	汉口市立图书馆工作人员思想行动保证书〔柴海楼、黄道谦〕	1948	LS000009-WS031-09929-0023
399	汉口市立图书馆工作人员思想行动保证书〔高锦麟、林光秀〕	1948	LS000009-WS031-09929-0024
400	汉口市立图书馆关于呈报中央训练团毕业学生调查表请鉴核的呈	1946	LS000009-WS031-09929-0036
401	汉口市立图书馆关于遵填眷属人数调查表祈核转的呈		LS000009-WS031-09929-0038
402	汉口市立图书馆关于遵填员役调查表祈核转的呈		LS000009-WS031-09929-0040
403	汉口市立图书馆英文目录		LS000009-WS031-09932-0001
404	汉口市立图书馆英文书临时目录		LS000009-WS031-09932-0002
405	汉口市立图书馆关于八月十日召开馆务会议的通知		LS000009-WS031-09933-0004
406	汉口市立图书馆关于民国三十八年四月三日召开馆务会议的通知	1949	LS000009-WS031-09933-0005
407	汉口市立图书馆关于本馆职员暑假分两组更番休假的通知	1948	LS000009-WS031-09933-0008
408	汉口市政府关于汉口市立图书馆工作人员民国三十七年暑假分组更番休假情形缮表一份核备的指令	1948	LS000009-WS031-09933-0009
409	汉口市立图书馆关于呈报本馆寒假起讫日期及分组更番休假情形缮表一份赍请核备的呈	1949	LS000009-WS031-09933-0010
410	汉口市立图书馆民国三十八年度第一次馆务临时会议记录	1949	LS000009-WS031-09933-0011
411	汉口市立图书馆民国三十七年本馆职员寒假分班休息名单		LS000009-WS031-09933-0012
412	周方楠关于汉口市立图书馆更番休假致啸云馆长的信函		LS000009-WS031-09933-0013
413	汉口市政府关于汉口市立图书馆职员民国三十八年度更番休假报请核备查的指令	1949	LS000009-WS031-09933-0014
414	汉口市政府关于汉口市立图书馆寒假第二组休假人员起讫日期鉴核的指令	1949	LS000009-WS031-09933-0015
415	汉口市立图书馆关于本馆拟遵照教育部令公布修正图书馆规程第三十条后段规定于本届暑期分职员为两组更番休假以待功令呈请鉴核示遵的呈	1948	LS000009-WS031-09933-0016

续表

序号	题名	年份	档号
416	汉口市立图书馆关于职员两组更番休假分组的便笺		LS000009－WS031－09933－0017
417	汉口市立图书馆关于遵令将本馆工作人员民国三十七年暑假分组更番休假情形缮表一份呈请签核备查的呈	1948	LS000009－WS031－09933－0018
418	汉口市政府关于汉口市立图书馆呈送民国三十五年装置电灯费计算书类转送湖北省审计处审核的训令	1947	LS000009－WS031－09936－0012
419	汉口市立图书馆关于呈送设备购置临时费预算书祈鉴核示遵的呈	1947	LS000009－WS031－09936－0013
420	汉口市政府关于核准汉口市立图书馆呈赍民国三十六年度装设电表临时费追加预算书电仰知照的代电	1947	LS000009－WS031－09936－0015
421	汉口市政府关于汉口市立图书馆发还私立武昌华中大学生物标本造具清册的指令	1947	LS000009－WS031－09936－0017
422	汉口市立图书馆员役应领支薪饷表		LS000009－WS031－09936－0018
423	汉口市立图书馆八月份十二月份员役编制经费计算表		LS000009－WS031－09936－0019
424	民国三十五年十二月份遵照新调整待遇应补领经费明细表	1947	LS000009－WS031－09936－0020
425	汉口市立图书馆特别办费详细表	1946	LS000009－WS031－09936－0021
426	汉口市政府财粮科关于汉口市立图书馆五至八月份经费的便笺		LS000009－WS031－09936－0023
427	汉口市立图书馆每月应领经费表		LS000009－WS031－09936－0024
428	审计部湖北省审计处核准通知［汉口市立图书馆民国三十五年度装置电灯费］	1947	LS000009－WS031－09936－0025
429	汉口市立图书馆关于本馆职员郝慧英之叔父郝瑞祥患病甚剧函请准予住院治疗的公函	1947	LS000009－WS031－09937－0007
430	汉口市立图书馆关于据本馆职员王秀瑢呈恳请汉口市立医院优待免费医病等情转请查照办理的公函	1947	LS000009－WS031－09937－0008
431	汉口市立图书馆领款收据	1947	LS000009－WS031－09937－0010
432	汉口市立图书馆关于咨交收音机一架希查收见复的咨	1946	LS000009－WS031－09938－0001
433	汉口市立图书馆关于咨交玻璃三箱请查收见复的咨	1946	LS000009－WS031－09938－0002
434	汉口市立图书馆关于咨交图书清册科学仪器标本目录移交请查收见复的咨	1946	LS000009－WS031－09938－0003

序号	题名	年份	档号
435	汉口市立图书馆关于装置电灯的签呈		LS000009－WS031－09938－0004
436	汉口市立图书馆关于接收汉口市一女中代为保管仪器标本会商交接事宜的便笺	1946	LS000009－WS031－09938－0005
437	汉口市立第一女子中学汉口市立图书馆关于呈为交接图书业已完竣报请鉴核备查的呈	1946	LS000009－WS031－09938－0006
438	汉口市政府关于原任汉口市立图书馆兼馆长程发轫呈报交接图书情形的指令	1946	LS000009－WS031－09938－0007
439	汉口市立图书馆关于移交证章四枚咨请查收见复的咨	1946	LS000009－WS031－09938－0008
440	汉口市立图书馆关于咨交武汉行营颁发禁止驻军令条请查收见复的咨	1946	LS000009－WS031－09938－0009
441	汉口市立图书馆主办全国木刻展览会签名簿		LS000009－WS031－09939－0004
442	汉口市立图书馆平面图		LS000009－WS031－09939－0005
443	汉口市立图书馆杂件便笺五份		LS000009－WS031－09939－0006
444	汉口市立图书馆藏书总数表；汉口市立图书馆分类编目之常借书籍统计表	1947	LS000009－WS031－09939－0007
445	汉口市立图书馆民国三十六年度元至九月份员役编制经费计算表	1947	LS000009－WS031－09939－0008
446	汉口市立图书馆民国三十六年度各月份经费统计表	1947	LS000009－WS031－09939－0009
447	汉口市立图书馆民国三十六年度预算表	1947	LS000009－WS031－09939－0010
448	汉口市立图书馆民国三十六年元至十二月阅览人数统计表；汉口市立图书馆各类书籍阅览人数之百分比例表	1947	LS000009－WS031－09939－0011
449	汉口市立图书馆各类书籍阅览人数之百分比例表		LS000009－WS031－09939－0012
450	汉口市立图书馆各种展览暨参观人数表；汉口市立图书馆保藏金石字仪器标本统计表；汉口市立图书馆编制表		LS000009－WS031－09939－0013
451	汉口市立图书馆交接印信文卷物品四柱清册	1946	LS000009－WS031－09940－0001
452	汉口市立图书馆交接印信文卷物品四柱清册	1946	LS000009－WS031－09940－0002
453	汉口市立图书馆关于移交经管文卷十四宗咨请查照见复的咨	1946	LS000009－WS031－09940－0003
454	汉口市立图书馆文卷移交清册		LS000009－WS031－09940－0004
455	汉口市立图书馆关于奉令遵编本馆民国三十六年元至十二月份经常费及改善员役生活待遇费预算分配表及俸给工饷标准及人数表祈鉴核转的呈	1947	LS000009－WS031－09942－0001

续表

序号	题名	年份	档号
456	汉口市政府关于批准汉口市立图书馆所呈民国三十六年度各项费用的指令	1947	LS000009-WS031-09942-0003
457	汉口市立图书馆关于奉令遵编民国三十六年元至七月份经常费及改善员役生活待遇费各项追加预算书请鉴核转的呈	1947	LS000009-WS031-09942-0005
458	汉口市政府关于核准汉口市立图书馆呈赍民国三十六年度元至七月份经费追加经临费预算电仰知照的代电		LS000009-WS031-09942-0007
459	汉口市立图书馆关于编送民国三十六年元至七月份经常费及改善员役待遇费追加预算分配数表请鉴核转的呈	1947	LS000009-WS031-09942-0008
460	汉口市政府关于批准汉口市立图书馆民国三十六年元月至七月追加预算书的代电	1947	LS000009-WS031-09942-0009
461	汉口市立图书馆关于遵令编制民国三十六年八至十二月份经常费及改善员役生活待遇费预算分配表鉴核示遵的呈	1947	LS000009-WS031-09942-0010
462	汉口市政府关于核准汉口市立图书馆呈赍民国三十六年度八至十二月份经费分配预算电知照的代电	1948	LS000009-WS031-09942-0012
463	汉口市立图书馆关于呈送汉口市立图书馆中山公园分馆民国三十七年度经常费预算书祈核示的呈	1948	LS000009-WS031-09942-0014
464	汉口市立图书馆关于呈送汉口市立图书馆中山公园分馆开办费预算书祈核示的呈	1948	LS000009-WS031-09942-0015
465	汉口市政府关于汉口市立图书馆增工作人员及费用按规定办的训令	1948	LS000009-WS031-09942-0017
466	汉口市立图书馆关于编具本馆民国三十七年元至六月份经常费及改善员役生活补助费预算分配表祈鉴核的呈	1947	LS000009-WS031-09942-0024
467	汉口市立图书馆关于编具本馆民国三十七年七至十二月份经常费预算分配表暨民国三十七年元至六月份经常费追加预算书赍请鉴核的呈文稿	1948	LS000009-WS031-09942-0026
468	汉口市政府关于核准汉口市立图书馆民国三十七年下半年度经常费分配预算书电仰知照的代电	1948	LS000009-WS031-09942-0028
469	汉口市政府关于核准汉口市立图书馆民国三十七年度元至六月份经常生补各费分配预算书电仰知照的代电	1948	LS000009-WS031-09942-0032
470	汉口市立图书馆关于物价逐日高涨员役生活困难函请察照准将本馆场等每月经常费按月提前发给以济急需而利工作的函	1948	LS000009-WS031-09942-0033

序号	题名	年份	档号
471	汉口市政府会计室关于派员柳泽到汉口市立图书馆协助账务处理等工作的代电	1948	LS000009－WS031－09942－0037
472	汉口市立图书馆关于准电填送汉口市戡乱建国动员委员会和平区分会统一捐献机关登记表暨附缴捐款一百三十万元请查收给据的公函	1948	LS000009－WS031－09943－0001
473	汉口市政府关于汉口市立图书馆呈成立公余读书会及抄送简章会议记录准予备查的指令	1948	LS000009－WS031－09943－0009
474	汉口市立图书馆关于公余读书会简章规定内容的公告	1947	LS000009－WS031－09943－0010
475	汉口市立图书馆关于呈报汉口市立图书馆公余读书会成立日期暨附赍简章及会议记录祈鉴核备查的呈	1948	LS000009－WS031－09943－0011
476	汉口市政府关于成立汉口市立图书馆员工消费合作社的指令	1948	LS000009－WS031－09943－0012
477	汉口市立图书馆关于呈报启用图记开始业务日期检同印模请鉴核的呈稿	1948	LS000009－WS031－09943－0013
478	有限责任汉口市立图书馆员工消费合作社关于函请配售双钱牌深筒胶鞋的公函	1948	LS000009－WS031－09944－0001
479	汉口市立图书馆关于函送本馆职员购买衬褂袜子等件名册请查收配售并希见复的公函	1948	LS000009－WS031－09944－0002
480	汉口市立图书馆关于本馆职员十七人拟购头号食米五石一斗附送职员名册一份函请查照配售的公函	1948	LS000009－WS031－09944－0005
481	汉口市立图书馆关于本馆员工请购食糖造具名册随函送请查照的公函	1948	LS000009－WS031－09944－0007
482	汉口市立图书馆关于本馆员工请配售夏季衣料造具名册随函送请查照的呈	1948	LS000009－WS031－09944－0008
483	汉口市立图书馆关于用现有员役依照册造具清册呈请配售食米的公函		LS000009－WS031－09944－0009
484	汉口市立图书馆关于函送本馆申请配售员役食米清册请查照配售的公函	1948	LS000009－WS031－09944－0010
485	汉口市立图书馆关于呈赍本馆申请配售食米员役清册请鉴核俯赐审查汇转的呈	1948	LS000009－WS031－09944－0011
486	武汉市民食调配委员会关于请汉口市立图书馆缴款提取民国三十七年七月配售食米的通知书	1948	LS000009－WS031－09944－0012
487	汉口市立图书馆关于函报本馆请第三期配售食米员役人数请查照配售的公函	1948	LS000009－WS031－09944－0013

续表

序号	题名	年份	档号
488	武汉市民食调配委员会关于请汉口市立图书馆缴款提取民国三十七年九月配售食米的通知	1948	LS000009－WS031－09944－0014
489	汉口市立图书馆员工消费合作社关于配销布匹办法的函	1948	LS000009－WS031－09944－0015
490	汉口市立图书馆员工消费合作社关于本社社员拟购冬季衣料附送名册函请查照的公函	1948	LS000009－WS031－09944－0017
491	汉口市立图书馆员工消费合作社关于本社社员申请配线布绞花被单附送名册一份函请查照配售的公函稿	1950	LS000009－WS031－09944－0018
492	有限责任汉口市立图书馆员工消费合作社关于申请配售食油二百五十斤以资维持的公函	1948	LS000009－WS031－09944－0019
493	有限责任汉口市立图书馆员工消费合作社关于请求干昌油行配售食油的公函稿	1948	LS000009－WS031－09944－0020
494	有限责任汉口市立图书馆员工消费合作社关于函请配售□牌香烟□条以便分配各员工吸用的公函		LS000009－WS031－09944－0021
495	有限责任汉口市立图书馆员工消费合作社关于函请配售青布的函稿	1948	LS000009－WS031－09944－0022
496	有限责任汉口市立图书馆员工消费合作社关于函请配给煤油七加伦的函稿	1948	LS000009－WS031－09944－0023
497	汉口市立图书馆关于呈送本馆员工申请配售食米名册请核准配售的呈稿	1948	LS000009－WS031－09944－0024
498	汉口市立图书馆关于函送本馆员工申请配发食粮名册请查照发给的公函稿	1948	LS000009－WS031－09944－0025
499	有限责任汉口市立图书馆员工消费合作社关于恳请福新烟公司配售香烟的公函	1948	LS000009－WS031－09944－0027
500	有限责任汉口市立图书馆员工消费合作社关于函请赐予配售丽都牌香烟五十六条以凭分配的函稿	1948	LS000009－WS031－09944－0028
501	有限责任汉口市立图书馆员工消费合作社关于函请配售食盐的函	1948	LS000009－WS031－09944－0029
502	有限责任汉口市立图书馆员工消费合作社关于函请配售双钱牌深筒胶鞋的函	1948	LS000009－WS031－09944－0030
503	有限责任汉口市立图书馆员工消费合作社关于函请配售拉链深筒胶鞋的函稿	1948	LS000009－WS031－09944－0031
504	有限责任汉口市立图书馆员工消费合作社关于派本社社员汪雨时前来汉口市消费合作社洽谈未明了事项的公函	1948	LS000009－WS031－09944－0032

续表

序号	题名	年份	档号
505	汉口市立图书馆关于函送本馆员工名册请配售石油的函稿	1948	LS000009-WS031-09944-0033
506	汉口市政府关于命汉口市立图书馆派员去汉口市民食调配委员会洽购食米的指令	1948	LS000009-WS031-09944-0037
507	汉口市立图书馆关于函请配售煤油□加伦以资应用的函稿	1949	LS000009-WS031-09944-0039
508	汉口市政府社会科关于通知汉口市立图书馆员工消费合作社重新刊刻图记的函		LS000009-WS031-09944-0041
509	汉口市政府关于汉口市图书馆员工消费合作社启用图记准予备查的指令	1948	LS000009-WS031-09944-0042
510	有限责任汉口市立图书馆员工消费合作社关于本馆呈准成立员工消费合作社开始业务电请察照的代电	1948	LS000009-WS031-09944-0043
511	汉口市立图书馆关于儿童节举行书画展览函请检送有关科学图片俾资展览的公函	1947	LS000009-WS031-09945-0004
512	汉口市立图书馆关于举办民国三十六年儿童节书画展的公函	1947	LS000009-WS031-09945-0006
513	汉口市三民区第一中心国民学校关于将该校学生美术作品及书法作品送汉口市立图书馆参加儿童节展览的公函	1947	LS000009-WS031-09945-0011
514	汉口市立图书馆儿童节儿童书画展览登记簿		LS000009-WS031-09945-0027
515	儿童节小艺术家的天才书画展览		LS000009-WS031-09945-0028
516	汉口市立图书馆关于通知各学校派员参加颁奖活动的便函	1947	LS000009-WS031-09945-0030
517	汉口市立图书馆关于通知各校来领具奖状的便函	1947	LS000009-WS031-09945-0031
518	汉口市立图书馆退还儿童节书画展作品收条	1947	LS000009-WS031-09945-0032
519	汉口市政府关于汉口市立图书馆呈请派员勘验补修馆舍的指令	1947	LS000009-WS031-09946-0001
520	汉口市立图书馆关于递送修整馆舍预算书及估单祈鉴核的呈	1947	LS000009-WS031-09946-0002
521	汉口市政府关于批准图书馆修整馆舍预算书并饬拨款的指令	1947	LS000009-WS031-09946-0003
522	汉口市立图书馆关于本馆损坏房屋经招商修理完竣请鉴核验收的呈	1948	LS000009-WS031-09946-0004
523	汉口市立图书馆关于呈送本馆修整房屋验收表祈鉴核的呈	1948	LS000009-WS031-09946-0005

续表

序号	题名	年份	档号
524	汉口市政府关于准汉口市立图书馆所呈民国三十六年修理馆舍临时费预算书的训令	1947	LS000009－WS031－09946－0006
525	汉口市立图书馆关于编造本馆民国三十六年修理馆舍临时费计算书类请核销的代电	1947	LS000009－WS031－09946－0007
526	汉口市立图书馆关于本馆各阅览室空气闷热附呈预算及估单请准予购置电扇俾利阅览的呈	1947	LS000009－WS031－09946－0008
527	汉口市立图书馆关于应阅览书报市民之需要本馆拟修建便池一所检同估价原呈请核示的呈	1948	LS000009－WS031－09946－0010
528	汉口市立图书馆关于应本馆员役及阅览书报市民之需要现拟修建厕所便池及阅览室以蔽阳光检同估单略图预算书呈请核示的呈	1948	LS000009－WS031－09946－0011
529	汉口市政府关于批准汉口市立图书馆所呈印制会计账表预算书的代电	1948	LS000009－WS031－09946－0012
530	汉口市政府关于批准汉口市立图书馆所呈民国三十七年修建厕所及购置临时预算书并列支的代电	1948	LS000009－WS031－09946－0013
531	汉口市立图书馆龚孟贤关于该馆修缮防水书库的签呈	1948	LS000009－WS031－09946－0015
532	汉口市立图书馆龚孟贤关于修缮该馆第一分馆的签呈	1948	LS000009－WS031－09946－0016
533	汉口市政府关于准予修缮汉口市立图书馆防水房屋的指令	1948	LS000009－WS031－09946－0017
534	汉口市政府关于命汉口市立图书馆缩减修建厕所及购置竹帘费用并拟建的指令	1948	LS000009－WS031－09946－0018
535	汉口市立图书馆龚孟贤关于用修缮防水书库部分材料间隔阅览室的签呈	1948	LS000009－WS031－09946－0019
536	汉口市政府关于批准汉口市立图书馆利用防水书库材料间隔期刊阅览室的指令	1948	LS000009－WS031－09946－0020
537	汉口市立图书馆关于编送本馆民国三十七年八月份防水房屋修缮临时费会计报告电请察收核办的代电及电请查核的代电	1948	LS000009－WS031－09946－0021
538	添建第一分馆中山公园图书馆书库及整修原有房屋工程费预算书	1948	LS000009－WS031－09946－0022
539	汉口市立图书馆关于电送本馆修建厕所及购置竹帘临时费会计报告请查收核办的代电及查核的代电	1948	LS000009－WS031－09946－0024

序号	题名	年份	档号
540	汉口市立图书馆龚孟贤关于恳请拨款修缮汉口市立图书馆第一分馆的签呈	1948	LS000009－WS031－09946－0026
541	汉口市政府教育科关于命汉口市立图书馆为修缮第一分馆速编制预算书连同欲购之物品价格表报汉口市政府的科函	1948	LS000009－WS031－09946－0027
542	汉口市立图书馆关于奉发修整第一分馆原有房屋及建筑书库工程费一千元遵令暂缓修建此款应否缴还公库呈请示遵的呈文稿	1948	LS000009－WS031－09946－0028
543	汉口市立图书馆龚孟贤关于用防水书库材料修理书箱的签呈	1949	LS000009－WS031－09946－0030
544	汉口市政府关于汉口市立图书馆利用防水书库材料修理书箱的指令	1949	LS000009－WS031－09946－0031
545	汉口市立图书馆关于造具第一分馆修建费计算书类报请核销的呈	1949	LS000009－WS031－09946－0032
546	汉口市立图书馆关于造具第一分馆修建费计算书类报请核销的呈	1949	LS000009－WS031－09946－0033
547	汉口市立图书馆关于电送汉口市立图书馆第一分馆修建费计算书类请察核的代电及请查核的代电	1949	LS000009－WS031－09946－0034
548	汉口市政府关于核准造具汉口市立图书馆第一分馆修建费计算书类并发还余件令自行分别存转仰即遵照的指令	1949	LS000009－WS031－09946－0035
549	汉口市立图书馆民国三十六年第二次施政报告	1947	LS000009－WS031－09947－0001
550	汉口市立图书馆民国三十七年度第二次施政报告	1948	LS000009－WS031－09947－0002
551	汉口市立图书馆民国三十七年度第一次施政报告	1948	LS000009－WS031－09947－0003
552	汉口市立图书馆施政广播	1948	LS000009－WS031－09947－0004
553	汉口市立图书馆民国三十八年度第一次施政报告	1949	LS000009－WS031－09947－0005
554	汉口市政府民政科关于通知汉口市立图书馆业务实施广播时间的科函	1947	LS000009－WS031－09947－0006
555	汉口市立图书馆修理脚踏车发票一张	1949	LS000009－WS031－09948－0002
556	汉口市财政局使用牌照及资源委员会中国石油有限公司汉口营业所印鉴纸［龚孟贤、汉口市立图书馆］	1948	LS000009－WS031－09948－0005
557	汉口市立图书馆有关各种单据九张	1949	LS000009－WS031－09948－0006

续表

序号	题名	年份	档号
558	汉镇既济水电股份有限公司发给汉口市立图书馆水费通知单十一张	1948	LS000009-WS031-09948-0008
559	汉口市立图书馆关于汉口市立图书馆第二分馆藏书已搬往他处其实际亦不由汉口市立图书馆所辖以后业务如何处理的笺呈	1948	LS000009-WS031-09948-0010
560	汉口市立图书馆关于更换图章的报告	1948	LS000009-WS031-09948-0011
561	汉口市立图书馆总务部关于薪俸表盖章一事通知前刘会计来申述的签呈	1948	LS000009-WS031-09948-0012
562	汉口市立图书馆关于据本馆前会计员刘兴汉签呈民国三十七年元至四月份薪俸及生补费报核清册内所盖名章与以前各月表册等件内盖章不符情形电请备查的代电稿	1948	LS000009-WS031-09948-0013
563	汉口市立图书馆刘兴汉关于遗失私章后又失而复得欲还用原私章的签呈	1948	LS000009-WS031-09948-0014
564	汉口市立图书馆关于派本馆职员刘锦铃前来借运电影机件到馆请查照的公函	1947	LS000009-WS031-09948-0016
565	汉口市立图书馆关于聘程参事周科长等为委员的聘书	1948	LS000009-WS031-09948-0017
566	汉口市立图书馆图书采购委员会关于举行第一次会议的笺函稿	1948	LS000009-WS031-09948-0018
567	汉口市立图书馆关于呈送本馆图书采购委员会简则一份祈鉴核备查的呈	1948	LS000009-WS031-09948-0019
568	汉口市政府关于准汉口市立图书馆所呈图书采购委员会简则备查的指令	1948	LS000009-WS031-09948-0020
569	汉口市立图书馆图书采购委员会关于该会第二次会议的笺函稿	1948	LS000009-WS031-09948-0021
570	汉口市立图书馆关于函送本馆民国三十七年度四、五两月份职员所得税扣缴清册两份暨缴所得税款三百八十万零八千二百元请查收给据的公函	1948	LS000009-WS031-09949-0009
571	财政部汉口直接税局关于命汉口市立图书馆于民国三十七年六月五日前将该馆四、五月份员工薪资清册报送该局的通知	1948	LS000009-WS031-09949-0010
572	财政部汉口直接税局关于催缴汉口市立图书馆民国三十七年十一、十二月份所得税的公函	1949	LS000009-WS031-09949-0015
573	审计部湖北省审计处核准通知［汉口市立图书馆民国三十六年七月份经常费、公务员生补费］	1949	LS000009-WS031-09950-0001

续表

序号	题名	年份	档号
574	汉口市立图书馆关于电送本馆民国三十六年元至七月份追加经常费会计报告请察收核办的代电	1948	LS000009－WS031－09950－0002
575	汉口市立图书馆民国三十六年三月份收支报告表	1947	LS000009－WS031－09950－0003
576	汉口市立图书馆民国三十六年四月份收支报告详细表	1947	LS000009－WS031－09950－0004
577	汉口市立图书馆民国三十六年五月份经常费收支报告详细表	1947	LS000009－WS031－09950－0005
578	汉口市立图书馆民国三十六年六月份经常费支出报告表	1947	LS000009－WS031－09950－0006
579	汉口市立图书馆民国三十六年七月份经费报告表	1947	LS000009－WS031－09950－0007
580	汉口市立图书馆预算书［装置电灯临时费、工料费］	1946	LS000009－WS031－09950－0008
581	汉口市立图书馆追加经常费类现金出纳表	1947	LS000009－WS031－09950－0009
582	汉口市立图书馆追加经常费类平衡表	1947	LS000009－WS031－09950－0010
583	汉口市立图书馆追加经常费累计表	1947	LS000009－WS031－09950－0011
584	汉口市立图书馆预算书	1947	LS000009－WS031－09950－0012
585	汉口市立图书馆临时费现金出纳表	1947	LS000009－WS031－09950－0013
586	汉口市立图书馆关于编送本馆民国三十五年九至十二月经临各费计算书类电请鉴核的代电	1947	LS000009－WS031－09950－0014
587	审计部湖北省审计处核准通知［汉口市立图书馆民国三十五年九至十二月份经常费、生活补助费］	1947	LS000009－WS031－09950－0016
588	汉口市北碚图书馆关于借用中外图书统一分类法的公函	1946	LS000009－WS031－09951－0001
589	私立武昌文华图书馆学专科学校关于借用中外图书统一分类法书籍歉难应允另商务印书馆有售的公函	1946	LS000009－WS031－09951－0002
590	汉口市政府秘书处庶务室关于赠送汉口市立图书馆蒋主席影传一部的笺函	1947	LS000009－WS031－09951－0004
591	汉口市立图书馆关于发动万卷书募集运动的签呈	1947	LS000009－WS031－09951－0009
592	汉口市立图书馆关于函送本馆调查表复请查照的公函	1947	LS000009－WS031－09951－0010

续表

序号	题名	年份	档号
593	汉口市立图书馆关于函请赠送报纸一份俾供市民阅览的公函	1947	LS000009－WS031－09951－0011
594	民风报社关于汉口市立图书馆万卷书募集经嘱发行课长转赠的公函	1947	LS000009－WS031－09951－0012
595	汉口市立图书馆关于美国新闻处汉口分处将于民国三十六年八月撤销恳予转函请将所有图书拨赠本馆的呈	1947	LS000009－WS031－09951－0016
596	新疆省立迪化中正图书馆关于惠赠各种重本图书的公函	1947	LS000009－WS031－09951－0017
597	国际文化图书馆关于检寄博物院出版联合图书馆公报第一卷第三期一册的公函	1947	LS000009－WS031－09951－0018
598	汉口市立图书馆关于革命文献发刊第五、六期两册的笺函	1947	LS000009－WS031－09951－0019
599	汉口市立图书馆关于检寄联合国图书馆公报一册的笺函	1947	LS000009－WS031－09951－0020
600	汉口市立图书馆关于惠赠辛亥武昌首义纪及张文襄治鄂记各一辑的笺函	1947	LS000009－WS031－09951－0021
601	汉口市立图书馆关于补赐劫灰鸿爪录下册的笺函	1947	LS000009－WS031－09951－0023
602	汉口市立图书馆关于惠寄全国报纸杂志及通讯社一览一本的笺函稿	1947	LS000009－WS031－09951－0024
603	汉口市立图书馆关于惠寄革命文献第一至四期各一份的笺函	1947	LS000009－WS031－09951－0026
604	汉口市立图书馆关于函复本馆目前无重本图书可资赠寄请查照的公函	1947	LS000009－WS031－09951－0027
605	汉口市立图书馆关于募集各种书刊派员前往汉口美国新闻处接洽的笺函稿	1948	LS000009－WS031－09951－0028
606	汉口市立图书馆关于函请惠予报纸一份供众阅览的便函	1949	LS000009－WS031－09951－0029
607	汉口市立图书馆关于函复杭州市参议会的公函	1947	LS000009－WS031－09951－0032
608	汉口市立图书馆关于感谢惠赠"中国空军"三册的笺函稿	1948	LS000009－WS031－09952－0002
609	佑珍关于赠送"中国空军"三册致汉口市立图书馆馆长的信函	1948	LS000009－WS031－09952－0003
610	汉口市立图书馆关于中国工程师学会贵阳分会函惠"一年来贵州省之工程事业专刊"的笺函稿	1948	LS000009－WS031－09952－0004

续表

序号	题名	年份	档号
611	汉口市立图书馆关于上海儿童福利促进会函惠"儿童与社会"创刊号一册的笺函稿	1948	LS000009－WS031－09952－0006
612	汉口市立图书馆关于汉口市教育科分配文库一部儿童阅读已由书局送到的笺函稿	1948	LS000009－WS031－09952－0008
613	汉口市立图书馆关于函请检赐战后新书目录暨国立中央图书馆馆刊各全份的公函	1948	LS000009－WS031－09952－0010
614	汉口市立图书馆关于司法行政秘书处函惠"全国司法行政检讨会议汇编"及"战时司法纪要"各一册的笺函稿	1948	LS000009－WS031－09952－0011
615	汉口市立图书馆关于广西省文献委员会函惠"广西文献创刊号"一册的笺函稿	1948	LS000009－WS031－09952－0014
616	汉口市立图书馆关于教育部国际文化教育事业处函惠"远东区基本教育研究会会议报告"及"中国的基本教育"各一册的笺函稿	1948	LS000009－WS031－09952－0015
617	汉口市立图书馆关于函惠中国纺织建设公司青岛分公司所编民国三十六年度统计年报一册的笺函稿	1948	LS000009－WS031－09952－0018
618	汉口市立图书馆关于国立中央图书馆惠赠第一卷一至四期共四册的笺函稿	1948	LS000009－WS031－09952－0020
619	国立中央图书馆关于检赠第一卷一至四期四册的公函	1948	LS000009－WS031－09952－0021
620	汉口市立图书馆关于准函发汉口市政府统计要览一份业经收到复请查照的公函	1948	LS000009－WS031－09952－0023
621	汉口市立图书馆关于电请增发中华民国宪法二册以便转发分馆陈列供览祈鉴核的代电	1948	LS000009－WS031－09952－0025
622	汉口市立图书馆关于电复收到中央各部会测量业务联系审查会专刊一本请查照的代电	1948	LS000009－WS031－09952－0028
623	汉口市立图书馆关于准函送时代周刊样本除已照收外仍请继续惠寄的公函	1948	LS000009－WS031－09952－0030
624	汉口市立图书馆关于汉口美国新闻处赠英文杂志的笺函稿	1948	LS000009－WS031－09952－0032
625	汉口市政府秘书处关于汉口美国新闻处赠英文杂志送汉口市立图书馆存阅的笺函	1948	LS000009－WS031－09952－0033
626	汉口市立图书馆关于奉到函送湖北省公产图册汇刊电复察核的代电	1949	LS000009－WS031－09952－0041
627	汉口市立图书馆关于惠赠市政建设月刊一册的公函	1948	LS000009－WS031－09952－0044

续表

序号	题名	年份	档号
628	汉口市立图书馆关于各报纸及其他刊物希按日惠赐的笺函稿	1949	LS000009－WS031－09952－0045
629	汉口市立图书馆关于教育部配给英国文学名著十三册的笺函		LS000009－WS031－09953－0001
630	汉口市立图书馆关于电复奉到检送教师与受战祸国家之儿童小册二本请鉴核的代电	1947	LS000009－WS031－09953－0003
631	教育部国际文化教育事业处关于随函检寄"联教组织图书馆公报"第一卷第一、二期各一册的笺函	1947	LS000009－WS031－09953－0009
632	汉口市立图书馆关于惠赠汉口市复制专刊一册的笺函稿	1947	LS000009－WS031－09953－0017
633	汉口市立图书馆关于按日惠赠民风报一份的便函	1947	LS000009－WS031－09953－0020
634	汉口市立图书馆关于"贵州建设写真"一册的笺函稿	1947	LS000009－WS031－09953－0024
635	汉口市立图书馆关于国民政府统计局编辑"第一次中华民国统计年鉴"的笺函稿	1948	LS000009－WS031－09953－0025
636	汉口市立图书馆关于国民政府统计局编辑"第一次中华民国统计年鉴"的笺函	1948	LS000009－WS031－09953－0026
637	中华书局股份有限公司汉口分局关于代售台大图书馆出版"敦煌秘籍留真新编"一书的公函	1948	LS000009－WS031－09953－0029
638	汉口市立图书馆关于教育部驻沪图书仪器接运清理处补配英文名著三十二册的笺函稿	1948	LS000009－WS031－09953－0031
639	汉口市立图书馆关于遵教育部电函请惠寄英文名著的公函	1948	LS000009－WS031－09953－0033
640	汉口美国大使馆新闻处关于寄上图书馆广告一张的笺函	1947	LS000009－WS031－09953－0037
641	教育部国际文化教育事业处关于检寄联合国科学文化组织图书馆博物院出版"联教组织图书馆公报"第一卷第一、二期的笺函	1947	LS000009－WS031－09953－0038
642	汉口市立图书馆员工消费合作社社员大会记录	1949	LS000009－WS031－09955－0001
643	伪汉口市立图书馆关于伙食杂件的便笺	1947	LS000009－WS031－09955－0003
644	汉口市立图书馆关于呈为本馆补充图书种类计划请鉴核转呈教育部配发的呈	1946	LS000009－WS031－09956－0002
645	汉口市立图书馆关于函请发邮寄交教育部所分配之各书籍的公函	1947	LS000009－WS031－09956－0007

序号	题名	年份	档号
646	汉口市政府关于汉口市立图书馆人员携带工具在江边义务劳动的通知	1946	LS000009－WS031－09957－0008
647	汉口市政府关于汉口市立图书馆人员携带工具在江岸参加义务劳动的通知	1946	LS000009－WS031－09957－0009
648	汉口市立图书馆关于遵缴民国三十五年度国民劳动服务职员代金祈鉴核的呈	1947	LS000009－WS031－09957－0012
649	汉口市立图书馆关于遵谕迁移馆址造具搬迁费及购置馆牌费临时预算书赍请核准拨款俾资具领归垫的呈稿	1948	LS000009－WS031－09958－0001
650	汉口市立图书馆关于遵令重编本馆民国三十七年度搬迁费预算书呈请核准拨款归垫的呈文稿	1948	LS000009－WS031－09958－0002
651	汉口市政府关于核准汉口市立图书馆民国三十七年度搬迁费预算书电仰遵照的代电	1948	LS000009－WS031－09958－0004
652	汉口市立图书馆关于会呈交接长春街七十三号房屋及玻璃电灯等项情形暨附赍移交清册祈核备的会呈	1948	LS000009－WS031－09958－0005
653	汉口市立图书馆关于造具民国三十七年馆址搬迁费计算书类报请核销的呈	1949	LS000009－WS031－09958－0007
654	汉口市立图书馆关于本馆迁移雇临时工并购绳索补呈预算书的签呈	1949	LS000009－WS031－09958－0008
655	汉口市立图书馆关于遵造本馆民国三十八年元月份馆址搬迁费预算书赍请鉴核存转的呈	1949	LS000009－WS031－09958－0009
656	汉口市立图书馆关于赍呈搬迁馆址临时费预算书祈鉴核拨款应付的呈	1949	LS000009－WS031－09958－0011
657	汉口市政府秘书处总务科关于汉口市立图书馆搬民教两科限本星期内办理完竣的通知	1949	LS000009－WS031－09958－0012
658	汉口市政府关于核准汉口市立图书馆民国三十八年度馆址搬迁费预算书电仰遵照的代电	1949	LS000009－WS031－09958－0013
659	汉口市立图书馆关于造具民国三十八年元月馆址搬迁费计算书类报请核销的呈	1949	LS000009－WS031－09958－0014
660	汉口市政府关于核准汉口市立图书馆民国三十八年度馆址搬迁费预算书电仰遵照的代电	1949	LS000009－WS031－09958－0015
661	汉口市政府关于核销汉口市立图书馆民国三十八年元月份馆址搬迁费计算书类仰即知照的指令	1949	LS000009－WS031－09958－0016
662	汉口市立图书馆关于造具民国三十八年二月馆址搬迁费计算书电请核销的代电	1949	LS000009－WS031－09958－0017

续表

序号	题名	年份	档号
663	汉口市立图书馆关于先发开办费的笺函	1946	LS000009－WS031－09959－0001
664	汉口市立图书馆关于修建本馆房舍检同估价单呈请鉴核的呈	1946	LS000009－WS031－09959－0002
665	汉口市立图书馆关于呈请追加预算的呈	1946	LS000009－WS031－09959－0004
666	汉口市立图书馆关于遵送本馆开办临时费预算书及估单祈鉴核的呈	1946	LS000009－WS031－09959－0005
667	汉口市立图书馆关于呈送开办修缮购置物品清册祈鉴核验收的呈	1946	LS000009－WS031－09959－0006
668	汉口市立图书馆关于呈送开办费验收表祈鉴核备查的呈	1947	LS000009－WS031－09959－0007
669	汉口市立图书馆关于编送本馆民国三十五年度开办费计算书类电请核销的代电	1947	LS000009－WS031－09959－0009
670	汉口市立图书馆关于填发民国三十五年度开办费核准通知希查照的公函	1947	LS000009－WS031－09959－0010
671	汉口市立图书馆关于本馆各种藏书整理就绪开始开放欢迎阅览的通告	1949	LS000009－WS031－09960－0013
672	汉口市立图书馆关于准函造送本馆主官姓名住址调查表的笺函	1949	LS000009－WS031－09960－0014
673	汉口市立图书馆关于填报汉口市政府全体职员及附属机关学校正副主官住址电话调查表的笺函	1949	LS000009－WS031－09960－0016
674	汉口市立图书馆任收文簿第一册	1946	LS000009－WS031－09961－0001
675	汉口市立图书馆关于催还图书的便函稿	1948	LS000009－WS031－09962－0001
676	汉口市立图书馆关于函请将借阅书籍三十八册交还来人接回的公函	1949	LS000009－WS031－09962－0004
677	汉口市立图书馆职员罗淑勋关于将久未借阅者的借阅保证书全部销毁的签呈	1948	LS000009－WS031－09962－0005
678	汉口市立图书馆职员罗淑勋关于将会同清点书库结果具报呈核的报告	1948	LS000009－WS031－09962－0006
679	汉口市立图书馆罗淑勋胡华斌关于移交书库造具清册书目各一册存馆备核的签呈	1948	LS000009－WS031－09962－0007
680	汉口市立图书馆中文图书目录		LS000009－WS031－09964－0001
681	张绪宝关于保证被保人朱稚诚在汉口市立图书馆借阅图书负责遗失赔偿的保证书	1948	LS000009－WS031－09964－0002
682	汉口市立图书馆关于函请将借阅书籍三十八册交还来人携回的公函	1949	LS000009－WS031－09964－0023
683	阅览人数登记簿	1948	LS000009－WS031－09964－0028

序号	题名	年份	档号
684	汉口市立图书馆借阅证	1948	LS000009－WS031－09964－0029
685	汉口市政府关于汉口市立图书馆所呈交接中山公园图书室图书公物清册准予备查的指令	1948	LS000009－WS031－09964－0030
686	汉口市政府关于汉口市立图书馆所呈交接科学仪器生物标本准予备查的指令	1948	LS000009－WS031－09964－0031
687	汉口市立图书馆职员程时杰关于该馆民众通俗书刊藏书情形的签呈	1948	LS000009－WS031－09964－0032
688	汉口市立图书馆民国三十五年九至十二月份经常费支出计算书	1946	LS000009－WS031－09965－0001
689	汉口市立图书馆民国三十五年九月份临时费支出计算书	1946	LS000009－WS031－09965－0002
690	汉口市立图书馆民国三十五年十月份临时费支出计算书	1946	LS000009－WS031－09965－0003
691	汉口市立图书馆民国三十五年九至十二月份经常费支出计算书	1946	LS000009－WS031－09965－0004
692	汉口市立图书馆关于编送本馆民国三十六年元至三月份经常费及改善生活待遇费会计报表及单据粘存簿电请核销的代电	1947	LS000009－WS031－09965－0005
693	汉口市立图书馆关于编送本馆民国三十六年四至六月份经常费及改善员役生活待遇费会计报告表及单据粘存簿电请核销的代电	1947	LS000009－WS031－09965－0006
694	汉口市政府会计处关于将汉口市立图书馆应领经费列表通知即希查照按照附表所列数目径向财政局洽领的通知	1948	LS000009－WS031－09966－0006
695	汉口市政府关于汉口市立图书馆所呈阅览人数统计表准予备查的指令	1946	LS000009－WS031－09967－0001
696	汉口市政府关于汉口市立图书馆所呈阅览人数统计表准予备查的指令	1947	LS000009－WS031－09967－0003
697	汉口市政府关于汉口市立图书馆所呈阅览人数统计表准予备查的指令	1947	LS000009－WS031－09967－0004
698	汉口市政府关于汉口市立图书馆所呈阅览人数统计表准予备查的指令	1947	LS000009－WS031－09967－0005
699	汉口市政府关于汉口市立图书馆所呈阅览人数统计表准予备查的指令	1947	LS000009－WS031－09967－0006
700	汉口市立图书馆关于遵送民国三十六年元至五月份阅览人数统计表祈鉴核的呈	1947	LS000009－WS031－09967－0008
701	汉口市政府关于汉口市立图书馆所呈阅览人数统计表准予备查的指令	1947	LS000009－WS031－09967－0009

续表

序号	题名	年份	档号
702	汉口市政府关于汉口市立图书馆所呈阅览人数统计表准予备查的指令	1947	LS000009－WS031－09967－0010
703	汉口市政府关于汉口市立图书馆所呈阅览人数统计表准予备查的指令	1947	LS000009－WS031－09967－0011
704	汉口市政府关于汉口市立图书馆所呈阅览人数统计表准予备查的指令	1947	LS000009－WS031－09967－0012
705	汉口市政府关于汉口市立图书馆所呈阅览人数统计表准予备查的指令	1947	LS000009－WS031－09967－0013
706	汉口市立图书馆关于编送本馆各项统计表请查收汇报的便函稿	1948	LS000009－WS031－09967－0015
707	汉口市立图书馆民国三十七年元月份至十二月份工作统计表	1948	LS000009－WS031－09967－0016
708	汉口市政府关于汉口市立图书馆所呈阅览人数统计表准予备查的指令	1948	LS000009－WS031－09967－0017
709	汉口市政府关于汉口市立图书馆所呈阅览人数统计表准予备查的指令	1948	LS000009－WS031－09967－0018
710	汉口市立图书馆关于再次编制该馆各类书籍阅览人数职业分类统计表请即查照的便函	1948	LS000009－WS031－09967－0019
711	汉口市政府统计室关于汉口市立图书馆所送资料无阅览人数请即填复的函	1948	LS000009－WS031－09967－0020
712	汉口市立图书馆关于呈送民国三十七年二月份阅览人数统计表祈鉴核的呈	1948	LS000009－WS031－09967－0021
713	汉口市立图书馆关于呈送民国三十七年三月份阅览人数统计表祈鉴核的呈	1948	LS000009－WS031－09967－0022
714	汉口市政府关于汉口市立图书馆所呈阅览人数统计表准予备查的指令	1948	LS000009－WS031－09968－0001
715	汉口市政府关于汉口市立图书馆所呈阅览人数统计表准予备查的指令	1948	LS000009－WS031－09968－0002
716	汉口市立图书馆关于函送本馆各项工作数字的笺函	1948	LS000009－WS031－09968－0003
717	汉口市政府统计室关于惠赐汉口市立图书馆各项工作数字的函	1948	LS000009－WS031－09968－0004
718	汉口市政府关于汉口市立图书馆所呈阅览人数统计表准予备查的指令	1948	LS000009－WS031－09968－0005
719	汉口市政府关于汉口市立图书馆所呈阅览人数统计表准予备查的指令	1948	LS000009－WS031－09968－0006
720	汉口市政府关于汉口市立图书馆所呈阅览人数统计表准予备查的指令	1948	LS000009－WS031－09968－0007

序号	题名	年份	档号
721	汉口市政府关于汉口市立图书馆第一分馆驻军应洽请迁让以早日开放的指令	1948	LS000009－WS031－09968－0008
722	汉口市政府关于汉口市立图书馆所呈阅览人数统计表准予备查的指令	1948	LS000009－WS031－09968－0009
723	汉口市立图书馆关于函送本馆民国三十七年元至八月份阅览人数统计表请查照的函稿	1948	LS000009－WS031－09968－0010
724	汉口市政府关于汉口市立图书馆所呈工作进度表准予备查的指令	1948	LS000009－WS031－09968－0011
725	汉口市立图书馆关于呈送民国三十七年九月份阅览人数统计表祈鉴核的呈	1948	LS000009－WS031－09968－0012
726	汉口市政府关于汉口市立图书馆所呈工作统计年报表准予备查的指令	1949	LS000009－WS031－09968－0013
727	汉口市政府关于汉口市立图书馆所呈阅览人数统计表准予备查的指令	1949	LS000009－WS031－09968－0014
728	汉口市立图书馆关于呈送民国三十八年元至三月份阅览人数统计表祈鉴核的呈	1949	LS000009－WS031－09968－0015
729	汉口市立图书馆关于函送本馆民国三十七年十至十二月份统计表请查收汇办的公函	1948	LS000009－WS031－09968－0017
730	汉口市政府关于汉口市立图书馆所呈阅览人数统计表准予备查的指令	1948	LS000009－WS031－09968－0018
731	汉口市立图书馆关于函送本馆民国三十七年七至九月份统计表请查收汇办的公函	1948	LS000009－WS031－09968－0020
732	汉口市政府关于汉口市立图书馆所呈阅览人数统计表准予备查的指令	1948	LS000009－WS031－09968－0021
733	汉口市政府关于汉口市立图书馆所呈阅览人数统计表准予备查的指令	1948	LS000009－WS031－09968－0022
734	审计部湖北省审计处核准通知［汉口市立图书馆民国三十五年搬运图书仪器标本费］	1948	LS000009－WS031－09969－0004
735	汉口市立图书馆关于呈赍装设电灯估价单请提早拨款以资装用的呈	1946	LS000009－WS031－09969－0005
736	汉口市立图书馆关于请查复装设电灯应备手续的公函	1947	LS000009－WS031－09969－0009
737	汉口市立图书馆关于包用电灯灯费若干请查复的公函	1947	LS000009－WS031－09969－0012
738	汉口市立图书馆关于呈送装设电表临时预算书祈核示的呈	1947	LS000009－WS031－09969－0013
739	汉口市立图书馆关于函复本馆包灯手续预算核准后办理的公函	1947	LS000009－WS031－09969－0015

续表

序号	题名	年份	档号
740	汉口市立图书馆关于呈复须自购备电表情形并送装设电表电费临时费预算书祈核示的呈	1947	LS000009－WS031－09969－0017
741	汉口市政府关于汉口市立图书馆装设电表及电费预算应编具不同科目预算办理的指令	1947	LS000009－WS031－09969－0018
742	汉口市立图书馆关于呈报本馆装设电表情形暨附赍电表装设临时费追加预算书祈鉴核存转并恳将追加之款迅赐发给以应公需的呈	1947	LS000009－WS031－09969－0020
743	汉口市立图书馆关于函请开列用具清单俾便造预算呈核的便函	1947	LS000009－WS031－09970－0001
744	汉口市立图书馆关于添置器具簿册账表等项遵于民国三十六年四月九日上午招商比价请派员监事的呈	1947	LS000009－WS031－09970－0003
745	汉口市立图书馆关于呈请装订书籍费用准予在节余项下开支的呈	1947	LS000009－WS031－09970－0004
746	汉口市立图书馆关于遵令准添置器具簿册账表祈鉴核验收的呈	1947	LS000009－WS031－09970－0006
747	汉口市立图书馆关于呈送添置器具簿册账表验收表祈鉴核的呈	1947	LS000009－WS031－09970－0007
748	汉口市政府关于奉转汉口市立图书馆民国三十六年度购置器具簿册账表预算书令仰知照的训令	1947	LS000009－WS031－09970－0008
749	汉口市立图书馆招商光华营造厂承制书架合同	1947	LS000009－WS031－09970－0009
750	汉口市立图书馆关于呈报本馆请领设备费二千万元经将各种应用器具购齐祈核准派员验收的呈	1948	LS000009－WS031－09970－0011
751	汉口市政府关于核准汉口市立图书馆呈赍民国三十六年度设备费预算电仰知照的代电	1947	LS000009－WS031－09970－0012
752	汉口市立图书馆关于编送本馆民国三十六年十二月份设备费会计报表等类电请核销的代电	1948	LS000009－WS031－09970－0013
753	审计部湖北省审计处核准通知［汉口市立图书馆民国三十六年十二月份设备临时费］	1949	LS000009－WS031－09970－0015
754	汉口市立图书馆计算书预算书［装置电灯临时费、装置电灯工料费］	1946	LS000009－WS031－09971－0004
755	汉口市立图书馆关于拟请准予按原事业费数目增加二十倍办公费增加十倍的签呈	1947	LS000009－WS031－09971－0005
756	汉口市政府关于汉口市立图书馆前借周转金令仰缴还归垫的训令	1949	LS000009－WS031－09971－0007

序号	题名	年份	档号
757	汉口市立民众教育馆、汉口市立国民体育场、汉口市立图书馆关于恳请预垫员工伙食费发还扣垫薪饷的签呈	1949	LS000009－WS031－09971－0008
758	汉口市政府关于据汉口市立图书馆员工代表等呈请垫借民国三十八年四月份伙食费等情指令知照的训令	1949	LS000009－WS031－09971－0009
759	汉口市政府秘书处财粮科关于汉口市立图书馆民国三十六年十月份经费已呈奉发放的函	1947	LS000009－WS031－09971－0012
760	汉口市政府关于据汉口市立图书馆呈赍装设电灯估单请拨款等情电仰知照的代电	1946	LS000009－WS031－09971－0013
761	汉口雨农图书馆关于按"八一九"后核定标准限期缴纳房地使用费的函	1948	LS000009－WS031－09971－0014
762	汉口市立图书馆第二分馆房租临时费追加预算书	1948	LS000009－WS031－09971－0015
763	汉口市政府关于核准汉口市立图书馆民国三十七年度九至十二月份房租金追加预算书电仰遵照的代电	1949	LS000009－WS031－09971－0016
764	汉口市政府关于准予拨付汉口市立图书馆所欠雨农图书馆房租的指令	1948	LS000009－WS031－09971－0018
765	周贯仁关于汉口市立图书馆房租增加一倍和补发前欠工役薪俸的私函	1948	LS000009－WS031－09971－0019
766	汉口市立图书馆龚孟贤关于该馆房租工役薪俸办公事业费等情的笺函稿	1948	LS000009－WS031－09971－0020
767	汉口市房地产业公会理事长柴海楼关于汉口市立图书馆房租薪俸等情向汉口市政府呈报的私函	1948	LS000009－WS031－09971－0021
768	汉口市政府会计室关于准函嘱补拨汉口市立图书馆第二分馆民国三十七年元至四月份房租及三月份增加工役一名饷津各费等由复请查照的公函	1948	LS000009－WS031－09971－0022
769	汉口市立图书馆龚孟贤关于派一女同志前往工作请准备宿舍的笺函稿	1948	LS000009－WS031－09971－0023
770	汉口雨农图书馆关于拟请派员接替前辞职之何太太职务的私函	1948	LS000009－WS031－09971－0024
771	汉口市立图书馆关于据呈报修整正馆门标牌共支工料价款五十五万元附赍单据一件请核予转呈发款等情电仰遵照的代电	1948	LS000009－WS031－09971－0025
772	汉口市立图书馆主任周贯仁关于检附维修馆门前标牌单据请转汉口市政府核给的签呈	1948	LS000009－WS031－09971－0026

续表

序号	题名	年份	档号
773	汉口市立图书馆主任周贯仁关于恳请将该馆租金调整通知转呈汉口市政府发给的签呈	1948	LS000009－WS031－09971－0028
774	汉口市政府关于汉口市立图书馆须编造房租预算呈汉口市政府核准的令	1948	LS000009－WS031－09971－0029
775	汉口市立图书馆龚孟贤关于派本馆干事前往第二分馆服务的通知	1948	LS000009－WS031－09971－0030
776	汉口市立图书馆龚孟贤关于派干事罗淑励到雨农图书馆服务并通知该馆的便函	1948	LS000009－WS031－09971－0031
777	汉口市立图书馆主任周贯仁关于恳请馆长龚孟贤派一有专长男同志负责整理扩展业务的私函	1948	LS000009－WS031－09971－0032
778	汉口市政府关于核准汉口市市立图书馆民国三十七年度元至六月份、七至十二月份预算书电仰遵照的代电	1948	LS000009－WS031－09971－0033
779	汉口市立图书馆关于呈送汉口市立图书馆第二分馆民国三十七年度九至十二月份房租临时费追加预算书祈核示的呈稿	1948	LS000009－WS031－09971－0034
780	汉口市立图书馆周贯仁关于将该馆房租调整文件呈府发给转交的签呈	1948	LS000009－WS031－09971－0035
781	汉口市立图书馆关于编送本馆民国三十六年七月份经常费及员役生活补助费会计报告等件电请核销的代电	1947	LS000009－WS031－09972－0001
782	审计部湖北省审计处核准通知［汉口市图书馆民国三十五年五至八月份改善员役生活待遇费、经常费］	1948	LS000009－WS031－09972－0002
783	汉口市立图书馆关于编送本馆民国三十六年八月至十一月份经临各费会计报表等类电请核销的代电	1948	LS000009－WS031－09972－0003
784	汉口市立图书馆关于编送本馆民国三十六年十二月份经临各费会计报表等类电请核销的代电	1948	LS000009－WS031－09972－0005
785	汉口市立图书馆递送单递送回单	1948	LS000009－WS031－09972－0007
786	汉口市立图书馆民国三十六年度十月份经常费收支传票拨款通知单收入传票俸薪表工饷表支出传票生活补助费报核清册	1947	LS000009－WS031－09973－0001
787	汉口市立图书馆民国三十六年度十一月份经常费收支传票拨款通知单收入传票俸薪表工饷表支出传票生活补助费报核清册	1947	LS000009－WS031－09973－0002

续表

序号	题名	年份	档号
788	汉口市立图书馆民国三十六年度十二月份经常费收支传票拨款通知单收入传票俸薪表工饷表支出传票生活补助费报核清册	1947	LS000009-WS031-09973-0003
789	汉口市立图书馆民国三十六年度元至十二月份经常费收支传票拨款通知单收入传票支出传票	1947	LS000009-WS031-09973-0004
790	汉口市立图书馆民国三十六年度元至十二月份临时费分录转账传票	1947	LS000009-WS031-09973-0005
791	汉口市立图书馆民国三十六年度元至七月份临时费收支传票支出传票分录转账传票拨款通知单收入传票	1947	LS000009-WS031-09973-0006
792	汉口市立图书馆民国三十六年度元至二月份经常费分录转账传票	1947	LS000009-WS031-09974-0001
793	汉口市立图书馆民国三十六年度元至三月份经常费收入传票	1947	LS000009-WS031-09974-0002
794	汉口市立图书馆民国三十六年度元月份经常费收支传票	1947	LS000009-WS031-09974-0003
795	汉口市立图书馆民国三十六年度二月份经常费收支传票	1947	LS000009-WS031-09974-0004
796	汉口市立图书馆民国三十六年度三月份经常费收支传票	1947	LS000009-WS031-09974-0005
797	汉口市立图书馆民国三十六年度四月份经常费收支传票收入传票工饷表俸薪表生活补助费报核清册	1947	LS000009-WS031-09974-0006
798	汉口市立图书馆民国三十六年度五月份经常费收支传票俸薪表工饷表生活补助费报核清册收入传票	1947	LS000009-WS031-09974-0007
799	汉口市立图书馆民国三十六年度六月份经常费收支传票薪俸表工饷表生活补助费报核清册	1947	LS000009-WS031-09974-0008
800	汉口市立图书馆保证单[艾喜生、朱世鑫、王素娥、程光汉、卫锡森、杨仁志、刘佑钧、贺新创、郎清河、洪昌德等]	1949	LS000009-WS031-09975-0001
801	汉口市政府秘书处财粮科关于汉口市立图书馆经费已奉批准发放的函	1946	LS000009-WS031-09976-0004
802	汉口市政府秘书处财粮科关于汉口市立图书馆经费已奉批准发放的函		LS000009-WS031-09976-0009
803	汉口市立图书馆民国三十六年七月份临时费类平衡表累计表	1947	LS000009-WS031-09977-0001

续表

序号	题名	年份	档号
804	汉口市立图书馆民国三十七年六月至十月份经费类现金出纳表平衡表累计表	1948	LS000009－WS031－09977－0002
805	汉口市立图书馆关于电送本馆民国三十七年度三至六月份特别办公费会计报告请查收核办及查核的代电稿	1948	LS000009－WS031－09977－0005
806	汉口市政府关于核准汉口市立图书馆造送民国三十七年十一及十二月份经常费计算书仰即知照的指令	1949	LS000009－WS031－09977－0006
807	汉口市政府关于据呈赍汉口市立图书馆编制及现有人数实支薪饷表祈鉴核等情令仰知照的指令	1948	LS000009－WS031－09977－0008
808	审计部湖北省审计处核准通知［汉口市立图书馆民国三十六年十二月份经常费、公务员生活补助］	1948	LS000009－WS031－09977－0009
809	汉口市政府会计处审核会计报告通知单［电送汉口市立图书馆民国三十七年度三至六月份特别办公费会计报告请查核］	1948	LS000009－WS031－09977－0010
810	汉口市政府关于核准汉口市立图书馆民国三十七年度元至六月份经常生补各费追加分配预算书电仰知照的代电	1948	LS000009－WS031－09977－0011
811	汉口市政府会计处审核会计报告通知单［编送汉口市立图书馆民国三十七年七至十月份经常费会计报表等类电请查核］	1949	LS000009－WS031－09977－0013
812	汉口市立图书馆关于造送民国三十七年十一及十二月份经常费计算书类电请核备的代电	1949	LS000009－WS031－09977－0015
813	汉口市立图书馆关于造送民国三十八年元至三月份经常费计算书类报请核销的代电	1949	LS000009－WS031－09977－0017
814	汉口市立图书馆关于造送民国三十八年元至三月份经常费计算书类电请察核的代电	1949	LS000009－WS031－09977－0018
815	汉口市立图书馆关于拟请发给纪念国父诞辰纪念日美术展览相关费的签呈	1946	LS000009－WS031－09978－0001
816	汉口市立图书馆关于拟请发给纪念国父诞辰纪念日美术展览相关费的签呈	1946	LS000009－WS031－09978－0002
817	汉口市立图书馆关于拟请准予借支经常费和生活补助费的签呈	1947	LS000009－WS031－09978－0004
818	汉口市立图书馆关于遵列册借领民国三十五年度特别办公费请按原支数七倍发给的呈	1947	LS000009－WS031－09978－0007
819	汉口市立图书馆关于送事务员刘锦铃印鉴函请查照的公函	1947	LS000009－WS031－09978－0009

序号	题名	年份	档号
820	汉口市政府秘书处财粮科关于汉口市立图书馆经费已经批准发放的函	1947	LS000009－WS031－09978－0010
821	汉口市立图书馆关于据本馆会计员刘兴汉签请借支民国三十六年七月份薪津转请准予借支俾资救济的呈	1947	LS000009－WS031－09978－0012
822	汉口市政府财粮科关于汉口市立图书馆经费已经批准发放的函	1947	LS000009－WS031－09978－0014
823	汉口市财政局关于汉口市立图书馆经费已经批准发放的通知	1947	LS000009－WS031－09978－0016
824	汉口市政府财粮科关于汉口市立图书馆经费已经批准发放的函	1947	LS000009－WS031－09978－0019
825	汉口市立图书馆关于本馆员工伙食费无款垫付函请惠予援照警察局成例按月预借伙食周转金以资维持的公函	1948	LS000009－WS031－09978－0022
826	汉口市立民众教育馆中山公园图书室移交图书清册	1947	LS000009－WS031－09979－0001
827	汉口市政府关于配发汉口市立图书馆收音机仰派员具领的训令	1946	LS000009－WS031－09981－0001
828	汉口市立图书馆关于造报本馆民国三十五年及民国三十六年度经临各费收支清册报请鉴核备查的呈	1946	LS000009－WS031－09981－0004
829	汉口市立图书馆中文新书临时目录		LS000009－WS031－09982－0001
830	汉口市立图书馆发文簿		LS000009－WS031－09983－0001
831	汉口市立图书馆残缺书籍登记册		LS000009－WS031－09984－0001
832	汉口市立图书馆本周新编目录		LS000009－WS031－09985－0001
833	汉口市立图书馆发文簿	1948	LS000009－WS031－09986－0001
834	汉口市立图书馆中文书目录		LS000009－WS031－09987－0001
835	汉口市立图书馆参考书书名		LS000009－WS031－09987－0002
836	汉口市立图书馆本周新编目录		LS000009－WS031－09987－0003
837	汉口市立图书馆关于兹编制本馆员工户口清册一份随函送请贵厅查照的笺函	1948	LS000009－WS031－09988－0042
838	汉口市立图书馆中文图书目录		LS000009－WS031－09989－0001
839	汉口市立图书馆阅览人数统计表		LS000009－WS031－09990－0003
840	汉口市立图书馆每月需用办公费预算书		LS000009－WS031－09990－0005
841	汉口市立图书馆关于呈复本馆并未具领潮粉请鉴核的呈	1946	LS000009－WS031－09991－0014

续表

序号	题名	年份	档号
842	汉口市立图书馆关于本馆成立伊始关于社会科学自然科学及新兴文艺等书籍俱感缺乏以限于经费无法购备等情的代电	1946	LS000009－WS031－09993－0016
843	汉口市立图书馆关于本馆所藏地方志不少惟湖北通志及夏口县志尚付阙如谨检送武汉指南一册内中所载汉口沿革较详等情的函		LS000009－WS031－09993－0019
844	汉口市参议会秘书室关于请将汉口市立图书馆所珍藏之夏口县志汉口市沿革考及其他有关资料查交来人转借一用的函		LS000009－WS031－09993－0020
845	第一、二次新中学文库目录	1949	LS000009－WS031－09994－0003
846	第三批新中学文库临时目录	1949	LS000009－WS031－09994－0004
847	第四批新中学文库目录	1949	LS000009－WS031－09994－0005
848	伪汉口市立图书馆经常费收支传票材料之二	1947	LS000009－WS031－09995－0001
849	汉口市立图书馆关于编送本馆民国三十七年七至十月份经常费会计报表等额电请察核的代电		LS000009－WS031－09996－0013
850	中文书目录		LS000009－WS031－09997－0001
851	湖北省政府会计处关于派本处专员吴文嵩负责督导汉口市立图书馆会计业务电请查照的代电	1946	LS000009－WS031－09998－0003
852	中文书目录		LS000009－WS031－09999－0001
853	第七次中文目录		LS000009－WS031－10000－0001
854	第七次新编中文目录	1947	LS000009－WS031－10000－0002
855	汉口市立图书馆常借书籍各类总数清册		LS000009－WS031－10001－0001
856	汉口市立图书馆常借书籍第一书库有卡无书清册	1948	LS000009－WS031－10001－0002
857	汉口市立图书馆移交科学仪器清册	1947	LS000009－WS031－10001－0003
858	汉口市立图书馆移交生物标本清册	1947	LS000009－WS031－10001－0004
859	汉口市立图书馆第六次中文目录		LS000009－WS031－10002－0001
860	汉口市立图书馆第六次新编中文目录		LS000009－WS031－10002－0002
861	汉口市立图书馆第五次新编中文目录册		LS000009－WS031－10003－0001
862	汉口市立图书馆第六次中文目录（附参考书目录）		LS000009－WS031－10003－0002
863	汉口市立图书馆财务收支表若干及备考表一张		LS000009－WS031－10004－0001
864	汉口市立图书馆馆长龚孟贤借支单一张		LS000009－WS031－10004－0002

续表

序号	题名	年份	档号
865	汉口市立图书馆馆长龚孟贤借支单四张		LS000009-WS031-10004-0003
866	汉口市立图书馆关于迁移地址的公函		LS000009-WS031-10004-0004
867	汉口市立图书馆每月经费的清册		LS000009-WS031-10004-0005
868	汉口市立图书馆现有藏书清册		LS000009-WS031-10004-0006
869	汉口市立图书馆现有工作人员清册		LS000009-WS031-10004-0007
870	汉口市立图书馆现有业务概况		LS000009-WS031-10004-0008
871	汉口市立图书馆工作报告	1946	LS000009-WS031-10004-0009
872	汉口市立图书馆关于呈报开放借阅图书情形祈鉴核的呈		LS000009-WS031-10004-0010
873	汉口市政府关于准予汉口市立图书馆开放中英文图书的指令	1946	LS000009-WS031-10004-0012
874	汉口市立图书馆关于遵填政绩比较表电呈鉴核的代电	1947	LS000009-WS031-10004-0015
875	汉口市立图书馆馆长龚孟贤关于祈核民国三十六年施政报告的签呈	1946	LS000009-WS031-10004-0018
876	汉口市立图书馆馆长龚孟贤关于以便协助广播电台报告的签呈	1947	LS000009-WS031-10004-0019
877	汉口市立图书馆关于遵呈递本馆概况及照片祈核转的呈		LS000009-WS031-10004-0020
878	汉口市立图书馆馆长龚孟贤关于祈核民国三十六年第二次施政报告的签呈	1947	LS000009-WS031-10004-0021
879	汉口市政府统计室关于通知汉口市立图书馆将民国三十六年度各项有关统计资料送该室的公函		LS000009-WS031-10005-0001
880	汉口市立图书馆关于呈送本馆民国三十七年度施政第一次报告一份祈核示的签呈	1948	LS000009-WS031-10005-0002
881	汉口市立图书馆关于祈核该馆民国三十七年度施政第一次报告的签呈	1948	LS000009-WS031-10005-0004
882	汉口市政府民政科关于安排汉口市立图书馆业务实施广播时间的函		LS000009-WS031-10005-0005
883	汉口市立图书馆关于祈核民国三十七年度施政第二次报告的签呈	1948	LS000009-WS031-10005-0006
884	汉口市政府民政科关于通知汉口市立图书馆施政广播时间的函		LS000009-WS031-10005-0008
885	汉口市立图书馆关于祈核民国三十七年度施政第三次报告的签呈	1948	LS000009-WS031-10005-0009

续表

序号	题名	年份	档号
886	汉口市立图书馆何建初关于祈核草拟广播稿的签呈		LS000009－WS031－10005－0010
887	汉口市立图书馆关于呈赍本馆民国三十七年度七至十二月份工作计划进度表祈鉴核的呈	1948	LS000009－WS031－10005－0011
888	汉口市立图书馆关于呈请抄发轮流广播时间表的笺函	1948	LS000009－WS031－10005－0012
889	汉口市立图书馆关于呈送本馆民国三十八年上半年度工作计划进度表祈鉴核的呈	1948	LS000009－WS031－10005－0015
890	汉口市立图书馆关于函送本馆施政报告请查照代为广播的函		LS000009－WS031－10005－0017
891	汉口市政府关于据汉口市立图书馆呈送图书清册指令知照的指令	1946	LS000009－WS031－10006－0001
892	汉口市立民众教育馆及中山公园图书室接收清册	1945	LS000009－WS031－10006－0002
893	汉口市立图书馆收文簿第二册	1947	LS000009－WS031－10007－0001
894	汉口市政府关于据市民刘敦镛等捐献刘园房地作为汉口市立图书馆馆址请拨建碑费一千五百万元已予照派令仰知照的训令	1947	LS000009－WS031－10008－0003
895	汉口市政府关于据呈拟捐献刘园房地为汉口市立图书馆馆址批示知照的批及据市民刘敦镛等呈拟捐献刘园房地为汉口市立图书馆馆址的训令	1947	LS000009－WS031－10008－0004
896	汉口市政府关于奉湖北省令请将捐赠汉口市立图书馆馆址纪念碑图样及估单送府凭转的通知	1947	LS000009－WS031－10008－0005
897	汉口市立图书馆会计报表递送单		LS000009－WS031－10011－0001
898	汉口市立图书馆中文书目录		LS000009－WS031－10012－0001
899	汉口市立图书馆中文书目录		LS000009－WS031－10013－0001
900	汉口市立图书馆关于呈送装置书图架估单祈核示的呈	1946	LS000009－WS031－10014－0002
901	汉口市立图书馆关于遵编购置书架预算书连同估单呈请核示的呈	1946	LS000009－WS031－10014－0003
902	汉口市政府关于批准汉口市立图书馆购置书架及党国旗等预算到临时费项列支追加开办费暂缓办理的指令	1947	LS000009－WS031－10014－0004
903	汉口市政府关于准予发给汉口市立图书馆购置书架费指令遵照的指令	1947	LS000009－WS031－10014－0005

序号	题名	年份	档号
904	汉口市立图书馆催招商光华营造厂承制书架合同	1947	LS000009－WS031－10014－0006
905	汉口市政府关于批准汉口市立图书馆购置书架请呈的指令	1947	LS000009－WS031－10014－0007
906	汉口市立图书馆关于批准由联合出版事业股份有限公司承印汉口市立图书馆图书分类卡片的签呈	1946	LS000009－WS031－10014－0009
907	汉口市立图书馆关于遵编印制图书卡片预算书祈核示的呈	1946	LS000009－WS031－10014－0011
908	汉口市立图书馆关于呈送制印卡片报销祈鉴核的呈	1947	LS000009－WS031－10014－0013
909	汉口市立图书馆关于编送本馆民国三十五年度图书用品临时费计算书类电请核销的代电	1947	LS000009－WS031－10014－0015
910	汉口市立图书馆关于会呈本馆交接图书清册祈鉴核备查的会呈	1946	LS000009－WS031－10015－0001
911	汉口市立图书馆周裕如罗淑勋关于离职交换清点造具图书清册及未制卡片书目一册的签呈	1947	LS000009－WS031－10015－0002
912	汉口市立图书馆关于设置火盆便利市民阅览请核发炭费的呈		LS000009－WS031－10016－0001
913	汉口市政府关于汉口市立图书馆所请核发炭费预算准以两个月为限的指令	1947	LS000009－WS031－10016－0003
914	汉口市立图书馆关于编造本馆民国三十六年度柴炭临时费支出计算书类电请核销的代电	1947	LS000009－WS031－10016－0006
915	汉口市立图书馆关于遵令成立分馆并于双十节举行辛亥首义文物展览拟具临时预算书呈请鉴核拨款以资应用的呈	1947	LS000009－WS031－10016－0007
916	汉口市政府关于核准汉口市立图书馆呈赍民国三十六年度主办辛亥首义文物展览临时费预算电仰知照的代电	1947	LS000009－WS031－10016－0008
917	汉口市立图书馆关于编送辛亥首义文物展览会临时费会计报表及单据粘存簿电请核销的代电	1947	LS000009－WS031－10016－0009
918	汉口市立图书馆关于编送本馆职员调训费用会计报表等件电请核销的代电	1947	LS000009－WS031－10016－0010
919	汉口市立图书馆关于冬令严寒时各阅览室拟照过去成例安置火盆俾利市民阅览谨编造冬季柴炭费临时预算书赍请鉴核示遵的呈	1947	LS000009－WS031－10016－0011

续表

序号	题名	年份	档号
920	汉口市政府关于核准汉口市立图书馆呈赍民国三十六年度冬季柴炭临时费预算书转电知照的代电	1947	LS000009－WS031－10016－0012
921	汉口市立图书馆关于编送本馆民国三十六年度冬季柴炭临时费支出计算书类电请核销的代电	1948	LS000009－WS031－10016－0013
922	汉口市政府关于核准汉口市立图书馆民国三十七年度冬炭费预算书电仰遵照的代电	1948	LS000009－WS031－10016－0014
923	汉口市政府关于据财政局呈为汉口市立图书馆冬炭费不能拨付开例令仰知照的训令	1948	LS000009－WS031－10016－0015
924	审计部湖北省审计处核准通知［汉口市立图书馆民国三十六年冬季柴炭费］	1948	LS000009－WS031－10016－0016
925	汉口市立图书馆关于遵造第一分馆女职员分娩代理人薪俸预算赍请核发的呈	1949	LS000009－WS031－10016－0018
926	汉口市政府关于核准汉口市立图书馆女职员生育假代理人薪俸预算书电仰遵照的代电	1949	LS000009－WS031－10016－0020
927	汉口市立图书馆关于编送本馆民国三十六年图书用具计算书类电请核销的代电	1947	LS000009－WS031－10017－0002
928	汉口市立图书馆关于编送本馆民国三十六年度购置及印制临时费支出计算书类电请核销的代电	1947	LS000009－WS031－10017－0003
929	汉口市立图书馆关于呈送购置书架费验收表祈鉴核备查的呈	1947	LS000009－WS031－10017－0004
930	汉口市立图书馆关于呈报本馆购置电扇两座祈鉴核派员验收的呈	1947	LS000009－WS031－10017－0005
931	汉口市政府关于核准汉口市立图书馆呈赍民国三十六年度购置电扇临时费预算电仰知照的代电	1947	LS000009－WS031－10017－0006
932	汉口市立图书馆关于呈送购置电扇两座验收表祈鉴核备查的呈	1947	LS000009－WS031－10017－0007
933	汉口市立图书馆关于编送购置电扇临时费会计报表书类电请核销的代电	1947	LS000009－WS031－10017－0008
934	汉口市立图书馆领物单	1948	LS000009－WS031－10018－0001
935	汉口市立图书馆民国三十五年九月份临时费支出计算书	1946	LS000009－WS031－10019－0001
936	汉口市立图书馆民国三十五年十月份临时费支出计算书	1946	LS000009－WS031－10019－0002

序号	题名	年份	档号
937	汉口市立图书馆民国三十五年十一月份临时费支出计算书	1946	LS000009－WS031－10019－0003
938	汉口市立图书馆民国三十五年十二月份临时费支出计算书	1946	LS000009－WS031－10019－0004
939	汉口市立图书馆民国三十五年十一月份经常费支出计算书	1946	LS000009－WS031－10019－0005
940	汉口市立图书馆民国三十五年十月份经常费支出计算书	1946	LS000009－WS031－10019－0006
941	汉口市立图书馆民国三十五年九月份经常费支出计算书	1946	LS000009－WS031－10019－0007
942	汉口市立图书馆民国三十五年十二月份经常费支出计算书	1946	LS000009－WS031－10019－0008
943	湖北省立武昌图书馆关于贺贵局长荣膺新命希察照的代电	1949	LS000016－WS000－00574－0046
944	安徽省立图书馆民国三十六年七月关于收到警声月刊第7期致中华警察学术研究社湖北分社的感谢信	1947	LS000016－WS000－00718－0013
945	上海市商会商业图书馆关于湖北省警察局惠赐图书等情的公函	1948	LS000016－WS002－00409－0039
946	湖北省会警察局关于贵会本年五月十五日函为纪念十周年校庆发起兴建图书馆等情的签呈		LS000016－WS002－00441－0045
947	中央警官学校十周年校庆筹备委员会关于本会为纪念十周年校庆发起兴建图书馆等情的公函		LS000016－WS002－00441－0046
948	私立武昌文华图书馆学专科学校民国三十八年度上学期员生名册	1949	LS000016－WS002－00453－0007
949	湖北省立图书馆关于本馆搬迁接收中正路伪图书馆图书恳祈惠予借用马车二辆以资搬迁的代电	1946	LS000016－WS004－00065－0072
950	湖北省会警察局第三分局关于辖内熊廷弼路李之恩家经搜查私藏省图书馆钢板及敌伪劈刺护器等详细情形及赃物列表赍请鉴核的报告	1946	LS000016－WS005－00136－0037
951	湖北省会警察局第一分局关于据巡官戴了呈报奉令启封抱水堂总监部遗存公物交图书馆接收情形报请鉴核示遵的呈报	1946	LS000016－WS005－00136－0038

续表

序号	题名	年份	档号
952	湖北省政府教育厅秘书室查抱冰堂省立图书馆前居民李宅存放有物现已封特请函交还物等由		LS000016－WS005－00136－0039
953	湖北省会警察局关于筹设雨农图书馆至表赞助并愿忝列发起人的代电	1947	LS000016－WS009－00351－0093
954	汉口雨农图书馆筹备处关于征集图书的通函		LS000016－WS009－00351－0094
955	湖北省参议会筹备处关于本处假湖北省立图书馆（熊廷弼路）办公刻正积极筹备大会拟请贵局派警一班维护的公函	1946	LS000016－WS009－00628－0005
956	湖北省立武昌图书馆关于函为本馆定期开放检同图书出借规约请察照的公函	1947	LS000016－WS009－00882－0046
957	湖北省会警察局关于电复本局借用中正路图书馆左边房屋情形祈鉴核的代电	1946	LS000016－WS009－00940－0012
958	湖北省立武昌图书馆关于函为本馆定期开放检同图书出借规约请察照的公函	1947	LS000016－WS009－01251－0032
959	湖北省立武昌图书馆关于函为本馆定期开放检同图书出借规约请察照的公函	1947	LS000016－WS009－01626－0006
960	中国国民党湖北省执行委员会关于省会各界纪念革命先烈及庆祝第三届青年节大会定于三月二十九日九时在省立图书馆门前空场举行函请查照届时派队担任警卫事宜的笺函		LS000016－WS009－01657－0007
961	国立北平图书馆信封	1948	LS000016－WS009－01874－0028
962	国立中央图书馆出版品国际交换处关于请求补齐警声月刊的公函	1947	LS000016－WS009－01874－0034
963	四川省立图书馆关于谢赠送警声月刊的公函	1947	LS000016－WS009－01874－0038
964	国立中央大学图书馆关于谢赠送警声月刊的公函	1947	LS000016－WS009－01874－0039
965	国立中央大学图书馆关于请求补缺警声月刊的公函	1947	LS000016－WS009－01874－0040
966	国立北平图书馆信封		LS000016－WS009－01874－0041
967	国立中央大学图书馆关于请求补缺警声月刊的公函		LS000016－WS009－01874－0044
968	国立中央图书馆关于补齐缺失警声月刊的信函	1947	LS000016－WS009－01874－0063
969	国立中央图书馆关于请求补齐警声月刊的信函	1947	LS000016－WS009－01874－0065
970	私立武昌文华图书馆学术科学校工役名册	1949	LS000016－WS009－02363－0022

续表

序号	题名	年份	档号
971	中原民众教育馆关于请求资助创设儿童图书馆的笺函		LS000016－WS009－02534－0019
972	中原民众教育馆关于请求资助创设儿童图书馆的公函	1947	LS000016－WS009－02534－0020
973	汉口市立图书馆关于汉口市政府龚孟贤代理图书馆馆长的公函	1946	LS000040－WS001－00035－0054
974	汉口市各种书店报馆通讯社团图书馆杂志社调查表	1948	LS000040－WS003－00318－0001
975	汉口市各种当店报馆通讯社团图书馆杂志社调查表	1948	LS000040－WS013－00111－0049
976	汉口市警察局第二分局各种书店报馆通讯社团图书馆杂志社调查表	1948	LS000040－WS013－00111－0050
977	汉口市各种书店报馆通讯社团图书馆杂志社调查表	1948	LS000040－WS013－00111－0051
978	汉口市警察局第五分局辖内各种书店报馆图书馆杂志社调查表	1948	LS000040－WS013－00111－0053
979	汉口市各种书店报馆通讯社团图书馆杂志社调查表	1948	LS000040－WS013－00111－0054
980	汉口市警察局第七分局各种书店报馆通讯社团图书馆杂志调查表	1948	LS000040－WS013－00111－0055
981	汉口市警察局第八分局各种书店报馆通讯社团图书馆杂志社调查表	1948	LS000040－WS013－00111－0056
982	汉口市各种书店报馆通讯社团图书馆杂志社调查表	1948	LS000040－WS013－00111－0057
983	汉口市警察局第十分局各种书店报馆通讯社图书馆杂志社调查表	1948	LS000040－WS013－00111－0058
984	汉口市警察局第十一分局辖区各种书店报馆图书馆杂志社调查表	1948	LS000040－WS013－00111－0059
985	汉口市各种当店报馆通讯社团图书馆杂志社调查表	1948	LS000040－WS013－00111－0060
986	汉口市各种当店报馆通讯社图书馆杂志社调查表	1948	LS000040－WS013－00111－0061
987	汉口市各种书店报馆通讯社团图书馆杂志社调查表	1948	LS000040－WS013－00111－0062
988	汉口市各种书店报馆通讯社团图书馆杂志社调查表	1948	LS000040－WS013－00111－0063
989	汉口市各种书店报馆通讯社团图书馆杂志社调查表	1949	LS000040－WS013－00111－0065

续表

序号	题名	年份	档号
990	汉口市各种书店报馆通讯社团图书馆杂志社调查表	1949	LS000040－WS013－00111－0067
991	汉口市警察局第十分局辖内各种书店报馆图书馆通讯社杂志社调查表	1948	LS000040－WS013－00111－0068
992	汉口市警察局第七分局各种书店报馆杂志社图书馆调查表	1947	LS000040－WS013－00132－0007
993	汉口市警察局第七分局辖内各种书店报馆通讯社团图书馆杂志社调查表	1946	LS000040－WS013－00137－0013
994	汉口市警察局第七分局各种书店报馆通讯社团图书馆杂志社调查表	1946	LS000040－WS013－00137－0016
995	汉口市警察局第七分局友益街分驻所辖内各种商店报馆通讯社团图书馆杂志社调查表	1948	LS000040－WS013－00362－0015
996	汉口市政府关于令将占住黄兴路二十七号之住户勒令迁出俾雨农图书馆布置开幕的训令	1947	LS000040－WS013－01070－0013
997	和平日报汉口社关于三教路远东公司二楼敌伪储藏图书室经第六战区长官部转本社接管特电查照的代电	1946	LS000040－WS013－02514－0023
998	余云从关于拟择定中山公园之图书馆及联保里两处为总队部办公地点暨训练场所并转请拨发应用木料以便修葺等情的报告	1945	LS000040－WS013－03238－0001
999	汉口市警察局关于奉令成立保安警察总队觅定联保里原有营房办公呈请转饬汽车兵团迁让俾便组训的呈及据呈报择定公园图书馆及联保里为办公地点令仰将修理及购置费迅即估价呈核的指令	1945	LS000040－WS013－03238－0002
1000	汉口市警察局第七分局关于呈报军人李耀芳强行在黄兴路雨农图书馆后空地搭盖房屋祈鉴核示遵的呈	1948	LS000040－WS013－03849－0043
1001	汉口雨农图书馆关于本馆使用房屋早经取得正式承租权特函请惠准派员交涉制止的函	1948	LS000040－WS013－03849－0044
1002	汉口市警察局第七分局岳飞街分驻所关于呈报雨农图书馆屋后空地有何姓之女婿李耀芳强行搭盖房屋祈转函宪兵队予以协助的报告	1948	LS000040－WS013－03850－0071
1003	汉口市警察局第七分局关于岳飞所呈报军人李耀芳强行在黄兴路雨农图书馆后空地搭盖房屋的指令	1948	LS000040－WS013－03850－0072
1004	汉口市警察局第七分局岳飞街分驻所关于呈报军人李耀芳在雨农图书馆空地所搭盖房屋早已停工故无从拘办承包工人祈鉴核的报告	1948	LS000040－WS013－03850－0073

续表

序号	题名	年份	档号
1005	汉口市警察局关于呈报军人李耀芳强行在黄兴路雨农图书馆后空地搭盖房屋祈鉴核示遵的指令	1948	LS000040－WS013－03850－0092
1006	汉口市警察局第七分局岳飞街分驻所关于遵查雨农图书馆屋后搭盖房屋情形祈鉴核的报告	1948	LS000040－WS013－03850－0093
1007	汉口市警察局第七分局关于呈报军人李耀芳强行在黄兴路雨农图书馆后空地搭盖房屋祈鉴核示遵的报告	1948	LS000040－WS013－04160－0022
1008	王银阶关于奉查雨农图书馆房屋被占情形的签呈		LS000040－WS013－04460－0058
1009	汉口雨农图书馆筹备处关于征募图书捐册等的公函		LS000040－WS013－05158－0034
1010	汉口市警察局关于代募雨农图书馆基金一事已经办理完毕谨将募得现款支票及捐册存根送请查收给据见复的公函	1947	LS000040－WS013－05158－0036
1011	联合勤务总司令部关于准国防部图书馆函知汇办民国三十六年三月份各单位请购图书转电遵照呈部汇转的代电	1947	LS000040－WS013－05539－0002
1012	汉口市各种书店报馆通讯社团图书馆杂志社调查表	1947	LS000040－WS013－05985－0030
1013	汉口市各种书店报馆通讯社团图书馆杂志社调查表	1947	LS000040－WS013－05985－0031
1014	汉口市各种书店报馆通讯社团图书馆杂志社调查表	1947	LS000040－WS013－05985－0033
1015	汉口市各种书店报馆通讯社团图书馆杂志社调查表	1947	LS000040－WS013－05985－0034
1016	汉口市各种书店报馆通讯社团图书馆杂志社调查表	1947	LS000040－WS013－05985－0035
1017	汉口市各种书店报馆图书馆杂志社调查表	1947	LS000040－WS013－05985－0036
1018	汉口市各种书店报馆通讯社团图书馆杂志社调查表	1947	LS000040－WS013－05985－0037
1019	汉口市警察局第七分局各种书店报馆通讯社团图书馆杂志社调查表	1947	LS000040－WS013－05985－0039
1020	汉口市各种书店报馆通讯社团图书馆杂志社调查表	1947	LS000040－WS013－05985－0040
1021	汉口市各种书店报馆通讯社团图书馆杂志社调查表	1947	LS000040－WS013－05985－0041

续表

序号	题名	年份	档号
1022	汉口市警察局第十分局各种书店报馆通讯社团图书馆杂志社调查表	1947	LS000040－WS013－05985－0042
1023	汉口市警察局第十一分局各种书店报馆通讯社团图书馆杂志社调查表	1947	LS000040－WS013－05985－0043
1024	汉口市各种书店报馆通讯社团图书馆杂志社调查表	1947	LS000040－WS013－05985－0044
1025	汉口市各种书店报馆通讯社团图书馆杂志社调查表	1947	LS000040－WS013－05985－0045
1026	邮政储金汇业局图书室关于函请代向已辞职之谈大林催索图书致汉口分局的公函	1937	LS000073－WS001－00248－0029
1027	山东邮政管理局关于本局图书室管理员姚杭华弃职他往该员携有本局发给执照一件函请查照饬属注意的通函	1939	LS000073－WS001－00288－0043
1028	社会部汉口社会服务处筹备处关于函请检寄图书杂志俾成立图书馆乞查照的通启	1947	LS000073－WS001－00611－0011
1029	邮政储金汇业局香港分局曾广植关于敝局福利会图书室开办函请赐予协助惠赠刊物的办公函	1947	LS000073－WS001－00611－0087
1030	国立中央图书馆关于函请赓续办理各大学暨专科毕业生论文的便函	1943	LS000074－WS001－00055－0028
1031	湖北省立农学院关于函寄毕业生论文调查表致国立中央图书馆的笺函	1943	LS000074－WS001－00055－0029
1032	国立中央图书馆关于函送各大学毕业生论文调查表二份请办理见复的便函	1942	LS000074－WS001－00055－0030
1033	私立武昌文华图书馆学专科学校关于推荐本校应届毕业生事宜致湖北省立农学院的函		LS000074－WS001－00172－0013
1034	征求文华图书馆学专科学校毕业学生工作表		LS000074－WS001－00172－0014
1035	湖北省立农学院关于本院现需图书管理一员等情致私立武昌文华图书馆学专科学校的笺函	1948	LS000074－WS001－00172－0015
1036	湖北省立农学院图书馆英汉理工农定期刊物目录	1948	LS000074－WS001－00184－0003
1037	国立罗斯福图书馆关于拟恳颁赠章程及职员录等三种的笺函	1948	LS000074－WS001－00229－0006
1038	国立中央图书馆关于请赐最近职员录一份的函	1943	LS000074－WS001－00245－0006
1039	国立中央图书馆关于检赐职员录致湖北省立农学院的公函	1943	LS000074－WS001－00245－0007

序号	题名	年份	档号
1040	中国国民党党员总报到表［程鸿书］		LS000074－WS001－00245－0008
1041	中国国民党党员总报到表［王子固］	1940	LS000074－WS001－00245－0009
1042	中国国民党党员总报到表［刘伯轩］		LS000074－WS001－00245－0010
1043	尹先甲条关于领到图书馆6月份夜班费的领条	1948	LS000074－WS001－00258－0013
1044	图书馆主任宋瞻骥关于呈请增加班半个月工资致院长的报告	1948	LS000074－WS001－00258－0014
1045	湖北省立图书馆关于民国三十二年九月一日接铃视事的公函	1943	LS000074－WS001－00312－0038
1046	湖北省立图书馆关于函知本馆办事地点移在五峰山后如有公文信件请径递该处的公函	1942	LS000074－WS001－00312－0068
1047	湖北省立图书馆关于函达就职日期的公函	1944	LS000074－WS001－00312－0090
1048	中国警察学会湖北分会筹募基金委员会关于为谋业务发展创办警察图书馆与刊物借供有志警察人士之参考与研究等情的便函	1947	LS000076－WS001－00284－0030
1049	汉口雨农图书馆关于将所征募图书或代金及捐册存根掷下致贺衡夫的笺函		LS000076－WS001－00441－0074
1050	中国警察学会湖北分会筹募基金委员会关于转汇创办警察图书馆与刊物借有志警察人士之参政与研究义演募捐等情给张理事长的函	1948	LS000076－WS001－00580－0060
1051	汉口市雨农图书馆第八次筹备会议记录	1947	LS000076－WS001－00702－0002
1052	中华民国银行商业同业公会全国联合会关于函请捐助中正图书馆基金的公函	1947	LS000076－WS001－00794－0057
1053	三民主义青年团武汉青年馆关于请惠赠书刊以充实本馆图书室的公函	1947	LS000076－WS001－00843－0014
1054	汉口市商会关于三民主义青年团武汉青年馆图书馆限于经费设备不足嘱捐送图书二千册充实设备等情的函	1946	LS000076－WS001－00843－0018
1055	上海市商会关于为商业图书馆募集书刊致湖北省警察厅的公函	1948	LS000076－WS001－00933－0026
1056	汉口市立图书馆关于准函派周干事来馆学习图书管理等方法函复查照的公函	1948	LS000080－WS002－00003－0001
1057	汉口市立图书馆汉口市立民众教育馆汉口市立国民体育场关于调整场馆等事业费预算致市长徐的签呈	1949	LS000080－WS002－00003－0019
1058	汉口市立图书馆关于汉口市政府派龚孟贤代理市立图书馆馆长致汉口市立民众教育馆的公函	1946	LS000080－WS002－00011－0014

续表

序号	题名	年份	档号
1059	汉口市立民众教育馆汉口市立图书馆汉口市立国民体育场关于物价高涨请增加周转金数额的呈		LS000080－WS002－00024－0001
1060	汉口市立公共体育场场长袁盛柳汉口市立图书馆馆长龚孟贤汉口市立民众教育馆馆长周方楠关于追加办公费伙食费经常费事宜致汉口市政府的签呈	1948	LS000080－WS002－00024－0002
1061	汉口市公共体育场汉口市立图书馆汉口市立民众教育馆关于事业费用在原基础上增加两倍致汉口市政府的签呈	1948	LS000080－WS002－00024－0007
1062	汉口市立民众教育馆关于本馆各处图书室移交市图书馆管理部分科学仪器生物标本因损坏等事宜致汉口市政府的呈		LS000080－WS002－00024－0010
1063	汉口市政府关于接收图书馆科学仪器生物标本残毁表册意见致汉口市立民众教育馆的指令	1948	LS000080－WS002－00024－0016
1064	汉口市政府会计处关于据会呈图书馆会计室交接情形准予备查的指令	1948	LS000080－WS002－00060－0033
1065	汉口市立民众教育馆关于呈为本馆各级职员底薪过低拟恳比照市图书馆各级职员底薪标准另再规定并恳自本年元月份起补发具领的呈		LS000080－WS002－00064－0018
1066	汉口市立图书馆关于准函派本馆部主任王育英担任汉口市立民众教育馆讲演竞赛评判委员复请查照的公函	1947	LS000080－WS002－00068－0007
1067	汉口市立民众教育馆关于本馆定于民国三十六年十二月二十日举行讲演竞赛前往函请贵馆派员担任评判委员等情给图书馆王育英的公函	1947	LS000080－WS002－00068－0012
1068	汉口市立图书馆移交录制生物标本清册	1948	LS000080－WS002－00077－0003
1069	汉口市立图书馆移交生物标本清册	1948	LS000080－WS002－00077－0004
1070	汉口市立图书馆移交科学仪器清册	1948	LS000080－WS002－00077－0005
1071	汉口市立民众教育馆中山公园图书室移来图书数目表	1947	LS000080－WS002－00081－0003
1072	汉口市立图书馆接收汉口市立民教馆移交中山公园图书室图书清册	1947	LS000080－WS002－00086－0001
1073	汉口市政府关于据呈拟利用中山公园图书室筹设民众沙龙的指令	1946	LS000080－WS002－00097－0022

续表

序号	题名	年份	档号
1074	汉口市立民众教育馆关于拟与市立图书馆交换书籍乞鉴核示遵的呈		LS000080-WS002-00105-0015
1075	汉口市立民众教育馆关于定期办理中山公园图书室移交请查照的函		LS000080-WS002-00105-0016
1076	汉口市立民众教育馆关于属馆大礼堂及附设中山公园图书室朽毁破漏恳迅拨款修理俾免倾塌的呈	1947	LS000080-WS002-00106-0049
1077	汉口市立民众教育馆关于函为将本馆公园图书室改设民众茶园即请查照惠予协助的公函	1947	LS000080-WS002-00106-0063
1078	图书室使用器物单		LS000080-WS002-00116-0011
1079	广西省立桂林图书馆馆长唐现之关于感谢惠赠书刊的便笺	1948	LS000080-WS002-00118-0016
1080	湖北省立图书馆关于请长期寄借汉口民教一书的便笺	1948	LS000080-WS002-00118-0020
1081	汉口市立民众教育馆关于拟假汉口市立图书馆中山公园图书室展览礼俗画片函请惠予允借并希见复的公函		LS000080-WS002-00124-0011
1082	湖北省立武昌图书馆申请配售食油员役清册	1948	LS000081-WS001-00009-0001
1083	湖北省立武昌图书馆关于函为本馆价购食油特派干事杨启发前来希赐接洽的公函	1948	LS000081-WS001-00012-0126
1084	武昌水厂关于呈送装置湖北省立图书馆建筑新屋临时水管并就便扩展阅马场至黄土坡一段管线及添置水椿预算请鉴核示遵的呈	1937	LS000083-WS001-00152-0045
1085	湖北省立图书馆建筑委员会关于函请为该会安装水管致湖北建设厅武昌水厂的公函	1937	LS000083-WS001-00152-0046
1086	武昌水厂关于为安装水管工程报价致湖北省立图书馆建筑委员会的公函	1937	LS000083-WS001-00152-0047
1087	湖北建设厅武昌水厂关于收到湖北省立图书馆建筑委员会付给装置水管银一百五十元的收条	1935	LS000083-WS001-00152-0048
1088	关于函准湖北建设厅武昌水厂代装图书馆临时水管业已饬属维持请查收的公函	1937	LS000083-WS001-00152-0050
1089	武昌水厂关于函催支付安装水管工程费致湖北省立图书馆建筑委员会的公函	1937	LS000083-WS001-00152-0051
1090	武昌水厂关于函请付清安装水管工程款致湖北省立图书馆建筑委员会的公函	1937	LS000083-WS001-00152-0053

续表

序号	题名	年份	档号
1091	湖北省政府杨故主席治丧处关于杨故主席灵榇现定于民国二十五年十一月二日上午九时奉移武昌抱冰堂下新建图书馆函达查照届时参加并于是日下半旗以志哀悼的函	1936	LS000083－WS001－00158－0024
1092	私立武昌文华图书馆学专科学校关于函以该校已放暑假请饬将该校寄宿舍水管及水门关闭停止供给的函	1938	LS000083－WS001－00169－0027
1093	书志学类图书馆类建国从书类等类目录	1949	LS000084－WS001－00401－0002
1094	汉口市立图书馆关于龚孟贤代理院长致中山公园管理事务所的公函	1946	LS000085－WS001－00015－0002
1095	社会部汉口社会服务处筹备处关于本处在受降堂设置图书室函请协助以利进行的公函	1947	LS000085－WS001－00029－0039
1096	汉口市立图书馆关于函贺中山公园管理事务所改为中山公园管理处荣任新任的法规	1947	LS000085－WS001－00060－0064
1097	美国图书馆举行音乐唱片晚会的通知	1948	LS000085－WS001－00062－0065
1098	中国人民银行武汉分行图书室关于年终图书清理停止开放的通知	1953	LS000088－WS001－00445－0011
1099	中国人民银行武汉分行关于通知分行图书室更换新借书证的通知	1953	LS000088－WS001－00445－0038
1100	中国人民银行武汉分行图书室关于通知自一九五三年九月十六日起更改分行图书室开放时间的通知	1953	LS000088－WS001－00445－0066
1101	国立武汉大学图书馆关于惠赠建厂十周年纪念册致中央电工器材厂的公函	1948	LS000089－WS002－00376－0049
1102	武昌市政处关于抱冰堂入口展宽路面建立牌坊准教育厅函复图书馆决议准退让一丈一尺并请派员接洽等由的训令	1936	LS000090－WS001－00009－0003
1103	武昌公园管理事务所关于抱冰堂入口路面请致函湖北胜利图书馆建筑委员会勿再翻议收回让地并请拨费建筑牌坊及路面踏步等工程的呈	1936	LS000090－WS001－00009－0004
1104	关于米芾石刻运回图书馆的函	1948	LS000092－WS002－00024－0019
1105	社会部汉口社会服务处关于本处受降堂设置图书室函请协助以利进行的函	1947	LS000092－WS002－00122－0018
1106	财政部武昌国税稽征局关于填附缴款书致省立武昌图书馆的代电	1948	LS000094－WS001－00088－0008
1107	财政部武昌国税稽征局关于填附缴款书致湖北省立武昌图书馆的代电	1949	LS000094－WS001－00089－0008

续表

序号	题名	年份	档号
1108	财政部武昌国税稽征局关于填附缴款书致湖北省立武昌图书馆的代电	1949	LS000094－WS001－00096－0011
1109	汉口市立图书馆工作报告	1946	LS000096－WS001－00014－0005
1110	汉口市立图书馆关于请建议于献校祝寿所得款内酌拨一部分购置图书捐赠的代电	1946	LS000096－WS001－00014－0006
1111	汉口市政府关于核准汉口市立图书馆第二分馆民国三十七年度九至十二月份房租金追加预算书电仰遵照的代电	1949	LS000097－WS001－00461－0001
1112	汉口市政府关于据呈请增加图书馆第二分馆房租费等情指令遵照的指令	1948	LS000097－WS001－00461－0002
1113	汉口市政府关于本府为安置转业军官已分别在图书馆体育场增设干事一人民教馆增设干事二人各月支薪一百八十元等情给财政局的训令	1948	LS000097－WS001－00498－0004

19　中山市档案馆

序号	题名	年份	档号
1	为函请参加三青团发起献书祝寿和组立中正图书馆事宜筹备会	1946	1－A1.1－178－14
2	函杨庆开：请担任中山县图书馆修建工程收支稽核事宜由	1947	1－A1.1－293－72
3	民国三十七年一月三十日圣雄甘地被害中山各界发起追悼订二月五日在中山县图书馆举行追悼大会	1948	1－A1.1－309－7
4	代电各县市镇商会为国立北平图书馆南京办事处征集文献请代为征集送会汇转	1947	1－A1.1－312－17
5	圣雄甘地不幸于本年一月三十日被暴徒惨杀恶耗传来普天痛悼中山县各界追悼甘地大会订二月五日假座图书馆二楼举行追悼大会敬希参加		1－A1.1－340－37
6	图书馆图书目录		1－A1.1－345－5
7	中山县立图书馆借阅图书暂行办法		1－A1.1－577－106
8	民教馆图书馆社会服务分站名册		1－A1.2－12－4

续表

序号	题名	年份	档号
9	中山县政府所属各机关职员各册（育幼院、新运妇委会、体育会杨、看守所、农度所、模范林场、第二林场、图书馆、民教馆、教育局、电话所、沙溪分所、小榄分所、南朗分所、前山分所、关闸分所）	1949	1－A1.2－58－1
10	复员军官转业童军体育班及教育行政班受训结业学员指定各县市之体育场民教馆图书馆由府录	1947	1－A1.2－154－9
11	第一清剿区司令官何在县立图书馆二楼召集各界首长座谈会仰依时出席		1－A1.2－277－32
12	沙溪田粮办事处县立图书馆四沙田粮办事处实有人数月薪总额生活费指数折实发薪俸计算表	1948	1－A1.2－364－3
13	汇转县立图书馆呈缴十月份现职人员名册附名册二份	1947	1－A1.2－367－24
14	收到中山县图书馆干事黄峰颐交来送审证件十件	1947	1－A1.2－367－43
15	奉广东省政府电附发外交部代电暨文物补偿案译文转饬民教馆图书馆各公私立中学各乡镇公所检证报府核转	1948	1－A1.2－676－6
16	广东省图书馆协会会员失业资助办法及合作社招股章程招收学员简章等	1947	1－A1.2－864－90
17	广东省图书馆协会函复收到团体会费	1947	1－A1.2－864－114
18	广东省图书馆协会会员调查卡		1－A1.2－864－142
19	函广东省图书馆协会寄上会员调查卡及团体会员费	1946	1－A1.2－864－145
20	据图书馆缴该馆职员履历表请委派等情呈悉准予暂照住用	1946	1－A1.2－865－1
21	图书馆会计员一职兹派黄少如代理在该员未到差前暂派吴叔清代理	1946	1－A1.2－865－2
22	据图书馆呈报总务组主任杨奕生辞职遗缺以杨朴生补充由指复准予备查	1946	1－A1.2－865－3
23	为图书馆呈请增加公役乙名由指复准予从三月份起增加公役一名	1947	1－A1.2－865－5
24	指复图书馆呈为奉派转业军官林戎黄百基徐益生等三人来馆服务拟增设主任一员干事一员即以林戎徐益生分充照准级俸暂行照馆各级人员支俸额支给至益生经调充民教馆总务组主任	1947	1－A1.2－865－7

续表

序号	题名	年份	档号
25	据图书馆请遵令裁减干事梁名琛一员恳核备并乞援案迅派员充任二小任教以便衔接工作由呈悉所请姑予照准	1947	1—A1.2—865—10
26	缴并向省立图书馆购买世界分类法		1—A1.2—865—30
27	奉饬附抄发修改图书馆规程有关主计部分条文一份仰遵办	1947	1—A1.2—865—45
28	随令附发广东省各县市图书馆编制表一份仰遵照	1947	1—A1.2—865—46
29	托馆长饬员抄录图书馆组织规程		1—A1.2—865—52
30	令图书馆为适应目前环境需要由本年十月十六日起仍留用馆长一员公役一员其余职员一律停薪留职	1949	1—A1.2—865—73
31	函告图书馆还款及图书馆讯该款原委由	1947	1—A1.2—866—34
32	函知县图书馆集取县志一份送府以便转广东广西区监察支署	1947	1—A1.2—866—43
33	奉来中山充任粮食市场管理处主任职函请图书馆长参加茶话会		1—A1.2—866—46
34	送上中英文书借数本给图书馆信	1949	1—A1.2—866—70
35	有关图书馆学产地各乡田亩佃产调查以凭核办由	1946	1—A1.2—866—76
36	令县图书馆经管之田产并入县财政整理委员会管理	1947	1—A1.2—866—82
37	令图书馆按本县公有产管理委员会有关规定执行	1947	1—A1.2—866—84
38	电知员役薪津以底薪十三万倍报领图书馆遵令编报应领薪津及价领公粮表册县复准备查等件	1948	1—A1.2—896—5
39	简答县图书馆查馆主任郑毅英未经本府核派仰迅检资历证件补请派委其经领五六月份薪津公粮应在该馆7月份照数扣减	1948	1—A1.2—896—7
40	电仰依法贴用印花税票从十月份起恢复价发公粮复图书馆据呈表册准备查田粮科函请缴交领粮印鉴县规定各单位支领薪饷日期等件	1947	1—A1.2—896—10
41	关于七月份起调整办公费图书馆呈补发七月份办公费抄发价领粮食收拨月报表、在图书馆经费扣缴徐益生预借之十万元林戎五万元等件	1947	1—A1.2—896—11

续表

序号	题名	年份	档号
42	关于由二月份起工役待遇月支三万五千元准图书馆自一月份起增加办公费至十万元、审计处派员来县抽查经临各费支出账目、自六月份起待遇调整办法等件	1947	1-A1.2-896-13
43	抄发37年4月起薪资所得税起征额及课税级距表、准图书馆报八月份计算表备查、从九月份起待遇调整办法、一月份起特别办公费标准等件	1948	1-A1.2-896-14
44	准图书馆扫缴九月薪粮册备查《改革币制后会计账目及处理要点》订定以金园券为记帐本位币发调整后各种表式《一月份起特别办公费标准等件》	1948	1-A1.2-896-15
45	电知薪资所得税自四月份起恢复征收、照准图书馆事业费增至金券500元、37年3月18日复图书馆月拨事业费100万元、稽征局通知缴送所得税等件	1948	1-A1.2-896-23
46	电知县级公粮由37年12月份起碾率调整为每石稻谷数量、图书馆十二月调整后薪饷计算表等件	1948	1-A1.2-896-24
47	邓公武任桂林器材修配厂事务员兼总务课庶务股主任、江苏上宝于酒税局稽征分局稽查长上海市立图书馆干事等材料共八件	1948	1-A1.2-969-13
48	中山县立图书馆三十六年度五月份领公粮及折价数额清表	1947	1-A1.3-251-62
49	教育科长巡视各区乡学校有关教具设备一案；六区长黄锦念呈请增加乡公所办理预借地税办公费一案；查行政机关关于公告法规一案；查全国图书馆之调查一案	1932	1-A1.3-257-1
50	架设中山县图书馆电话线路器材开列	1946	1-A1.4-238-3
51	各局收寄出版物如系寄往国立中央图书馆者应予以便利、马来亚之国际邮费资例	1941	1-A1.4-360-67
52	令发各省市图书馆调查表一份仰于文到日依式查填具报由	1940	1-A1.4-464-13
53	令催克日依式填具报图书馆调查具报由（附县呈复无从填报）	1940	1-A1.4-464-14
54	奉饬各机关官书应送中央图书馆度藏令饬知照由	1940	1-A1.4-464-15
55	奉令附发各省市图书馆调查表一份仰知照	1940	1-A1.4-464-16

续表

序号	题名	年份	档号
56	令知据填缴图书馆调查表奉教部尚有缺报职员数经费与图书价值数等令仰遵照办理具报由	1940	1-A1.4-464-17
57	令饬转发各级学校各机关团体附设图书馆室供应民众阅览办法仰遵照办理由	1941	1-A1.4-464-18
58	令发图书馆调查表仰转饬属图书馆依式查填由（附县复本县沦陷无图书馆无从填报）	1942	1-A1.4-464-19
59	令抄发县（市）立图书馆设置巡回文库办法仰转饬所属遵照具报由	1942	1-A1.4-464-20
60	订颁广东省各公私立中等以上学校图书馆及民众教育馆暨公立图书馆设立省政图书阅览部（室）暂行办法电仰饬遵办具报由（附县转发该文）	1942	1-A1.4-464-21
61	呈缴全国图书馆调查表；填报民国二十五年度学校概况报告表	1936	1-A1.4-559-15
62	致全澳中小学校校长关于筹建华侨图书馆等事项		1-A1.4-561-35
63	私立总理故乡纪念中学代校长戴恩赛辞职照准除饬办理移交外仰即前往接收具报由；私立总理故乡纪念中学图书馆迁入神巷第二十四号仰知照	1946	1-A1.4-579-27
64	关于筹建华侨图书馆一事已召集各侨团学校代表举行座谈会并即席选出二十三个单位为委员		1-A1.4-604-36
65	图书室规则		1-A1.4-608-15
66	令石岐镇公私中学各区中学县立民教馆图书馆三区中学附发推行识字教育设置班级表式一份	1946	1-A1.4-631-77
67	令县立师范中学民教馆、图书馆抄发社会教育机关推行识字教育要点一份	1946	1-A1.4-631-78
68	令县立民教馆中学师范图书馆二区中学等饬于本年纪念国父诞辰由十一月十二日起一连七天举办社会教育扩大运动周仰遵照四点分别举办具报凭转	1946	1-A1.4-631-83
69	令县立图书馆民教馆等附发民国三十二年度国庆日各级学校及各种社会教育机关扩大科学化运动工作要项一份	1946	1-A1.4-631-88
70	令县立图书馆等知召开教育座谈会仰届时出席（注附议事日程）	1948	1-A1.4-633-35

续表

序号	题名	年份	档号
71	代电本县各级学校县立民教馆图书馆附抄发改进师范学校附属小学设施要点	1948	1—A1.4—633—73
72	奉令各级学校县图书馆民教馆仰遵饬办理具报省教厅督学视导教育意见四点	1948	1—A1.4—633—74
73	通知：学期结束图书馆进行整理各生所借之图书限期缴回否则扣发试卷不得参加考试		1—A1.4—640—13
74	笺函：本校历任校长遵照八寸半身相一幅惠赠悬挂图书馆内俾资景仰		1—A1.4—640—23
75	关于整理图书馆仰借去图书者缴回布告	1938	1—A1.4—641—1
76	图书馆规程经部修正颁布仰遵照办理	1930	1—A1.4—651—4
77	筹建图书馆仰捐赠图书由	1937	1—A1.4—651—93
78	附中华图书馆协会第一次年会报告两册	1929	1—A1.4—651—120
79	布告：定于本月十三日起开始征收本学期缴费注册十六日上午在本校图书馆举行开学典礼并要穿着制服回校参加	1949	1—A1.4—652—140
80	省立图书馆呈请通令全省各县市公私出版机关团休所有出版品一律检寄一份	1946	1—A1.4—668—26
81	代电县图书馆等附发外交部东（36）字第25629号代电原文	1948	1—A1.4—693—73
82	令附发小图书馆应备各部目所需经费不过百元应在本校常费项下拨支	1933	1—A1.4—705—79
83	给证书法比赛得奖学生到图书馆领奖；为函送本校学生参加各组活动名单；为举行音乐晚会函请假座礼堂应用	1948	1—A1.4—712—32
84	为前据该校呈请转饬县图书馆拨给万有文库等情令知借拨约三千册	1947	1—A1.4—713—28
85	致县立图书馆为遵令函请拨借万有文库	1947	1—A1.4—713—29
86	据请转饬图书馆将所借图书全数拨与保管批复知照	1947	1—A1.4—713—30
87	致县立民众教育馆希惠予指导假座贵馆布置本校学生美术习作展览（注：又致县立图书馆，内容同上）	1949	1—A1.4—715—45
88	函立师范请将贵处杂志一书报及一切刊物随时寄赠俾充实本图书馆内容由	1949	1—A1.4—736—29
89	动员全校师生将本校附近积水及小丛林清除芟尽以免图书馆及仪器室滋生蚊虫		1—A1.4—740—12

续表

序号	题名	年份	档号
90	复县图书馆参加书法比赛各生姓名及初赛结果	1949	1-A1.4-795-2
91	致县图书馆本校书法比赛初赛取录生送上查照	1949	1-A1.4-795-3
92	中山县立图书馆交来收支报告二本收支凭证一本共三件此据	1950	1-A1.4-838-2
93	开投中山纪念图书馆增建三楼工程章程		1-A1.4-838-17
94	36年四月份在职复员军官薪津清表（赓建图书馆三楼记）		1-A1.4-838-29
95	奉令催办图书馆体育场呈缴本年度计划及上年度工作报告在10天内呈报由	1947	1-A1.4-844-7
96	电仰代南京天津北平等国立图书馆征集乡贤著述地方志等	1947	1-A1.4-844-21
97	袁洪铭与国立中央大学图书馆杨志强等索取中山文献之来往函件		1-A1.4-845-74
98	令准干事徐益生辞职遗缺派梁健行接充（并附图书馆呈该两员到职日期及原呈报告）	1949	1-A1.4-847-11
99	图书馆留守员工请补发生活费清表；通右在县师礼堂举行干部晚会并定期在仁山庆祝中山解放及元旦大会	1950	1-A1.4-847-13
100	令县各中学驻图书馆及县立体育场附发学校概况训导概况凋查表各一份	1948	1-A1.4-850-4
101	令县立图书馆催缴社会教育机关概况报告表	1948	1-A1.4-850-6
102	简复县立图书馆呈保证书及被保人调查表悉应各补填一份呈府核转	1948	1-A1.4-850-8
103	致省教厅长姚宝猷将县立图书馆购书情况等奉告	1947	1-A1.4-850-12
104	令县立图书馆嘉许李鸿标办理县立图书馆成绩卓著	1947	1-A1.4-850-14
105	代电本县各机关制发36年度现职人员资历调薪表式一份（注：县立图书馆有缴此表及名册）	1947	1-A1.4-850-15
106	呈县府长孙报告图书馆实况恢复办理情形		1-A1.4-850-16
107	各界捐赠图书馆家具如左		1-A1.4-852-1
108	为领到县府发交县立图书馆县修志处县乡建会家具一批之据	1946	1-A1.4-852-3

续表

序号	题名	年份	档号
109	电中山图书馆为赠送贵馆图书四百五十七本以利民众阅读由	1949	1—A1.4—852—10
110	本市讯县立图书馆购进图书一批近日到馆阅读者甚多各单位先将主管人员及机关印鉴送馆发存由		1—A1.4—852—13
111	中山县立图书馆38年4、5、6月份职员考勤扣薪表	1949	1—A1.4—852—15
112	县立图书馆37年11月份员役薪津照倍半发给清册	1948	1—A1.4—852—17
113	县立图书馆37年11月份员役无价发给及价发公粮数清册	1948	1—A1.4—852—18
114	郭云陛等人捐款建图书馆三楼及信等收据	1947	1—A1.4—854—2
115	本省各县市图书馆举办图书巡逻阅览办法（并附该法）	1947	1—A1.4—854—10
116	本省各县市图书馆办图书巡逻阅览办法（并附该法）	1947	1—A1.4—854—13
117	据图书馆呈缴本年六月份至十二月份各种收支经费报表由	1946	1—A1.4—854—35
118	据图书馆报呈36年各种收支报表核准备查由	1947	1—A1.4—854—42
119	据图书馆37年度各种收支报表及收据报表核准备查由	1948	1—A1.4—854—43
120	中山县立图书馆支出总表	1948	1—A1.4—855—1
121	中山县立图书馆修建三楼捐款奖励办法	1947	1—A1.4—855—18
122	派图书馆服务之复员军官林戎等三员四月份薪津遵照本府本年5月代电编列薪津清表	1947	1—A1.4—857—29
123	派图书馆服务之复员军官林戎等三员四月份薪津遵照本府本年5月代电编列薪津清表（按国防部发给薪津）	1947	1—A1.4—857—30
124	陈子豪派图书馆到差（会计员到差日期）	1946	1—A1.4—857—38
125	令委李鸿标为图书馆馆长到职具报	1946	1—A1.4—857—46
126	请光临指导十月二十九日在县立图书馆举行本县辛亥光复暨图书馆三楼一层落成纪念		1—A1.4—860—2
127	开投县立图书馆三楼工程各条栏票价	1947	1—A1.4—860—3
128	致县图书馆希查收本校参加贵馆举办全县中小学生书法比赛名单	1949	1—A1.4—860—5

续表

序号	题名	年份	档号
129	报告书（注：关于规复县立图书馆经过之大概情形）		1-A1.4-860-8
130	呈图书馆应征联一对	1947	1-A1.4-862-2
131	致图书馆请查收奖品美国自来墨水笔一枝等	1947	1-A1.4-862-3
132	广东省各地图书馆人员名册		1-A1.4-864-1
133	函致县立图书馆本会奉准组织成立并定日期择定石岐正熏街正卢为会址	1948	1-A1.4-864-3
134	定本月三十日下午一时假座广州市中山图书馆举行成立大会典礼依时出席	1947	1-A1.4-864-7
135	中山市县图书馆收文六册		1-A1.4-864-8
136	致鸿标请催郑君烈及梁敏轩交出中山图书馆募得款及正在建造西山公园六角亭估价之款当请香港代理人付上	1947	1-A1.4-864-9
137	简复县立图书馆请领六月份下半月员役薪津计共三万五千七百元经照数拨发	1946	1-A1.4-864-14
138	简复县立图书馆编缴本馆经费预算书请核转准予备查	1946	1-A1.4-864-16
139	简复县立图书馆呈缴本馆7月份经费预算书请核发准照拨付仰即派员来府具领	1946	1-A1.4-864-18
140	简复县立图书馆为请饬县公学产整委会补助经费请核夺经令饬县公学产整委会从本年8月份起酌予补助该馆办公费	1946	1-A1.4-864-20
141	简复县立图书馆呈缴新编预算表呈附均悉至办公费一节准每月增加五万元	1946	1-A1.4-864-27
142	简复县立图书馆呈缴预算书表请察核呈附均悉准予备查	1946	1-A1.4-864-28
143	简复县立图书馆呈缴十月份员役生活费清表呈附均悉准予备查	1946	1-A1.4-864-31
144	开投图书馆修造三楼工程章程沽价单合同施工说明书募捐小学及募捐奖	1947	1-A1.4-866-3
145	中山县立图书馆赓建三楼募捐小学	1947	1-A1.4-866-4
146	派郑守恕前经省图书馆成立典礼大会由		1-A1.4-868-29
147	送日历及战利品（太阳旗）给图书馆由	1946	1-A1.4-868-32
148	函往图书馆领回书法比赛奖品由（及收据）	1949	1-A1.4-868-44
149	关于中山县立图书馆修建三楼上工章程		1-A1.4-868-47

续表

序号	题名	年份	档号
150	与本文 47 号相同（关于中山县立图书馆修建三楼上工章程）		1-A1.4-868-49
151	呈广东救济分署第一工作队附缴拟以工代赈修建图书馆三楼计划书各二份	1947	1-A1.4-870-2
152	致县图书馆捐送先父卓文买到西山一带面积一亩余地	1947	1-A1.4-870-3
153	令县图书馆呈增加合约处之工程完工悉准予备查	1948	1-A1.4-870-4
154	令县图书馆饬造具捐资人姓名履历表及捐款事实表各二份	1948	1-A1.4-870-5
155	代电县图书馆请转饬马素英等到本府人事室具领职员表件	1948	1-A1.4-870-10
156	令县图书馆附抄发社教人员无试验检定办法及志愿书履历表各一份（注：在表151页）	1947	1-A1.4-870-12
157	致图书馆附非常时期资历证件补充办法资历证明保结说明各一份	1947	1-A1.4-870-13
158	简答县图书馆据呈转请准予层转铨叙部悉候转呈民政厅核示再行饬遵	1947	1-A1.4-870-14
159	令本县图书馆呈悉所请清照准予派令加委馆各员转给袛领	1947	1-A1.4-870-16
160	复准暂由县图书馆统行保管配发前县立牛起湾等小学之书籍	1946	1-A1.4-877-3
161	简复县立图书馆请拨回运书籍旅运等费以资归垫呈附均悉代支派员赴港搬运图书费经令饬公学产保委会如数拨付	1946	1-A1.4-877-5
162	致中山图书馆来函查询香山诗略未发足数量事因事隔数年稍假时日	1946	1-A1.4-877-9
163	令县立图书馆代理馆长李鸿标准县立师范继续借万有文库第一、二两集书籍借用三个月满仍应交还	1947	1-A1.4-877-17
164	批县立图书馆代馆长李鸿标据呈缴机关学校团体个人借书办法请核备等情批饬遵照	1947	1-A1.4-877-18
165	批县立图书馆馆长李鸿标据呈缴借阅图书办法及申请书式样请核备等情批复遵照	1947	1-A1.4-877-19
166	批县立图书馆馆长李鸿标呈请责令县立师范学校交还借用书籍等情批复知照	1947	1-A1.4-877-20
167	令县立图书馆呈为奉令将万有文库移交师范学校接收清楚汇报悉准予备查	1948	1-A1.4-877-21

续表

序号	题名	年份	档号
168	准据为县立图书馆函请饬管理志书机关交换县志转函查办理由	1938	1—A1.4—883—4
169	致县立中学图书馆附本社什志第二期一本		1—A1.4—910—26
170	为于本月十一日下午七时假座县立中学图书馆商讨关于一切音运进行事宜		1—A1.4—950—4
171	函知本月二十五日为中国童子军创始纪念日希届时率领全体童军携同童军旗参加大会纪念会后并派童军十八人到澳门商会协助中华教育会筹募图书馆基金卖花	1946	1—A1.4—964—51
172	各附属机关现职人员名册（民教馆、救济院、体育场、体委会、图书馆）	1948	1—A1.4—979—4
173	拟任图书馆阅览组主任马素英及收到送审证件	1948	1—A1.4—979—7
174	呈报据奉派林戎黄伯基徐益生三员代理中山图书馆主任及干事等职本年缺额兹拟请增加推广组主任干事各一员以林戎徐益生任至黄百基一员应如何安置请核示	1947	1—A1.4—980—1
175	电复图书馆总各主任杨扑生甄别证书已收省府民政府	1948	1—A1.4—980—3
176	电缴县立图书馆推广组主任林戎干事徐益生二员聘派请审核转饬示遵	1948	1—A1.4—980—6
177	派林戎代理本县图书馆主任	1947	1—A1.4—984—4
178	为在图书馆开第三次大会请派警守卫由（函复依时派警）	1948	1—A1.5—175—23
179	报学校图书馆被窃请严密查缉归案	1947	1—A1.5—1099—61
180	第一游击纵队政训员抄发国立中央图书馆组织条例一份	1940	1—A1.6—21—12
181	第一游击纵队政训员附发中央图书馆杂志审查委员会民国29年七月下半月份查禁及暂停书刊一览表暨不准发售书刊一览表各一份	1940	1—A1.6—21—17

20　厦门市档案馆

序号	题名	年份	档号
1	厦门市教育局附属民众教育馆第一、二图书馆人员生活补助费、副食费及裁遣人员遣散费等报销清册	1945	
2	厦门市政府教育科关于私立鼓浪屿中山图书馆决定复员清交还馆舍、图书器物等财产的呈文、训令	1946	
3	厦门市国立第一侨民师范学校图书馆移交清册	1946	
4	厦门市政府教育科、厦门市政府第三科关于市立第一、二图书馆整理图书、修改图书馆规程，成立市立图书馆实施概况等签呈、代电、	1948	
5	厦门市立图书馆关于借书规程的呈文、代电	1948	
6	厦门市国立第一侨民师范学校图书馆图书移交清册	1948	
7	厦门市国立第一侨民师范学校关于图书馆图书移交清册	1948	
8	厦门市立中学、厦门市立图书馆教职员及工役联保切结材料	1949	
9	厦门市财政局、厦门市政府关于厦门市图书馆上报1949年上期自行交代各种表册的指令	1949	

21　南通市档案馆

序号	题名	年份	档号
1	关于县立图书馆文件	1946	A208－759－119
2	南通县政府：民教馆馆长、公共体育场所、图书馆馆长委任卷	1945	A208－762－111

22　宁波市档案馆

序号	题名	年份	档号
1	鄞县县立图书馆职员证章名册	1947	J001-001-253-073
2	为修理中山公园图书馆主纪念碑撰拟碑文一案余案正请查照办理由	1947	J002-001-155-135
3	为修理中山公园图书馆等一案公仰遵办理具报由	1947	J002-001-155-143
4	为函送图书馆及修理费单据希查收见复由	1946	J003-001-013-057
5	呈送鄞县县立图书馆民国36年度岁出经费决算表祈鉴核由	1948	J003-001-052-071

23　宜昌市档案馆

序号	题名	年份	档号
1	关于保护学校图书馆、教育馆等文化机关的告示	1948	D102-01-0058-090
2	转发1946年湖北省教育厅在占时被敌破坏之小学民教馆、图书馆的数目、地址及价款等项上报的函	1946	D103-2-21-1
3	第六督察专员公署关于1948年上报各县对敌伪破坏之各小学、民教馆、图书馆到表具报电的函	1948	D103-2-21-2
4	转发［1946］155号公文催办的函［关于宜昌专区各县对敌伪破坏之各小学、民教馆、图书馆到表具报电］	1946	D103-2-21-6
5	关于为六区专署［1946］155号、［1946］177号文催办单［关于电函1948年宜昌专区各县对敌伪破坏之各小学、民教馆、图书馆到表具报电的函］	1946	D103-2-21-8
6	关于转发六区专署［1946］155、［1946］177号文催办单［关于1946年宜昌专署各县对敌伪破坏之种小学、民教馆、图书馆到表具报电的函］	1946	D103-2-21-9

续表

序号	题名	年份	档号
7	关于上报执行六区专署［1946］155号公文的函［关于1946年对宜昌专署各县对敌伪破坏之各小学、民教馆、图书馆到表具报的函］	1946	D103-2-21-15
8	关于1946年为呈报六区专署［1946］155号文的函［关于1946年对宜昌专署各县对敌伪破坏之各小学、民教馆、图书馆到表具报的函］	1946	D103-2-21-17
9	关于1946年对宜昌专署各县对敌伪破坏之各小学、民教馆、图书馆到表具报的函	1946	D103-2-21-18
10	关于1946年对宜昌专署各县对敌伪破坏之各小学、民教馆、图书馆到表具报的函	1946	D103-2-21-21
11	湖北省地方行政干训团关于1942年筹建图书馆捐助5元的函	1942	D103-2-120-28
12	湖北宜昌县民众教育馆关于宜昌民教馆、图书馆及城区民教馆邮件投交的函	1946	D103-5-9-24

24　枝江市档案馆

序号	题名	年份	档号
1	湖北省枝江县政府为图书馆经购请迅法发拨归垫并恳派员荐核查收报核	1947	1-3-81-1

25　建始县档案馆

序号	题名	年份	档号
1	协助省立图书馆搬迁的训令	1946	001-03-219-019
2	协助省立图书馆搬迁的训令	1946	001-03-219-020

26　宣恩县档案馆

序号	题名	年份	档号
1	本局以设计有关政制、区域等问题需借阅图书馆新旧县志、县图的函	1933	001-1-093-012
2	据本团党政班第二期同学罗振等议建筑图书馆等		001-2-125-062
3	搜集县志与图、金石拓片等寄送中央图书馆备藏的训令		001-3-038-033
4	搜集县志、图片的启		001-3-038-034
5	贵县出版之志书赐赠一部俾光东壁迄今未蒙见履特再函奉达至祈		001-3-283-002
6	贵县府所有先设出版之县志及书报刊期惠赠全份等		001-3-283-020
7	为令发湖北省各县设立图书馆暂行办法仰遵办由		001-3-470-013
8	为转发部颁图书馆工作实施办法一份并令知废止原颁之图书馆工作大纲二种仰遵照由		001-3-517-104
9	为转发部颁图书馆工作实施办法一份并令知废止原颁之图书馆工作大纲二种令仰仰知照并转饬知照由		001-3-517-105
10	奉行政院令为国立中央图书馆请通饬将出版刊物检送该馆储藏等因特令遵照由		001-3-534-001
11	为奉转知民教图书馆馆长各级公私立文化机关人员不受停止参议员被选举之限制请查照由		001-3-538-088
12	兹派丁超为湖北省立恩施图书馆长派令另发仰先行到职办理交接手续见报等		001-3-538-148
13	函请惠予征集特产转颁陈列由		001-3-560-052
14	径启者敝馆兹为调查鄂西各地公私图书馆概况借取联系		001-3-565-016
15	鄂西各地公私图书馆室调查表		001-3-565-017
16	为宣初前任校代林振声伪造单据涂改教育处祈饬返宣会同办理计算由		001-4-234-068
17	为申述宣鹤联立初中校长任内经费会报及计算迟送原因暨乞鉴核由		001-4-234-074

27　崇阳县档案馆

序号	题名	年份	档号
1	印信、文卷、图书、公物清册	1947	103－B3－2－267－004
2	奉令设立图书馆、体育场、公园事	1941	103－B3K6－2－408－003
3	通知：在县府图书室举行公职候选人会议	1946	103－E113－5－0286－0039
4	各机关出版刊物应照送中央图书馆事	1941	103－F21－6－0497－0007
5	于本（八）日午一时在本府图书室补行审查	1945	103－G6－7－0103－011
6	教育部令颁修正图书馆规程仰知照	1939	103－J1－9－0029－001
7	颁发图书馆工作大纲	1939	103－J1－9－0047－003
8	修正图书馆规程	1939	103－J1－9－0350－002
9	令颁图书馆辅导各地社教机关办法大纲	1939	103－J2－9－0113－005
10	训令关于图书馆工作实施办法	1944	103－J14－9－0526－033
11	图书馆工作实施办法	1944	103－J14－9－0526－034

28　英山县档案馆

序号	题名	年份	档号
1	关于献报献机及中正科学奖基金图书馆基金请酌各地情形办理由	1946	158－1－67－109
2	三民主义青年团湖北支团干事会关于为北平图书馆征集抗战文物先烈传记的代电	1946	158－1－67－159

29　秭归县档案馆

序号	题名	年份	档号
1	湖北省立图书馆关于更正改令长云乡主任协助保管的公函	1947	166－W1－772－26

续表

序号	题名	年份	档号
2	湖北省政府关于教育厅呈报据省立图书馆长报该馆图书亟待搬迁等情形令湖北省秭归县政府遵照并迅速寻觅相当房屋的训令	1948	166-W1-787-29
3	湖北第六区行政督察专员公署关于电请收集县志地图金石拓片径寄中央图书馆的代电		166-W2-139-5
4	中国地理研究所图书室关于搜集县志县地图县政概况的公函		166-W2-140-9
5	湖北省政府民政厅关于请将秭归县新旧县志各检齐2份径送中央设计局图书馆参考的代电	1944	166-W2-161-6
6	国民政府教育部图书馆工作实施办法	1939	166-W5-125-48
7	湖北省政府关于准内政部函为各地发行人于出版品发行时应依法呈缴立法院图书馆一份转请所属遵办的训令		166-W5-271-68